主　编　李学博　王　旭
副主编　侯碧海　王元凤　台治强
编　者　（按章节先后排序）
　　　　李学博（山东政法学院）
　　　　姜保忠（河南财经政法大学）
　　　　马宝龙（甘肃政法大学）
　　　　彭　迪（西南政法大学）
　　　　侯碧海（广西警察学院）
　　　　吕　途（公安部鉴定中心）
　　　　赵　峰（山东政法学院）
　　　　李备栩（上海政法学院）
　　　　张纯兵（华东政法大学）
　　　　王　旭（中国政法大学）
　　　　李亮亮（山东政法学院）
　　　　黄　锐（西南政法大学）
　　　　张爱艳（山东政法学院）
　　　　冯　超（山东政法学院）
　　　　杨立云（中南财经政法大学）
　　　　吕新华（山东政法学院）
　　　　李国庆（山东交通学院）
　　　　王元凤（中国政法大学）
　　　　吴　剑（山东政法学院）
　　　　曾锦华（司法部司法鉴定科学研究院）
　　　　台治强（西北政法大学）
　　　　祁建军（新疆政法学院）
　　　　马　栋（司法部司法鉴定科学研究院）
　　　　马启敏（中国海洋大学）
秘　书　李亮亮（山东政法学院）

司法鉴定学

李学博　王　旭　◎主编

图书在版编目(CIP)数据

司法鉴定学 / 李学博，王旭主编． -- 北京 ：北京大学出版社，2025．7． -- ISBN 978-7-301-36592-2

Ⅰ．D918.9

中国国家版本馆CIP数据核字第2025S0Q279号

书　　名	司法鉴定学 SIFA JIANDINGXUE
著作责任者	李学博　王　旭　主编
责任编辑	姚文海
标准书号	ISBN 978-7-301-36592-2
出版发行	北京大学出版社
地　　址	北京市海淀区成府路205号　100871
网　　址	http://www.pup.cn　新浪微博：@北京大学出版社
电子邮箱	zpup@pup.cn
电　　话	邮购部 010-62752015　发行部 010-62750672　编辑部 021-62071998
印　刷　者	北京溢漾印刷有限公司
经　销　者	新华书店 730毫米×980毫米　16开本　25.25印张　493千字 2025年7月第1版　2025年7月第1次印刷
定　　价	98.00元

未经许可，不得以任何方式复制或抄袭本书之部分或全部内容。
版权所有，侵权必究
举报电话：010-62752024　电子邮箱：fd@pup.cn
图书如有印装质量问题，请与出版部联系，电话：010-62756370

前　言

随着我国社会主义法治建设的不断推进,司法实践对于科学证据的依赖程度日益加深,各类司法案件的审理需要更加专业、精准的鉴定意见作为支撑,以确保司法公正和准确。司法鉴定作为连接科学技术与法律的重要桥梁,在司法活动中的地位和作用愈发凸显。

司法鉴定学涉及法学、医学、生物学、物理学、化学及信息技术等多个学科领域。随着科学技术的飞速发展,各学科之间的交叉渗透日益频繁,单一学科背景的人才已经难以满足司法鉴定工作的复杂需求。在此背景下,2023年,教育部将"司法鉴定学"列入本科法学类专业,旨在通过整合多学科资源,构建以法学为基础融合司法鉴定课程的培养体系,培养既懂法律又掌握相关科学技术的复合型人才。

为了探讨司法鉴定学本科人才培养的科学路径,2024年5月,司法鉴定学专业建设与人才培养研讨会在济南召开,与会代表讨论了该专业的培养目标、课程设置和教材编写等事宜,进一步明确了《司法鉴定学》教材编写的定位要求。为更好地发挥专业教材的作用,《司法鉴定学》编委会成员由全国多所高校、公安部、司法部等单位的行业专家组成,编写时重点关注了司法鉴定相关的法律法规、认证认可及管理制度,力求教材能够知识体系完整、基础理论科学、技术方法先进。

根据当前司法鉴定的执业分类情况,本教材共分十六章。第一章至第三章主要介绍了司法鉴定学的概况、学科体系、历史沿革、管理体系及基本理论等内容;第四章至第九章系统介绍了法医类各专业司法鉴定的内容和技术方法;第十章至第十二章系统介绍了物证类各专业司法鉴定的内容和技术方法;第十三章至第十五章系统介绍了声像资料类各专业司法鉴定的内容和技术方法;第十六章系统介绍了环境损害类司法鉴定的内容和技术方法。

本书在编写过程中,得到了北京大学出版社及各参编院校的大力支持,在此致以诚挚的谢意。由于我们的知识水平和认知能力所限,本教材的内容和形式难免有不妥之处,敬请各院校师生在使用的过程中提出宝贵意见。

目 录

001 第一章 司法鉴定学概述

    001 第一节 司法鉴定学的概念
    006 第二节 司法鉴定及其性质与任务
    012 第三节 司法鉴定的分类及内容
    016 第四节 司法鉴定的基本原则
    019 第五节 司法鉴定的发展史

031 第二章 司法鉴定管理与质量控制

    031 第一节 司法鉴定管理体制概述
    036 第二节 司法鉴定机构与鉴定人管理
    040 第三节 司法鉴定质量控制
    043 第四节 司法鉴定职业伦理与法律责任

056 第三章 司法鉴定基本理论与实施

    056 第一节 司法鉴定基本理论
    070 第二节 司法鉴定的程序规范
    083 第三节 司法鉴定文书
    092 第四节 司法鉴定意见审查与质证

103 第四章 法医病理司法鉴定

    103 第一节 法医病理鉴定概述

- 106 第二节 法医病理鉴定的内容
- 112 第三节 法医病理鉴定的方法
- 116 第四节 法医学尸体检验职业防护
- 120 第五节 法医病理鉴定意见评判

127 第五章 法医临床司法鉴定
- 127 第一节 法医临床司法鉴定概述
- 131 第二节 法医临床司法鉴定的基本内容
- 141 第三节 法医临床司法鉴定的方法
- 145 第四节 法医临床司法鉴定意见评判

149 第六章 医疗损害司法鉴定
- 149 第一节 医疗损害司法鉴定概论
- 152 第二节 医疗损害司法鉴定的内容
- 160 第三节 医疗损害司法鉴定的方法
- 164 第四节 医疗损害司法鉴定意见评判

169 第七章 法医物证司法鉴定
- 169 第一节 法医物证司法鉴定概述
- 173 第二节 法医物证司法鉴定的内容
- 176 第三节 法医物证司法鉴定的方法
- 187 第四节 法医物证司法鉴定意见评判

195 第八章 法医毒物司法鉴定
- 195 第一节 法医毒物司法鉴定概述
- 200 第二节 法医毒物司法鉴定的内容
- 201 第三节 法医毒物司法鉴定的方法

| 212 | 第四节　法医毒物司法鉴定意见评判

216　第九章　精神疾病司法鉴定

| 216 | 第一节　精神疾病司法鉴定概述
| 219 | 第二节　精神疾病司法鉴定的内容
| 224 | 第三节　精神疾病司法鉴定的方法
| 227 | 第四节　精神疾病鉴定意见评判

235　第十章　文书司法鉴定

| 235 | 第一节　文书司法鉴定概述
| 238 | 第二节　文书司法鉴定的内容
| 249 | 第三节　文书司法鉴定的方法
| 254 | 第四节　文书司法鉴定意见评判

258　第十一章　痕迹司法鉴定

| 258 | 第一节　痕迹司法鉴定概述
| 261 | 第二节　痕迹司法鉴定的内容
| 278 | 第三节　痕迹司法鉴定的方法
| 281 | 第四节　痕迹司法鉴定意见评判

285　第十二章　微量物证司法鉴定

| 285 | 第一节　微量物证司法鉴定概述
| 289 | 第二节　微量物证司法鉴定的内容
| 291 | 第三节　微量物证司法鉴定的方法
| 300 | 第四节　微量物证司法鉴定意见评判

305 第十三章 电子数据司法鉴定

- 305 第一节 电子数据司法鉴定概述
- 314 第二节 电子数据司法鉴定的主要内容
- 318 第三节 电子数据司法鉴定的方法
- 323 第四节 电子数据司法鉴定意见评判

327 第十四章 图像资料司法鉴定

- 327 第一节 图像资料司法鉴定概述
- 331 第二节 图像资料司法鉴定的内容
- 334 第三节 图像资料司法鉴定的方法
- 341 第四节 图像资料司法鉴定意见评判
- 344 第五节 图像资料司法鉴定人员和设备要求

349 第十五章 录音司法鉴定

- 349 第一节 录音鉴定概述
- 353 第二节 录音鉴定的内容
- 355 第三节 录音鉴定的方法
- 367 第四节 录音鉴定意见评判

372 第十六章 环境损害司法鉴定

- 372 第一节 环境损害司法鉴定概论
- 376 第二节 环境损害司法鉴定的主要内容和程序
- 378 第三节 环境损害司法鉴定的技术方法
- 396 第四节 环境损害司法鉴定意见评判

第一章　司法鉴定学概述

学习目标

[情感目标]　形成对事实和证据公正、客观评价的态度,加深对法治社会重要性的理解,塑造尊重历史、尊重科学和尊重事实的精神。

[知识目标]　明晰司法鉴定学与司法鉴定的关系,掌握司法鉴定的定义、性质、任务、分类及基本原则,熟悉司法鉴定发展历史。

[能力目标]　能够在鉴定过程中基于事实和科学依据进行批判性思考,敢于对鉴定结果提出疑问和改进建议,尝试运用所学知识对专门性问题提出初步解决方案。

第一节　司法鉴定学的概念

一、司法鉴定学概述

司法鉴定学是研究在诉讼活动中,如何运用自然科学与社会科学的理论、方法及相关技术,解决诉讼中的某些专门性问题,并为查明案件事实提供科学证据的交叉学科,它融合了法学、自然科学与社会科学。司法鉴定学作为一门学科,其形成本身存在一个演化的历史过程,并在这一过程中不断成熟,形成特有的知识结构,建立了相对完善的理论学科体系。该学科历经了由侦查学的附属学科到相对独立的应用性学科的过程,走出了无专门法律规范的边缘学科,时至今日以独立的姿态呈现于法学学科之林。[①]

司法鉴定学是以诉讼中的鉴定为研究对象,以提供科学证据为目的,应用现代科学与技术研究鉴定的原理、方法、程序、规范及鉴定意见审查评断与运用等的法学边缘学科。在我国,对涉及司法鉴定内容的学科采用何种学科名称,在学术界尚未达成共识,至今在学科名称的使用上仍存在着分歧,主要的学科名称有"物证技术学""刑事科学技术""司法鉴定学""司法检验学""司法科技学""法庭科学""司法科学"等。在英美法系国家习惯使用法庭科学(forensic science)这一名称,"法庭科学"发展到现代已经成为涉及法学、医学、物理学、化学、心理学等多学科的一门交叉学科。司法鉴定涉及的学科基础多元而庞杂,在国家鼓励建设交叉学科和推进以审判为中心的诉讼制度改革大背景下,2023年教育部印发通知将"司法鉴定学"列入法学本科类新专业,标志着专业属性的明确界定,其学科特征也进一步清晰。

二、司法鉴定学的学科特征

司法鉴定学因其研究对象、任务和目的与诉讼活动密切相关,使其成为法学学科体系的重要组成部分,同时又因其研究内容和方法多为科学技术手段及自然科学研究成果应用等专门知识,而使其成为一门综合性、应用性的法学学科。由于司法鉴定长期以来被简单地服务于诉讼实践,使其学科设置依赖诉讼法学,以至于长期被划归诉讼法学并作为其下属的法学三级学科。由于司法鉴定学研究内容非常独特,其学科理论基础与诉讼法学理论基础并不相同,诉讼法学对其仅仅存在研究对象及行为方法上的程序制约,并非理论上的包含,因此它在理论上和制度建设上与诉讼法学相比更具有自己的特色。

(一)学科的交叉性

法庭科学的主要目的是帮助事实认定者查明案件事实,由于诉讼活动所面对的证明对象涉及社会生活的方方面面,因而需要事实认定者了解所涉不同领域的专门知识。从客观方面看,案件事实所涉及的各式各样的专门问题决定了需要相应的专门知识来解决,从而产生了学科知识的交叉;而从所交叉的学科知识运用的目的和要求来看,其交叉具有体系性。这种体系性表现为以种属认

[①] 参见张玉镶:《司法鉴定学学科体系的构建》,载《中国司法鉴定》2006年第2期。

定、同一认定、因果关系鉴定、事实有无鉴定、事实状态程度鉴定等为目的的不同学科之间和学科内部不同技术之间的交叉,即法学与科学技术的交叉,医学、物理学、化学、生物学、痕迹学等的应用交叉,以及学科内部不同技术的应用交叉。案件事实是一个特定的要素关联体系,证明案件事实的一切证据的本质属性在于其关联性,因而应用科学技术知识确定构成案件事实要素,尤其是解释和确定其关联性是证明案件事实的基本任务。

(二) 对象的复杂性

法庭科学关注的对象为诉讼活动中的案件,即审判过程中的证据与证明问题,证明的对象主要是案件事实。在社会生产力和生产关系实现越来越走向科技化的时代,一方面数据、技术行为本身成为案件事实构成要素的发展趋势越来越显著,另一方面法治文明进步对案件调查越来越依赖证据技术调查。在社会发展中,法律所调整的社会关系也在不断更新和发展,相应的案件类型也在不断迭代更新,法庭科学已经逐步成为诉讼不可或缺的证据调查方法。根据证据裁判规则,案件事实的认定需要控辩审三方通过一定的"证据"进行"事实认定"。然而,证据能否与事实形成佐证,需要法官综合证据的具体情况而定。在这一过程中,证据与事件的关联性的维度是多方面的。科学的知识体系具有整体化的特征。案件事实的要素(人、物、时间、空间、轨迹、结果、原因等)通过运动与静止,在物质交换和信息交换(物体的特点、特性、特征)的作用下形成物质痕迹、记忆、视听资料、电子数据、心理痕迹等客观存在。如何揭示这些证据所蕴含的信息,尤其是证据的中观与微观之因的发现,需要借助其他学科的技术手段和方法。

(三) 方法的系统性

作为鉴定对象的专门性问题多涉及自然科学中的物理学、化学、医学、生物学、工程学、信息科学、数理统计等学科,因而案件事实的认定越来越具有挑战性。研究对象的复杂性决定了不同专门性问题需要依赖不同的研究方法解决。为了应对日趋频繁的新型社会活动,需要在认知手段上从多个维度去认识客体。《刑事诉讼法》规定:可以用于证明案件事实的材料,都属于证据。其中"材料"的具体表现形式因为社会生活的多样性也多种多样,为了查明案件中各类证据的信息需要各类方法,这些方法包括但不限于理化分析、数据鉴真、光学分析等,这些方法的使用需要拥有相关专业知识背景的人员,所运用的方法亦具有不同的学科归属,而不同学科的方法具备其特有的学科系统特征。

三、 司法鉴定学的研究对象

司法鉴定学是自然科学技术与法律科学相结合形成的应用性较强的综合性法学学科。它作为法学的分支学科,不仅有其专门的概念体系、基本范畴、基本原理及基本制度,而且有其特定的研究对象和专门的研究方法。其研究对象主要包括司法鉴定法律规范、司法鉴定实践和司法鉴定理论。

(一) 司法鉴定法律规范

司法鉴定学是以司法鉴定法律规范作为研究对象的,尽管目前还没有统一的司法鉴定法,但有关司法鉴定的法律法规等仍应是司法鉴定学研究的基本依据,也是其作为法学学科的基本要求。司法鉴定学涉及领域非常广泛,尤其在利用科学技术或者专门知识方面难以用一门学科的专有知识来包含,但进行司法鉴定应遵循的法律法规却是基本一致的。

2005年2月28日,第十届全国人大常委会第十四次会议通过的《全国人大常委会关于司法鉴定管理问题的决定》(以下简称《决定》)[①]是专门调整司法鉴定管理的规范性文件,目前在司法鉴定管理体系中具有"基本法"地位。在法律层面,有关司法鉴定的规定主要有《行政许可法》《行政处罚法》《刑法》《刑事诉讼法》《民事诉讼法》《行政诉讼法》以及《仲裁法》等。这些规定是司法鉴定的法律依据,也是司法鉴定学研究的主要法律内容。由于我国没有统一的司法鉴定法,对司法鉴定涉及的基本问题缺乏调整与规范,致使还存在一些有关司法鉴定的地方性法规。另外,司法鉴定规章以及一些解释、批复也是司法鉴定的重要依据。这些规章以及解释主要有:司法部的《司法鉴定机构登记管理办法》《司法鉴定人登记管理办法》《司法鉴定程序通则》;公安部、最高人民检察院、国家安全部的有关规定以及《最高人民法院技术咨询、技术审核工作管理规定》和《最高人民法院对外委托、评估、拍卖等工作管理规定》等。同时,还包括公安部《公安机关鉴定规则》(公通字〔2017〕6号)、最高人民检察院《关于CPS多道心理测试鉴定结论能否作为诉讼证据使用问题的批复》(高检发研字〔1999〕12

---

① 该《规定》于2015年4月24日修正。

号)、最高人民检察院《关于"骨龄鉴定"能否作为确定刑事责任年龄证据使用的批复》(高检发研字〔2000〕6号)、最高人民法院《关于人民法院在审判工作中能否采用人类白细胞抗原作亲子关系鉴定的批复》(法〔研〕复〔1987〕20号)、最高人民法院司法行政装备管理局《关于对外委托文件制成时间鉴定有关事项的通知》(法司〔2008〕12号),以及2005年9月22日全国人大常委会法工委《关于对法医类鉴定与医疗事故技术鉴定关系问题的意见》(法工委复字〔2005〕29号)等相关规定。

(二) 司法鉴定实践

司法鉴定学是一门实践性很强的应用型学科,尤其是司法鉴定活动本身更是离不开实践,有些鉴定对实验具有强烈的依赖性,其技术与检测数据还是鉴定意见得以产生的基础。随着科学技术发展以及专门知识经验的积淀,司法鉴定所采用的技术也在不断变化,尤其是鉴定技术的更新,如现代生物学DNA分型技术应用于个体识别鉴定代替了传统人类ABO血型种类认定等。司法鉴定制度建设也在不断要求司法实践现代化,如司法鉴定实验室的认证认可、司法鉴定技术准入制度等。因此,对于司法鉴定学学科来说,无论是理论研究还是课堂教学,抑或鉴定活动均需要有一定的实验操作,以司法实验室作为学习、研究的基础与条件。同时,还应当对司法实践中存在的一些典型的案例进行总结与研究,发现鉴定理论、鉴定技术以及鉴定程序存在的问题,从而为完善司法鉴定制度提供实践基础。

(三) 司法鉴定理论

司法鉴定理论涉及的基本范畴、原则和原理是司法鉴定学科的基础,也是司法鉴定学作为一门课程最基本的内容,更是从事司法鉴定活动以及利用司法鉴定、适用司法鉴定所必备的基础知识。这些理论主要包括司法鉴定的基本构成要素,即司法鉴定主体、司法鉴定客体和司法鉴定行为。这三大基础性要素构建出司法鉴定基本理论的框架。对该内容的研究能够为司法鉴定的立法决策提供理论上的论证。其中,司法鉴定主体主要包括司法鉴定的管理主体、司法鉴定的启动主体、司法鉴定的实施主体和司法鉴定的监督主体,他们是司法鉴定法律关系的主体;司法鉴定客体是司法鉴定主体在从事司法鉴定过程中所指向的对象;司法鉴定行为是指司法鉴定的程序性活动,主要包括司法鉴定的启动行为、司法鉴定的实施行为,以及鉴定意见的质证、认证和救济行为。建立科学合理的司法鉴定实施程序也是该学科研究的重要内容之一。

司法鉴定学作为法学学科的一个组成部分,其研究的对象不仅仅是司法鉴定本身的活动规律,还包括其在诉讼过程中借助专门知识进行证据调查的活动规律。因此,司法鉴定学的研究对象应以诉讼程序架构下鉴定活动的规律作为建构该学科体系的主轴,并在其理念、目的、任务与价值、功能等基本范畴和理论的支撑下形成具有高度的理论与学术品位的司法鉴定学学科体系。

第二节 司法鉴定及其性质与任务

一、司法鉴定的概念

司法鉴定(judicial expertise),是指鉴定人运用科学技术或者专门知识对诉讼涉及的专门性问题进行鉴别和判断并提供鉴定意见的活动。在实践中,由于案(事)件及纠纷处理方式存在诉讼、仲裁、调解、和解等多种,因而,广义的司法鉴定通常包括为上述争议解决方式提供科学证据的活动。

根据司法鉴定的概念可以看出,司法鉴定主要包括以下几个方面的含义:

(一) 司法鉴定的主体

司法鉴定人具备专业知识、技能和经验,通过科学方法对案件中的专门性问题进行分析判断,形成鉴定意见,为诉讼提供关键证据。鉴定人不是普通证人,他们受司法机关委托或指派,独立公正地工作,形成的鉴定意见影响司法审判结果,在司法活动中扮演着重要角色。司法鉴定的主体不仅指实际进行鉴定工作的鉴定人,也包括鉴定机构,鉴定机构和鉴定人共同构成司法鉴定过程的主体。司法鉴定的主体二元性,体现了独立、科学与公正要求,是法律规制与实践中的重要基础。

(二) 运用科学技术或者专门知识

诉讼中涉及的专门性问题,通常超出了侦查人员、检察人员或审判人员的直观、直觉或逻辑推理能力范围,无法直接作出肯定或否定的判断,必须借助科学技术或专门知识进行鉴别和判断。司法实践中涉及的专门性问题往往非常复杂,这里所谓的专门性问题覆盖了医学、生物学、化学、物理学、信息技术等不同的专业领域。在解决案件中的专门性问题时,科学技术和专门知识能够提供客观、精确的鉴定方法,鉴定人常常需要特定知识支撑才能进行分析和判断。科学技术和专门知识是司法鉴定解决诉讼涉及的专门性问题的基本手段与方法,因此,鉴定意见必须依赖科学技术或专门知识来保障其准确性和可靠性。

（三）解决诉讼涉及的专门性问题

诉讼中涉及的专门性问题通常具有高度的专业性、技术性,这些问题超出了普通审判人员的专业知识和经验范围,需要借助具备相关专业知识和技能的鉴定人进行鉴别和判断。司法鉴定意见作为法定的证据形式之一,对其他证据的证明力进行印证与补强,是法官认定案件事实的重要依据。通过司法鉴定,能够对案件中的专门性问题作出科学、客观的判断,为法官的裁决提供有力的证据支持。司法鉴定通过对专门性问题的科学鉴别和判断,有助于还原案件事实真相,防止因证据不足或错误而导致的误判,从而保障司法公正。同时,通过科学、准确的鉴定意见,能够加速诉讼进程,提高司法效率。

（四）提供科学的鉴定意见

司法鉴定活动带有司法属性,本身就要求司法鉴定人具有高度的科学精神和专业知识,以确保鉴定意见的准确性和科学性。司法鉴定人的鉴定意见对于案件事实的认定起到关键性的作用,科学的鉴定意见是维护司法公正的必要条件。司法鉴定人作为某一专门领域内的专家,其权威性要求他们提供的鉴定意见必须基于科学原理,具有高度的科学性。司法鉴定人应当自觉遵守和履行在鉴定活动中所承担的职业道德责任,其中包括尊重科学、实施鉴定活动客观公正等要求,独立、客观地反映事实,不受外界因素干扰。因而,司法鉴定人必须具有高度的道德责任感,以科学的态度和方法进行鉴定工作并提供科学的鉴定意见。

（五）诉讼活动的重要组成部分

我国的诉讼活动包括刑事诉讼、民事诉讼、行政诉讼三大类,上述诉讼活动中涉及的专门性问题通常都需要进行司法鉴定,包括诉前、诉中和诉后的执行阶段。在诉讼过程中,事实的认定是裁判的基础。司法鉴定提供的专业意见,经常作为法庭上的关键证据。在涉及复杂技术或专业知识的案件中,法官可能缺乏相应的专业知识来评估证据。此时,司法鉴定专家的意见就显得尤为重要,他们能够提供科学、客观、准确的分析和结论,帮助法庭更好地理解和评估案件中的技术性或专业性问题。司法鉴定能够通过科学的方法和技术手段,对涉案的关键证据进行检验、鉴定,从而为法庭提供关于事实认定的重要依据,这有助于法庭作出更为准确、公正的裁决。司法鉴定通常由独立的第三方进行,他们与案件当事人无利害关系,因此其鉴定意见具有较高的公信力和可信度,这种公信力有助于增强法庭判决的权威性和可接受性。

二、 司法鉴定的性质

司法鉴定活动不是行政行为,而是一种诉讼参与活动,是为司法审判提供技术保障和专业化服务的司法证明活动,同时也是一种科学实证活动,是在诉讼法与其他法律法规、规章规制下的科学实证活动。其本质是法律性、科学性、公正性与权威性的有机统一,这些性质共同构成了司法鉴定的基本特征,使其在司法实践中发挥着重要作用。

(一) 法律性

司法鉴定是在法律框架下进行的一项活动,具有明确的法律性质。这主要体现在以下几个方面:

(1) 司法鉴定的实施必须严格遵循相关法律法规,包括刑事诉讼法、民事诉讼法、行政诉讼法等。这些法律为司法鉴定提供了明确的指导和规范。

(2) 司法鉴定必须按照法定的程序进行,包括鉴定的委托、受理、实施、审核和出具鉴定意见等步骤。这些程序确保了鉴定的合法性和有效性。

(3) 司法鉴定意见在法律上具有一定的效力,可以作为法庭审判的依据。在诉讼过程中,司法鉴定意见往往对案件的判决结果产生重要影响。

(二) 科学性

司法鉴定是一项高度科学化的活动,它依赖专业的科学知识和技术手段来进行分析和判断。这主要体现在以下几个方面:

(1) 司法鉴定需要运用各种科学技术方法和专业知识,如法医学、生物学、化学、物理学及现代信息技术等。这些技术的应用使得司法鉴定具有高度的准确性和可靠性。

（2）司法鉴定必须遵循科学的方法和程序，以确保鉴定结果的客观性和公正性。这包括样本的采集、保存、运输和处理等各个环节都必须严格遵守科学规范。

（3）司法鉴定过程中需要使用各种先进的科学设备，如测序仪、光谱仪、色谱仪等。这些设备为司法鉴定提供了有力的技术支持。

（三）公正性

司法鉴定的公正性是司法制度的重要组成部分，它要求鉴定人员在进行鉴定时保持客观、中立和公正的态度。这主要体现在以下几个方面：

（1）司法鉴定人员必须保持客观中立的态度，不受任何外部因素的影响，只根据科学事实和证据进行鉴定。

（2）司法鉴定过程必须公开透明，接受社会监督。这有助于确保鉴定的公正性和可信度。

（3）为了确保鉴定的公正性，与案件有利害关系的鉴定人员应当回避，避免产生利益冲突。

（四）权威性

司法鉴定具有权威性，司法鉴定意见在司法实践中具有很高的认可度。这主要体现在以下几个方面：

（1）司法鉴定通常由具备相应资质和技术的专业机构进行，这些机构在相关领域具有较高的声誉和权威性。

（2）司法鉴定人员通常是相关领域的专家或学者，他们具备丰富的实践经验和深厚的理论素养，因此其鉴定意见具有很高的权威性。

（3）司法鉴定意见在法律上具有一定的效力，法庭在审理案件时会充分考虑并采纳司法鉴定意见。

三、司法鉴定的任务

司法鉴定的基本任务是鉴定人运用科学技术或专门知识对诉讼涉及的专门性问题进行鉴别和判断并提供鉴定意见，其基本任务与诉讼活动的目标紧密相连，是为诉讼活动和相关执法活动提供科学证据。这主要包括以下几个方面：

(一) 鉴别判断证据

司法鉴定的核心任务是对诉讼活动中涉及的专门性问题进行鉴别和判断。这包括运用科学技术或专门知识，对提交的证据材料进行分析，确定其真实性、关联性，为案件事实的查明提供科学依据。这一过程中，鉴定人需依据鉴定结果，形成专业的鉴定意见。这些意见需详细阐述鉴定过程、采用的方法、依据的科学原理及最终的判断结论，为诉讼活动和相关执法活动提供可靠的证据支持，为法官、律师及当事人理解案件中的专业问题提供帮助。

证据鉴别与判断的目的是帮助司法机关查明案件事实，确保诉讼活动的顺利进行。当案件中出现人身损害、伤残程度、死因判断、种属鉴别、文件真伪、痕迹检验、同一性认定等专门性问题时，司法鉴定的任务是通过专业手段解决这些争议，明确责任归属，有效缩短诉讼周期，为裁判提供依据，提高诉讼效率。

(二) 促进公正裁判

司法鉴定通过运用科学技术或专门知识，对诉讼涉及的专门性问题进行鉴别和判断，这种鉴别和判断的结果具有客观性和专业性，有助于法官或陪审团更准确地理解案件事实，从而作出公正的裁判。

作为诉讼程序的一部分，鉴定过程遵循严格的程序规范，确保了鉴定结果的公信力和可靠性，进而促进了裁判的公正性。司法鉴定结果直接关系到当事人的权益。公正、准确的鉴定意见，有助于保障当事人的合法权益不受侵犯。同时，司法鉴定还为当事人提供了一种通过科学手段来维护自己权益的途径。

司法鉴定确保判决建立在事实清楚、证据确凿的基础上，避免主观臆断，通过提供科学证据、确保程序公正、维护当事人权益以及提升司法效率等方面的努力，有效地促进了公正裁判的实现。

司法鉴定能够快速、准确地解决诉讼中的专门性问题，避免了因事实不清、证据不足而导致的诉讼拖延。这不仅提高了司法效率，还降低了诉讼成本，为当事人和法院都带来了便利。

(三) 辅助法律实施

司法鉴定是法律实施过程中的技术支持，它帮助法律条文在具体案件中得以正确理解和应用，确保法律的统一实施和司法的公平正义。

司法鉴定人运用科学技术或专门知识，对诉讼活动涉及的专门性问题进行鉴别和判断,并提供鉴定意见。这些鉴定意见为诉讼活动和相关执法活动提供了科学证据,有助于司法机关对案件进行准确、公正的判断,有效地辅助了法律的实施。

在许多涉及专门性问题的案件中,如法医学、物证技术、声像资料、环境损害等专门性问题,司法人员可能缺乏相关的专业知识和技术。司法鉴定能够弥补这一不足,通过专业的鉴定意见,帮助司法人员正确理解和评估案件中的专门性问题。

司法鉴定过程中,鉴定人会严格查验送检材料和客体,审查相关技术资料,并根据技术规范制定鉴定方案。这一流程确保了所提供的证据具有真实性和完整性,从而提高了证据的可信度,有助于法律实施过程的公正性和准确性。

(四)化解社会矛盾

司法鉴定通过科学、专业的方法对案件中的争议点进行分析,提供客观、中立的鉴定意见。这种基于事实和专业知识的证据能够有效消除双方当事人的误解和猜疑,为争议的解决奠定坚实的客观基础。当鉴定结论被法庭采纳作为裁判依据时,由于其科学性和专业性,能够显著增强判决的说服力和公信力,使败诉方更易接受裁判结果,减少因不服判决而产生的进一步矛盾和上诉,从而促进矛盾的及时化解。

司法鉴定意见往往能清晰地揭示问题的本质和责任归属,为双方提供一个更为清晰的谈判基础,有助于在诉讼前或诉讼过程中达成和解协议,避免长期诉讼带来的社会资源消耗和个人精神负担,有利于社会关系的和谐构建。司法鉴定的公开透明和专业性操作,能增强公众对法律制度的信任,提高社会整体的法律意识,让人们相信法律是解决矛盾最公正、有效的途径,从而主动选择通过法律途径解决问题,而非采取过激行为。

司法鉴定在某些情况下还能起到预防作用,如通过风险评估、质量控制等鉴定,提前发现和纠正可能引起纠纷的问题,对公众起到一定的教育作用,避免矛盾升级为法律冲突,维护社会稳定。司法鉴定通过提供客观证据、增强判决公信力、促进和解、预防纠纷、提升法律信任与意识,以及促进社会公平正义,从多个维度助力社会矛盾的高效化解,是现代法治社会中不可或缺的重要机制。

综上所述,司法鉴定的基本任务旨在通过科学、专业的方法,解决诉讼中的专门性问题,提供客观、公正的鉴定意见,保障法律的正确实施,促进司法公正,提升诉讼效率,并有效发挥着化解社会矛盾的功能。

第三节 司法鉴定的分类及内容

根据全国人大常委会《决定》中的规定,国家对从事下列司法鉴定业务的鉴定人和鉴定机构实行登记管理制度:(1)法医类鉴定;(2)物证类鉴定;(3)声像资料鉴定;(4)根据诉讼需要由国务院司法行政部门商最高人民法院、最高人民检察院确定的其他应当对鉴定人和鉴定机构实行登记管理的鉴定事项。法律对前款规定事项的鉴定人和鉴定机构的管理另有规定的,从其规定。2015年,最高人民法院、最高人民检察院、司法部联合下发了《关于将环境损害司法鉴定纳入统一登记管理范围的通知》,司法部、环境保护部共同下发了《关于规范环境损害司法鉴定管理工作的通知》,决定将环境损害司法鉴定纳入统一登记管理范围,实现了司法鉴定由"三大类"向"四大类"的转变。

为规范法医类司法鉴定机构和鉴定人的执业活动,根据《决定》等规定,结合司法鉴定工作实际,司法部、生态环境部先后对法医类、物证类、声像资料类和环境损害类司法鉴定执业分类规定情况进行了明确界定。[1][2][3]

一、司法鉴定的主要分类

(一)法医类鉴定

法医类司法鉴定是指在诉讼活动中法医学各专业鉴定人运用科学技术或者专门知识,对诉讼涉及的专门性问题进行鉴别和判断并提供鉴定意见的活动。

法医类司法鉴定依据所解决的专门性问题分为法医病理鉴定、法医临床鉴定、法医精神病鉴定、法医物证鉴定、法医毒物鉴定等。

---

[1] 参见司法部关于印发《法医类司法鉴定执业分类规定》的通知(司规〔2020〕3号)。
[2] 参见司法部关于印发《物证类司法鉴定执业分类规定》《声像资料司法鉴定执业分类规定》的通知(司规〔2020〕5号)。
[3] 参见司法部、生态环境部关于印发《环境损害司法鉴定执业分类规定》的通知(司发通〔2019〕56号)。

（二）物证类鉴定

物证类司法鉴定是在诉讼活动中鉴定人运用物理学、化学、文件检验学、痕迹检验学、理化检验技术等原理、方法和专门知识，对文书物证、痕迹物证、微量物证等涉及的专门性问题进行鉴别和判断并提供鉴定意见的活动。

物证类司法鉴定解决的专门性问题包括：文书物证的书写人、制作工具、制作材料、制作方法，及其内容、性质、状态、形成过程、制作时间等鉴定；痕迹物证的勘验提取，造痕体和承痕体的性质、状况及其形成痕迹的同一性、形成原因、形成过程、相互关系等鉴定；微量物证的物理性质、化学性质和成分组成等鉴定。

（三）声像资料类鉴定

声像资料类司法鉴定是指在诉讼活动中鉴定人运用物理学、语言学、信息科学与技术、同一认定理论等原理、方法和专门知识，对录音、图像、电子数据等涉及的专门性问题进行鉴别和判断并提供鉴定意见的活动。

声像资料类司法鉴定包括录音鉴定、图像鉴定、电子数据鉴定。解决的专门性问题包括：录音和图像（录像/视频、照片/图片）的真实性、同一性、相似性、所反映的内容等鉴定；电子数据的存在性、真实性、功能性、相似性等鉴定。

（四）环境损害类鉴定

环境损害类司法鉴定是指在诉讼活动中鉴定人运用环境科学的技术或者专门知识，采用监测、检测、现场勘查、实验模拟或者综合分析等技术方法，对环境污染或者生态破坏诉讼涉及的专门性问题进行鉴别和判断并提供鉴定意见的活动。

环境损害类司法鉴定解决的专门性问题包括：确定污染物的性质；确定生态环境遭受损害的性质、范围和程度；评定因果关系；评定污染治理与运行成本以及防止损害扩大、修复生态环境的措施或方案等。

二、各类司法鉴定的主要内容

（一）法医类鉴定内容

法医病理鉴定包括：死亡原因鉴定、死亡方式判断、死亡时间推断、损伤时间推断、致伤物推断、成伤机制分析、医疗损害鉴定，以及与死亡原因相关的其他法医病理鉴定等。

法医临床鉴定包括：人体损伤程度鉴定，人体残疾等级鉴定，赔偿相关鉴定，人体功能评定，性侵犯与性别鉴定，诈伤、诈病、造作伤鉴定，医疗损害鉴定，骨龄鉴定及与损伤相关的其他法医临床鉴定，等。

法医精神病鉴定包括：精神状态鉴定、刑事类行为能力鉴定、民事类行为能力鉴定、其他类行为能力鉴定、精神损伤类鉴定、医疗损害鉴定、危险性评估、精神障碍医学鉴定以及与心理、精神相关的其他法医精神病鉴定等。

法医物证鉴定包括：个体识别、三联体亲子关系鉴定、二联体亲子关系鉴定、亲缘关系鉴定、生物检材种属和组织来源鉴定、生物检材来源生物地理溯源、生物检材来源个体表型推断、生物检材来源个体年龄推断，以及与非人源生物检材相关的其他法医物证鉴定等。

法医毒物鉴定包括：气体毒物鉴定、挥发性毒物鉴定、合成药毒物鉴定、天然药毒物鉴定、毒品鉴定、易制毒化学品鉴定、杀虫剂鉴定、除草剂鉴定、杀鼠剂鉴定、金属毒物类鉴定、水溶性无机毒物类鉴定，以及与毒物相关的其他法医毒物鉴定等。

（二）物证类鉴定内容

文书鉴定包括：笔迹鉴定、印章印文鉴定、印刷文件鉴定、窜改（污损）文件鉴定、文件形成方式鉴定、特种文件鉴定、朱墨时序鉴定、文件材料鉴定、基于痕迹特征的文件形成时间鉴定、基于材料特性的文件形成时间鉴定、文本内容鉴定等。

痕迹鉴定包括：手印鉴定、潜在手印显现、足迹鉴定、工具痕迹鉴定、整体分离痕迹鉴定、枪弹痕迹鉴定、爆炸痕迹鉴定、火灾痕迹鉴定、人体特殊痕迹鉴定、日用物品损坏痕迹鉴定、交通事故痕迹物证鉴定等。

微量物证鉴定包括：化工产品类鉴定、金属和矿物类鉴定、纺织品类鉴定、日用化学品类鉴定、文化用品类鉴定、食品类鉴定、易燃物证类鉴定、爆炸物类鉴定、射击残留物类鉴定、交通事故微量物证鉴定和火灾微量物证鉴定。

（三）声像资料类鉴定内容

录音鉴定包括：录音处理、录音真实性鉴定、录音同一性鉴定、录音内容分析、录音作品相似性鉴定等。

图像鉴定包括：图像处理、图像真实性鉴定、图像同一性鉴定、图像内容分析、图像作品相似性鉴定、特种照相检验等。

电子数据鉴定包括：电子数据存在性鉴定、电子数据真实性鉴定、电子数据功能性鉴定、电子数据相似性鉴定等。

（四）环境损害类鉴定内容

污染物的性质鉴定包括：固体废物鉴定，危险废物鉴定，有毒物质鉴定，放射性废物鉴定，含传染病病原体的废物鉴定，污染物筛查及理化性质鉴定，有毒物质、放射性废物致植物损害鉴定，有毒物质、放射性废物致动物损害鉴定等。

地表水与沉积物环境损害鉴定包括：污染环境行为致地表水与沉积物环境损害、水生态系统损害鉴定，地表水和沉积物污染致植物、动物损害鉴定等。

空气污染环境损害鉴定包括：污染环境行为致环境空气损害鉴定，环境空气污染致植物、动物损害鉴定，室内空气污染损害鉴定，室内空气污染致人体健康损害鉴定等。

土壤与地下水环境损害鉴定包括：污染环境行为致土壤环境、地下水环境、土壤生态系统损害鉴定，土壤污染致植物、动物损害鉴定，地下水污染致植物、动物损害鉴定等。

近岸海洋与海岸带环境损害鉴定包括：污染环境行为致近岸海洋与海岸带环境损害、生态系统损害鉴定，近岸海洋与海岸带环境污染致海洋植物、海洋动物损害鉴定等。

生态系统环境损害鉴定包括：生态破坏行为致植物、动物、微生物、森林生态系统、草原生态系统、湿地生态系统、荒漠生态系统、海洋生态系统、河流与湖泊生态系统、冻原生态系统、农田生态系统、城市生态系统损害鉴定，以及矿产资源开采行为致矿山地质环境破坏、土地损毁及生态功能损害鉴定等。

同时也包括噪声损害、振动损害、光损害、热损害、电磁辐射损害、电离辐射损害等其他环境损害鉴定。

三、其他类别的鉴定

（一）"四大类"以外的鉴定

在司法实践中，由于科学技术的发展和纠纷种类的复杂，对司法鉴定的种类需求也呈现多样性。在我们生活工作的领域和诉讼实践中，还出现了一些其他需要解决的专门性问题，且常常需要专业人员利用专门知识或技术进行鉴定，如建设工程鉴定、知识产权鉴定、会计司法鉴定、信息技术鉴定、产品质量鉴定、价格鉴定、文物鉴定、农产品类鉴定等，这些司法鉴定早已超出了传统的"四大类"司法鉴定的业务范围，限于篇幅原因不再一一介绍。

2017 年，司法部出台了《关于严格准入、严格监管、提高司法鉴定质量和公信力的意见》，其中明确严格登记范围，司法行政机关审核登记管理范围为从事"四大类"司法鉴定的鉴定机构和鉴定人，对没有法律法规依据的，不再准入登记。由于《决定》颁布实施前，我国部分省自治区、直辖市出台了司法鉴定管理方面的地方性法规，形成司法鉴定管理体制的省级层面的一致，但也造成目前全国司法鉴定管理体制尚未完全统一。

（二）鉴定领域不断更新

科学技术的发展永无止境，随着科学技术不断进步，社会问题更为复杂，新的鉴定技术和方法层出不穷，司法活动中需面对的专门性问题越来越多，纠纷越来越复杂，越来越专业化、国际化和技术化，主体、内容和表现形式也日趋多元化、综合化，司法鉴定的内容和程序也需要随着法律法规的完善不断更新，新的鉴定领域也将不断涌现，司法鉴定的领域也将不断发展和调整。另外，在全球化背景下，国家间的司法协助与合作加强，促使各国司法鉴定技术和标准趋向国际化，这也使得司法鉴定的内容不断丰富和发展。

第四节　司法鉴定的基本原则

一、合法性原则

司法鉴定活动必须严格遵守国家法律法规的规定。这是评断鉴定过程与结果是否合法和鉴定结论是否具备证据效力的前提。司法鉴定的合法性原则贯穿了整个鉴定过程，主要包括以下几个方面：鉴定主体合法，鉴定材料合法，鉴定程序合法，鉴定步骤、方法、标准合法，以及鉴定结果合法。

（一）鉴定主体合法

司法鉴定机构必须是按法律法规、部门规章规定，经过省级以上司法机关审批，取得司法鉴定实施权的法定鉴定机构，或按规定程序委托的特定鉴定机构。司法鉴定人也必须具备规定的条件，并获得司法鉴定许可证。

（二）鉴定材料合法

司法鉴定材料主要是指鉴定对象及其作为被比较的样本（样品）。鉴定对象必须是法律规定的案件中的专门性问题，法律未作规定的专门性问题不能作为司法鉴定对象。同时，鉴定材料的来源（含提取、保存、运送、监督等）必须符合相关法律规定的要求。

（三）鉴定程序合法

司法鉴定的提请、决定与委托、受理、实施、补充鉴定、重新鉴定、专家共同鉴定等各个环节必须符合诉讼法以及其他相关法律法规和部门规章的规定。

（四）鉴定方法合法

鉴定的步骤、方法应当是经过法律确认的、有效的，鉴定标准要符合国家法定标准、行业标准、技术规范，或被该专业领域多数专家认可。

（五）鉴定结果合法

司法鉴定文书的格式和内容必须符合法律规定，鉴定结论必须符合证据要求和法律规范。

二、独立性原则

鉴定过程和鉴定意见应保持独立，不受外界影响和干预，确保鉴定结论的客观性和中立性。独立性是科学性的重要保障。

（一）司法鉴定机构独立

司法鉴定机构应相对独立，社会鉴定机构必须是独立的法人组织。同时，侦查机关内设的鉴定机构应当与侦查业务部门分离，以确保其在鉴定活动中的中立性和公正性。各个司法鉴定机构之间是平等的、独立的，相互间无隶属关系。

(二) 司法鉴定人独立

鉴定人的活动,包括鉴定方案的制定、鉴定的实施、鉴定结论的出具及鉴定人出庭质证等,必须独立进行。司法机关和鉴定机构负责人不得对鉴定人进行暗示或干预,以保障鉴定结论的客观性和公正性。

(三) 司法鉴定程序独立

鉴定程序的设计和执行应确保鉴定活动的独立性,包括鉴定的申请、受理、实施、复核等环节,均应有明确的法律依据和规范流程,防止不当干预。鉴定结论的形成应基于科学判断和技术分析,不受任何行政指令、利益驱动或其他非科学因素的影响。鉴定人对其专业判断负责,实行鉴定人负责制。

三、客观性原则

司法鉴定客观性原则是司法鉴定活动的基本原则之一,它要求鉴定过程和结论必须真实、准确、全面地反映被鉴定对象的实际情况。司法鉴定活动应基于事实,通过科学的方法和手段,力求得出真实、准确、全面的鉴定结论,排除主观臆断,确保结论的客观真实性。

(一) 真实性

司法鉴定必须基于真实的事实和证据进行,不能虚构或歪曲事实。鉴定过程中所使用的材料、样本等必须是真实的,不能有任何伪造或窜改。

(二) 准确性

司法鉴定应确保所使用的科学方法和技术手段的准确性,以避免误导和错误结论的产生。鉴定人员应具备相应的专业知识和技能,以确保鉴定结果的准确性。

(三) 全面性

司法鉴定应对所有相关证据和事实进行全面考虑和分析,而不是片面地、选择性地采用某些证据。全面性要求鉴定人员不遗漏任何可能影响鉴定结论的重要因素。

四、公正性原则

公正性原则要求鉴定活动及其结论公正无私，不偏不倚，保障所有当事人的合法权益，符合诉讼公正的要求，服务于实现司法公正的目标。

（一）程序公正

鉴定提请、鉴定决定与委托、鉴定受理、鉴定实施、补充鉴定、重新鉴定及鉴定结论的质证等环节，都应当在立法和司法层面体现平等和合理原则，旨在保护诉讼当事人的合法权益，确保各方在鉴定过程中受到公平对待。

（二）主体公正

鉴定机构和鉴定人必须保持中立，不受任何一方的影响。鉴定主体应站在科学技术的立场上进行鉴定，以确保鉴定活动和鉴定结论的公正性。

（三）实体公正

司法鉴定结论必须确保客观性、准确性和真实性，这就需要通过立法规范各类鉴定的步骤和方法，并制定各类专门性问题的鉴定标准。鉴定过程中严格按照科学要求进行鉴定，以确保鉴定结论的公正性。

第五节　司法鉴定的发展史

一、我国古代司法鉴定发展简史

（一）司法检验的起源

1. 司法检验的起源

在奴隶社会，人类认识水平和生产力极端低下，司法证明方法以"神证"为主，遇到疑难问题难以判断时，请求神明的启示或帮助，以此认定案件事实并作出裁判。夏商时期，我国的思想文化明显受到神权观念的影响。到了周朝，法医检验活动已经开始出现。西周的"以德配天，明德慎罚"思想到汉代中期以后被儒家发挥成为"德主刑辅，礼刑并用"的策略，司法证明中，神的信服力下降，人的力量上升。① 人们在与自然环境及疾病做斗争的过程中不断总结经验,积累了大量医药使用的知识,并从开始的个别、具体和零散走向成熟和稳定,为法医学的发展和司法实践奠定了基础。

2. 司法鉴定实践的最早记载

《礼记·月令·孟秋之月》记载:"命理瞻伤、察创、视折、审断,决狱讼,必端平。"《吕氏春秋》的《十二纪》中有同样的记载。以上是迄今为止公认的最早的关于法医检验实践的文字记载。

1975年12月,在湖北省云梦县睡虎地发现了12座战国末期至秦代的墓葬,出土了1100多片秦代竹简,定名为《云梦秦简》,其中有《田律》《效律》《治狱》《法律问答》《封诊式》等极为珍贵的律令及法医检验的文字记载。《封诊式》是秦代官方规定的办理案件的方法和程式,共有25篇章,对诊察、勘验、检验有大量记载,包括活体检验、尸体检验、首级检验、现场检验、兽齿检验、外伤性流产检验等。可以看出,早在2000多年前我国法医学检验从内容、方法到分工都已具雏形,已经达到相当高的水平。

3. 先秦时期检验制度处于萌芽时期

为确保刑狱工作的准确公正,我国古代律法对尸体检验有严格规定,从《封诊式》介绍的内容中可以看出,秦时已开始出现早期检验制度。②

(1) 检验法律。《云梦秦简》对于法医检验有较多记录,如要求对于自杀必须报官检验,以便法律确认;对于被杀害者,应进行法医检验,以便查明案情找出真凶;对于不同损伤程度处以不同的刑罚。此外,还规定了杀婴案件的检验、麻风病人犯罪的处罚等。

(2) 检验程序。每个案件"爰书"的开头,都有一段作为检验前提的报案,是由基层人员如"里典""求盗"到县报告的,也有被害人控告的。然后由县令命令令史率领隶臣等前去勘验。检验时允许家属和有关人员参加,共同观看,甚至允许左右邻居一同观看。检验后由令史写出检验报告书。报案加上检验报告书就成为县令或县丞处理该案的依据。

(3) 检验人员。令史是检验官员,牢隶臣、隶妾、医生是协助检验人员:① 令史:负责进行活体、尸体检验和现场勘验。② 医生:参加与疾病有关的活

---

① 参见任惠华、刘琦:《中国司法鉴定历史文化的发展》,载《中国司法鉴定》2013年第4期。
② 参见杜志淳主编:《司法鉴定概论》,法律出版社2018年版,第29—30页。

体检查,如麻风病的鉴定。③ 牢隶臣:具有奴隶身份,检验时帮助搬运尸体,脱衣服,协助测量尺度等杂役事务。④ 隶妾:活体检验,主要负责妇女下身检查。

(4) 检验文书。秦时的检验文书称为"爰书",一般由案由、检验记录、结论及说明等几部分构成。① 案由:简述何人因何原因前来报案。② 检验记录:详细记录检验的经过、检验所见,并说明检验人的姓名、身份。③ 结论及说明:根据检验结果作出结论,要求简明扼要。

4. 汉代法医学检验达到一定水平

汉代法医学检验又有新的发展,对损伤的分类和检验方法都有提高。汉代蔡邕对各种损伤进行分类和定义,在《礼记》中记载:"皮曰伤,肉曰创,骨曰折,骨肉皆绝曰断"。对伤而未死的,"当以伤创折断、大小正其罪之轻重"。"伤、创、折、断"反映了损伤程度,而"瞻、察、视、审"则是法医检验的具体方法。

(二) 隋唐时期司法检验制度

1. 规定了法医检验人员的法律责任

在秦代法制基础上,汉唐法律进一步促进了我国古代法医检验的制度化发展。《唐律》在汉朝《九章律》的基础上发展为12篇,这是我国现存最完整、最早的一部封建法典。《唐律》集封建律法之大成,是中华法系的代表,在中国及东南亚法制史上具有深远影响,其中存在大量有关法医鉴定的法律条文,我国明确的法医检验的制度亦始于此。

2. 规定了法医检验的对象、损伤的定义和分类

据《唐律》记载,当时法医检验对象已经包括尸体、受伤者及诈病者。为了运用刑法解决斗讼问题,《唐律》明确提出了损伤的定义是"见血为伤",它包括伤后有血液流出或肉眼可见的皮下出血两方面含义,并且着眼于生前伤。到了明清,法律改为"青赤肿为伤",这个定义虽然突出地说明了皮下出血的特点,但没有把"创"的含义包括在内,所以不如"见血为伤"更为确切。《唐律》将成伤物体分为三大类:手足、他物与兵刃。

3. 对杀伤案件类型及刑罚作出了规定

《唐律》中有对杀人及伤害案件不同致伤物、不同后果分别处以不同刑罚的规定。《唐律》对于非致命性损伤分类很细,并由轻至重规定了不同程度的刑罚。刑罚由轻至重取决于两个要素:一是损伤后果的轻重,二是致伤物的性质。两者结合起来决定量刑的轻重。

4. 出现了损伤程度的相关标准

唐律对损伤程度的划分与现代法医学的标准不同,没有像今天这样将非致命性损伤分成轻微伤、轻伤与重伤。但其中提到的残疾、废疾、笃疾实际上属于不同程度的重伤,与将重伤分为三等相似。唐律对于不同程度的损伤提出了明确的法医学鉴定标准,根据这些标准可以较准确客观地作出法医学鉴定意见,同时决定判处何种刑罚,说明唐代的法医学已经具有了相当高的成就。

5. 保辜制度得到进一步完善

为了确定受伤后经过一定时间死亡与损伤的因果关系,提出了保辜制度。"保辜"一词,从字面上解释,"保"是保养,"辜"是罪。受伤后,根据法律规定,针对不同类型的伤势立定辜限,随后即由加害人负责寻医调治,如果治疗无效,受伤者在辜限内死亡,则依杀人罪论处。保辜制度是依靠尸体外表鉴定判断死亡原因必不可少的补充手段,也是中国古代慎刑思想在法医鉴定领域的表现之一。

6. 能够利用侦查实验辅助断案

据《疑狱集》记载,在吴国末年,句章县令张举在处理一起某女子涉嫌杀夫后纵火讼案时,将死猪和活猪同时置入火烧,然后剖检其呼吸道,通过观察有无烟灰炭末,以帮助判断死者是否为生前烧死,成为最早的侦查实验的记载。

(三) 宋朝时期司法鉴定发展

1. 法医检验制度不断健全

我国的法医检验制度在宋代发展很快且不断完善。《宋刑统》有检验制度的法律条文,对检验的官吏、初检、复检及检验时间、格目都做了相当具体的规定。宋代规定对于杀伤、非理、狱中囚犯死亡等予以检验,要求"今后杀伤公事,在县委尉,在州委司理、县差尉,以次差丞、簿、监当,差皆缺,则须县令自行",且"初检,不得称尸首坏烂不任检验,并须指定要害致死之因",还根据不同行政区划规定了尸体检复的执行机关:"凡是验尸,州一级派遣司理参军,县一级派遣县尉等,诸尸应验而不验,以违制论,诸被差验复,非系经隔日久而辄称尸坏不验者,坐以应验不验之罪"。①

---

① 参见黄瑞亭、陈新山编著:《〈洗冤集录〉今释:法医检验原理与案例》,科学出版社2020年版,第6—7页。

2. 大量法医学著作问世

五代后晋和凝父子著《疑狱集》，该书介绍了检验处理疑难案件的经验，是一部具有法医学性质的著作。在此基础上，宋代的法医学著作亦有超时代的发展，一系列重要法医学著作及文件相继问世。如郑兴裔创立的《验尸格目》，郑克的《折狱龟鉴》，桂万荣的《棠阴比事》，此外还有《内恕录》《检验法》等著作。

1247年，世界第一部法医学专著《洗冤集录》问世，《洗冤集录》是世界公认最早、最系统的法医学专著，由南宋法医学家宋慈集前人智慧，结合自己多年检案经验著成，书中记载了宋代有关验伤法令、尸体现象、验尸方法、死因甄别、急救处理等法医学内容，也是宋代以后法医检验重要参考。《洗冤集录》有较完整的理论体系，分概论和条令，内容涉及四时变动、机械性损伤、机械性窒息、电伤、高温伤、生物性损伤、中毒、性问题、堕胎、急死、尸体检验、尸骨检验、个人识别、现场勘验、案情调查、急救等，全书共53篇。《洗冤集录》比国外最早的法医学著作早了350多年。该书一问世就被视为官书，刊布实行，很快流传国外，被其他国家作为检验手册参考使用，朝鲜、日本、法国、荷兰、德国、俄国、英国、美国等都有译本。

（四）元明清时期司法鉴定的发展

元代在宋代基础上对法医检验的内容进行了补充调整，1297年颁发了《结案式》以规定法医检验内容，增加了物证检验部分，形成了尸体、活体、毒物、物证四大检验内容。同时，元代检验官由"躬亲检验"变为"躬亲监视"，仵作的官方性质发生了转变，成为检验鉴定吏役。

明代及清初仍沿用元代的检验制度，后来将检尸法式的图文分开，产生了独立的尸图与尸格。为进一步明确损伤与死亡的因果关系，准确界定共殴致死命案的主要行凶者，1694年（康熙三十三年）制定《部颁新定图格》，并收入《大清律例》中。为便于查验尸身腐烂死者，于1770年（乾隆三十五年）颁行《检骨图格》，细化了检验要求，还附有"检骨应用物件"清单，详细列出了检骨场地、工具及所用材料的名称和数量。这一时期，一些近代法医鉴定制度萌芽，但仍然没有超出尸表检查鉴定制度的框架。

清末，受国外先进司法鉴定制度的影响，司法检验制度有了一定程度的改革。1844年，英国盖惠连与弗里爱同撰的《法律医学》出版，1899年由我国江南制造局出版，该书由英国傅兰雅口译，徐寿笔述，并由赵元益进行校录，是中国系统介绍西方法医学的第一部著作。1909年，吉林提法司设立了检验所，吉林提法司在吴焘主持下实施检验吏制度并在全国推广，仵作检验制度正式迈向了由传统向现代的转折。

二、我国近、现代司法鉴定的发展简史

（一）中华人民共和国成立前

辛亥革命后，尸体检验相关的法律制度陆续出台。1912年，民国政府颁布的《刑事诉讼律》规定："遇有横死或疑有横死之尸体应速行检验，检验得挖掘坟墓，解剖尸体，并试验其必要处分"；1913年，中华民国内务部颁发《解剖规则》，规定警官及检察官对于非解剖不能确知其致命之由者，应指派医士执行解剖；1914年，发布《解剖规则施行细则》。上述法律制度的出台为法医学发展提供了基础和保障。

在我国现代法医学的发展中，法院、高校和早期留学国外的学生也起到了重要的作用。1899年，中国留日学生将日本的《实用法医学》专著翻译介绍到国内，这是我国最早介绍国外法医学的专著。1914年，北京地方法院检察厅首设法医，由留日医学博士江尔鄂担任，他也成为我国现代史上的第一位法医。1930年，林几教授在北平大学医学院建立法医学科，又于1932年在上海建立了我国首所法医学研究所，1933年开始招收法医研究人员，1934年创立《法医月刊》。我国逐渐加快了现代司法鉴定的发展步伐。到1935年，各省高级法院均设立了法医学检验室。然而，因政局动荡，战事纷纷，司法工作混乱，司法鉴定发展甚是缓慢。

（二）中华人民共和国成立初期

中华人民共和国成立后，在中央政法、卫生领导机关的支持下，法医学检验与刑事技术发展迅速，司法鉴定及相关研究工作得以开展。例如，陆续开展了国家层面的专职法医、法医师资的培训，司法部法医研究所举办法医培训班，南京大学医学院、中国医科大学也举办了法医师资培训班，为我国法医人才培养奠定了重要基础。此外，医学及政法院校相继建立了法医教研室，开设法医学课程，并开始招收法医学专业学生。然而，受左倾错误影响下，法医研究所被撤

销,专职法医被迫改行或下放,司法检验近乎停止,刚刚有了起色的司法检验工作遭到了严重破坏。

（三）改革开放以来

党的十一届三中全会拨乱反正,使我国司法鉴定事业重新复苏。公安部率先成立了刑事技术研究所。1979年,第五届全国人民代表大会第二次会议通过并公布《中华人民共和国刑法》《中华人民共和国刑事诉讼法》,为加强法治,司法鉴定工作全面发展,恢复了法院、检察院、司法系统,卫生、政法院校都建立了法医学教学、科研机构,司法部司法鉴定科学技术研究所恢复。

1983年10月,教育部联合公、检、法、司、卫等系统在太原晋祠召开"全国高等法医学专业教育座谈会",共同签署了《关于加强我国高等法医学教育的初步意见》的座谈会纪要;1984年3月决定成立全国法医学专业教材协作组,设立法医学教材编审委员会,同年7月确定在六所部属医学院校设立法医学专业,培养法医学专业人才。

1999年,司法部首次向全国公告面向社会服务的8家司法鉴定机构。2000年,司法部发布《司法鉴定机构登记管理办法》和《司法鉴定人管理办法》,这也是我国最早的司法鉴定机构和鉴定人管理规范。2005年,全国人大常委会通过的《决定》系我国司法鉴定领域首部专门法律,成为我国司法鉴定管理制度改革的基础。2007年,司法部发布《司法鉴定程序通则》,旨在规范司法鉴定机构和司法鉴定人的司法鉴定活动,保障司法鉴定质量和诉讼活动的顺利进行。2014年,党的十八届四中全会作出了"推进以审判为中心的诉讼制度改革"的重大决策,确保庭审在查明事实、认定证据、保护诉权、公正裁判中发挥越来越重要的作用。

三、大陆法系国家司法鉴定简史

（一）大陆法系国家古代司法鉴定

大陆法系国家的司法鉴定与刑事审判制度几乎同时存在。据考证,司法鉴定大致可追溯至古希腊时代。公元前450年左右,古罗马的《十二铜表法》即载有亲子鉴定的内容。

公元前44年,古罗马恺撒大帝遇刺身亡,由医师安提斯底验尸,检见身体

23 处被刺,其中胸部为致命伤。这是最早使用法医鉴定的实例。

公元 6 世纪,东罗马帝国的《查士丁尼法典》存在关于司法鉴定的规定,这是最早有关司法鉴定的立法。因此,罗马法被认为是西方司法鉴定制度的起源。①

15 世纪后,伴随欧洲资产阶级革命的发生,生物学、物理学、化学和数学等科学领域得到了空前的发展。这些学科的进步对法医学的发展起到了重要的推动作用,使得通过科技手段与专门知识来证明案件事实成为可能,法医鉴定在刑事诉讼中得到了广泛的应用。

1532 年,德国《加洛林法典》(总条文 219 条)中有关"鉴定"的规定达 40 条。

1562 年,法国医生巴雷第一次进行汞中毒的法医学鉴定。

1598 年,意大利的菲特利斯教授撰写了第一部系统性的医学专著《医师报告》。

1622 年,意大利的巴尔蒂编写了世界上第一本笔迹学著作《怎样根据字迹判断写作者性格和气质》。

17 世纪后期,法国的《刑事条例》中明确规定鉴定报告可以作为认定案件的证据,这标志着鉴定在刑事死亡案件中的广泛应用和重要地位。

1813—1815 年,西班牙的医学博士马蒂厄·约瑟夫·博纳旺蒂尔·奥菲拉先后出版了《毒物与普通毒物学》上下卷,特别是专著中对砷的研究,对毒物检验产生了重大影响,并于 1840 年在一起案件中进行了成功应用。

1883 年,法国的贝蒂隆创建了世界上第一个鉴定机构——刑事鉴定局。这一鉴定机构的建立对大陆法系国家产生了重大影响,推动了司法鉴定的专业化和制度化进程。

从 18 世纪到 19 世纪末期,由于资本主义的兴起与发展,西方国家司法制度经历了大变革。许多国家相继制定了适合于资本主义社会需要的较为完备的刑事诉讼法典,其中对于鉴定问题作了诸多具体规定,包括鉴定主体资格。这标志着现代西方国家司法鉴定制度中关于鉴定主体资格的雏形开始形成。

---

① 参见〔日〕松冈义正:《民事证据论》(上、下),张知本译,中国政法大学出版社 2004 年版,第 206 页。

（二）大陆法系国家现代司法鉴定

随着诉讼模式的演进、证据制度的变化、科学技术的发展以及对鉴定问题认识的深化，大陆法系国家将鉴定作为独立的证据种类，并通过实体法和程序法对鉴定作出相应规定。①

1910年，著名的法国侦查学学者埃得蒙德·洛卡德在里昂创立了欧洲第一个警察侦查实验室。

1900年，奥地利医学家卡尔·兰德斯坦纳发现和确定ABO血型系统，这是人类历史上第一个被发现的血型系统。1901年，德国学者保罗·乌伦豪特在意大利学者罗格托·马格纳尼的研究基础上，研究出利用血清能够将人血、马血和牛血的干血痕区别开来的方法，为血痕鉴定技术的发展奠定了重要的技术基础。

1877年，德国颁布《刑事诉讼法典》和《民事诉讼法典》，这两部法典均对鉴定作出了相关规定，对德国的司法制度产生了深远的影响，并为后续的司法实践提供了重要的法律依据。德国的警察系统设有司法鉴定机构，分属于联邦和州警察局鉴定机构，它们之间互不隶属。法院与检察院不设立鉴定机构。法医学鉴定均在各医学院校的法医研究所开展。

1985年，苏联修正的《苏俄刑事诉讼法典》是现行《俄罗斯联邦刑事诉讼法典》的法律基础，分别于2003年和2005年两次修订，在"鉴定人的结论"外，又新增加了"专家"的规定，并在"鉴定人的结论"的基础上增加了"鉴定人的陈述"，以此明确"结论"与"陈述"的区别。与此相对应的是在《俄罗斯联邦民事诉讼法典》中规定了"鉴定人的结论和陈述"，并将"鉴定结论"作为独立的证据种类。

大陆法系国家中，鉴定资格由法律或有权机关规定，鉴定机构和鉴定人需保持中立，且设有回避制度。法院视鉴定人为其助手，鉴定程序由法官启动，警察和检察机关需请求法官决定鉴定需求。此制度追求实质公正与效率，但忽视了当事人在鉴定程序中的权利，且法官可能过度依赖鉴定结论。当前，这些弊端正驱动大陆法系国家推进司法鉴定体系的改革议程。

---

① 参见杜志淳主编：《司法鉴定概论》，法律出版社2018年版，第26页。

四、英美法系国家司法鉴定简史

(一) 英美法系国家专家证人制度的起源

英美法系国家实行的专家证人制度是在审判实践中逐渐形成的,早期为聘请某一领域具有经验的人参与案件的审判。

在公元5世纪至9世纪,英国的一些官员代表国王,负责对地方出现的死亡尸体进行勘验和证据调查,这种做法逐渐演变成了验尸官制度。

1345年,审理有关当事人伤口是否为新近形成案件时,法官聘请了外科医生作为顾问。随着陪审团制度的改革,14世纪的英国出现了利用专门知识帮助法庭解决疑难问题的"法庭顾问"。

1532年,英国法律规定,法庭对因暴力致死案件应当传唤医学专家提供专业意见。

1684年,英国科学家格雷博士利用显微镜提出了最早的研究指纹报告。

1892年,英国弗朗西斯·高尔顿出版了《指纹学》一书,为指纹鉴定奠定了理论基础,扩大了鉴定的范围。

18世纪后期,法庭一般不再指定专家证人,专家证人由当事人双方委托,出现了当事人双方聘请专家证人的情况,专家证人成为当事人的协助人。19世纪初期,现代诉讼制度中的专家证人制度基本形成。

(二) 英美法系国家专家证人制度的发展

随着科学技术的不断发展,英美法系国家的鉴定技术有了重大的发展变化。

19世纪,由于涉及枪杀案件增多,英国的一些法院逐渐接受了枪弹检验结论作为证据。

1902年,美国马萨诸塞州最高法院首次将枪弹鉴定采纳为证据。

1913年,美国开始有笔迹专家出庭作证。

1921年,美国加利福尼亚州的伯克利警察局第一次将测谎技术应用于诉讼过程中,并逐渐有私人测谎机构出现。

1923年,美国洛杉矶市警察局长奥古斯特·沃尔默在其警区内创立了第一个警察犯罪侦查实验室。鉴定机构被称为法庭科学实验室,分属于不同的管理部门,法院和检察院没有鉴定机构,这些机构互相不隶属。

1925 年,美国查尔斯·怀特在比较显微镜下开始了枪支的同一鉴定,并成为近代枪弹痕迹鉴定的创始人。

1984 年,英国遗传学家亚历克·杰弗里斯发现了"DNA 指纹"技术,开创了 DNA 证据检验的先河,后被广泛应用于法医学鉴定等领域。

英美法系中,专家证人作为诉讼双方的辅助,其资质并非由法律统一规定,而是由庭审法官审查认定。这一制度下,美国发展出一套严谨的专家证言采纳标准及科学证据可接纳性评估规则。

1993 年,美国联邦最高法院在达伯特诉麦热里·杜制药公司案中,推翻了之前依据弗赖伊案的"普遍接受标准",确立了"综合观察标准",后被称为"达伯特法则",并作为新的检验基准。该法则通过四种方法检验专家证言的可采性:科学理论是否经实验检验,基础理论或技术是否已发表且经同行复查,研究方法或技术的出错概率,以及特定科学领域中的学者认同度。这一法则为评估专家证言提供了更全面的标准,确保了证言的科学性和可靠性。

科技进步推动了鉴定制度的变革。20 世纪 90 年代,英国对其鉴定制度进行了一系列改革,将鉴定机构从政府中分离,形成独立的市场服务机构,并建立统一的管理模式。在英国,当事人可自行启动鉴定程序,法院通常不予限制。美国沿用了英国的专家证人制度,当事人对鉴定程序的启动、鉴定事项的决定及专家证人的选择均享有自主权。这些改革充分保障当事人诉讼权利功能,促进了英美法系国家对证据规则的灵活应用和对当事人权利的尊重。然而,这也使得法庭成为"专家争斗"的战场,其结果必然降低诉讼效率和影响案件事实真相的发现。

关键术语

1. 法庭科学(forensic science)
2. 司法鉴定(judicial expertise)
3. 科学证据(scientific evidence)
4. 证据规则(rules of evidence)
5. 司法检验(forensic examination)

6. 专家证人（expert witness）

 思考题

1. 现代科技的应用对司法鉴定带来哪些挑战和机遇？
2. 科学方法在实现司法鉴定客观性中的核心作用是什么？
3. 如何确保司法鉴定活动不受外部不当因素影响？
4. 在国际司法合作中如何确保司法鉴定结果的互认性？
5. 我国宋代法医学领先于世界的社会背景是什么？

 参考文献

1. 杜志淳主编：《司法鉴定概论》，法律出版社 2018 年版。
2. 黄瑞亭、陈新山编著：《〈洗冤集录〉今释——法医检验原理与案例》，科学出版社 2020 年版。
3. 霍宪丹主编：《司法鉴定学》，中国政法大学出版社 2016 年版。
4. 贾静涛：《中国古代法医学史》，群众出版社 1984 年版。
5. 贾治辉、孔熹：《交叉学科范式下"法庭科学"的建设方法与路径》，载《证据科学》2023 年第 1 期。
6. 茆巍：《清代司法检验制度中的洗冤与检骨》，载《中国社会科学》2013 年第 7 期。
7. 睡虎地秦墓竹简整理小组：《睡虎地秦墓竹简》，文物出版社 1990 年版。
8. 〔日〕松冈义正：《民事证据论》(上、下)，张知本译，中国政法大学出版社 2004 年版。
9. 《宋史全文》，汪圣铎点校，中华书局 2016 年版。
10. 杨天潼、常林：《法医学起源研究》，载《中国法医学杂志》2013 年第 5 期。
11. 杨一凡：《历代珍稀司法文献：洗冤录汇校》，社会科学文献出版社 2012 年版。

第二章　司法鉴定管理与质量控制

[情感目标]　认识司法鉴定质量控制对鉴定结果保障的价值,形成尊重法律、科学管理的态度,树立对司法公正和公共利益的高度责任感与使命感,立志成为有创新意识和合作精神的司法鉴定人才。

[知识目标]　了解司法鉴定活动的职业道德和执业纪律要求,熟悉司法鉴定行业管理的运作机制,掌握司法鉴定管理与质量控制的理论体系,构建起完整的司法鉴定管理与质量控制知识框架,为未来的工作实践奠定理论基础。

[能力目标]　熟悉司法鉴定机构的管理方法和手段,准确判断鉴定活动中的法律责任归属,具有一定的组织管理、沟通协调和调查研究能力,有效应对和解决可能出现的法律纠纷,维护鉴定活动的公正性与权威性。

第一节　司法鉴定管理体制概述

一、概念

2017年10月,中共中央办公厅、国务院办公厅印发了《关于健全统一司法鉴定管理体制的实施意见》。该意见指出,司法鉴定制度是解决诉讼涉及的专门性问题、帮助司法机关查明案件事实的司法保障制度。应健全统一司法鉴定管理体制,适应以审判为中心的诉讼制度改革,完善工作机制,严格执业责任,强化监督管理,加强司法鉴定与办案工作的衔接,不断提高司法鉴定质量和公信力,保障诉讼活动顺利进行,促进司法公正。

司法鉴定管理体制是指国家对司法鉴定机构的组织形式、司法鉴定机构和司法鉴定人执业活动,以及其他与司法鉴定有关的社会资源进行管理的模式,它与一个国家的侦查、起诉、审判职能的划分相适应,与诉讼制度、审判方式相联系。它包括管理的法律依据、管理职能、管理机构、管理方法和手段等。

鉴于司法鉴定的本质属性是法律性和科学性的统一。对司法鉴定活动实行科学有效的管理,应从其本质属性出发,根据其所具有的特征,制定有针对性的管理措施、方案和政策。司法鉴定是诉讼活动的组成部分。诉讼活动是一种由国家强制力保障的公权力活动,司法鉴定作为一种诉讼参与活动,提供的是一种公共产品,不仅涉及当事人利益和第三方利益,同时也涉及社会公共利益,具有社会公共属性。

二、司法鉴定行政管理

(一)司法鉴定行政管理的概念

司法鉴定行政管理可以理解为法定的行政机关(国务院司法行政机关和省级人民政府司法行政机关)对司法鉴定领域所进行的组织、控制、协调、监督等活动。

(二)司法鉴定行政管理的依据

根据我国《立法法》的规定,法律、行政法规,地方性法规以及部门规章均被纳入法的范围,我国司法鉴定管理的法律依据不限于狭义的全国人大及其常委会制定的法律。有鉴于此,司法鉴定管理的法律依据存在四个层次,即法律、行政法规、地方性法规以及部门规章。[1]

(1)法律。2005年全国人大常委会发布的《决定》明确由司法行政机关统一管理司法鉴定工作,赋予司法行政机关对鉴定人和司法鉴定机构实行登记管理的职责,确立了我国统一的司法鉴定管理体制基本框架。其他有关司法鉴定的规定见于《刑事诉讼法》《民事诉讼法》《行政诉讼法》《行政处罚法》《行政许可法》及《仲裁法》中,这些法律也是司法鉴定管理的法律依据。上述法律在全国范围均具有法律效力,行政法规、地方性法规,部门规章、司法机关的解释均不得与之相抵触,否则无效。

---

[1] 参见杜志淳主编:《司法鉴定概论》,法律出版社2018年版,第78页。

(2) 行政法规。行政法规是指国务院制定的有关司法鉴定管理活动的规范性文件。《国务院对确需保留的行政审批项目设定行政许可的决定》规定,保留司法行政机关"司法鉴定人执业资格审批"和"司法鉴定机构审批"的行政许可事项。

(3) 地方性法规。地方性法规是指省、自治区、直辖市的人民代表大会及其常务委员会,省、自治区人民政府所在地的市人民代表大会及其常务委员会和经国务院批准的较大市、经济特区的人民代表大会及其常务委员会,根据本行政区的具体情况和实际需要制定的规范性文件。截至2024年,全国共有26个省(区、市)的人大常委会先后制定了有关司法鉴定管理的地方性法规。

(4) 部门规章。部门规章,也称为行政规章,是指国务院所属的各部门制定的有关司法鉴定管理活动的规范性文件。如司法部发布的《司法鉴定程序通则》《司法鉴定文书规范》、公安部发布的《刑事技术鉴定规则》等,还有诸如最高人民法院、司法部发布的《关于建立司法鉴定管理与使用衔接机制的意见》等专门性规定。[1]

(三) 司法鉴定行政管理的主体和模式

在我国,司法鉴定行政管理的主管部门是司法行政机关。《决定》第3条规定:"司法部主管全国鉴定人和鉴定机构的登记管理工作。省级司法行政机关依照本决定的规定,负责对鉴定人和鉴定机构的登记、名册编制和公告。"根据《决定》的规定,全国对司法鉴定人和鉴定机构的登记管理工作由司法行政部门负责。具体来讲,对鉴定机构和鉴定人实行两级管理制度,由司法部全面负责对鉴定人和鉴定机构进行登记管理的工作。省级(包括省、自治区、直辖市)人民政府司法行政部门,即司法厅(局)具体实施对鉴定人和鉴定机构进行登记、名册编制和公告工作。司法部是国家司法行政管理的最高机关,负责全国范围内的司法鉴定行政管理工作。[2]

根据《决定》《行政许可法》和司法部颁布的《司法鉴定机构登记管理办法》《司法鉴定人登记管理办法》,由国务院司法行政机关、省级司法行政机关二级

---

[1] 参见张保生、贠丹、陈邦达等:《健全统一司法鉴定管理体制之协同化建设路径——兼与单一立法路径说商榷》,载《中国司法鉴定》2023年第1期。

[2] 参见全国人大常委会法制工作委员会刑法室编著:《全国人民代表大会常务委员会关于司法鉴定管理问题的决定释义》,法律出版社2005年版。

管理为主的司法鉴定行政管理模式已经确立。在此基础上,各地根据《行政许可法》等法律规定和工作需要,省级司法行政机关可以将有关工作交由下一级司法行政机关办理。设区的市级或直辖市的区(县)司法行政机关应当承担对司法鉴定机构的监督、管理工作。

(四)司法鉴定行政管理的内容和路径

根据《决定》《行政许可法》及国务院赋予的相关职责,司法部负责全国的司法鉴定管理工作,从司法鉴定行政管理的角度看,司法鉴定行政管理的内容包括:对司法鉴定机构及鉴定人实行准入管理、资质管理、执业管理、质量管理、监督管理和实施活动管理等。司法鉴定准入管理是司法行政机关依法对申请从事司法鉴定业务的法人、组织及自然人实行核准登记的一种行政管理活动;司法鉴定资质管理涉及鉴定机构资质评估、鉴定质量管理、鉴定人诚信等级评估和鉴定人教育培训等内容;司法鉴定的执业管理是政府主管部门对司法鉴定机构及司法鉴定人获准执业后进行司法鉴定活动及其相关行为的管理;质量管理是司法鉴定管理工作的核心,是鉴定意见科学权威的保障,包括内部质量管理、外部质量监控和质量管理服务,涉及认证认可、标准化、信息化和科技研发与应用推广等工作;司法鉴定执业管理可分为各级国家机关的监督和社会监督,其中司法行政机关依法对司法鉴定机构、司法鉴定人及其执业活动进行监督是监督的主要形式;司法鉴定实施活动管理包括机构自身对鉴定活动的管理和外部对鉴定委托、受理、实施、出具鉴定意见、出庭作证等方面的管理。

司法鉴定行政管理的主要路径可以归纳为以下几方面:第一,制定法规、规章、政策、规范性文件等对司法鉴定进行宏观调控、政策引导、法规约束和行业规范。第二,准入管理,即对司法鉴定机构、司法鉴定人依法进行准入管理。应根据相关规定遴选具有国家级资质的鉴定机构等。第三,执业监管,即对司法鉴定机构、司法鉴定人进行执业管理、质量监控的管理,其中包括推动鉴定机构的标准化管理和实行内部质量控制。应对鉴定机构进行资质等级评定,对鉴定人执业中诚信情况进行评估,以及鉴定知识更新与技能培训等。第四,对违规行为的处罚,即对司法鉴定机构、司法鉴定人在执业行为中的违法行为依法进行处罚,包括资质降级、停止执业、撤销登记等。第五,根据诉讼需要,对实践中出现的实用性很广泛的鉴定种类,由司法部商最高人民法院、最高人民检察院,增加统一登记管理的鉴定类别。

三、司法鉴定行业管理

（一）司法鉴定行业管理的依据

司法部在《决定》授权下制定颁布的《司法鉴定机构登记管理办法》第 4 条规定,司法鉴定实行行政管理与行业管理相结合的管理制度。司法行政机关对司法鉴定机构及其司法鉴定活动依法进行指导、管理和监督、检查。司法鉴定行业协会依照法律和章程进行自律管理。《司法鉴定机构登记管理办法》《司法鉴定人登记管理办法》属于司法部颁布的行政规章,其适用的范围是全国所有经过审核登记的司法鉴定机构和司法鉴定人。

司法鉴定的管理是一项系统工程。司法鉴定实质是一种法律规制下的科学技术活动,单靠国家的行政管理很难达到理想的效果。政府应当履行好"守门人"的角色,体现在司法鉴定管理中即应履行好制定政策法规以及行业发展规划等宏观管理职责,而司法鉴定行业组织应当发挥积极性、主动性,充分发挥专业知识上的优势,通过制定技术标准、规范职业操守等举措实现行业的自律管理。引入司法鉴定行业管理的最主要目的在于弥补司法鉴定行政管理的内在不足之处。司法行政机关作为司法鉴定的主管部门,面对的是纷繁复杂的种种专门性问题及技术鉴定机构,要对其进行人、财、物及技术指导等全方位的直接管理是不可行的。为弥补这一不足,势必要将某些事项交予社会组织进行管理。

（二）司法鉴定行业管理的内容

随着国内越来越多的省市建立司法鉴定行业协会,行业协会将对行政管理活动起到重要的协助和补充作用。司法鉴定行业管理的内容大致应包括以下几方面：

第一,配合司法行政机关做好相关的带有行政管理职能的工作。

第二,制定司法鉴定领域各专业的技术标准。与行政机关相比,行业组织制定技术标准具有专业优势。协会可组织各专业委员会研究制定各专业领域的鉴定技术标准,并根据科学技术的发展,及时修订各类鉴定标准。

第三,组织开展业务培训。随着科学技术不断发展,鉴定方法、手段也会不断进步,法律法规也常有更新,因此对鉴定人开展经常性的培训与指导也是行业协会的一项重要工作。

第四,进行职业道德教育、执业纪律约束。进行职业道德教育、执业纪律约束,对鉴定人、鉴定机构进行执业监管,对违规行为进行惩戒等是行业协会的又一项工作。通过行业协会工作,要形成鉴定机构、鉴定人自我约束、自我教育、自律执业的良好局面。

第五,开展学术交流与技术合作。通过行业协会可以在国内、国际开展司法鉴定各专业、各层次的学术交流与技术合作,促进科技和学科的进步。

第六,做好司法鉴定领域的科学研究,重大疑难、复杂案件的鉴定协调与组织工作。

第七,完成司法鉴定主管机关交办的其他工作。

第二节　司法鉴定机构与鉴定人管理

一、司法鉴定机构

司法鉴定机构是司法鉴定人的执业机构,应当具备《司法鉴定机构登记管理办法》规定的条件,经省级司法行政机关审核登记,取得司法鉴定许可证,在登记的司法鉴定业务范围内,开展司法鉴定活动。

二、司法鉴定机构的管理

司法鉴定机构的管理,主要是指对司法鉴定机构的准入管理、资质管理、执业管理、质量管理、监督管理和实施活动的监控等。根据《决定》的规定,对鉴定机构实行两级管理制度,司法部主管全国司法鉴定机构的登记管理工作,省级司法行政机关负责对鉴定机构的登记、名册编制和公告工作。司法部和省级司法行政机关的管理工作具体包括以下几个方面:

(1) 司法部是国家司法行政管理的最高机关,负责全国范围内的司法行政管理工作。司法部负责对司法鉴定实行登记管理,便于其在全国范围内统一设定、规划管理的内容和方式,防止出现"条块分割,各自为政"的情况,切实保障鉴定机构独立、自主地开展鉴定活动。所谓"主管"，是指司法部并不负责具体的登记管理事务，而是对登记管理工作进行领导、规划和监督。司法部通过制定规范性文件实现管理，促进司法鉴定工作的规范化和法治化；根据需要会同有关部门制定有关司法鉴定登记管理工作的实施细则、司法鉴定执业分类标准、实验室及鉴定仪器设备标准、鉴定文书标准、鉴定收费标准等，具体规范司法鉴定管理工作。

（2）省级司法行政部门负责具体的登记、名册编制和公告工作，即由省级司法行政部门按照《决定》和司法部制定的规范性文件负责具体登记管理工作。省级以下各级司法行政部门（不含省级）不承担对鉴定机构的登记、名册编制和公告工作。根据《决定》，省级司法行政机关负责编制本行政区域的司法鉴定机构名册，报司法部备案后，每年公告一次。司法部负责汇总省级司法行政机关编制的司法鉴定机构名册并定期公告。这样的规定主要是为了建立统一的鉴定机构准入制度，保证鉴定工作的质量和水平。同时有利于选择委托鉴定机构，方便当事人参与诉讼活动。

三、司法鉴定机构的义务和法律责任

（一）司法鉴定机构的义务

严格规定鉴定机构从事司法鉴定业务时应当履行的法定义务，对于保证鉴定机构为诉讼当事人提供高质量的鉴定服务、保护诉讼当事人的合法权益、保障诉讼活动的顺利进行具有重要的意义。《决定》第12条对鉴定人和鉴定机构从事司法鉴定业务规定了法定的义务，司法部颁布的《司法鉴定机构登记管理办法》也对鉴定机构明确了应承担的义务，归纳起来，司法鉴定机构应承担以下法定义务：一是司法鉴定机构开展司法鉴定活动应当遵循合法、中立、规范、及时的原则；二是司法鉴定机构应当统一受理委托，组织所属的司法鉴定人开展司法鉴定活动，遵守法律法规和有关制度，遵守统一的司法鉴定程序，正确适用技术标准、技术规范和技术方法。

（二）司法鉴定机构的法律责任

法律责任与法定义务有着密切的关联。司法鉴定机构如不履行法定义务，就会承担相应的法律责任。司法鉴定机构承担法律责任主要有三个方面，即行

政法律责任、民事法律责任和刑事法律责任。在现有的法律框架下,鉴定机构在日常工作中承担的主要是行政法律责任。

(1)行政法律责任方面,《决定》第13条对鉴定机构的法律责任作了明确的规定。司法部根据《决定》的规定在《司法鉴定机构登记管理办法》中也制定了相应的条款。鉴定机构违反《决定》的行政处罚分两种情况:一是对鉴定机构违反《决定》规定行为的行政处罚,主要是警告、责令改正;二是给予鉴定机构严重违法情形的行政处罚,主要是在一定期限内停止从业,撤销登记。对于撤销登记的,应当及时将被撤销登记的鉴定机构的名单在鉴定机构名册中予以清除,并进行公告。

(2)民事法律责任方面,依据相关法律,司法鉴定机构在开展司法鉴定活动中因违反相关法律和过错行为应承担民事责任的,按照民事法律的有关规定执行。

(3)刑事法律责任方面,依据我国刑事诉讼法律的规定,司法鉴定机构在开展司法鉴定活动中违反我国刑法的相关规定,构成犯罪的鉴定机构相关人员应承担刑事法律责任。

四、司法鉴定人

(一)我国司法鉴定人的概念

《司法鉴定人登记管理办法》对司法鉴定人的概念作了规定,将其定义为"运用科学技术或者专门知识对诉讼涉及的专门性问题进行鉴别和判断并提出鉴定意见的人员"。司法鉴定人是司法鉴定活动的重要实施者,司法鉴定人实施的鉴定行为将科学技术直接服务于司法活动具有科学性、客观性、独立性、公正性等特征。

(二)司法鉴定人的条件

1. 鉴定实践能力

鉴定实践能力,是指司法鉴定人具备独立解决本学科范围内相关的涉及诉讼的专门性问题的能力,这是鉴定人开展鉴定的基本条件。在诉讼活动中,鉴定人是凭借其具有的专门知识和技能或特别经验,从专业的角度对诉讼中涉及的问题提出意见,这需要有一定的专业知识和实践能力,即应当是所从事鉴定业务领域的专家。

2. 法学知识

司法鉴定是在诉讼中进行的,司法鉴定人作为诉讼参加人,应当具备一定的法学基础知识。司法鉴定活动离不开诉讼的活动过程,因此具备一定的法学知识,能够使司法鉴定人更规范、严格地从事司法鉴定工作,也能够避免鉴定人只有技术不懂法律的情况,保证司法鉴定工作的正常开展。

3. 申请从业资格

司法鉴定人需要以科学技术与专门知识解决诉讼涉及的专门性问题,个人申请从事司法鉴定业务,应当具备下列条件:

(1) 拥护宪法,遵守法律法规、规章和社会公德,品行良好。

(2) 具有与所申请从事的司法鉴定业务相关的高级专业技术职称;或者具有相关的专业执业资格或者高等院校相关专业本科以上学历,从事相关工作五年以上;或者申请从事经验鉴定型或者技能鉴定型司法鉴定业务的,应当具备相关专业工作十年以上经历和较强的专业技能。

(3) 所申请从事的司法鉴定业务,行业有特殊规定的,应当符合行业规定。

(4) 拟执业机构已经取得或者正在申请司法鉴定许可证。

(5) 身体健康,能够适应司法鉴定工作需要。

(三) 我国司法鉴定人的诉讼地位

根据我国现行法律,司法鉴定人与诉讼代理人、证人、辩护人及翻译人员一样,为独立的诉讼参与人。司法鉴定人是具有科学技术和专门知识的独立的诉讼参与人。在我国,司法鉴定人既不是法官的"科学辅助人",也不是当事人任何一方的"技术顾问,专家证人",而是帮助司法机关解决诉讼案件中的专门性问题的诉讼参与人。司法鉴定人因受司法机关指派或聘请、委托,解决诉讼案件中的专门性问题,为法庭审理提供科学证据而独立参与诉讼活动。根据诉讼法的规定,司法鉴定人履行鉴定职务时适用诉讼法规定的回避制度。

(四) 司法鉴定人的权利

根据《司法鉴定人登记管理办法》第21条的规定,司法鉴定人执业有下列权利:(1)了解、查阅与鉴定事项有关的情况和资料,询问与鉴定事项有关的当事人、证人等;(2)要求鉴定委托人无偿提供鉴定所需要的鉴定材料;(3)进行鉴定所必需的勘查、检验、检查、检测和模拟实验等;(4)拒绝接受不合法、不具备鉴定条件或者超出登记的执业类别的鉴定委托；(5)拒绝解决、回答与鉴定无关的问题；(6)鉴定意见不一致时，保留不同意见；(7)接受教育培训；(8)获得合法报酬和出庭保障费用等；(9)鉴定人认为因在诉讼中作证，本人或者其近亲属的人身安全面临危险的，可以向人民法院、人民检察院、公安机关请求予以保护；(10)法律法规规定的其他权利。

（五）司法鉴定人的义务

根据《司法鉴定人登记管理办法》第22条的规定，司法鉴定人执业应当履行下列义务：(1)受所在司法鉴定机构指派按照规定时限独立完成鉴定工作，并出具鉴定意见；(2)对鉴定意见负责；(3)依法回避；(4)妥善保管鉴定材料；(5)保守在执业活动中知悉的国家秘密、商业秘密、个人隐私；(6)依法出庭作证，回答与鉴定有关的询问；(7)自觉接受司法行政机关的管理和监督、检查；(8)参加司法鉴定岗前培训和继续教育；(9)法律法规规定的其他义务。

第三节 司法鉴定质量控制

一、资质认定和认可

（一）资质认定

司法鉴定机构"认证认可"中的"认证"来源于适用实验室的"计量认证"和适用检查机构的"审查认可"，2006年颁布《实验室和检查机构资质认定管理办法》后统称为"资质认定"。所谓资质认定，是指依照《检验检测机构资质认定管理办法》的相关规定，由市场监督管理部门依照法律、行政法规规定，对向社会出具具有证明作用的数据、结果的检验检测机构的基本条件和技术能力是否符合法定要求实施的评价许可。2003年颁布的《认证认可条例》第16条规定："向社会出具具有证明作用的结果和数据的实验室和检查机构，必须依法认定。"

资质认定活动的依据为《计量法》及其实施细则、《认证认可条例》和《检验检测机构资质认定管理办法》。

(二) 实验室认可

国际上,实验室认可体系起源于 1947 年澳大利亚国家检测机构协会(NATA),成为检测数据保障制度的典范。司法鉴定机构"认证认可"中的"认可"来源于适用实验室的"实验室认可"和适用检查机构的"检查机构认可",其评审依据分别为 ISO/IEC 17025《检测和校准实验室能力认可准则》和 ISO/IEC 17020《检查机构能力认可准则》。

中国合格评定国家认可委员会(CNAS)是根据《认证认可条例》的规定,由国家认证认可监督管理委员会批准设立并授权的国家机构,统一负责对认证机构、实验室和检查机构等相关机构的认可工作。CNAS 是亚太实验室认可合作组织(APLAC)和国际实验室认可合作组织(ILAC)的正式成员。近年来,公安部、司法部等部门陆续发布了有关司法鉴定管理的政策,特别是提出了有关资质认定和实验室认可的相关要求,不断促进我国司法鉴定行业的高质量发展,提升司法鉴定机构的鉴定质量。①

二、司法鉴定实验室的能力验证

按照 ISO/IEC 17025 等国际标准的相关规定,对检测和校准实验室能力的评定,通常可采用两种方法:一是现场评审,由权威机构对机构或个人是否有能力执行特定任务作出评价;二是通过能力验证活动,持续监控机构的技术能力。这是两种互为补充的评定技术。认可工作主要通过能力验证活动来确定司法鉴定机构的技术能力。

能力验证,也称水平测试,是指利用实验室间比对确定实验室的校准/检测能力,是认可机构加入和维持国际实验室认可合作组织多边相互承认协议(ILAC-MRA)的必要条件之一。能力验证计划可由实验室认可机构(包括国际上互认的实验室认可机构和实验室认可机构的合作组织)能力验证计划提供者、政府管理部门或其他具有资质的机构来运作。

---

① 参见高俊薇、鹿阳、冯涛等:《司法鉴定机构实验室认可数量变化及相关政策影响分析》,载《中国司法鉴定》2023 年第 6 期。

三、司法鉴定机构质量保证体系的建立

司法鉴定机构具有独立于诉讼当事人的中立地位和社会公益性质,依法独立实施鉴定活动,不受来自行政的、经济的和其他因素的干扰,这对于鉴定意见的权威性和社会公信力是非常必要的。但是仅仅做到这些还是不够的,司法鉴定机构不仅要保证鉴定活动的合法性和公正性,还要确保其科学性和客观性。司法鉴定机构的组织性质、管理水平、技术能力才是保证鉴定意见合法、公正、客观,以及证明效力的充分要素。

CNAS进行的检测和校准实验室能力认可,提供了对各行业机构是否达到国际标准的权威评价机制。检测和校准实验室能力认可是CNAS按照科学、公正的原则,根据国际检测和校准实验室能力认可准则的要求,对被审核的检测和校准实验室的管理水平和技术能力的正式承认(认可),而建立质量管理体系是实验室/检查机构管理的核心内容,是检测和校准实验室能力认可的前提和基础。为满足司法鉴定/法庭科学领域认可发展的新需求,适应国际互认的新要求,CNAS依托"十二五"国家科技支撑计划项目的科研课题成果,于2013年制定并发布CNAS-CL08《司法鉴定/法庭科学机构能力认可准则》。该准则覆盖了ISO/IEC 17025的全部管理要求和技术要求,同时部分条款和注解引用了ISO/EC 17020和ILACG19的部分内容及我国法律法规的相关要求,以满足司法鉴定领域和鉴定活动的法律属性。该准则的发布和实施,标志着CNAS创建了适用于司法鉴定法庭科学机构的专项认可制度,也标志着司法鉴定领域认可工作进入了一个新阶段,在国际上具有创新性和先进性。[①]

四、司法鉴定材料的监控

司法鉴定材料的收集、传递、保全是否符合标准的规定要求,是影响鉴定质量的重要环节。因此,司法鉴定过程中应当妥善保管送检材料,并依鉴定程序逐项建立档案;鉴定时若需耗尽检材或损坏原物的,应当商请委托人同意;鉴定结束后,应将鉴定书连同剩余的检材,一并发还送检单位;有研究价值,需要留作标本的,应征得送检单位的同意,并商定留用的时限和保管、销毁的责任。

---

① 参见沈敏:《我国司法鉴定认证认可制度的构建和实践》,载《中国司法鉴定》2020年第5期。

《司法鉴定程序通则》(司法部令第 132 号)第 12 条明确规定:"鉴定材料包括生物检材和非生物检材、比对样本材料以及其他与鉴定事项有关的鉴定资料"。其第 22 条要求,司法鉴定机构应当建立鉴定材料管理制度,严格监控鉴定材料的接收、保管、使用和退还。司法鉴定机构和司法鉴定人在鉴定过程中应当严格依照技术规范保管和使用鉴定材料,因严重不负责任造成鉴定材料损毁、遗失的,应当依法承担责任。

第四节 司法鉴定职业伦理与法律责任

一、司法鉴定职业伦理的概念

（一）职业道德和执业纪律的概念

伦理或道德是在一定社会历史时期用以调整个人与个人之间、个人与集体之间,以及个人与社会之间关系的一种行为规范。"实际上,每一个阶级,甚至每一个行业,都各有各的道德。"因而,职业道德是指与特定的职业活动紧密联系的符合职业特点的道德观念和道德规范的总和,它是社会公共道德在特定职业活动中的具体化。[①]

执业纪律是指从事某种职业的主体在具体的执业活动中应当遵循的执业规范。执业纪律是职业道德基本内容与要求的具体体现,是由行业协会等管理组织依据本行业的特点和特殊要求制定的,具有一定的强制性,违反执业纪律要承担相应的纪律制裁,是职业道德得以有效贯彻、落实的保障。

（二）司法鉴定职业伦理

司法鉴定职业伦理是指司法鉴定行业内部的职业道德和执业纪律,以及违反职业道德和执业纪律而产生的道德责任和纪律责任。它是一种行业内部进行自我约束的行为规范。

司法鉴定职业伦理是司法鉴定作为一种特殊的职业活动本身所要求和应

---

① 参见尧新瑜:《"伦理"与"道德"概念的三重比较义》,载《伦理学研究》2006 年第 4 期。

当具备的道德规范。从适用对象来看,司法鉴定职业道德和执业纪律适用的对象既包括司法鉴定人,也包括司法鉴定机构。

二、司法鉴定执业法律责任概述

(一)司法鉴定执业责任概念

在汉语中,"责任"一词有三方面基本含义:(1)分内应做的事情,指职责和义务。(2)特定的人对特定事项的发生、发展、变化及其效果负有积极义务。(3)因没有做好分内应做的事或没有履行好义务而承担的不利后果。法律责任的含义有广义和狭义之分,广义的法律责任包括了法律义务,狭义的法律责任仅仅指违反了法律义务的后果。司法鉴定执业责任,是指司法鉴定人和鉴定机构在执业活动中应当遵循的法定或约定义务,以及在违反法定或约定义务的情况下,所应承担的法律上的后果。

(二)司法鉴定执业责任的主要类型

依据不同的标准,司法鉴定活动中涉及的执业法律责任可以划分为以下几种:

(1)按照公法和私法的划分,司法鉴定执业责任可以划分为公法上的责任和私法上的责任。前者包括行政责任、刑事责任、诉讼法上的责任(程序性责任)、国家赔偿责任等。后者主要是指司法鉴定人、司法鉴定机构与鉴定事项当事人之间的民事赔偿责任。

(2)依据承担责任的主体不同,司法鉴定执业责任可以分为司法鉴定人的法律责任和司法鉴定机构的法律责任。

(3)依据所承担的法律责任的性质不同,司法鉴定执业责任可以分为刑事责任、民事责任、行政责任、国家赔偿责任以及在诉讼过程中办案机关承担的程序性责任。刑事责任是指司法鉴定机构和司法鉴定人依据刑法规定所承担的责任,如司法鉴定人伪证罪。民事责任是指司法鉴定机构和司法鉴定人在鉴定活动中或者鉴定结果给鉴定事项当事人造成损失而承担的赔偿责任。行政责任则是指司法鉴定活动的主管行政机关对违规的司法鉴定机构和司法鉴定人实施的行政处罚。国家赔偿责任则是指在诉讼活动中,因国家机关实施的司法鉴定活动或者采纳错误的司法鉴定意见致使当事人权益受损,依法由国家承担的赔偿责任。程序性责任是指司法鉴定人在诉讼活动中应当履行的义务和职责以及不履行诉讼法所规定的义务和职责时受到的相应制裁，主要由诉讼法规定。

三、司法鉴定职业道德和执业纪律的特征和意义

（一）司法鉴定职业道德和执业纪律的特征

司法鉴定职业道德和执业纪律具有如下特征：

（1）从内容上看，司法鉴定职业道德和执业纪律鲜明地表达了司法鉴定的职业特征和执业行为上的道德准则。它不仅概括性地反映了社会公共道德的要求，而且反映了司法鉴定职业、司法鉴定行业及司法鉴定这一产业的特殊性。

（2）从发展历史看，它是在特定的司法鉴定执业实践的基础上逐步形成的，体现了司法鉴定职业特有的道德传统和道德习惯，体现了从事司法鉴定职业的工作者所特有的道德心理和道德品质。这一特征要求必须从司法鉴定的基本属性，从保障司法公正、维护社会正义，从建设社会主义和谐社会的总体要求出发对司法鉴定行业进行准确定位，在政府的主导下逐步形成合理的职业道德和执业纪律体系。《决定》为司法鉴定体制改革以及司法鉴定职业道德和执业纪律建设提供了良好的契机。

（3）从调整范围看，司法鉴定职业道德和执业纪律是对司法鉴定行业进行全方位的规范和引导。其调整范围包括司法鉴定从业人员与其服务对象之间的关系，司法鉴定从业人员内部关系，司法鉴定从业人员和社会整体的关系，司法鉴定从业人员与司法行政管理机关、行业主管部门、办案机关等国家机关的关系等。

（4）司法鉴定职业道德和执业纪律的具体表现形式灵活多样，它可以从本行业的实际需要出发，采用制度、守则、承诺、条例、标语或者口号等多种形式予以表现，在惩戒方式上，除了正式的惩戒之外，也可以是非正式口头批评、通报等。

（二）司法鉴定职业道德和执业纪律的意义

就司法鉴定行业而言，应当按照时代要求，在弘扬中华民族传统美德、吸收西方先进职业道德的基础上，建立起符合时代精神、符合社会主义市场经济要

求、符合司法鉴定活动本质属性的司法鉴定职业道德和执业纪律规范。[①]

(1) 明确和制定司法鉴定职业道德和执业纪律有利于保障司法鉴定活动本身的客观性、科学性和准确性,增强司法鉴定意见的可靠性、可信度和社会公信力,保障、维护司法公正,进而实现社会正义。

(2) 明确和制定司法鉴定职业道德和执业纪律能够通过政府管理和行业自律相结合的管理模式推动司法鉴定活动的规范化、有序化,维护司法鉴定行业内部的公平、公正竞争,遏制不正当竞争,促进行业内部的交流与互助,提高司法鉴定人员的业务素质和自身修养,促进司法鉴定行业的技术进步和持续发展。

(3) 司法鉴定职业道德、执业纪律与从业人员的执业活动紧密结合,能够通过长期的执业实践逐步内化形成比较稳定的司法鉴定职业心理、职业意识和职业习惯,增强司法鉴定从业人员的职业认同感和荣誉感,自觉履行司法鉴定活动的各项要求,减少违规、违纪、违法现象的发生,从而推动司法鉴定行业的整体发展和进步。

(4) 司法鉴定职业道德和执业纪律不仅是从业人员在执业活动中的行为准则和要求,而且体现了本行业对社会所承担的道德义务和责任。因而,通过制定和贯彻执行严格的执业纪律促使司法鉴定从业人员形成良好的职业道德修养,不仅能够提高司法鉴定行业的整体形象,更好地服务于社会,而且也有助于推动整个社会道德水平的提高。

四、 司法鉴定职业伦理的内容体系

司法鉴定职业道德和执业纪律的内容体系包括以下几个方面:

第一,制定依据。制定司法鉴定职业道德和执业纪律的依据主要是国家的相关法律法规和部门规章,如《决定》《刑事诉讼法》《民事诉讼法》《行政诉讼法》《行政许可法》等法律及相关的部门规章等。

第二,在司法鉴定业务活动方面。(1) 司法鉴定人在司法鉴定业务活动中应当忠于事实、尊重科学,积极探求事实真相。(2) 司法鉴定人应当依法独立开展鉴定活动,不受任何单位和个人的影响和干预。(3) 司法鉴定人在鉴定活动

[①] 参见霍宪丹主编:《司法鉴定学》,北京大学出版社2014年版。

中应当严格遵守司法鉴定程序和相关技术标准、规范要求。(4)司法鉴定人不得同时在两个以上司法鉴定机构执业。

第三,在与其他司法鉴定机构和鉴定人之间的关系方面。司法鉴定机构和鉴定人在执业活动中应当相互尊重,遵循公开、公平、公正竞争的原则,尊重同行,积极开展同业互助,共同提高执业水平。司法鉴定机构和鉴定人不得采取任何不正当竞争手段如损害其他司法鉴定机构和司法鉴定人的声誉、信誉或名誉等方式争揽业务。

第四,在与鉴定事项当事人之间的关系方面。(1)司法鉴定人在执业活动中应当诚实守信,勤勉尽责地为委托机关和当事人服务,按时、按质地完成委托鉴定业务。(2)严守执业过程中获知的国家秘密、商业秘密、个人隐私以及其他委托人不愿公开的事项。(3)不得与对方当事人或对方当事人委托的司法鉴定人合谋从事损害当事人权益的活动。

第五,在与监督管理机构的关系方面。司法鉴定机构和鉴定人在执业活动中应当自觉接受和服从国家司法行政主管机关和司法鉴定人协会的监督、检查和管理。不得以隐瞒事实、弄虚作假、消极抵制等手段妨碍司法行政机关和司法鉴定人协会的执业监管活动。

第六,在司法鉴定人自身业务修养方面。司法鉴定人应当勤于学习,肯于钻研,自觉、积极参加司法鉴定业务岗前培训和继续教育学习,不断提高自身业务素质。

第七,在受理案件和业务收费方面。司法鉴定机构和鉴定人在业务活动中应当廉洁自律,严格遵守国家各项财务管理规定。司法鉴定机构应当按照规定统一接受委托和收取鉴定费用,安排相关鉴定业务人员进行鉴定,司法鉴定人不得私自接受当事人的委托,不得私自截留、挪用、私分和侵占鉴定费用,不得以任何理由和方式向鉴定当事人或其他利害关系人索取或者收受财物。

第八,在参与诉讼和仲裁活动方面。司法鉴定人应当遵守诉讼活动和仲裁活动中的相关规定,如按照要求出庭作证,言行举止文明,遵守审判庭和仲裁庭的纪律,不得损害司法机关和仲裁机关的名誉和威信。

第九,在纳税方面,司法鉴定机构和鉴定人在执业过程中应当依法履行纳税义务,按照税法和税务管理机关的要求申报和缴纳税款,接受税务机关的监督和检查。

五、行政法律责任

(一) 行政法律责任的概念

司法鉴定活动中的行政法律责任,是指司法鉴定机构和鉴定人在执业活动中违反有关司法鉴定管理的行政法律法规、部门规章,司法鉴定职业道德和执业纪律的规定,司法行政主管机关依法给予的行政处罚。按照行政法律责任承担的主体不同,可分为司法鉴定人的行政责任和司法鉴定机构的行政责任。

(二) 行政法律责任的内容

对于司法鉴定机构和鉴定人可能承担的行政责任,《决定》和《司法鉴定人登记管理办法》《司法鉴定机构登记管理办法》建立起了相对完整的行政法律责任体系。

《决定》第13条规定,鉴定人或者鉴定机构有违反本决定规定行为的,由省级司法行政机关予以警告,责令改正。鉴定人或者鉴定机构有下列情形之一的,由省级司法行政机关给予停止从事司法鉴定业务3个月以上1年以下的处罚;情节严重的,撤销登记:(1)因严重不负责任给当事人合法权益造成重大损失的。(2)提供虚假证明文件或者采取其他欺诈手段,骗取登记的。(3)经人民法院依法通知,拒绝出庭作证的。(4)法律、行政法规规定的其他情形。鉴定人故意作虚假鉴定,构成犯罪的,依法追究刑事责任;尚不构成犯罪的,依照前款规定处罚。《司法鉴定人登记管理办法》《司法鉴定机构登记管理办法》进一步细化了司法鉴定机构和司法鉴定人的法律责任和具体的处罚规定。

(1) 司法鉴定人的法律责任。司法鉴定人的法律责任主要包括:① 未经登记的人员,从事已纳入《司法鉴定人登记管理办法》调整范围司法鉴定业务的,由其所在地的县级以上司法行政机关责令其停止司法鉴定活动;有违法所得的,没收违法所得,并处以违法所得1倍以上至3倍以下的罚款,罚款总额最高不得超过3万元。② 司法鉴定人有下列情形之一的,由省级司法行政机关或者设区的市级、直辖市的区(县)司法行政机关依法给予警告,并责令其改正,有违法所得的,没收违法所得;同时在两个以上司法鉴定机构执业的;超出登记的执业类别执业的;私自接受司法鉴定委托的;违反保密和回避规定的;拒绝接受司法行政机关监督、检查或者向其提供虚假材料的;违反规定会见当事人及其委托人的;违反司法鉴定程序从事司法鉴定活动的;违反规定以有专门知识的人身份参与诉讼活动的;涂改、倒卖、出租、出借、转让司法鉴定人执业证的;无正当理由不参加司法鉴定人教育培训的;法律法规和规章规定的其他情形。③ 司法鉴定人有下列情形之一的,由省级司法行政机关给予停止执业3个月以上1年以下的处罚;情节严重的,撤销登记;构成犯罪的,依法追究刑事责任:因严重不负责任给当事人合法权益造成重大损失的;具有(2)规定的情形之一并造成严重后果的;提供虚假证明文件或者采取其他欺诈手段,骗取登记的;经人民法院依法通知,非法定事由拒绝出庭作证的;故意做虚假鉴定的;因严重不负责任造成鉴定材料损毁、遗失的;收受当事人及其委托人财物的;法律法规规定的其他情形。④ 司法鉴定人因违反相关规定,在受到警告处罚后一年内又发生应当给予警告处罚情形的,由省级司法行政机关给予停止执业3个月以上1年以下的处罚;在停止执业处罚期间及处罚期满后两年内又发生应当给予停止执业处罚情形的,由省级司法行政机关撤销登记。

(2) 司法鉴定机构的法律责任。司法鉴定机构的法律责任主要包括:① 法人或者非法人组织未经登记,从事已纳入《司法鉴定机构登记管理办法》调整范围司法鉴定业务的,由其所在地的县级以上司法行政机关责令停止司法鉴定活动,没收违法所得,并处以违法所得1倍以上3倍以下的罚款,罚款总额最高不得超过3万元。② 司法鉴定机构有下列情形之一的,由省级或者设区的市级、直辖市的区(县)司法行政机关依法给予警告,并责令其改正;有违法所得的,没收违法所得:超出登记的司法鉴定业务范围开展司法鉴定活动的;未经依法登记设立分支机构或者未经省级司法行政机关批准,在登记执业场所外设立受理、接案、代办、采样、出诊点(处)的;未依法办理变更登记的;涂改、出租、出借、转让司法鉴定许可证的;组织未取得司法鉴定人执业证的人员从事司法鉴定业务的;无正当理由拒绝接受司法鉴定委托的;违反司法鉴定收费管理规定的;支付回扣、介绍费,进行虚假宣传等不正当行为的;违反司法鉴定程序的;拒绝接受司法行政机关监督、检查或者向其提供虚假材料的;法律法规和规章规定的其他情形。③ 司法鉴定机构有下列情形之一的,由省级司法行政机关依法给予停止从事司法鉴定业务3个月以上1年以下的处罚;情节严重的,撤销登记;有违法所得的,没收违法所得:因严重不负责任给当事人合法权益造成重大损失的;具有②规定的情形之一,并造成严重后果的;提供虚假证明文件或采取其他欺诈手段骗取登记的；司法鉴定机构胁迫、指使所属司法鉴定人作虚假鉴定的；因严重不负责任，造成鉴定材料损毁、遗失的；法律法规规定的其他情形。④ 司法鉴定机构停止执业处罚期间继续受理司法鉴定委托，或者停止执业处罚期间及期满后两年内又发生应当给予停止从事司法鉴定业务的违法行为的，由省级司法行政机关撤销登记。

（3）行政处罚的种类。《决定》《司法鉴定人登记管理办法》和《司法鉴定机构登记管理办法》对于违规的司法鉴定机构和司法鉴定人规定的行政处罚种类包括：① 警告，责令改正；② 3个月以上1年以下的停止执业；③ 撤销登记；④ 责令停业；⑤ 罚款。对于未经登记的法人、其他组织或者人员，从事已纳入司法部《司法鉴定人登记管理办法》《司法鉴定机构登记管理办法》调整范围司法鉴定业务的，省级司法行政机关应当责令其停止司法鉴定活动，并处以违法所得1至3倍的罚款（罚款总额最高不得超过3万元）。

六、刑事法律责任

司法鉴定活动中的刑事法律责任是指司法鉴定机构和鉴定人在执业活动中触犯刑事法律所承担的刑罚责任。在我国，由于司法鉴定活动涉及诸多方面，司法鉴定机构和鉴定人在执业活动中可能实施的犯罪行为也可能涉及多个罪名，如泄露国家机密罪、泄露商业秘密罪、商业贿赂方面的犯罪等，而且有些犯罪的主体不仅包括司法鉴定人而且也包括司法鉴定机构（作为单位犯罪的主体）。当然，这些犯罪的主体并不只是包括司法鉴定人和司法鉴定机构这一特殊主体，对于这些犯罪，应当按照相关法律规定予以处理。以司法鉴定人这一特殊主体身份构成的犯罪主要是伪证罪。

（一）司法鉴定人伪证罪的构成要件

《刑法》第305条规定，在刑事诉讼中，证人、鉴定人、记录人、翻译人对与案件有重要关系的情节，故意作虚假证明、鉴定、记录、翻译，意图陷害他人或者隐匿罪证的，处3年以下有期徒刑或者拘役；情节严重的，处3年以上7年以下有期徒刑。《决定》第13条第3款也规定，鉴定人故意做虚假鉴定，构成犯罪的，依法追究刑事责任。

司法鉴定人伪证罪的构成要件包括：（1）主体要件。鉴定人伪证罪的主体是接受委托或聘请从事司法鉴定活动的自然人。（2）主观方面。鉴定人伪证罪的主观方面只能是直接故意,具有陷害他人或者隐匿罪证的意图。即行为人明知自己的行为会发生妨害司法客观公正进而陷害他人或者为他人开脱罪责的结果,并且希望这种结果的发生。(3)客体要件。侵犯或妨害司法活动的正常进行。(4)客观方面。本罪客观上表现为在刑事诉讼中,对与案件有重要关系的情节或事实作虚假鉴定。虚假一般包括两种情况,一是无中生有,捏造或者夸大事实以陷人于罪,二是将有说无,掩盖或者缩小事实以开脱罪责。

(二)司法鉴定人的伪证罪

我国的伪证罪的适用范围仅限于刑事诉讼领域,而不能适用于民事诉讼和行政诉讼,也不能适用到非诉讼活动以外的仲裁、调解等领域。《民事诉讼法》第115条规定,诉讼参与人或者其他人有伪造、毁灭重要证据,妨碍人民法院审理的;以暴力、威胁、贿买方法阻止证人作证或者指使、贿买、威胁他人作伪证的;以暴力、威胁或者其他方法阻碍司法工作人员执行职务的,可以对其主要负责人或者直接责任人员予以罚款、拘留;构成犯罪的,依法追究刑事责任。《行政诉讼法》第59条规定,伪造、隐藏、毁灭证据或者提供虚假证明材料,妨碍人民法院审理案件的;指使、贿买、胁迫他人作伪证或者威胁、阻止证人作证的,可以对其主要负责人或者直接责任人员予以罚款、拘留;构成犯罪的,依法追究刑事责任。

此外,由于《决定》保留了侦查机关设置的鉴定机构和鉴定人员,侦查机关的司法鉴定人属于国家工作人员,在鉴定活动中构成犯罪的,应当按照《刑法》第397条的规定处理。该条规定,国家机关工作人员滥用职权或者玩忽职守,致使公共财产、国家和人民利益遭受重大损失的,处3年以下有期徒刑或者拘役;情节特别严重的,处3年以上7年以下有期徒刑。国家机关工作人员徇私舞弊,犯前款罪的,处5年以下有期徒刑或者拘役;情节特别严重的,处5年以上10年以下有期徒刑。

七、民事法律责任

(一)民事法律责任的概念及性质

司法鉴定机构和鉴定人在司法鉴定执业活动中的民事法律责任是指司法鉴定人在鉴定过程中,侵害鉴定事项当事人合法权益的情况下所承担的赔偿责任。《民法典》第186条规定,因当事人一方的违约行为,损害对方人身权益、财产权益的,受损害方有权选择请求其承担违约责任或者侵权责任。

（二）司法鉴定人民事赔偿责任的构成

由于司法鉴定机构和鉴定人在司法鉴定活动中承担的赔偿责任在性质上是民事责任,因此,其构成也应当适用一般民事责任的构成要件,包括违法或违约行为、损害事实、鉴定人存在主观过错、损害行为与结果之间具有因果关系几个方面。(1)鉴定人客观上实施了违法或违约行为。违法是指司法鉴定人在执业活动中违反了司法鉴定的相关规定,如司法鉴定程序通则、司法鉴定相关技术标准等;违约是指司法鉴定人在执业过程中没有完全适当地履行委托合同规定的义务,没有尽职尽责地履行鉴定人职责。(2)有损害事实存在,而且损害事实与司法鉴定人违法执业和违反约定的行为之间存在着因果关系。有损害事实存在,是指司法鉴定人违法或违反行为给鉴定事项当事人造成了实际损失。损害事实与违法或违约行为之间存在因果关系,是指鉴定事项当事人所受到的人身损害或财产损失必须是因司法鉴定人执业中的违法或违约行为导致的。(3)主观要件是过错责任原则。过错责任原则是民法上确定责任分担的重要归责原则,是指如果一个人的行为造成了他人的损害,只有当他具有过错时才被认定责任,而没有过错就没有责任。这种将责任同过错相联系的做法,谓之过错责任。但关于过错究竟是主观问题还是客观问题,学理上存在争议。但一般认为,所谓过错就是指行为人所选择的行为具有违反社会普遍认同的行为标准的行为的特点,即以客观说为通说。对于司法鉴定人的主观过错,为保障鉴定人的中立性,应当是存在故意或者重大过失。

依照一般的民法原理,免于承担民事责任的事由一般包括:(1)不符合一般民事责任构成要件,即没有同时满足主观过错、损害行为、损害后果、损害行为和损害后果之间的因果关系四个要件。(2)意外事件、不可抗力。如果发生了意外事件或者存在合理的不能预见、不能避免或不能克服的情况给鉴定事项当事人造成了损害,司法鉴定机构和司法鉴定人员不承担赔偿责任。(3)鉴定事项当事人自己的过错行为造成了损害等。

（三）先行赔付原则

《司法鉴定人登记管理办法》第32条规定,司法鉴定人在执业活动中,因故意或者重大过失给当事人合法权益造成损失的,其所在的司法鉴定机构依法承担赔偿责任后,可以向有过错行为的司法鉴定人追偿。这一规定表明,司法鉴定人的赔偿责任实行由司法鉴定机构先行赔付、事后追偿的赔偿原则,即司法鉴定人员因故意或者重大过失行为给当事人权益造成损失的,首先由其所在的司法鉴定机构依法承担赔偿责任,然后,其所在的司法鉴定机构可以向有过错的司法鉴定人追偿。这种先行赔付、事后追偿的机制一方面有利于保障权益受损人的合法权益得到及时弥补,另一方面也有利于惩戒具有过错的司法鉴定人,促进司法鉴定机构内部管理的改进。

(四)司法鉴定执业责任保险

司法鉴定是一个专业性强,同时存在一定执业风险的职业,司法鉴定人在执业过程中可能因不当执业而使鉴定事项当事人遭受各种损失,如证据灭失、不慎泄露当事人商业秘密或当事人隐私、未能按照委托合同的规定履行相关义务、在鉴定过程中直接对鉴定事项当事人人身权益造成了伤害等,由此产生相应的民事赔偿责任。因此,为了减轻或降低司法鉴定人的执业风险,更好地保障司法鉴定人和鉴定机构的民事赔偿责任能够真正得以落实,从而保障权利人的利益,同时也为提高整个司法鉴定行业的职业认同感,树立良好的行业信用和信誉,有必要借鉴律师等行业的做法,逐步建立起司法鉴定执业责任保险制度,即司法鉴定机构和鉴定人按照一定标准缴纳保险金,由某一保险公司对其执业活动中可能发生的赔偿责任承保,如果司法鉴定人和司法鉴定机构在开展司法鉴定业务活动过程中给鉴定事项当事人造成了经济损失或其他损害,依法应当承担赔偿责任,在司法鉴定执业责任保险合同规定的范围内,由保险人对鉴定人和鉴定机构应当承担的赔偿费用给予赔偿。

 **关键术语**

1. 司法鉴定机构(judicial expertise institution)
2. 质量控制(quality control)
3. 专家证人(expert witness)
4. 合格评定(conformity assessment)

5. 能力验证(capability verification)
6. 职业伦理(professional ethics)

思考题

1. 司法鉴定机构认证认可对国际互认有何帮助？
2. 为什么要建立统一的司法鉴定管理体制？
3. 探讨司法鉴定管理信息化的必要性和优势。
4. 司法鉴定行业协会在质量管理方面可发挥什么作用？
5. 试述司法鉴定执业法律责任的种类、构成及其内容。

参考文献

1. 杜志淳等：《司法鉴定法立法研究》，法律出版社2011年版。
2. 杜志淳等：《司法鉴定质量监控研究》，法律出版社2013年版。
3. 杜志淳主编：《司法鉴定概论》，法律出版社2018年版。
4. 公安部、国家市场监督管理总局《关于规范和推进公安机关鉴定机构资质认定工作的通知》(公刑侦〔2021〕4329号)。
5. 郭华主编：《司法鉴定术语词典》，法律出版社2022年版。
6. 霍宪丹主编：《司法鉴定学》，北京大学出版社2014年版。
7. 全国人大常委会法制工作委员会刑法室编著：《全国人民代表大会常务委员会关于司法鉴定管理问题的决定释义》，法律出版社2005年版。
8. 司法部办公厅、国家市场监督管理总局办公厅《司法鉴定资质认定能力提升三年行动方案(2022—2024年)》(司办通〔2022〕10号)。
9. 司法部公共法律服务管理局编：《司法鉴定程序通则释义》，中国政法大学出版社2020年版。
10. 司法部司法鉴定管理局编：《两大法系司法鉴定制度的观察与借鉴》，中国政法大学出版社2008年版。
11. 王旭、陈军：《合规管理与标准化：科学证据时代的司法鉴定公信力建设》，载《中国司法鉴定》2021年第6期。

12. 张保生、王旭：《中国证据法治前进步伐(2017—2018年)》，载《证据科学》2020年第1期。

13. 中国合格评定国家认可委员会：《司法鉴定/法庭科学机构能力认可准则》(CNAS-CL08：2018)。

14. Yap A，Cheng N．The Journey of the Asian Forensic Sciences Network（AFSN）through Fifteen Years．*Forensic Science International*，2024，359．

第三章 司法鉴定基本理论与实施

> **学习目标**

[情感目标] 认识司法鉴定在事实认定和侦查取证中的重要地位,树立从事司法鉴定工作的规则意识和科学精神。

[知识目标] 了解司法鉴定基本理论、司法鉴定的法律程序和技术规范,熟悉司法鉴定文书制作规范,掌握鉴定意见审查要素和质证方法。

[能力目标] 具备运用司法鉴定基本理论从事鉴定实务工作及科学研究的能力,掌握司法鉴定意见书的科学性及合法性制作与审查技巧。

第一节 司法鉴定基本理论

一、司法鉴定的理论概述

(一)基本概念

(1)客体。客体是指在司法鉴定的过程中要运用专门的知识和技术对其进行鉴定的物体、事实和现象。该类物体、事实和现象必须满足以下两个条件:第一,它必须与案件事实有关;第二,必须具有证明该案件情况的作用。

(2)客体反映形象。客体反映形象就是指物体或物体的一部分在一定条件下在某物或某地所形成的痕迹,在某些情况下还包括物体自身的复制。

(3)被寻找客体。被寻找客体是指与案件有关但又不知其身份或来源的人或物,在司法鉴定中是鉴定工作的对象。

(4) 受审查客体。受审查客体是指在鉴定过程中,暂时怀疑与案件有关的人或物体。它在司法鉴定中作为一种比较对象而存在,当通过鉴定对某一受审查客体作出了同一的意见,其他受审查客体也就彻底排除了与被寻找客体之间的关系。

(5) 检材。多数情况下检材是被寻找客体所产生或留下的反映形象或其自身的一部分,但有的时候成为检材的东西可能并非被寻找客体的反映形象甚至与案件无关。比如,某现场留下的喷溅血迹,这种血迹可以成为检材。

(6) 样本。样本是受审查客体所产生的反映形象或其自身的一部分。虽然检材和样本都是一种反映形象或者是其自身的一部分,但检材是被寻找客体的反映或自身的一部分,样本是受审查客体的反映,因而检材和样本是两个相对应的概念。

(二) 司法鉴定的科学基础

1. 客体的特定性

客体的特定性是指一个客体本身所具有的不同于其他客体的本质属性。正是由于不同种类的客体具有不同的种属特性及种类特征,人们才能将客体的种类区分开来;正是由于不同的客体自身具有区别于其他客体的特定特征,人们才能进行个体识别。

构成事物特定性的原因主要有以下几点:(1) 客体本身质的不同。客体本身的质是客体本身固有的属性,任何事物的形成过程、环境都是不同的,并且在形成过程中由于事物自身的内部因素的多样性必然导致各种不同的事物有着自己独有的本质。(2) 客体在生产、加工过程中所形成的特定性。在客体生产加工过程中,由于各种客观条件的差异,必然造成客体具有各自明显的特征。(3) 客体使用过程中所新增的属性也会使客体的特性更加明显。

2. 客体的相对稳定性

客体的相对稳定性是指客体的特定性在一定时期内保持稳定不变的属性。正是由于客体特定性具有相对的稳定性,鉴定人才能够有条件认识客体的特定性,并利用反映客体特定性的特征来认定客体的种属或客体的自身同一。所以,客体的相对稳定性是对客体进行同一认定的必要条件。只有被鉴定客体的特定性处在一个稳定的状态,客体的特性才有可能反映出来,也只有客体处在稳定的状态，我们才能发现特性，把握特性，才能根据以前留下的反映形象发现供鉴定的客体，鉴定人员才能根据检材与样本进行比较，从而确认客体同一与否。

3. 客体的反映性

客体的反映性是指客体反映出的一定的形态特征能够为人们认识和感知，即客体的特征能在其他客体上借助一定条件予以再现的属性。客观物质都具有一定的形态，或为固态，或为液态，或为气态。根据物质变化规律，客体的物质形态在外力作用下可以互相转化，如血液可凝固为血斑、毒液可挥发为毒气等，而客体存在和运动的形态可以反映出其各种特征和表象，为人们提供认识客体的物质基础。客体的反映性可分为两种：第一种是直接反映，它是以直接的方式反映出来而被作为物证的，如各种分离物、断裂物等。第二种是间接反映，它是客体特征在其他客体上通过反映形象或以其他方式表现出来，而不以自身为表现形式，如笔迹、指纹等。

二、同一认定理论

（一）概念

同一认定，是指具有专门知识的人或熟悉客体某些特征的人，在研究和比较先后出现的两个反映形象的特征的基础上对其是否出自一个或是否原属同一整体物所作出的判断。

同一认定具备以下五个特征：第一，同一认定的主体必须是具有专门知识的鉴定人；第二，同一认定的客体只能是与案件有关联的人或物（包括场所）；第三，同一认定的目的是解决客体自身是否同一的问题；第四，同一认定的方法必须是以客体特征的比较为基础；第五，同一认定的活动属于判断型的认识活动。

1. 同一的含义

所谓同一，是指特定客体自身与自身的等同，即物的自身同一。我们在司法鉴定理论中所提到的同一，是指司法鉴定的客体的自身同一，这种同一只能是鉴定客体自身的同一，而不是两个客体甚至是多个客体之间的同一，同一在司法鉴定中所起到的作用就是判断出现顺序不同的客体是否为同一客体的问题。

2. 同一认定的主体和客体

同一认定的主体,是指在司法鉴定工作中负责解决同一认定问题,对客体自身是否同一作出判断的具有专业知识和鉴定资格或者了解客体特征的人。同一认定的主体有两种:一种是具有专门知识和鉴定资格的人,即鉴定人;另一种是了解客体特征的人,如侦查人员、证人等。

同一认定的客体,是指与案件有关的人或物,而且这些客体至少已先后出现两次。第一次出现的客体是所要查找的客体,称为"被寻找客体"。第二次出现的客体是鉴定工作所要审查的客体,称为"受审查客体"。在司法鉴定过程中,物体是主要的同一认定的客体,这类客体通常情况下是指具有一定外形结构和用途的物体或物品。一般情况下,这种同一认定是利用物体所留下的形象痕迹或者利用分离物的自身属性以及表面附加特征进行的。

(二) 同一认定的分类

就整个同一认定理论而言,我们可以用不同的标准通过不同的角度对其进行分类。

1. 以同一认定的主体为标准

以同一认定主体为标准,同一认定分为鉴定型同一认定和非鉴定型同一认定。

鉴定型同一认定必须是由具有专门知识并且有鉴定资格的人进行,它的鉴定范围主要包括物证技术鉴定中的各种同一认定。这种类型的同一认定所要解决的同一问题的性质和复杂程度都比较高,客体的种类繁多而且特征各异,所以要求鉴定人必须掌握一定的技术和方法。该类同一认定意见在我国是作为法定证据的一种来使用的。

非鉴定型同一认定,是指物证技术鉴定以外的各种同一认定。这种同一认定总要以具体的人的观察、记忆、分析等个体认识活动为基础,而且个人的有关经验与能力往往起到决定性的作用,因此主体必须了解所要认定同一的客体特征,并且应在识别分析该类特征方面具备足够的经验与能力。但是,由于该种同一认定可能包含着大量的个人经验和记忆、分析的成分,因此,其鉴定意见可能是一种法定证据,也有可能只是采取其他措施的根据,不能上升到法定证据的地位。

2. 以同一认定的客体为标准

以同一认定的客体为标准,同一认定分为"人"的同一认定和"物"的同一认定。

"人"的同一认定,是指鉴定意见所认定的是具体的人。它是依据人的某一方面的特性、某些技能习惯或人体某一部分的生物物质特性去认定案件中需要确定的人。"人"的同一认定有直接认定和间接认定两种:(1) 直接认定是依据被鉴定客体的直观特征进行的,如法医学鉴定中依据尸体残肢认定整尸等。(2) 间接同一认定,是依据被鉴定客体所遗留的痕迹、声纹、字迹、气味和分离物质等确定与其自身的关系。间接同一认定是"人"的同一认定的主要形式。

"物"的同一认定的客体是具体的物品和物体。根据物的组成状况,"物"的同一认定可分为"单体物"的同一认定和"合成物"的同一认定:(1) "单体物"是指具有单一固定形态和单一外表结构的客体,它以自身一个较大局部的表面结构形态特征反映其自身的特性。如鞋印鉴定、印文鉴定、枪弹痕迹鉴定、工具痕迹鉴定等都是确定单体物的同一。(2) "合成物"是指具有整体特性而非单一结构、单一形态的客体,它的每一个细小的部分都是独立的并能反映其整体特性,如纤维、爆炸物、毒物、植物果实、动物毛等。

3. 以同一认定所依据的客体特征不同为标准

以同一认定所依据的客体特征为标准,同一认定可以分为:

(1) 依据客体形态特征同一认定。形态特征,是指客体的外表结构、形状、图案、花纹颜色等方面的特征,如人的相貌、手指的乳突花纹、鞋底花纹等。这种鉴定大多数是通过比较客体的反映形象特征实现,鉴定的目的是确定检材和样本是否为同一客体外表形态特征的反映。

(2) 依据客体动作习惯同一认定。动作习惯特征,是指反映某客体特殊运动规律的特征。利用客体的运动习惯特征来进行同一认定的主要领域是人身同一认定。人的动作习惯特征可分为生理活动习惯、心理活动习惯、技能动作习惯,以及某些特殊行为习惯(如犯罪手法习惯)等,目前只有书写动作习惯和语音习惯可以作为司法鉴定客体。

(3) 依据客体物质成分同一认定。物质成分特征,是指物质的形貌、结构、排列组合及含量比例等方面的特征。自然界中不仅不同种类的物质的成分的种类不同,在同类同种的物质中其成分、含量、组成结构、形貌也有一定差异,因而能够显示出其物理学特性、化学特性、生物学特性的不同,可作为区分物质种属和异同的依据。鉴定的方法主要是物理学方法、化学方法、生物学方法,其中仪器分析是重要的检测手段。鉴定所能解决的问题,主要是确定物质的种类(属)及其异同,少数类型的物质成分鉴定可以确定其是否同一。

(4) 依据客体气味特征同一认定。气味特征,是指客体中某些物质所具有的能够刺激动物感官并产生味觉的特征。目前在同一认定中利用的主要是人体的气味特征。鉴别物的气味大多只能解决种属异同问题。如毒品、爆炸物气味鉴定。

(三) 同一认定的依据与方法

1. 认定客体同一的依据

要区别不同客体,确定客体自身,只能以客体的特性为依据。客体特性是通过客体各方面的特征表现的。鉴定中,区分不同客体,确定客体自身同一,必须首先发现与研究客体特征与特性的关系。

客体特征是客体各个方面的细微特点,它是实在的、具体的,是客体本质属性的外部表现,是反映客体特性的具体特点或征象。客体的特征,按其对构成特性的价值,有种属特征和特殊特征两个等级层面:(1) 种属特征是表明客体种属范围的特征,是同种同类客体共有的属性,是区分客体种属的依据。(2) 特殊特征是每个客体所具有的若干微观特点,是表现客体特性的重要"标记",是构成客体特性的主要依据。不同客体之间,特殊特征的类型和个体表现形式可能部分一致,但其形态、数量及其相互间的关系等特征总体绝不可能相同。

客体的特性,是每个具体客体特有的属性。司法鉴定认定客体是否同一,是以客体特性的异同作为出具鉴定意见的总体依据。在鉴定中,必须从发现和确定检材与样本各自客体的特征入手,通过对两者相同特征与不同特征总体数量与质量的比较分析,进而确定两者的特性是否相同。两者所反映的特性相同,证明两者来自同一客体自身。

2. 认定客体同一的方法

司法鉴定中,认定客体是否同一,要根据具体客体自身或其反映形象的特点选择不同的方法。这些方法归纳起来主要有以下两种:识别特征法、特征比较法。

识别特征法是对特征进行检验的基础,它与人们的认识能力以及科学发展水平有着密切的关系。人们对特征认识越深刻,技术手段越先进,识别的方法就越多。一般来说,不同性质的客体特征要求采用不同的识别方法,而不同的识别方法往往又标志着对客体特征的识别程度。现阶段常用的识别特征法有肉眼识别观察法、物理测量法、化学分析法、显微镜检验法、仪器分析法、照相识别法等。

特征比较法,是指通过比较客体的特征来判断客体是否同一的方法。特征比较的方法是以识别特征为基础进一步分析客体特征组合的符合点和差异点的方法。由于不同种类的客体特征具有不同的特点,这种方法在实际运用中也是多种多样的。归纳起来,可以分成以下三种:特征对照法、特征重叠法、特征接合法。

(四)鉴定型同一认定的基本步骤

一般而言,鉴定型同一认定在做好检验前准备工作的基础上,按照分别检验、比较检验、综合评断、作出意见的程序开展。

1. 检验前的准备工作

(1)案件情况的熟悉;

(2)送交检验材料的查验;

(3)鉴定要求的了解;

(4)相关器材的准备;

(5)检验材料的复制。

2. 分别检验

分别检验是分别寻找检材和样本中各自存在的特征,为下一步的比较检验做准备的过程,具体而言,分别检验的目的就是分别考察和研究被寻找客体与受审查客体的特征反映体,并且认识它们的基本特征和特性。

3. 比较检验

在分别检验的基础上进行比较检验,旨在对被寻找客体和受审查客体的特性进行研究和比对,以确定两个客体特性之间有哪些相同有哪些不同。对客体特性的研究,是通过对特征的研究来实现的。比较检验的顺序是先比对一般特征,后比对细节特征。比对研究的对象一般是两个客体的反映形象(检材和样本)。有时也可以将比较被寻找客体和受审查客体本身作为辅助手段。在比对过程中可以利用各种光学仪器、摄影技术和某些辅助性工具。比对反映形象的方法通常有特征对照法、特征重叠法和特征接合法,可以根据反映形象的性质和特点适当选用。

(1) 特征对照法

该方法是把检材和样本的特征分别抽取出来,逐个进行比对分析,找出符合点和差异点,通常用于检验静态痕迹、字迹等。对特征进行比对研究时,应当从特征的形态、具体位置、特征与特征的相互关系等方面进行研究,必要时还可以借助各种几何线条来确定特征与特征之间的关系。

(2) 特征重叠法

特征重叠法适用于对一些图像比较简单、点线界限明显的反映形象(如图章印文)进行比对。采用这种方法,至少要有一个反映形象是透明的,如果反映形象不透明,应当事先将反映形象制成幻灯片。

(3) 特征接合法

将两个反映形象分别制成同倍放大照片,然后在同一部位将两张照片剪开,用一张照片的一半与另一张照片的另一半相结合。如果两个反映形象实际上是同一客体所留,在接合的照片上可以发现特征能准确地接合。这种方法主要用来检验动态痕迹。

4. 综合评断

综合评断,是指分析在比较检验阶段确定的特征符合点和差异点,确定其性质,并以此为基础对客体作出是否同一的意见。

(1) 对符合点的评断

所谓符合点,是指检材和样本之间特征相同之处。对符合点评断的目的就是判断检验中发现的符合点作为一个整体是否具有特定性,是否可能在其他客体上重复出现,是否可据以作出受审查客体就是被寻找客体的鉴定意见。

评断符合点首先要评断符合特征的质量,即它对同一认定的价值,取决于特征的性质和出现率。其次要评断符合特征的数量。实践中,无论何种同一认定都没有数量标准。一般来说,如果符合点中有罕见的特征,要求的数量较之常见的特征就会更少。

(2) 对差异点的评断

评断差异点的目的是要分析研究差异点形成的原因。产生差异点的主要原因有:一是现场痕迹和样本形成的机理不同;二是被寻找客体在形成痕迹后继续使用或进行过修理、擦拭等;三是反映形象本身形成后发生人为或自然原因导致的变化;四是被寻找客体和受审查客体本来就是两个客体。

评断过程中应当仔细研究被寻找客体的反映形象形成机理,全面了解受审查客体的使用、修理和保管情况,以及反映形象的发现、收取、保存、运送情况,综合判断差异点是否为本质性差异。

(3) 综合评断要求把客体特征的符合点和差异点综合起来进行评价,不能把两者的关系割裂。通过对检材和样本的特征组合的差异点和符合点的评断,如果客体特征的符合是本质性的而其差异点是非本质性的,那么这就可以证明客体自身的同一,如果客体特征的符合是非本质性的而其差异点是本质性的,则可以说客体自身并非同一。

5. 制作鉴定书

表述鉴定意见的法律文书就是鉴定书,其内容包括送检事项、检验、论证、意见四个部分。鉴定书应当文字简练,描述确切,照片清晰真实,特征描画鲜明。要使懂得同一认定基本知识的人阅读鉴定书后能够判断鉴定人的检验方法是否正确,以及鉴定意见是否是从检验所发现的特征中得出的正确结论。

三、 种属认定理论

(一) 概念

种属认定是指具有专门知识或专门检验手段的鉴定人,依据反映形象或客体特征对与案件有关的客体的种属或先后出现的客体的种类是否相同等问题所作出的检验和判断的活动。种属认定的实质就是分析某一客体的特征,根据分析结果把该客体限制在一定的范围内。

(二) 种属认定和同一认定的联系与区别

在鉴定过程中,同一认定和种属认定是相对而言的,两者之间既有区别,又有联系,既相互对立,又在一定的条件下相互转化。

同一认定和种属认定之间有着紧密的联系,对于同一客体来说,人们的认识总是从首先认识一般特征,然后逐渐向认识细节特征过渡。在鉴定过程中,种属认定往往是同一认定的第一步,鉴定有种属划分的客体时,必须先比较客体的种类所属是否相同。同一认定是对客体特征组合进行比较的过程,而每一次特征的比较,都可以看成一次种属认定,直至把客体限定在一个单一体的范围之内,即该范围内只有一个客体,种属认定便转化为同一认定。

种属认定与同一认定的区别主要有四个方面:(1)解决问题的程度不同。同一认定是确定客体自身是否同一的问题,种属认定是确定客体的种属范围和客体间种属是否相同的问题。(2)鉴定对象不同。有的客体既可确定种属又可确定同一,而有的客体目前只能确定种属。(3)两者鉴定意见所依据的特征的数量和质量不同,即鉴定技术标准不同。同一认定是以客体的特性为依据,对相同特征的数量和质量指标体系要求更高,种属认定是以客体的种属特征和部分特殊特征为依据。(4)鉴定意见的证据证明力不同。司法鉴定的主要任务是确定具体的物同案件事实的关系,种属认定只能确定物的种类所属,不能确定具体的物。所以,同一认定的鉴定意见的证据价值要高于种属认定的鉴定意见的证据价值。

(三)种属认定的分类

根据种属认定的概念以及鉴定实践,可以把种属认定分为两大类。

1. 确定种类所属的种属认定(也可称为单一型种属认定)

这是在司法鉴定实践中最为常见的一种类型,主要解决的问题是通过检验,确定某一被鉴定客体属于物质的哪一种类型。例如,确认墨水属于什么类型,印章的材料属于哪一类型等。

2. 判断种属异同的种属认定(也称为比较型种属认定)

该类种属认定的主要任务是检验先后出现的客体是否相同,或者判断该客体的来源是否相同。例如,确定文件材料上的字迹是否为同一种墨水所写等。这类种属认定和第一类种属认定之间主要的区别在于后者是对两个以上的客体的种类是否相同所作出的判断。

(四)种属认定的原则和方法

1. 种属认定的原则

为了避免主观因素及其他因素对种属认定过程的干扰,科学地解决案件中所提取的物质的种属认定问题,应当在一定的原则指导下进行工作。

首先,在进行种属认定之前,要做好准备工作,包括以下两点:第一,提交检验的各种物质必须未被污染,否则将会影响检材的质量,最终导致种属认定的意见不正确。第二,种属认定是一种对科学技术含量要求比较高的工作,从事种属认定的部门必须要有从事该工作所应具备的科学仪器和实验室。

其次,还应当遵守以下具体规则:

第一,优先适用无损检材的检验方法,后采用损耗检材的方法。

第二,采用化学检验方法时,应当以先定性后定量的方法进行检验。

第三,应当优先采用公认的、标准的检验方法,并应运用多种检验手段取得结果相互印证,以保证检验意见准确无误。

第四,节约检材。

2. 种属认定的方法

(1) 种属认定的一般方法

种属认定一般采用的也是特征比较的方法。

(2) 种属认定的具体方法

我们可以按照物质的分类把种属认定的方法分为三类:物理检验的方法,这类检验方法主要是依据物质的物理特性所作出的,它是利用仪器检验物质的物理属性的方法;化学检验的方法,这类检验方法是利用化学反应的原理和器材对物质化学属性进行检验;生物检验的方法,该类检验方法是利用生物学的原理和器材检测物质生物属性的方法。

(3) 模式识别与机器学习

随着人工智能技术的不断发展,与种属认定原理高度相似的 AI 模式识别成为司法鉴定领域的重要研究方向,也是当今物证自动识别和智慧鉴定的理论基础。AI 模式识别又称模式分类,是指根据已知的对象样本,从中自动提取出特征并将其与其他对象进行比较,以实现分类、识别等目的。而分类则是将已知的对象样本划分为不同的组,使得不同组之间的对象尽可能具有不同的特点,同一组之间的对象具有相似的特点。从处理问题的性质和解决问题的方法等角度,模式识别分为有监督的分类和无监督的分类两种。两者的主要差别在于,各实验样本所属的类别是否预先已知。

机器学习,是通过使用大量训练数据,分析模式,建立模型来完成机器智能任务的算法。它依赖模式识别,以提取模型所需的特征,然后从训练数据中学习如何解释这些特征,进而获取有效推断。机器学习技术种类较多,包括聚类分析、回归分析、极大似然估计、支持向量机、神经网络和深度学习等。当前,随着司法鉴定学与人工智能的深度融合,模式识别和机器学习技术已经成为物证种属认定的重要方法,将二者的数据处理方法引入司法鉴定,在图像鉴定、语音鉴定等技术中对相关物证进行自动化处理和分析,能够提升司法实践的效率、准确性和标准化水平。

(五)种属认定的步骤

第二种判断种属异同的种属认定与同一认定的形式相似,鉴定步骤和同一认定的鉴定步骤基本相符。而第一种确定种类所属的种属认定与同一认定的形式完全不同,认定的步骤具有自己的特点。

1. 明确送检内容和要求

在检查检材和样本的基础上不仅要了解具体的案情,而且要在此基础上结合实际决定是否能够满足鉴定要求,送检的内容和要求及鉴定机构自身的条件是否符合种属认定所要求的条件。如果条件满足,则可以接受该类检验;反之,则不能接受,但应及时作出说明。

2. 实施检验

对于确定种类所属的种属认定,在运用科学仪器和专门的技术方法对其进行检验之前,应当利用检材的有关特征,判断检验工作的大致方向,缩小检验范围,提高检验的效率。可利用的有关特征主要包括:检材的外观特征;发现检材的地点和环境;检材提取后可能发生的变化。

3. 根据检验记录撰写鉴定书

撰写鉴定书是司法鉴定过程必经的最后一个环节,应当严格按照检验记录的内容进行鉴定意见的书写,做到依据事实,鉴定书的内容和鉴定过程得到的结果相符,防止用主观代替客观,确保鉴定意见实事求是。

四、 物质转移理论

(一)概念

物质转移原理又称洛卡德交换原理,是由法国侦查学家、法庭科学家埃德蒙·洛卡德(Edmond Locard)提出,可以概括为任何接触都会留下痕迹。物质转移原理建立在大量的实际观察的基础之上,提出了这样一个假定:犯罪人的任何行为都是建立在与特定对象进行接触的基础之上,否则犯罪行为无法进行,而如果必须接触,则极有可能发生痕迹、物质的彼此交换。因此,物质转移原理所主张的"交换"实际上仅仅注重有形物质之间的交换,如指纹、足迹、枪弹、血迹、毛发、油漆等。

随着现代科学技术的发展,司法鉴定中物质概念的范围也在不断拓展。目前能够进行鉴定的物质对象可以归纳为三类:

(1) 实物型物质。它是指有形的,可以用肉眼和科学仪器观察到的物质实体。例如,毒物、毒品、爆炸物、金属微粒、泥土、粉尘、纤维、油渍、人体微细物质等,是司法鉴定最常见的对象。鉴定这类物质,主要任务是确定其成分和理化结构特点、生物特性。

(2) 痕迹型物质。它是实物型物质(含物品、物体)的外表形态结构或其组成部分,由于机械作用、理化作用或自然变化,形成于载体物上的痕迹。例如,手印、足迹、工具痕迹、牙齿痕迹、碎裂痕迹、笔迹、图像、印刷字迹等,是司法鉴定最为多见的物质对象。鉴定此类物质的主要任务则是寻找形成痕迹的"物"或"人",或者判明痕迹形成的原因。

(3) 信息型物质。它是随着电子技术的发展而出现的新的物质类型,如声频与视频录音带和录像带、光碟、软盘等储存的信息,计算机系统和网络系统有关部位留存的电磁痕迹及其内容。这类物质与前两类物质有许多不同,它是由光电转化、声电转化、光化学转化、电磁转化形成的转化物质痕迹,其中许多物质痕迹在一定条件下还可"复原"。这类转化物质痕迹是逐渐增多的新兴鉴定对象。

(二) 物质交换的条件

所谓物质转移,一般是指甲物体的物质或信息被其他客体物承载、交换、吸收、转化,而在其他客体物上存留一定的物质、信息的物质运动过程。物质转移虽然是物质间相互接触、相互作用时所产生的一种难以避免的现象,但这种转移也是有一定条件的。

(1) 必须有交换的客体。一般需要在两个以上客体之间进行,例如,犯罪现场与犯罪行为有关的细微物质的黏附、脱落,无论是手印、足迹等传统物质痕迹的形成,还是转化痕迹、转化信息的遗留都需要客体自身的条件。行为人的语音转化为声纹,首先须有行为人的谈话声音,其次离不开储存声音信息的录音载体。

（2）必须有外力的作用。外力的作用是发生交换的决定性条件，包括人的行为作用、自然界相关因素的作用、参与转移物质间的理化作用及机械作用等。作用的方式可以是接触、吸收、传递、化合、分解等。

（3）必须有交换的方式。客体必须相互作用，并发生物质转移、能量转换或信息传递，包括物质实体的自身转移、物质实体外表结构形态的形象转移、信息物质的吸收或转化等转换形式，才能产生交流关系或形成变化状态。

（三）认识物质转移理论的意义

（1）有利于及时全面地获取鉴定材料。

（2）有利于对司法鉴定活动实行分类管理。

（3）有利于选择科学的鉴定方法。

五、信息论

信息论的创始人香农（Claude Elwood Shannon）认为，信息是用以消除随机不定性的东西。信息源于物质，体现物质的特征、物质的运动和发展，是人们认识事物的基础。一般地说，信息是指反映客观世界中各种事物的特征和变化的组合，是一种有用的知识。信息论则是研究信息的基本性质及度量方法，研究信息的计量获得、传输、处理、交换存储的一般规律的理论，是一门应用数理统计方法研究信息传输和处理的科学。[1]

物质转移原理主要是针对有形的物质性证据的形成机理进行研究的，由于电子技术的发展和证据范围的扩展，对于电子数据证据等无形的非物质性证据的形成过程就难以作出恰如其分的解释。尤其是电子数据，通常是自动转移或交换的，不为人们所直接感知，也不需要传统的转移条件。于是，在物质转移理论的框架内，又衍生出了信息转移原理。信息论认为，任何物质运动的过程都是能量交换的过程，是信息产生的过程。信息论作为一种科学的方法论，引入法庭科学、司法鉴定领域后，给人们认识痕迹物证提供了新的认识方法和认识角度。证据是一种信息，而信息是物质的一种表现。鉴定中的证据信息是一种客观存在，它可以在不同客体间以不同的方式进行交换、转移、传递，并在其承载客体上留存相应信息，供获取和运用。例如，网络信息转移、计算机信息转

---

[1] 参见齐华主编：《信息理论与编码》，中国电力出版社2014年版，第9—12页。

移、语音习惯通过录音载体和声谱仪转化成声纹等。司法鉴定实质上是对鉴定材料所反映信息的处理过程,鉴定活动的启动、实施和推进都要以特征信息为前提。

第二节 司法鉴定的程序规范

一、司法鉴定的启动

司法鉴定的启动包括司法鉴定的申请、决定和委托三个环节。

(一)司法鉴定的申请

司法鉴定的申请,是指民事、行政案件的诉讼当事人,刑事案件的犯罪嫌疑人、被害人、原告以及其他诉讼参与人,为了保障自身的合法权益向侦查机关、检察机关、审判机关提出对案件中涉及的某些专门性问题进行司法鉴定的口头或书面的请求。

1. 提出司法鉴定申请的法律依据

在《民事诉讼法》《刑事诉讼法》及相关法规中,均直接或间接叙明了提出司法鉴定申请的依据,申请司法鉴定既是当事人的一项权利,又是当事人履行举证责任、证明自己诉讼主张的一项义务。

2. 提出司法鉴定申请的条件

在司法实践中,如果犯罪嫌疑人、被告人、被害人和诉讼代理人等提出鉴定申请,一般应具备以下条件:案件已经进入侦查或诉讼阶段;提出鉴定申请的理由合理;要求鉴定的项目有助于查明案件事实真相;申请人具有完全行为能力(如果申请人没有完全行为能力,可以通过法定代理人代为申请等方式办理);能如实提供鉴定用相关资料和检材、样本;民事诉讼、行政诉讼中申请鉴定所需费用已经落实等;所提出的鉴定申请事项属于目前司法鉴定领域可以解决的问题,或者涉及的相关技术已经相对比较成熟,并获得行业内的普遍公认。对于补充鉴定以及重新鉴定的申请条件,《公安机关办理刑事案件程序规定》第254、255条,最高人民法院《关于民事诉讼证据的若干规定》第40条进行了明确规定。

3. 提出司法鉴定申请的主体

根据《刑事诉讼法》规定,犯罪嫌疑人、被害人是补充鉴定或重新鉴定的申请主体;对于初次鉴定的申请主体目前法律没有明确规定,可根据《民事诉讼法》及相关司法解释的规定。

4. 提出司法鉴定申请的程序

对于提出申请司法鉴定的程序,在实践中申请人可以在整个案件诉讼阶段(包括二审、再审程序中)提出司法鉴定的申请。民事案件、刑事自诉案件在提出起诉前,当事人可以自行委托相关事项的鉴定。刑事诉讼、民事诉讼、行政诉讼中当事人及其代理人可向法院口头或书面提出司法鉴定申请。

5. 提出司法鉴定申请的内容

通常情况下,申请司法鉴定的主要内容包括:申请鉴定的具体事项、申请鉴定的理由,有些申请人还提出要求拟委托的鉴定机构名称。

6. 司法鉴定申请权的救济

我国现有法律法规中还没有关于司法鉴定申请权救济的明确规定,因此诉讼当事人的司法鉴定申请权还没有相应法律的保障。随着司法改革的不断深入,诉讼程序正义的理念逐步确立,当事人的鉴定申请权应得到法律保障,要在相关的法律中规定当事人申请司法鉴定权的救济制度。

(二) 司法鉴定的决定

1. 决定的主体

司法鉴定的决定主体,是指在诉讼中对提出的司法鉴定申请有权作出是否准予鉴定的司法机关。根据我国有关法律规定,在实践中,对刑事公诉案件是否进行鉴定,在侦查阶段由公安或人民检察机关决定;在起诉阶段由人民检察院决定;在审判阶段由人民法院决定。刑事自诉、民事、行政等案件的鉴定由人民法院决定。抗诉案件的鉴定由人民检察院或人民法院决定。

对非诉案件或准备起诉的案件,当事人及其代理人为了解决举证问题可以自行决定进行鉴定。

2. 决定的法律依据

我国诉讼法对司法鉴定的决定进行了相应的规定。《刑事诉讼法》第146条规定:"为了查明案情,需要解决案件中某些专门性问题的时候,应当指派、聘请有专门知识的人进行鉴定。"《民事诉讼法》第 79 条规定:"当事人可以就查明事实的专门性问题向人民法院申请鉴定。当事人申请鉴定的,由双方当事人协商确定具备资格的鉴定人;协商不成的,由人民法院指定。当事人未申请鉴定,人民法院对专门性问题认为需要鉴定的,应当委托具备资格的鉴定人进行鉴定。"

3. 决定的程序

对于诉讼案件中司法鉴定的申请,相关司法机关根据法律规定,对鉴定的要求进行审核后,有权作出是否鉴定的决定。

公安机关在办案过程中当事人提出申请鉴定请求的,可以根据案件办理的实际情况,并经一定程序,作出是否同意鉴定的决定,如需要委托本系统以外的鉴定机构进行鉴定的,应当经县级以上公安机关负责人批准,制作《鉴定聘请书》,并送达被聘请人。[①] 检察机关、审判机关在办理案件过程中也可以根据案情需要经过一定的程序,决定是否准予进行司法鉴定。

司法鉴定的决定既可以是司法机关基于犯罪嫌疑人、被害人、诉讼当事人或代理人提出司法鉴定的申请而作出,也可以根据办案需要直接作出。司法鉴定的申请不是司法机关作出司法鉴定决定的必经程序。

4. 决定的内容和形式

司法机关根据办案人员提出的鉴定要求或相关诉讼当事人提出的司法鉴定的申请,经审查后作出是否进行司法鉴定的决定,如同意进行司法鉴定,其决定的内容主要包括:决定进行司法鉴定的依据、鉴定对象、鉴定项目、鉴定要求(鉴定需要解决的问题)、鉴定适用的标准、拟委托的鉴定机构、鉴定人、鉴定时间、地点,即根据什么作出鉴定决定,决定由谁在什么时间、地点对什么对象作何种鉴定,通过鉴定需要解决诉讼中的什么问题。

司法机关依法作出司法鉴定决定的形式,主要是以内部批文的形式反映并记录司法机关内部工作流程与审批的情况及鉴定决定的具体内容。记载司法鉴定决定过程和内容的公文应存放于案件的卷宗内,随案移送。

5. 对不服决定的复议

我国目前还没有关于不服司法鉴定决定的复议程序。在这方面可以制定

---

① 参见《公安机关办理伤害案件规定》(公通字〔2005〕98 号)。

司法鉴定申请的救济制度。

(三)司法鉴定的委托

1. 委托的法律依据

司法鉴定委托是指司法鉴定的委托主体向司法鉴定的受理主体提出进行某项司法鉴定活动的要求。对司法鉴定委托这一重要环节,其相关规定散见于不同的法律法规、规章中。在诉讼中,对法医类、物证类、声像资料及环境损害四大类鉴定事项发生争议,需要鉴定的,应当委托列入鉴定人名册的鉴定人进行鉴定。鉴定人从事司法鉴定业务,由所在的鉴定机构统一接受委托。

2. 委托的条件

委托司法鉴定需要具备的基本条件:(1)诉讼当事人提出鉴定申请或者承办案件的司法机关根据办案实际需要;(2)案件解决过程中涉及认定事实中存在专门性问题;(3)有明确的鉴定事项;(4)具备鉴定所需的检材和条件;(5)进行该项鉴定的技术已经比较成熟,获得公认,鉴定意见能对诉讼涉及的专门性问题作出鉴别和判断。

根据法律和相关规章的规定,办理司法鉴定委托手续需提供下列有关材料:(1)鉴定委托书。(2)检材及样本资料清单。在委托时,必须准备符合鉴定数量、质量要求的检材和样本,并列出清单,对检材、样本及附送资料逐一登记,注明其名称、数量、性状、来源、收取及保全方法以及应予鉴定的确切要求等。(3)案情介绍资料。(4)被鉴定人的基本情况。应注明被鉴定人的姓名、性别、年龄、职业等。(5)供鉴定使用的补充文书资料,如现场勘查记录、物证检验记录、侦查实验记录等文书副本。(6)如果是重新鉴定或复核鉴定,除送交上述资料外,还必须送交前一次或前几次的鉴定书及其附件。

3. 委托的主体

一般来说,司法鉴定的决定主体大多数也承担了司法鉴定的委托职能,成为司法鉴定的委托主体。司法鉴定的委托主体与受理主体(司法鉴定机构)通过委托司法鉴定建立法律关系。

一般情况下,司法鉴定机构依法接受司法机关、行政机关、企事业单位、社会团体和个人的委托开展司法鉴定。但某些专业的鉴定项目(如精神疾病的司法鉴定、法医病理学鉴定中的尸体解剖、医疗纠纷司法鉴定、毒品鉴定、枪弹痕迹鉴定等),司法鉴定机构暂时仅受理司法机关的委托。

4. 委托的程序与形式、范围

(1) 司法鉴定的委托程序

司法鉴定的委托人应携带鉴定所需的材料(如果是法医类鉴定,通常还需要带着被鉴定人)以及委托机关出具的司法鉴定委托书到鉴定机构当面委托。在有些特定情况下,也可以通过函件方式进行委托。通过函件方式委托的,司法鉴定机构经过审查后认为具备鉴定条件的,可视情况再行现场检验或出诊检验。

(2) 司法鉴定的委托形式

司法鉴定一般都要求通过书面形式委托。具体可以通过委托书、委托合同、鉴定聘请书等方式进行委托。司法机关的委托鉴定书有多种格式,但一般都应包括鉴定委托机关的名称、鉴定事由、提供参考的卷宗资料、送检文书资料以及检材的名称和数量、具体委托承办人的联系方式、委托日期、鉴定委托机关公章、备注(注明抽血、检查等是否有公证人员、律师等陪同),并与鉴定受理机构签订鉴定委托合同(委托协议书)。如系个人委托的,当事人还应按鉴定机构的要求,填写委托鉴定登记表。该表除了上述一般内容以外,还要填写当事人的身份证号码,委托人还应亲笔签名等。

(3) 司法鉴定的委托范围

目前,纳入法律调整进行登记管理的鉴定主要是四大类:法医类、物证类、声像资料类及环境损害类。

除《决定》和司法部规章中的鉴定类别外,在司法实践中时常会发生一些案件涉及上述规定范围以外的专门性问题(属于事实方面的非以专门科学技术不能发现或查明的问题)。从审判工作看,只要现有技术可以解决的,仍然可以委托鉴定。所以,只要诉讼涉及的专门性问题,且现有科技能解决的都可以考虑属于司法鉴定委托范围。

5. 委托的内容

委托的内容至少应当包括以下信息:委托人的基本信息(名称、住所、联系人、联系方式)、被鉴定人(或物品)的基本信息(姓名、名称、住所、联系方式、物品编号、外观描述、数量、清单)、委托鉴定的具体项目、案情基本信息(案件的性质、所处的诉讼阶段、案件发生时间、地点)、委托鉴定的用途、鉴定时间要求、以前有无经过鉴定及鉴定形成的意见(特别应告知诉讼当事人的争议焦点)。如果是司法精神医学鉴定则需要提供其他更多的有关被鉴定人的个人成长史、家族史等生活背景资料和既往病史资料。

6. 补充鉴定、重新鉴定的委托

补充鉴定是原鉴定的延续,是在原鉴定的基础上,根据新补充的鉴定材料或变化了的伤情、病情等对原鉴定的事项进行修正,或因诉讼需要对原鉴定遗漏的事项进行补充,所以补充鉴定的委托通常是委托原鉴定机构,由原鉴定机构安排原鉴定人完成补充鉴定。

重新鉴定的委托主体可以与原鉴定的委托主体不同,如原鉴定是在公安侦查阶段进行的,到审查起诉阶段或者庭审阶段,可以由检察机关或人民法院委托重新鉴定。委托重新鉴定时,在选择鉴定机构时可以选择原鉴定机构,也可以选择原鉴定机构以外的其他鉴定机构。通常选择原鉴定机构以外的其他鉴定机构更为妥当,更容易获得诉讼当事人的认可。在特殊情况下,可以选择委托原鉴定机构,同时要求受理重新鉴定的原鉴定机构指派原鉴定人之外的其他鉴定人进行重新鉴定。

7. 鉴定委托的变更与撤销

司法鉴定决定主体根据案件的实际情况可以变更与撤销鉴定的委托;无鉴定决定权的诉讼当事人可向鉴定决定主体提出申请,请求鉴定委托的变更与撤销,但无权自主变更、撤销鉴定的委托。司法鉴定机构和司法鉴定人也不可直接采纳诉讼当事人对于司法鉴定委托的任何变更要求和撤销的请求。

二、司法鉴定的受理

司法鉴定受理,是指司法鉴定机构或鉴定人对侦查机关、人民检察院、人民法院以及诉讼当事人的鉴定委托事项经审查,对符合鉴定条件的委托予以接受并由双方签订鉴定委托协议的过程。

(一)司法鉴定受理的范围

1. 受理的依据

对于司法鉴定受理,《决定》和《司法鉴定程序通则》均作了规定。如《决定》第8条规定:"鉴定机构接受委托从事司法鉴定业务,不受地域范围的限制。"鉴定人与鉴定机构在进行司法鉴定提供鉴定意见时只服从科学,各鉴定人在科学面前是平等的,各鉴定机构之间也是平等的,不能有任何隶属关系。

2. 受理的主体

在我国,司法鉴定的受理主体必须是按照《司法鉴定机构登记管理办法》的规定,依法取得司法鉴定许可证的司法鉴定机构。司法鉴定机构应当统一受理司法鉴定的委托。

3. 受理的形式

司法鉴定机构决定受理鉴定委托的,应当与委托人在协商一致的基础上签订司法鉴定协议书。司法鉴定协议书应当载明下列事项:(1) 委托人和司法鉴定机构的基本情况;(2) 委托鉴定的事项及用途;(3) 委托鉴定的要求;(4) 委托鉴定事项涉及的案件的简要情况;(5) 委托人提供的鉴定材料的目录和数量;(6) 鉴定过程中双方的权利、义务;(7) 鉴定费用及收取方式;(8) 其他需要载明的事项。因鉴定需要耗尽或者可能损坏检材的,或者在鉴定完成后无法完整退还检材的,应当事先向委托人讲明,征得其同意或者认可,并在协议书中载明。在进行司法鉴定过程中需要变更协议书内容的,应当由协议双方协商确定。

(二) 司法鉴定受理的条件

司法鉴定机构收到鉴定委托后,应当对委托的鉴定事项进行审查,对属于本机构司法鉴定业务范围,委托鉴定事项的用途及鉴定要求合法,提供的鉴定材料真实、完整、充分的鉴定委托,应当予以受理。对委托方提供的鉴定材料不完整、不充分的,司法鉴定机构可以要求委托人补充;委托人补充齐全的,可以受理。

对具有下列情形之一的鉴定委托,司法鉴定机构不得受理:(1) 委托事项超出本机构司法鉴定业务范围的;(2) 鉴定材料不真实、不完整、不充分或者取得方式不合法的;(3) 鉴定事项的用途不合法或者违背社会公德的;(4) 鉴定要求不符合司法鉴定执业规则或者相关鉴定技术规范的;(5) 鉴定要求超出本机构技术条件和鉴定能力的;(6) 不符合《司法鉴定程序通则》第 31 条(关于重新鉴定受理)规定的;(7) 其他不符合法律法规、规章规定情形的。对不予受理的鉴定委托,鉴定机构应当向委托人说明理由,退还其提供的鉴定材料。

(三) 司法鉴定受理的程序

司法鉴定机构在接受委托、受理鉴定过程中,必须履行一定的手续。主要有:查验鉴定委托书;收取委托机关制作的案情介绍和鉴定要求的书面材料;查验检材和样本的名称、数量等;经审查视情况可要求委托机关修改鉴定要求或者补充检材和样本等并办理受理手续。

司法鉴定机构在接受委托受理鉴定时应审查委托机关的鉴定委托资格,严格按照法律规定接受侦查机关、检察机关、审判机关和其他机关的鉴定委托,并且要审核鉴定所解决的问题是否属于诉讼中的专门性问题。对属于本机构司法鉴定业务范围,委托事项的用途及鉴定要求合法,提供的鉴定材料真实、完整、充分的鉴定委托,应当予以受理。同时,还应审核所提供的文书资料是否完整,查验检材名称和数量,确定有无鉴定条件,并根据本鉴定机构的技术力量最后决定是否受理。

司法鉴定机构应当自收到委托之日起7个工作日内作出是否受理的决定。对于复杂、疑难或者特殊鉴定事项的委托,司法鉴定机构可以与委托人协商决定受理的时间。按照质量管理体系的要求,在司法鉴定受理过程中应进行司法鉴定委托合同评审。主要要求是:(1)对委托方的鉴定要求及鉴定委托合同的有效性进行评审,确保鉴定机构能够完全理解并确认拥有满足委托方的期望和需求的能力和资源;(2)司法鉴定机构如需要利用委托方提供的外部信息资料,应对其完整性和可采用性进行核查,适当时,应对有重要影响的外部信息资料进行复检、验证或在报告中注明。

三、司法鉴定的实施

司法鉴定的实施,是指司法鉴定人具体进行司法鉴定的活动。司法鉴定的实施是司法鉴定程序的核心环节,是确保鉴定工作质量的关键。

(一)司法鉴定实施的基本条件

1. 鉴定主体要求

我国的司法鉴定实施主体可以通过指定或选择这两种方式确定某个案件的鉴定人。司法鉴定机构受理鉴定委托后,应当指定本机构具有该鉴定事项执业资格的司法鉴定人进行鉴定。委托人有特殊要求的,经双方协商一致,也可以从本机构中选择符合条件的司法鉴定人进行鉴定。一般以鉴定机构指定为主。司法鉴定机构对同一鉴定事项,应当指定或者选择 2 名司法鉴定人共同进行鉴定;对疑难、复杂或者特殊的鉴定事项,可以指定或者选择多名司法鉴定人进行鉴定。

司法鉴定实施过程中,其主体应严格遵循回避制度。在执行回避制度时司法鉴定人自行提出回避的,由其所属的司法鉴定机构决定。委托人对司法鉴定机构是否实行回避的决定有异议的,可以申请复议,对复议决定还有异议的,可以撤销鉴定委托。

2. 鉴定对象要求

司法鉴定对象是司法鉴定检验、检测、分析等实施活动所指向的目标。司法鉴定对象在种类、质量、数量上需要满足鉴定实施的要求。在种类方面,送检的鉴定对象必须是经过法律确认的那些人体、物体、事件过程、功能状态等。但像气味等到现在为止仍然没有被法律确认作为司法鉴定对象的可以进行鉴定,但不能作为法定证据使用。在鉴定对象的质量方面,对不同鉴定种类有不同要求。在鉴定质量与鉴定数量上,其要求一般也存在相关性。鉴定对象的质量高的,其数量要求可以相对低些。随着鉴定科学技术的进步,对鉴定对象的数量的要求也会相对有所下降。

对鉴定对象是否能够达到鉴定所需要的条件的审查、判断工作从鉴定受理时便已经开始。必要时需要先行接受部分或全部检材,做一些前期检测,以判断鉴定对象是否具备鉴定条件。对鉴定对象鉴定条件的判断需要由具有专门知识和经验的鉴定人来进行。

(二) 司法鉴定实施的基本程序

1. 司法鉴定实施的步骤

(1) 指派鉴定人

该环节很多时候在受理案件时已经确定,司法鉴定机构通常规定代表鉴定机构受理案件的人自然担任该案的鉴定人。但有些情况下,受理案件的人不一定就是实施该案鉴定的鉴定人。有些司法鉴定机构成立了专门的案件受理部门,如检材处、检案科、登记受理科等,在这种情况下,鉴定案件受理人就不一定是案件的鉴定人。另外,还有一些疑难、复杂、重大案件需要多人参加鉴定的,也需要司法鉴定机构的业务负责人选派适当鉴定人担任鉴定工作。

(2) 制定鉴定方案

鉴定方案是鉴定人实施鉴定的步骤和方法。鉴定人应在熟悉案情、鉴定资料条件，明确鉴定要求的情况下，根据每个案件的实际情况制定相应的鉴定步骤和方法。鉴定方案的技术路线一般要求采用经典的、成熟的方法。如果国家（或行业）有执行标准规定的，应按其规定操作。有时，为了解决某些特殊问题，如果需要引用国内外最新科技手段的，其来源必须有出处，必要时应附有参考文献。制定鉴定方案应以有利于保全证据，充分利用检材，确保鉴定方法科学，保证鉴定意见客观、准确为出发点。司法鉴定对象如为案内物证或书证时，鉴定时则应尽可能首先采用无损鉴定方案，保持检材原状，鉴定完毕后交委托方。如确需破坏检材的，鉴定实施前须告知委托人并应获得其同意。

(3) 提取、保存检材并对检材进行前期处理

司法鉴定机构和司法鉴定人应当妥善保管检验材料。司法鉴定的对象为物质性检材时，鉴定机构对检材的管理应实行统一收样、统一保存、统一处理的制度。

(4) 准备合格的鉴定仪器、试剂、材料、用品等

(5) 分别检验

分别检验的任务是发现和确定供鉴定客体各自的特征，为比较检验提供条件。分别检验是采用直接观察法、显微观察法、理化显现法、模拟实验法等技术手段，分别对检材和样本进行检验、检测，从而发现、确定两客体物的形状、数量、性质和客体有无变化及变化原因、程度等，正确认定两客体物的一般特征和细节特征及特征间内在的特定联系，从而认定两客体物本质属性的异同。

(6) 比较检验

比较检验是在分别检验的基础上，对检材和样本的细节特征或物质结构特征进行相互比较对照，从而确定两者本质属性异同的检验方法。比较方法主要有目力观察比较法、数学分析比较法、物理学比较法、化学比较法、生物学比较法，以及物理化学比较法等。比较程序通常从一般特征开始，逐渐发展到对客体细节特征及其之间的联系的比较和对照，从而认识事物、掌握事物的发展规律。

(7) 综合评断

综合评断是对比较检验发现的相同点和差异点及其在同一认定中的作用

进行全面的、综合的分析、研究和判断。在标准执行方面,司法鉴定应采用国家或行业标准;无国家或行业标准的,应采用法律认可的其他标准,如地方标准等。对鉴定机构自行制定的标准和规范,须经过专家论证并经应用检验后,由鉴定机构以内部文件形式颁布执行。

(8) 鉴定的记录与复核

司法鉴定人应当对鉴定过程进行实时记录并签名。记录可以采取笔记、录音、录像、拍照等方式。记录应当载明主要的鉴定方法和过程,检查、检验、检测结果,以及仪器设备使用情况等。记录的内容应当真实、客观、准确、完整、清晰,记录的文本资料、音像资料等应当存入鉴定档案。

2. 司法鉴定实施的原则与工作制度

《决定》第15条规定:"鉴定人和鉴定机构从事司法鉴定业务,应当遵守法律法规,遵守职业道德和职业纪律,尊重科学,遵守技术操作规范。"根据我国有关司法鉴定的法律法规的规定,结合司法鉴定行业的内在特点,归纳形成了司法鉴定活动所要遵循的若干原则,参见第一章第四节。

为保证司法鉴定的质量,司法鉴定实行以下基本工作制度:

(1) 鉴定人、复核人/签发人二级审核制度

司法鉴定应由2名以上(含2名)鉴定人实施,疑难、复杂或者特殊的鉴定事项,可以由多名鉴定人进行鉴定。司法鉴定实行第一鉴定人负责制,第一鉴定人对鉴定意见承担主要责任,其他鉴定人承担次要责任;司法鉴定意见通常应由具有本专业高级专业技术职务任职资格的鉴定人复核或签发,复核人或签发人对鉴定意见承担连带责任;司法鉴定文书由本机构内主管业务的负责人或由其指定人员签发。已经建立并实施司法鉴定质量管理体系,获得认可的司法鉴定机构的授权签发人同时需要获得中国合格评定国家认可委员会的审核备案,才能行使签发权。

(2) 疑难案例会商鉴定制度

鉴定中如遇复杂、疑难、特殊的技术问题或对鉴定意见有重大分歧意见时,应由司法鉴定机构主管业务的负责人主持会检,或在听取有关专家意见后再作出鉴定意见,不同意见应当记录在案。鉴定意见应由本机构的司法鉴定人出具。

(3) 专家聘请制度

对于复杂的、涉及多学科知识和技术手段的专门性问题的检验、鉴定，如果受主观或客观条件限制不能单独作出检验、鉴定的，鉴定机构可以聘请外单位有关专家协助鉴定，外聘专家鉴定实行一案一聘制度。专家如与本案鉴定有利害关系的，应当回避。鉴定人应充分听取专家意见，对专家的意见，鉴定人有最终采纳与否的决定权。专家意见应详细记录在案，有鉴定人资格的专家应当在司法鉴定文书上签名。

另外，在实施司法鉴定检查过程中针对特殊事项的检查需要遵循专门规定。如进行精神状态的检查时应当有2名以上的鉴定人参加；对需要进行尸体解剖的，应当通知委托人或者死者的近亲属或者监护人到场见证。到场见证人员应当在鉴定记录上签名。

3. 司法鉴定实施的技术标准

2015年3月26日，国务院发布了《关于印发深化标准化工作改革方案的通知》（国发〔2015〕13号），着力推动实施标准化国家战略，加快完善标准化体系，把标准化建设作为构成国家核心竞争力的基本要素加以推动。在这样的大背景下，司法鉴定标准建设受到重视。

当前我国司法鉴定技术标准的归口管理部门主要有：由国家标准化管理委员会批准，受公安部领导和管理的全国刑事技术标准化技术委员会（TC179，简称"刑标委"）；司法鉴定主管部门（司法部司法鉴定管理局）及卫生行业标准化委员会（涉及医学诊断的鉴定标准）；全国金融标准化技术委员会（涉及人身保险伤残的鉴定标准）；生态环境部（涉及环境损害的鉴定标准）；中国建筑材料联合会（涉及建筑工程质量的鉴定标准）；人力资源与社会保障部（涉及《劳动能力鉴定 职工工伤与职业病致残等级》及病退标准）等。

此外，五部委（最高人民法院、最高人民检察院、公安部、国家安全部、司法部）联合发布了《人体损伤程度鉴定标准》《人体损伤致残程度分级》，虽然性质上属于技术性法规，但其本质上却是权威的国家标准。

总之，伴随着中国司法鉴定业务的发展，以及以审判为中心的诉讼制度改革的深化，中国的司法鉴定/法庭科学标准建设不断地以"跨专业、跨领域、跨地区"的合作方式搭建学术平台，促进行业形成基本共识，建立和优化司法鉴定/

法庭科学标准体系,努力开辟着科学标准视野下的中国法庭科学发展之路。[①]

4. 司法鉴定的技术方法

司法鉴定科学是由多学科组成的学科群,其各分支学科涉及医学、生物学、化学、物理学、会计学等基础学科的原理、方法和技术,在具体的鉴定中往往通过多学科、多技术的综合应用来完成专门性问题的检验和鉴定。医学方法主要包括尸体检验、临床医学检查、精神医学检查、动物实验等。生物学方法包括免疫学方法、遗传学方法、生物化学技术、分子生物学技术。化学方法科学技术的发展使化学和物理学密切结合,形成了新的方法和技术。仪器分析就是利用光学原理和物理化学原理建立的新的分析技术。物理学方法包括摄影技术、显微技术、声纹技术等。会计司法鉴定方法,是指司法机关在诉讼过程中为了查明案情,依法定程序,指派或聘请具有专门知识的人,运用审计学原理和会计学知识,对与案情有关的财务事实进行的审核、检查和验证。

随着司法鉴定的领域不断拓宽,其所应用的技术方法门类也将不断增多,如在司法鉴定的新兴领域中,计算机司法鉴定、声像资料鉴定、法医人类学鉴定中的许多鉴定项目需要依赖计算机技术和网络技术进行鉴定。

(三) 司法鉴定文书的制作

司法鉴定文书是司法鉴定机构和司法鉴定人依照法定条件和程序,运用科学技术或者专门知识对诉讼中涉及的专门性问题进行分析、鉴别和判断后出具的记录和反映司法鉴定过程和司法鉴定意见的书面载体。

四、司法鉴定的特别程序

(一) 补充鉴定

补充鉴定,是指在原鉴定的基础上对其中的个别问题进行复查、修正、补充或解释,以使原鉴定意见更加完备而进行的鉴定。

根据《司法鉴定程序通则》第 30 条规定,有下列情形之一的,司法鉴定机构可以根据委托人的委托进行补充鉴定:(1) 原委托鉴定事项有遗漏的;(2) 委托人就原委托鉴定事项提供新的鉴定材料的;(3) 其他需要补充鉴定的情形。补

[①] 参见王旭、陈军:《2018'中国的法庭科学/司法鉴定标准建设与步伐》,载《中国司法鉴定》2019 年第 2 期。

充鉴定是原委托鉴定的组成部分,应当由原司法鉴定人进行。

（二）重新鉴定

重新鉴定是指委托人对初次鉴定的鉴定意见经审查后认为鉴定意见不可靠而委托原鉴定机构或其他鉴定机构就同一鉴定事项再行的鉴定。

根据《司法鉴定程序通则》第 31 条规定,需要重新鉴定的主要情形为:(1)原司法鉴定人不具有从事委托鉴定事项执业资格的;(2)原司法鉴定机构超出登记的业务范围组织鉴定的;(3)原司法鉴定人应当回避没有回避的;(4)办案机关认为需要重新鉴定的;(5)法律规定的其他情形。另外,《公安机关办理刑事案件程序规定》第 255 条也明确了公安机关在侦查过程中应当进行重新鉴定的法定情形。经审查,发现有下列情形之一的,经县级以上公安机关负责人批准,应当重新鉴定:(1)鉴定程序违法或者违反相关专业技术要求的;(2)鉴定机构、鉴定人不具备鉴定资质和条件的;(3)鉴定人故意作虚假鉴定或者违反回避规定的;(4)鉴定意见依据明显不足的;(5)检材虚假或者被损坏的;(6)其他应当重新鉴定的情形。重新鉴定,应当另行指派或者聘请鉴定人。经审查,不符合上述情形的,经县级以上公安机关负责人批准,作出不准予重新鉴定的决定,并在作出决定后三日内书面通知申请人。

第三节　司法鉴定文书

一、司法鉴定文书的概念和特征

（一）概念

司法鉴定文书是司法鉴定机构和司法鉴定人依照法定条件和程序,运用科学技术或者专门知识对诉讼中涉及的专门性问题进行分析、鉴别和判断后出具的记录和反映司法鉴定过程和司法鉴定意见的书面载体。

（二）特征

诉讼法规定,鉴定人完成司法鉴定后,必须以书面形式出具鉴定结果。司法鉴定文书即反映鉴定主体、鉴定内容、鉴定客体、鉴定过程、鉴定方法和鉴定结果的一种具有法律意义的文书。司法鉴定文书具有下列特征：

1. 主体的特定性

司法鉴定文书必须由具有相应执业资格的司法鉴定人制作出具。

2. 程序的合法性

司法鉴定文书的制作、出具过程必须符合法律法规与规章规定的过程、步骤、方法。

3. 内容的客观性

司法鉴定文书阐明的是自然科学现象，是对客观事物本质属性的真实反映。

4. 方法的科学性

司法鉴定文书的制作、出具方法符合自然科学理论和国际社会公认定理。

5. 鉴定文书形式的规范性

司法鉴定文书必须按照法律法规或行业协会规定的格式规范制作；使用国家标准计量单位、符号和文字；纸张、打印和版面都符合相关规定的要求。

二、司法鉴定文书的分类

（一）根据司法鉴定文书的性质和作用进行的分类

根据司法鉴定文书的性质和作用，司法鉴定文书可以分为司法鉴定意见书、司法鉴定检验报告书、司法鉴定书证审查意见书、司法鉴定咨询意见书四种。其中，司法鉴定意见书是基本文书，其他三种文书是其派生文书。

1. 司法鉴定意见书

司法鉴定意见书是司法鉴定机构和司法鉴定人对委托人提供的鉴定材料进行检验、鉴别后出具的记录司法鉴定人专业判断意见的文书。出具司法鉴定意见书的基本条件是：提供的资料系统完整，送检材料齐全，实验条件（技术方法和设备）完备，能得出鉴定意见。

2. 司法鉴定检验报告书

司法鉴定检验报告书是司法鉴定机构和司法鉴定人对委托人提供的鉴定材料进行检验后出具的客观反映司法鉴定人的检验过程和检验结果的文书。出具司法鉴定检验报告书的基本条件是：通过检验特定检验对象后，不加任何分析说明，直接客观反映检查、测试所见或实验结果。

（二）根据司法鉴定文书的用途和格式进行的分类

根据各种文书在司法鉴定程序中的用途不同，司法鉴定文书可以分为以下七种：

1. 司法鉴定委托书

司法鉴定委托书包括委托人基本信息、被委托的司法鉴定机构基本信息、明确的委托鉴定事项、是否属于重新鉴定、鉴定用途、基本案情、鉴定材料、预计费用及收取方式、司法鉴定意见书发送方法、约定事项、鉴定风险提示、其他需要说明的事项、委托人签名或盖章、司法鉴定机构签章等。

2. 司法鉴定意见书

司法鉴定意见书是指根据司法鉴定机构和司法鉴定人对委托人提供的鉴定材料进行检验、鉴别后出具的记录司法鉴定人专业判断意见的文书。一般包括标题、编号、基本情况、基本案情、资料摘要、鉴定过程、分析说明、鉴定意见、附件、落款等内容。

3. 延长鉴定时限告知书

延长鉴定时限告知书是指司法鉴定机构已经受理相关案件并开展了相关鉴定工作，由于与鉴定相关的原因无法在规定的时限内完成该鉴定，根据《司法鉴定程序通则》第28条的规定，经过鉴定机构负责人的批准，可以延长鉴定时限，一般不超过30个工作日。

4. 终止鉴定告知书

终止鉴定告知书是指司法鉴定机构已经受理相关案件并开展了相关鉴定工作，根据《司法鉴定程序通则》第29条的规定，因特殊原因致使鉴定工作无法继续进行的，鉴定机构决定终止鉴定工作。

5. 司法鉴定意见补正书

司法鉴定意见补正书是指鉴定机构已经完成了鉴定并出具了司法鉴定意见书，鉴定机构发现该司法鉴定意见书存在不影响鉴定意见原意的瑕疵性问题，应当予以补正并出具补正意见书。

6. 司法鉴定复核意见书

司法鉴定复核意见书包括司法鉴定基本情况即案件编号、司法鉴定人、鉴定意见等，还包括复核意见即鉴定程序、鉴定意见等。

7. 司法鉴定告知书

司法鉴定告知书包括委托人和受托人的义务、鉴定可能存在的风险、鉴定需要注意的事项、异议解决的方式、可以终止鉴定的情形等。

三、司法鉴定文书的制作要求

(一) 司法鉴定文书制作的基本原则

1. 合法原则

(1) 主体合法。司法鉴定文书的制作主体由法律规定,不符合法律规定的主体制作的司法鉴定文书不具有合法性。

(2) 依据合法。司法鉴定文书所依据的法律法规和技术标准必须有效,凡是依据未颁布或者被废止或被中止等无效的法律法规和技术标准而制作的司法鉴定文书不具有合法性。

(3) 程序合法。司法鉴定文书必须按照司法鉴定程序制作,未按照司法鉴定程序制作的司法鉴定文书,不具有合法性。

(4) 内容合法。司法鉴定文书的内容应当符合法律法规和规章的规定,不符合法律规定的鉴定内容无效。

2. 规范原则

(1) 司法鉴定文书的内容。以有序化为规范,包括叙述事实要素化、援引法律条款和技术标准规范化、列举事实的组合排列链条化、鉴定意见的表述标准化。

(2) 司法鉴定文书的格式。以使用统一规定的格式为规范,包括格式的结构规范、格式所列的事项规范和启承段落层次的界定术语规范等。

(3) 司法鉴定文书的语言、文字和符号。使用的语言文字、标点符号、专业术语、计量单位应符合国家标准,使用的词语和句子应准确、精练、严谨,应符合公文语体规范和语法规范等。

3. 及时完备原则

(1) 优质完备是制作司法鉴定文书的准则。司法鉴定文书应在法律法规规定的时间内制作完成。

(2) 司法鉴定文书所依据的相关资料和鉴定等手续应当完备,卷宗应及时归档。

（二）司法鉴定文书制作的工作要求

鉴定文书是一种法律文件，其制作必须尊重客观事实和符合诉讼法规定的要求。司法鉴定文书的制作是司法鉴定过程中的一个重要环节，其制作质量直接影响到司法公正，其制作的基本要求是：

(1) 基本概念清晰准确，使用统一规范的专业术语和法律规范用语。

(2) 文字简练，用词准确，语句通顺，描述确切清晰，论证符合逻辑。使用公用的国家标准计量单位、符号和国家标准简体汉字。

(3) 内容系统全面，客观反映检验所见。分析说明符合科学原理，逻辑体系严密。

(4) 文体结构层次分明，证据可靠充分，结论准确无误，不使用有歧义的字句，不得使用文言、方言、土语。使用少数民族语言文字的，应符合少数民族语言文字规范。

(5) 鉴定文书的格式符合规范要求，必要时应附有相关图表、照片、参考文献等说明性附件，所附照片必须真实、清晰。

四、司法鉴定文书格式

不同种类的司法鉴定文书的格式虽有所差别，但就司法鉴定文书的基本格式体系而言，是有其基本要素的。司法鉴定文书一般由封面、正文和附件组成。一般包括标题、编号、基本情况、基本案情、资料摘要、鉴定过程、分析说明、鉴定意见、附件、落款等内容。

（一）内容规范

(1) 司法鉴定文书正文基本结构体系和制作要求：

① 标题：写明司法鉴定机构的名称和委托鉴定事项。

② 编号：写明司法鉴定机构缩略名、年份、专业缩略语、文书性质缩略语及序号。

③ 基本情况：简要说明委托人、委托事项、受理日期、鉴定材料等情况。

④ 资料摘要：摘录与鉴定事项有关的鉴定资料，如法医鉴定的病史摘要等。

⑤ 鉴定过程：客观、翔实、有条理地描述鉴定活动发生的过程，包括人员、时间、地点、内容、方法，鉴定材料的选取、使用，采用的技术标准、技术规范或者技

术方法,检查、检验、检测所使用的仪器设备、方法和主要结果等。

⑥ 分析说明:详细阐明鉴定人根据有关科学理论知识,通过对鉴定材料、检查、检验、检测结果,鉴定标准,专家意见等进行鉴别、判断、综合分析、逻辑推理,得出鉴定意见的过程。要求有良好的科学性、逻辑性。

⑦ 鉴定意见:明确、具体、规范,具有针对性和可适用性。

⑧ 落款:由司法鉴定人签名或者盖章,并写明司法鉴定人的执业证号,同时加盖司法鉴定机构的司法鉴定专用章,并注明文书制作日期等。

(2) 司法鉴定文书各页之间应当加盖司法鉴定专用章红印,作为骑缝章。司法鉴定专用章制作规格:直径4厘米,中央刊五角星,五角星上方刊司法鉴定机构名称,自左向右呈环行;五角星下方刊司法鉴定专用章字样,自左向右横排。印文中的汉字应当使用国务院公布的简化字,字体为宋体。民族自治地区司法鉴定机构的司法鉴定专用章印文应当并列刊汉字和当地通用的少数民族文字。司法鉴定机构的司法鉴定专用章应当经登记管理机关备案后启用。

(3) 司法鉴定文书应使用A4纸,文内字体为4号仿宋,两端对齐,段首空两格,行间距一般为1.5倍。

(4) 司法鉴定文书格式内容可以根据不同专业的特点制定具体的格式,司法鉴定机构也可以根据实际情况作合理增减。

(5) 司法鉴定文书附件应当包括与鉴定意见、检验报告有关的关键图标、照片等,以及有关音像资料、参考文献等的目录。附件是司法鉴定文书的组成部分,应当附在鉴定文书的正文之后。

(6) 司法鉴定文书的内容要系统全面、实事求是,分析说明应逻辑性强,文体结构应层次分明,论据要可靠充分,鉴定意见应客观、科学,是分析论证的结果。

(二) 格式、数量、签章规范

(1) 司法鉴定文书的制作应当符合下列格式要求:

① 使用A4规格纸张,打印制作;

② 在正文每页页眉的右上角注明正文共几页,同时注明本页是第几页;

③ 落款应当与正文同页,不得使用"此页无正文"字样;

④ 不得有涂改。

(2) 在司法鉴定文书的制作数量上也有统一要求,司法鉴定机构出具的司法鉴定文书一般应当一式三份,两份交委托人收执,一份由本机构存档。在实践中,经常会遇到委托人较多,特别是人民法院在审理过程中涉及的诉讼当事人、参与人较多时,会向司法鉴定机构提出需要增加司法鉴定文书副本数量的要求。鉴定机构一般会应要求增加制作副本数量,但司法鉴定文书正本只能有一份。

(3) 对于司法鉴定文书的签章,相关规章也有专门的规定,司法鉴定人应当在司法鉴定文书上签名或者盖章;多人参加司法鉴定,对鉴定意见有不同意见的,应当注明。司法鉴定文书经过复核的,复核人应当在司法鉴定机构内部复核单上签名。司法鉴定文书应当同时加盖司法鉴定机构的司法鉴定专用章红印和钢印两种印模。司法鉴定文书正文标题下方编号处应当加盖司法鉴定机构的司法鉴定专用章钢印;司法鉴定文书各页之间应当加盖司法鉴定机构的司法鉴定专用章红印,作为骑缝章;司法鉴定文书制作日期处应当加盖司法鉴定机构的司法鉴定专用章红印。

(三) 语言文字规范

(1) 司法鉴定文书的语言表述应当符合下列规范和要求:

① 使用符合国家通用语言文字规范、通用专业术语规范和法律规范的用语;

② 使用国家标准计量单位和符号;

③ 使用少数民族语言文字的,应当符合少数民族语言文字规范;

④ 文字精练,用词准确,语句通顺,描述客观、清晰。

(2) 司法鉴定文书中应用的基本概念应当清楚,使用统一的专业术语。不允许使用有歧义的字、词、句。

(四) 程序规范

(1) 司法鉴定文书的制作应实行鉴定人、复核人、签发人三级审核责任制度。所有的鉴定文书(底稿及打印件)均应有鉴定人签名,存档的鉴定文书底稿应有复核人和签发人签名。多人参加司法鉴定,对司法鉴定意见如有不同意见的,应当在鉴定文书中注明。

(2) 司法鉴定文书经过复核的,复核人应当在司法鉴定机构内部复核单上签名。

(3) 司法鉴定文书的封面应当写明司法鉴定机构的名称、司法鉴定文书的类别和司法鉴定许可证号;封二应当写明声明、司法鉴定机构的地址和联系电话。

五、公安部、司法部鉴定文书规定

(一) 公安部鉴定文书规定

1. 前言

为进一步规范公安机关鉴定工作,适应司法改革对公安机关鉴定工作的新要求,公安部对实施了近10年的《公安机关鉴定规则》进行修订,于2017年2月16日发布了《关于发布〈公安机关鉴定规则〉和鉴定文书式样的通知》,修订后的《公安机关鉴定规则》共分12章60条,增加了"补充鉴定、重新鉴定""出庭作证"两章。在内容上,增加了鉴定人发现违反鉴定程序、检材、样本和其他材料虚假或者鉴定意见错误的,可以向鉴定机构申请撤销鉴定的权利;对鉴定人回避的程序作出了较大调整,增加了程序性、救济性内容;对鉴定委托相关事项也作出了修改,删除了鉴定委托书的具体内容要求,增加了危险样本的鉴定规定;在鉴定实施方面,删除了一些烦琐不必要的规定;增加了重新鉴定、补充鉴定的情形和程序要求;规定鉴定文书分为《鉴定书》和《检验报告》两种,删除了《检验意见书》;对鉴定文书制作的程序、内容等作出了较大调整;对鉴定人出庭作证的程序、要求作出了符合诉讼法的规定;增加了"送检人的法律责任"。

2. 公安部鉴定文书分类

(1)《鉴定书》。客观反映鉴定的由来、鉴定过程,经过检验、论证得出鉴定意见的,出具《鉴定书》。

(2)《检验报告》。客观反映鉴定的由来、鉴定过程,经过检验直接得出检验结果的,出具《检验报告》。

需要注意的是,鉴定后,鉴定机构应当出具鉴定文书,并由鉴定人及授权签字人在鉴定文书上签名,同时附上鉴定机构和鉴定人的资质证明或者其他证明文件。

3. 公安部鉴定文书结构

(1) 标题;

(2) 鉴定文书的唯一性编号和每一页的标识;

(3) 委托鉴定单位名称、送检人姓名；

(4) 鉴定机构受理鉴定委托的日期；

(5) 案件名称或者与鉴定有关的案（事）件情况摘要；

(6) 检材和样本的描述；

(7) 鉴定要求；

(8) 鉴定开始日期和实施鉴定的地点；

(9) 鉴定使用的方法；

(10) 鉴定过程；

(11)《鉴定书》中应当写明必要的论证和鉴定意见，《检验报告》中应当写明检验结果；

(12) 鉴定人的姓名、专业技术资格或者职称、签名；

(13) 完成鉴定文书的日期；

(14) 鉴定文书必要的附件；

(15) 鉴定机构必要的声明。

4. 公安部鉴定文书要求

(1) 鉴定文书格式规范、文字简练、图片清晰、资料齐全、卷面整洁、论证充分、表述准确；使用规范的文字和计量单位。

(2) 鉴定文书正文使用打印文稿，并在首页唯一性编号和末页成文日期上加盖鉴定专用章。鉴定文书内页纸张两页以上的，应当在内页纸张正面右侧边缘中部骑缝加盖鉴定专用章。

(3) 鉴定文书制作正本、副本各一份。正本交委托鉴定单位，副本由鉴定机构存档。

(4) 鉴定文书存档文件包括鉴定文书副本、审批稿、检材和样本照片或者检材和样本复制件、检验记录、检验图表、实验记录、鉴定委托书、鉴定事项确认书、鉴定文书审批表等资料。

(5) 补充鉴定或者重新鉴定的，应当单独制作鉴定文书。

(二) 司法部鉴定文书规定

1. 前言

为贯彻执行《决定》和修订后的《司法鉴定程序通则》（司法部令第 132 号），司法部制定了《司法鉴定委托书》等 7 种文书格式，自 2017 年 3 月 1 日起执行。

2007年11月1日司法部印发的《关于印发〈司法鉴定文书规范〉和〈司法鉴定协议书(示范文本)〉的通知》(司发通〔2007〕71号)同时废止。

2. 司法部鉴定文书分类

(1) 司法鉴定委托书;

(2) 司法鉴定意见书;

(3) 延长鉴定时限告知书;

(4) 终止鉴定告知书;

(5) 司法鉴定意见补正书;

(6) 司法鉴定复核意见;

(7) 司法鉴定告知书。

第四节 司法鉴定意见审查与质证

一、司法鉴定意见的审查

司法鉴定意见是指鉴定人在运用科学技术或者专门知识对诉讼中涉及的专门性问题进行鉴别和判断的基础上,给出的结论性意见。司法鉴定意见作为鉴定人个人的认识和判断,表达的只是鉴定人个人的意见,对整个案件来说,鉴定意见只是诸多证据中的一种证据,审判人员应当结合案件的全部证据,加以综合审查判断,从而正确认定案件事实,作出正确判决。司法鉴定是一种独立的证据类型,与其他类型的证据一样,其证据效力有待司法机关确认。由于司法鉴定中专门问题的多样性,司法鉴定人水平的差异性,鉴定过程会受到各种主客观因素的影响,因而鉴定意见可能发生偏差,甚至错误。鉴定意见是否真实可靠、能否成为认定案件事实的依据,在未经审查之前是无法确定的。因此,在鉴定意见采信前,须对鉴定意见进行审查。

(一) 司法鉴定意见的审查内容

司法解释对于鉴定意见审查判断的重点内容作出了规定。最高人民法院《关于适用〈中华人民共和国刑事诉讼法〉的解释》第97条规定,对鉴定意见应

当着重审查以下内容:
(1) 鉴定机构和鉴定人是否具有法定资质;
(2) 鉴定人是否存在应当回避的情形;
(3) 检材的来源、取得、保管、送检是否符合法律、有关规定,与相关提取笔录、扣押物品清单等记载的内容是否相符,检材是否充足、可靠;
(4) 鉴定意见的形式要件是否完备,是否注明提起鉴定的事由、鉴定委托人、鉴定机构、鉴定要求、鉴定过程、鉴定方法、鉴定日期等相关内容,是否由鉴定机构加盖司法鉴定专用章并由鉴定人签名、盖章;
(5) 鉴定程序是否符合法律、有关规定;
(6) 鉴定的过程和方法是否符合相关专业的规范要求;
(7) 鉴定意见是否明确;
(8) 鉴定意见与案件待证事实有无关联;
(9) 鉴定意见与勘验、检查笔录及相关照片等其他证据是否矛盾;
(10) 鉴定意见是否依法及时告知相关人员,当事人对鉴定意见有无异议。

(二) 司法鉴定意见的审查方法

鉴定意见因其具有独特的程序和实体特点,所以适用排除法来排除下列鉴定意见的采信:
(1) 鉴定机构不具备法定资质,或者鉴定事项超出该鉴定机构业务范围、技术条件的;
(2) 鉴定人不具备法定资质,不具有相关专业技术或者职称,或者违反回避规定的;
(3) 送检材料、样本来源不明,或者因污染不具备鉴定条件的;
(4) 鉴定对象与送检材料、样本不一致的;
(5) 鉴定程序违反规定的;
(6) 鉴定过程和方法不符合相关专业的规范要求的;
(7) 鉴定文书缺少签名、盖章的;
(8) 鉴定意见与案件待证事实没有关联的;
(9) 违反有关规定的其他情形。

(三) 司法鉴定意见证据能力和证明力的审查

《刑事诉讼法》第55条规定:"对一切案件的判处都要重证据,重调查研究,不轻信口供。只有被告人供述,没有其他证据的,不能认定被告人有罪和处以刑罚;没有被告人供述,证据确实、充分的,可以认定被告人有罪和处以刑罚。"鉴定意见作为法定证据之一,当然也需要审视其证据能力和证明力。

1. 司法鉴定意见的证据能力审查

证据能力,又称为证据的合法性,是指证据能够转化为定案根据的法律资格。简言之,鉴定意见能否取得进入诉讼程序的合法性资格,是审查其是否具有证明力、鉴定意见是否能被采纳的前提。除此之外,一份鉴定意见能否获得法庭准入资格,完全取决于该鉴定意见的"规范性"。对于鉴定意见证据能力的审查,应按《司法鉴定程序通则》《公安机关鉴定规则》《人民检察院鉴定规则》和相关的规范性文件进行审查。当其启动程序合法、鉴定机构和鉴定人具备鉴定资格、鉴定程序合法、鉴定意见书要素齐备时,便具有了证据能力。

2. 司法鉴定意见的证据能力审查内容

(1) 交付鉴定的问题是否属于应当鉴定的范围;

(2) 鉴定人是否具有鉴定资格;

(3) 鉴定意见的形式是否符合法律要求;

(4) 鉴定程序是否符合法律要求。

3. 鉴定意见的证明力审查

证据的证明力属于法官自由裁量的范围,法律一般不作规定。对于鉴定意见的裁量,包括两方面:一是其与待证事实的关联性,从鉴定意见本身推导出案件事实的强度和频度越大,其证明作用就越大。二是其真实性、可靠性。一般情况下,以下几方面因素会影响到鉴定意见的真实性、可靠性:鉴定人知识水平的高低和鉴定经验的多少是鉴定意见真实性、可靠性的重要衡量因素;鉴定所使用的仪器设备的先进程度是衡量鉴定意见真实性、可靠性的又一个重要标志;用作鉴定之基础的事实材料的可靠性对鉴定意见的真实性、可靠性具有决定作用;当鉴定人在鉴定过程中受到某些外界因素的影响而形成一定的预断和偏见时,鉴定意见的可靠性也将受到影响,等等。当然,法官审查鉴定意见的证明力时还应当将其与同案当中的其他证据一起综合考虑,以准确评定鉴定意见的证明力。[1]

---

[1] 参见最高人民法院《关于适用〈中华人民共和国刑事诉讼法〉的解释》第 97、98 条。

二、司法鉴定意见的质证

诉讼法规定,证据需要经过质证程序后才能成为定案的根据。司法鉴定意见作为司法鉴定人的认识和判断,表达的是司法鉴定人个人的观点和意见。这种观点和意见应该客观、科学地反映诉讼中的专门性问题,但由于鉴定过程中司法鉴定人受到各种主客观因素的限制和影响,有时会出现有瑕疵甚至是错误的鉴定意见。因此,鉴定意见同其他种类的证据一样,需进行质证,以确定其证明效力。

(一)质证的概念

质证是指在庭审活动中,诉讼双方通过交叉询问和对质等方式,质疑另一方或法院依据职权搜集的证据的相关性、可采性、证明力和可信性的证明活动。其中,交叉询问主要适用于证人(或鉴定人),是对抗制的规定性特征之一,是一种诉讼权利。对质是指两个主体同时在场,面对面互为质问。对质权主要是被告人与证人(或鉴定人)对质的权利,是《公民权利和政治权利国际公约》确定的一种基本权利,是司法人权保障的重要体现。①

(二)司法鉴定意见的质证

司法鉴定意见的质证,是指案件双方在庭审中对鉴定意见进行出示、质疑及辩论的过程。对鉴定意见有异议时,法院应当通知司法鉴定人出庭,由司法鉴定人对鉴定意见作出说明、解释和补充。

1. 司法鉴定意见质证程序

(1)庭审前的鉴定意见审查

庭审前鉴定意见审查的法律依据主要是《刑事诉讼法》:侦查机关应当将用作证据的鉴定意见告知犯罪嫌疑人、被害人。如果犯罪嫌疑人、被害人提出申请,可以补充鉴定或者重新鉴定。根据我国《刑事诉讼法》《民事诉讼法》的规定,人民法院通知司法鉴定人出庭接受质证的通知书至迟在开庭 3 日以前送达。审前程序中,人民法院一般根据审判工作的需要决定是否通知司法鉴定人出庭接受质证。双方当事人对鉴定意见有异议的,可以向法庭申请要求司法鉴

---

① 参见张保生主编:《证据法学》,中国政法大学出版社 2023 年版,第 291 页。

定人出庭,并经法庭同意后由人民法院依法通知司法鉴定人出庭作证。

(2) 庭审中的鉴定意见质证

在我国目前的审判程序中,比较多见的是在开庭时对鉴定意见进行形式上和程序性的质证。由于鉴定意见涉及专门性问题,诉讼双方和审判人员对专门性问题都缺乏相关知识,诉讼双方较难就鉴定意见中的相关内容提出问题,因此书面质证较难开展。

司法鉴定人出庭是鉴定意见质证的必要途径和重要形式,当法庭认为案件中司法鉴定意见对判决有重要影响时,应当通知司法鉴定人出庭。为了避免案情对司法鉴定人产生影响,一般只有在质证开始时才会通知司法鉴定人入庭。

(3) 具有专门知识的人对鉴定意见的质询

法官在案件审理过程中,一般只是作为法律专业问题的专家,但对于诉讼涉及的专门性问题往往受制于知识和经验的不足,对有些鉴定意见难以评判,只能依赖司法鉴定人。而诉讼双方及其辩护人、诉讼代理人同样因为缺乏专门知识而难以对司法鉴定人进行有效的质疑。因此,为了有效地对鉴定意见进行审查和评判,有必要在质证活动中引入具有专门知识的人协助当事人对司法鉴定人进行质询。

目前,多数法院对鉴定意见仍停留在书面审查阶段,随着审判方式改革,质证制度将趋于完善,司法鉴定人出庭将成为一种经常性的制度。法庭质证保证了程序的公正,可以从程序上更有效地避免与减少错案的发生,这项措施不但可以更好地帮助法官理解鉴定意见,减轻法官采纳证据的压力,也会使当事人对法庭的证据采纳方法更了解,对判决更信服。

2. 司法鉴定意见质证内容

当事人及其辩护人、诉讼代理人和审判人员对鉴定人询问应主要围绕鉴定人的资格、鉴定意见的科学依据、鉴定意见的可信程度、鉴定方法的可靠性以及鉴定活动的程序性等方面进行。询问的具体内容包括:有关鉴定资料的内容,如检材、鉴定文书资料来源的可靠性和真实性;提供鉴定资料的人(如医生、证人等)的情况;检材的数量、质量、保有时间、保存条件和方法以及提取和处理的方法;鉴定的方法、步骤和过程;对鉴定方法有国家或行业标准的,其鉴定的检验方法、实验程序、步骤是否符合国家标准或行业标准;对既无国家标准也无行业标准的,应当分析鉴定方法、步骤的可靠程度;鉴定意见的数据、理由等。对于一般案件的鉴定意见应当重点围绕以下内容进行询问：

（1）鉴定材料和鉴定对象是否符合鉴定要求，是否具备鉴定条件；

（2）鉴定手段、方法是否科学，鉴定过程是否符合规范，是否存在污染的可能；

（3）鉴定意见及其分析所依据的事实是否客观全面，特征的解释是否合理，适用的标准是否准确，分析说明是否符合逻辑，鉴定意见的推论是否符合科学规范；

（4）其他应当审核的内容。

3. 司法鉴定意见质证方式

鉴定意见的质证方式是指质证的形式或者方法。我国法律没有明确规定对鉴定意见的质证方式，根据司法解释的规定，我国鉴定意见的质证方式具有交叉询问的性质，这种方式已得到司法实践的普遍认同。

交叉询问中，如果一方当事人有不当询问，另一方当事人享有提出异议的权利。异议权的范围仅限于不当询问和不当回答。异议权人应当及时提出，并简单说明理由，由法院决定。在法院决定前，鉴定人应当停止陈述，等待决定。对于法院的决定，当事人和鉴定人不得申请复议或作为上诉的理由。同时，在询问过程中，法官应掌握询问内容与保密之间的界限，凡是询问涉及国家秘密、鉴定人或其他个人隐私、侦查秘密的，法官应当及时予以制止，鉴定人应当不予回答或拒绝回答。在询问过程中，当事人应尊重鉴定人的人格尊严，不得故意通过询问来刁难鉴定人或拖延诉讼，更不能侮辱、故意刁难鉴定人。

另外，在法庭质证程序中，审判长认为必要时，可以在当事人（控辩）双方询问后或者询问过程中对鉴定人进行询问。法官的这种询问仅仅具有补充性质，旨在弥补当事人发问以及质疑的不足。但是，审判人员这种询问不属于质证的范畴。

三、司法鉴定人出庭作证制度

（一）司法鉴定人出庭作证概述

鉴定人出庭作证是当事人（控辩）质证权的基本要求。鉴定人只有出庭作证，才能保障当事人的质证权利的实现，才能真正发挥证明案件事实的作用。鉴定意见是一种言词证据，依照审判程序的直接言词原则，司法鉴定人应当出庭作证,对鉴定意见作出说明、解释并接受质证,针对质疑或者询问予以积极解答。否则,鉴定意见被视为传闻证据,不能作为定案根据。

(二) 司法鉴定人出庭作证的必要性

1. 司法鉴定人出庭作证是程序正义的应有之义

鉴定意见作为法定证据的一种,除了应当接受法庭审查外,还需要经过当事人质证,这既是正当法律程序的必然要求,也是通过正当程序保障其科学性的应有之义。司法鉴定人不出庭作证,当事人就无法对鉴定意见进行有效的质证,法庭也不能对鉴定意见进行全面的审查,难免导致一些存在瑕疵甚至错误的鉴定意见成了定案的依据。这样,不仅损害当事人的质证权,而且还影响了裁判结果的正当性。致使程序正义遭受严重损害。

2. 司法鉴定人出庭作证有利于提升司法鉴定公信力

司法鉴定人出庭对存在异议的鉴定意见作出解释,不仅可以消除当事人对鉴定意见的疑虑,而且还能使法庭对鉴定意见有一个较为准确的认识,进而提高依据鉴定意见认定案件事实的可接受性。如果司法鉴定人不出庭作证,当事人就不能在法庭上对鉴定意见进行质证,对鉴定意见的疑问难以消除,在一定程度上,容易加深当事人对司法鉴定人的公正性和鉴定意见科学性的怀疑,从而对科学的鉴定意见作为定案根据带来消极影响,最终有损司法鉴定的公信力。

3. 司法鉴定人出庭作证是发现错误鉴定意见的有效途径

司法鉴定人出庭作证可以使鉴定意见得到正当程序的检验。鉴定意见是由司法鉴定人对检材作出鉴别、判断的主观认识,其结论不可避免地带有一定的主观性。司法鉴定人不出庭作证,鉴定意见无法通过证伪的方式予以检验,法官则会根据自己的意愿决定鉴定意见的取舍,即使鉴定意见存在错误,也难以得到及时发现和有效纠正,在一定程度上减少了发现鉴定意见错误的有效途径。如果在公开的法庭上司法鉴定人接受当事人双方的质证,对于存在异议的鉴定意见接受法官的询问,不仅可以提高发现错误鉴定意见的效率,防止错误鉴定意见不经质证程序过滤而作为定案根据,还可以为法庭选择正当、合法、可靠的鉴定意见提供最有效途径。

(三) 司法鉴定人出庭作证的程序

《司法鉴定程序通则》第 43 条规定:"经人民法院依法通知,司法鉴定人应当出庭作证,回答与鉴定事项有关的问题。"鉴定人是否出庭应当以人民法院的出庭通知书为依据,人民法院的通知书是鉴定人出庭作证的法律凭证,也是衍生鉴定人出庭作证义务的法律文书。委托人或者当事人的要求不是鉴定人出庭的依据。人民法院根据案件情况的需要应当依法履行通知鉴定人出庭作证的职责。

1. 人民法院通知司法鉴定人出庭的程序

《刑事诉讼法》规定:"公诉人、当事人或者辩护人,诉讼代理人对鉴定意见有异议,人民法院认为鉴定人有必要出庭的,鉴定人应当出庭作证。"《民事诉讼法》规定:"当事人对鉴定意见有异议或者人民法院认为鉴定人有必要出庭的,鉴定人应当出庭作证。"根据上述规定,当事人(控辩)双方对司法鉴定人出庭作证提出申请或者人民法院根据案件情况认为需要司法鉴定人出庭作证的,如法官在对鉴定意见进行审查时,发现了疑点或瑕疵或者对某个专门性问题存在多份鉴定意见或者司法鉴定人的意见互相矛盾的,法官可以直接向司法辅助工作部门的司法技术人员提出咨询或者技术审核,并参考司法辅助工作部门或者有关专家的意见决定是否通知司法鉴定人出庭作证。

人民法院决定通知司法鉴定人出庭的,应当依照法律规定通知司法鉴定人。通知书最晚在开庭前3日送达。人民法院按照普通程序审理的案件,如果司法鉴定人在外地的,应当考虑必要的在途时间。出庭通知应当采用书面形式,并注明开庭的时间、地点以及应注意的事项。

2. 司法鉴定人接受人民法院出庭通知程序

鉴定人接到人民法院通知出庭的通知书时,应当在出庭通知书的送达回证上签字。对于逾期送达的,鉴定人可在送达回证上说明,也可以要求人民法院变更开庭日期。鉴定人签收送达回证后,应当积极准备出庭,按照人民法院通知要求的时间、地点等按时出庭作证,不得迟到或者拖延。

鉴定人认为符合不出庭作证情形的,应当写出书面申请,及时提交人民法院,由人民法院决定是否出庭;对人民法院准许不出庭的,鉴定人可以书面的形式答复当事人的质询。但是,鉴定人不得无故不出庭,否则应承担相应的法律责任。最高人民法院《关于适用〈中华人民共和国刑事诉讼法〉的解释》第99条第3款规定:"鉴定人无正当理由拒不出庭作证的,人民法院应当通报司法行政机关或者有关部门。"对于鉴定人有正当理由无法出庭作证的,可以通过远程视频、声音传送等方式作证；人民法院也可以到鉴定人所在的场所进行询问，但是人民法院应当在合理的期间内通知人民检察院、当事人及其辩护人、诉讼代理人到场。

3. 司法鉴定人出庭后的身份核实程序

司法鉴定人到庭后，审判人员应当先核实司法鉴定人的身份、与当事人及本案的关系，告知司法鉴定人应当如实地提供鉴定意见和有意作虚假鉴定要负的法律责任。一般说来，核实出庭的司法鉴定人的身份包括以下几个方面的内容：一是司法鉴定人的自然身份，包括姓名、民族、出生年月日、文化程度、职业、住址等；二是出庭司法鉴定人是否是该鉴定意见的鉴定人；三是司法鉴定人的资格，查明司法鉴定人是否具有该专业所涉及问题的鉴定能力，是否取得了该专业鉴定的执业证书及是否在司法行政管理部门所核定的司法鉴定人名册中；四是司法鉴定人与案件当事人之间是否具有亲属、朋友关系或者其他特殊关系；五是司法鉴定人与案件是否有其他利害关系。

司法鉴定人出庭作证时，审判长需核实其身份、鉴定资格、鉴定的业务范围、所在的鉴定机构，以及与当事人、案件之间的关系后，告知其负有如实作证的义务。作证前，应当在如实作证的保证书上签名。

核实司法鉴定人身份的程序具有以下作用：一是核实司法鉴定人的身份，以确定司法鉴定人是否为法庭通知的应当出庭的司法鉴定人，以避免出庭作证的司法鉴定人名实不符；二是核实司法鉴定人的身份对于确定鉴定意见的证据能力和证明力具有决定意义；三是核实司法鉴定人的身份是国际上通行的做法，也是程序公正的必然要求。

（四）鉴定人出庭作证的保护程序

鉴定人出庭作证不仅是法律的要求，也是当事人理解鉴定意见和法官审查判断鉴定意见，以及借助于鉴定人对鉴定意见的解释、说明认识其他证据的合理的期待。司法鉴定意见不仅在事实认定中起到关键性作用，甚至决定着被告人的生死。然而，鉴定人出庭作证可能会受到威胁、恐吓以及打击报复。为此，《刑事诉讼法》第64条规定："对于危害国家安全犯罪、恐怖活动犯罪、黑社会性质的组织犯罪、毒品犯罪等案件，证人、鉴定人、被害人因诉讼中作证，本人或者其近亲属的人身安全面临危险的，人民法院、人民检察院和公安机关应当采取以下一项或者多项保护措施……""证人、鉴定人、被害人认为因在诉讼中作证，本人或者其近亲属的人身安全面临危险的,可以向人民法院、人民检察院、公安机关请求予以保护。"

 关键术语

1. 同一认定(forensic identification)
2. 种属认定(species identification)
3. 模式识别(pattern recognition)
4. 机器学习(machine learning)
5. 有监督分类(supervised classification)
6. 无监督分类(unsupervised classification)
7. 洛卡德交换原理(locard's exchange principle)
8. 信息转移原理(information transfer theory)

 思考题

1. 电子信息转移原理对现代侦查与鉴定的价值如何?
2. 思考笔迹、指纹等传统物证同一认定结论的概率化表达方式。
3. 简述司法鉴定专家辅助人制度的利弊。
4. 简述我国司法鉴定技术标准/规范建设的现状。
5. 简述重新鉴定与补充鉴定有何差异。

 参考文献

1. 杜志淳主编:《司法鉴定概论》,法律出版社2018年版。
2. 高憬宏、杨万明主编:《基层人民法院法官培训教材(实务卷·刑事审判篇)》,人民法院出版社2005年版。
3. 胡铭:《鉴定人出庭与专家辅助人角色定位之实证研究》,载《法学研究》2014年第4期。
4. 霍宪丹主编:《司法鉴定学》,北京大学出版社2014年版。

5. 蒋占卿、韩伟:《刑事科学技术基本原理探究》,载《中国人民公安大学学报(自然科学版)》2014 年第 2 期。

6. 龙宗智:《证据法的理念、制度与方法》,法律出版社 2008 年版。

7. 任惠华主编:《侦查学原理》,法律出版社 2023 年版。

8. 张保生主编:《证据法学》,中国政法大学出版社 2018 年版。

9. 张翠玲、王勇:《物证鉴定科学范式转变背景下的同一认定理论》,载《证据科学》2023 年第 3 期。

10. 张建伟:《证据法要义》,北京大学出版社 2009 年版。

11. Michael J. Saks and Jonathan J. Koehler. The Coming Paradigm Shift in Forensic Identification Science. *Science*,2005,309(5736).

第四章　法医病理司法鉴定

> **学习目标**
>
> **[情感目标]**　认识法医病理司法鉴定在维护法律权威、保障人民群众合法权益、构建社会公平正义中的重要作用,树立生命至上、尊重法律的社会人文情怀和证据意识。
>
> **[知识目标]**　了解法医病理司法鉴定的概念、任务,熟悉法医病理司法鉴定法律法规、伦理规范和职业防护要求,掌握法医病理司法鉴定的工作程序和证据标准。
>
> **[能力目标]**　能独立思考运用法医病理司法鉴定知识进行案例分析,掌握法医病理司法鉴定意见的审查评断要素,具备合理运用检验方法发现、收集证据并形成科学鉴定意见的能力。

第一节　法医病理鉴定概述

一、法医病理鉴定的概念

法医病理学是研究人的尸体、器官和组织等,应用病理学及其他医学、自然科学等理论与技术,研究与法律有关的人身死亡原因、死亡方式、伤病与死亡之间的关系,以及死后变化的发展规律及其检验鉴定的一门应用性科学。法医病理学工作者(法医病理鉴定人)依据相关法律法规、按照法律程序,运用法医病理学的科学技术或者专门知识,对与法律问题有关的人身伤、残、病、死及死后变化等专门性问题进行鉴别和判断并提供鉴定意见的活动称为法医病理鉴定。法医病理鉴定为侦查、起诉、审判以及劳动和社会保险等相关法律的实施提供客观、科学、公正、准确的医学证据,并为医学卫生实践及立法提供医学资料。

二、法医病理鉴定的检验对象

法医病理鉴定的检验对象主要是非正常死亡的尸体,有时须对离体器官组织进行检验,或审核参阅与尸体检验有关的鉴定书及声像资料等。非正常死亡指由外部作用导致的死亡,包括火灾、溺水、中毒、地震、空难、海啸等自然灾害;工伤、医疗事故、交通事故等人为事故;自杀、他杀、受伤害等致死。还存在某些特殊情况死亡的尸体,如猝死。①

对尸体进行法医病理鉴定必须依据我国相关法律。《刑事诉讼法》第128条规定:"侦查人员对于与犯罪有关的场所、物品、人身、尸体应当进行勘验或者检查。在必要的时候,可以指派或者聘请具有专门知识的人,在侦查人员的主持下进行勘验、检查。"第131条规定:"对于死因不明的尸体,公安机关有权决定解剖,并且通知死者家属到场。"第148条规定:"侦查机关应当将用作证据的鉴定意见告知犯罪嫌疑人、被害人。如果犯罪嫌疑人、被害人提出申请,可以补充鉴定或者重新鉴定。"《医疗纠纷预防和处理条例》第26条规定:"患者死亡,医患双方对死因有异议的,应当在患者死亡后48小时内进行尸检;具备尸体冻存条件的,可以延长至7日。尸检应当经死者近亲属同意并签字,拒绝签字的,视为死者近亲属不同意进行尸检。不同意或者拖延尸检,超过规定时间,影响对死因判定的,由不同意或者拖延的一方承担责任。"

尸体检验应当由取得司法鉴定资格的机构和鉴定人,按照《司法鉴定程序通则》的要求,依照《法医学尸体检验技术总则》(GA/T 147-2019)、《法医学病理检材的提取、固定、取材及保存规范》(GA/T 148-2019)等标准规范实施。

三、法医病理鉴定的程序

司法鉴定实行鉴定人负责制度。司法鉴定人进行司法鉴定活动,应当遵守法律法规、规章,遵守职业道德和执业纪律,尊重科学,遵守技术操作规范,依法

---

① 参见丛斌主编:《法医病理学》,人民卫生出版社2016年版,第374—376页。

独立、客观、公正地进行鉴定,并对自己作出的鉴定意见负责。相关规定同样适用法医病理鉴定。

司法鉴定应按照规定的程序进行。司法鉴定的委托受理必须依法、依规,不同类型、不同诉讼阶段决定委托鉴定的主体不同。根据诉讼的不同阶段(侦查、起诉、审判),法医病理鉴定分别接受公安机关、人民检察院、人民法院的委托。一般民事案件中需查明死因的,可由死者直系亲属或其诉讼代理人委托。涉及医疗纠纷的应由医患双方协商或共同委托。司法鉴定机构应当统一受理委托人的委托,司法鉴定机构应当对委托鉴定事项、鉴定材料等进行审查。对属于本机构司法鉴定业务范围,鉴定用途合法,提供的鉴定材料能够满足鉴定需要的,应当受理。

鉴定的实施是鉴定程序的核心环节,直接影响鉴定工作的整体水平。鉴定人员有资质是实施鉴定活动的前提。司法鉴定机构受理鉴定委托后,应当指定本机构具有该鉴定事项执业资格的司法鉴定人进行鉴定。选择正确的鉴定方法是实施公正、科学鉴定的有效保证。鉴定方案的技术路线一般要求采用成熟的方法。司法鉴定应当遵守和采用该专业领域的技术标准、技术规范和技术方法。鉴定实施过程中,司法鉴定人有权了解进行鉴定所需要的案件材料,可以查阅、复制相关资料,必要时可以询问诉讼当事人、证人。司法鉴定人应当对鉴定过程进行实时记录并签名。记录可以采取笔记、拍照、绘图、录音、录像等方式。记录应当载明主要的鉴定方法和过程,检查、检验、检测结果,以及仪器设备使用情况等。记录的内容应当真实、客观、准确、完整、清晰,记录的文本资料、音像资料等应当存入鉴定档案。如原委托鉴定事项有遗漏或有新的鉴定材料提供等情况,可以根据委托人的要求进行补充鉴定。如办案机关认为需要重新鉴定的,司法鉴定机构可以接受办案机关委托进行重新鉴定。

司法鉴定机构和司法鉴定人应当按照统一规定的文本格式制作司法鉴定意见书。司法鉴定意见书应当由司法鉴定人签名,并加盖司法鉴定机构的司法鉴定专用章。

司法鉴定人出庭作证,部分案件完成鉴定后,根据需要,经人民法院依法通知,司法鉴定人应当出庭作证,回答与鉴定事项有关的问题。

四、法医病理鉴定档案及标本管理

法医病理鉴定的档案包括委托书、协议书、案情及病历资料、现场勘验记录、尸体检查记录、组织病理检查记录、法医病理鉴定意见书、照片、必要的生化检验和毒物毒品检验报告、声像资料等。随着计算机技术的广泛应用,法医病理鉴定档案管理多将案例资料建成电子数据库,同时利用各类电子扫描仪器将影像学片、照片、病理切片等全部转化为电子文档进行保存,以便于统计分析、科学研究和资料存档。

法医病理学的标本包括器官标本、组织蜡块、病理切片、血液、尿液、胃内容物等。尸体解剖后应保留必要的标本,以备有要求时出示实物证据或供重新鉴定。器官标本由于体积较大,除某些案件需留作证据或用于教学科研需要而保留部分组织块外,多在鉴定结束后放回尸体体腔内,与尸体一起处理。组织蜡块和病理切片体积较小,可以长期保存。

第二节 法医病理鉴定的内容

法医病理鉴定包括死亡原因鉴定、死亡方式判断、死亡时间推断、损伤时间推断、致伤物推断、成伤机制分析、医疗损害鉴定以及与死亡原因相关的其他法医病理鉴定等。

一、死亡原因鉴定

死亡原因鉴定是指依据法医病理学尸体检验等相关标准,基于具体案件鉴定中的检材情况、委托人的要求以及死者的民族习惯等,按照所采用的检查方法进行死亡原因鉴定或分析。死亡原因鉴定是法医病理司法鉴定的核心。死亡原因(死因)是指导致机体死亡发生的疾病(内源性)、暴力(外源性)等因素。暴力是指引起死亡的外源性因素,包括机械性损伤、机械性窒息、中毒、高低温损伤、电击与雷击等。疾病是指引起死亡的内源性因素。死亡原因分为以下几种:

(1) 根本死因:引起死亡的原发性疾病或致死性暴力。如恶性肿瘤、冠状动脉粥样硬化性心脏病、机械性损伤和机械性窒息引起的死亡等。

(2) 直接死因:致命性的并发症。根本死因往往是通过其所导致的致命性并发症或继发症引起死亡的发生,这些致命性的并发症和继发症通常被称为直接死因。如休克、栓塞、感染、中毒、挤压综合征等。

(3) 辅助死因:根本死因之外的,本身不会致命但在死亡过程中起到辅助作用的自然性疾病或损伤。如严重脂肪肝患者因酒精中毒死亡,其中的酒精中毒为根本死因,而脂肪肝为辅助死因。

(4) 联合死因:联合作用于机体引起死亡的两种或两种以上互不联系(可区分主次或起同等作用)的因素。包括病与病联合致死、病与暴力联合致死、暴力与暴力联合致死等。

(5) 死亡诱因:诱发身体原有潜在疾病急性发作或迅速恶化而引起死亡的因素。它包括各种精神情绪因素、劳累过度、吸烟、外伤、大量饮酒、性交、过度饱食、饥饿、寒冷、医疗穿刺与器械使用等。这些因素对健康人一般不会致命,但对某些重要器官有潜在性病变的人,却能诱发疾病恶化而引起死亡。如暴食引发冠状动脉粥样硬化性心脏病急性发作死亡,暴食为死亡诱因。

死亡原因鉴定的方法有:

(1) 尸体解剖,死亡原因鉴定。通过进行系统尸体解剖检验(包括但不限于颅腔、胸腔、腹腔等),提取病理检材,对各器官进行大体检验和显微组织病理学检验,必要时提取尸体相关体液或组织进行毒、药物检验,或者其他实验室检验。根据上述尸体解剖检验和必要的实验室检验结果,结合案情资料及其他书证材料,对死亡原因等进行鉴定。

(2) 尸表检验,死亡原因分析。通过对尸体衣着、体表进行检验,必要时进行尸体影像学检查或提取相关体液检材进行毒、药物检验等。根据上述检验结果,并结合案情资料等对死亡原因等进行分析。

(3) 器官/切片检验,死亡原因分析。因鉴定条件所限,缺少尸体材料时(如再次鉴定时尸体已处理),可以通过对送检器官/组织切片进行法医病理学检验与诊断,并结合尸体检验记录和照片、毒物检验结果及案情资料、书证材料等,进行死亡原因分析。

死亡原因鉴定是通过系统全面的工作,在现场勘验、尸表检验、解剖检验、实验室检验、辅助检查、案情调查等多方面工作基础上进行综合分析,逐一对每一种致死可能性因素进行排除,在不能排除的因素中进行逻辑死因分析,最终确定符合或接近客观事实的死亡原因。

二、死亡方式判断

死亡的方式多种多样,不同的学科,其分类方法不尽相同,种类也较多。在法医学上通常按死亡的原因不同,将死亡方式分为暴力性死亡和非暴力性死亡两大类。国外有的学者在法医学对死亡传统分类的基础上,又提出了第三类死亡,即安乐死,并且认为安乐死是与暴力性死亡和非暴力性死亡并列的又一类死亡现象。[①]

暴力性死亡是指由于外界因素直接作用于人体所引起的死亡,又称非正常死亡、非自然死亡或外因性死亡。暴力性死亡按暴力的来源不同和死亡性质的不同又可分为他杀死、自杀死和意外死三种。非暴力性死亡系指在自然条件下,由于体内的自然变化(即自然衰老)或病理变化(即疾病)所引起的死亡,又称为自然死亡或正常死亡,其中包括生理性死亡和病理性死亡两类。

死亡方式的判断主要根据法医学尸体检验,包括必要的辅助检查,在确定死亡原因和死亡机制前提下,结合现场和案情综合分析,判断死者的死亡方式是他杀、自杀、意外或疾病死亡。生理性死亡,是指自然人生命自然发展的终结。一般人的死亡都有疾病的影响,完全的生理性死亡是不太可能的,因此,法医学没有将生理性死亡进行归类。死亡方式的确定是死亡性质确定的基础,死亡性质确定为刑事立案提供依据,为侦查提供线索,为司法审判提供证据,为医政、保险机构处理提供依据。如中毒死亡,可以是因某种原因自己服毒自杀,也可以是他人为达某种目的的投毒他杀,还可能是误食误服或工作意外接触所致意外中毒死亡。

三、死亡时间推断

死亡时间在法医学上是指死后经历时间或死后间隔时间,即发现、检查尸体时距离死亡发生时的时间间隔。死亡时间推断是法医病理鉴定实际工作中需要解决的重点及难点问题。一般情况下,死亡时间与案件发生时间一致,并与有关的人和事密切相关,因此,推断死亡时间对于确定侦查方向、划定侦查范围、认定凶犯、排除嫌疑人等具有重要作用。法医学推断死亡时间的方法很多,

---

① 参见丛斌主编:《法医病理学》,人民卫生出版社 2016 年版,第 33 页。

一般依据尸体现象及其变化规律推断死亡时间，依据胃、肠内容物的量和消化程度推断死亡距最后一次用餐的经历时间，利用现场物品推断死亡时间，利用生物化学方法，检测体液内化学物质或大分子物质浓度变化等推断死亡时间，利用光谱学、基因组学等技术推断死亡时间，依据法医昆虫学嗜尸性昆虫的发育周期及其演替规律推断死亡时间等；也可以结合尸体下及其周围植物生长规律、超生反应、图像侦查、技术侦查以及网监信息等信息推断。目前，法医学实践中，根据尸体现象推断死亡时间依然是最常用的手段。但由于影响死后尸体变化的因素很多，目前的推断方法推断的死亡时间还不十分准确，死亡时间越长，其误差越大。

四、损伤时间推断

损伤时间推断是在鉴别生前伤与死后伤的基础上，通过对损伤组织的大体观察和镜下组织病理学检查，依据生前损伤组织修复、愈合、炎症反应、栓塞等形态学改变，对损伤时间进行推断；利用免疫组织化学和分子生物学等技术，依据生前损伤组织大分子活性物质变化规律等，对伤后存活时间进行推断。损伤时间推断对指导侦查、排除嫌疑、分析作案过程等意义重大。

五、致伤物推断

致伤物是指造成机体损伤的物体，在刑事案件中称为凶器。能够引起机体损伤的外力有物理性、化学性和生物性三类。物理性外力又分机械性、电、热、光、声及放射线等，其中尤以机械性损伤最多。因此，推断致伤物，一般是指推断引起机械性损伤的物体。机械性损伤致伤物包括钝器、锐器、火器（枪弹）等。机械性损伤的特征性损伤有"中空性皮下出血""试切创""火药斑纹"等。人体受锐器作用的特征性损伤为锐器创，表现为创缘整齐、创角锐利、创壁规则、创腔无组织间桥等，根据成伤方式可分为砍创、刺创、切创、剪创等。人体受钝器作用的特征性损伤包括皮肤的挫擦伤、挫裂创、骨骼的阶梯状骨折等。人体受枪弹作用的特征性损伤为枪弹创，包括射入口、射出口和体内创道，典型的射入口主要表现为圆形组织缺损，根据射击距离的不同，可伴有枪口印痕、火药斑纹、烟晕等，损伤的边缘或创道内残留火药成分。

致伤物作用于人体形成的损伤特征与作用力大小、致伤物质地、接触面形态、人体成伤部位有关。因此,不同的致伤物也可造成形态类似的损伤,同一种类致伤物的不同部位可造成形态各异的损伤,人体不同部位遭受的损伤或人体遭受外力作用时的体位、活动等均可以影响损伤的形态。

(一)钝器伤

钝器是指无刃、无尖、质硬、作用面较大且有一定质量的物体。钝器作用的特征性损伤主要表现为擦伤、挫伤、挫裂创、闭合性骨折及闭合性内脏损伤等。

棍棒类物体作用于体表平坦部位形成条形(或带状)中空性皮下出血的特征性表现。棒端戳击,可形成与棍棒端形态相似的挫伤。棒体打击头部易形成"镶边状"挫裂创,创缘两侧的挫伤带宽度存在变化。棒体打击颅骨多见线状或舟状骨折,金属类棍棒易在骨折边缘形成挤压性小骨裂(挤压缘)。

斧锤类物体的特征性损伤通常以小平面损伤为主,总体以方形和圆弧形损伤常见,边界往往较清楚。头皮损伤一般边角明显,颅骨多呈粉碎性、塌陷性骨折,甚至形成孔状骨折。

砖石类物体作用于人体组织,尤其是头面部可形成多处、多种不同类型的损伤,表皮剥脱严重。砖块垂直打击人体软组织丰满部位,可形成接触面形态的挫伤。砖石形成的挫裂创多不规则,常在创口或创腔内遗留砖石的碎屑或黏附在砖石上的其他成分。

徒手伤的特征性表现以皮下出血为主,手指作用于颈部可形成类圆形皮下出血,多分布在颈前两侧,作用力强时在颈深部软组织可见广泛性出血,甚至造成舌骨、甲状软骨骨折。足踩伤有时在人体平坦部位可见与鞋底花纹图案类似的皮下出血。典型咬伤较多见的是呈弧形排列的短条状牙齿印痕,伴有吸吮性的皮肤损伤。

(二)锐器伤

锐器伤是指具有锋利的刃或尖的物体,并以刃口或尖端作用形成的损伤。锐器伤特征是造成人体表皮、真皮及皮下组织离断,形成开放性创伤,即锐器创。锐器创的特点是创口呈梭形或楔形哆开,无局部组织缺损,合拢时多呈线状,创周不伴有挫伤带,创缘整齐,创角尖锐,创壁平整光滑,创底平整,创腔内无组织间桥。锐器创依据锐器种类及作用方式不同,一般分为切创、砍创、刺创和剪创四种类型。

典型切创,创口呈梭形哆开,创口一般较长,长度多大于创腔深度,创角锐,两侧创缘合拢后呈细线状,创缘可见小的尖锐皮瓣。典型砍创,创腔深,常合并有较重的骨质和内脏器官损伤,创口一般呈菱形,创缘可伴有擦伤,创角可一钝一锐或呈三角形。典型刺创,创口小、创腔深,单刃呈菱形,创角一钝一锐;双刃呈梭形,两创角均为锐角;三棱刮刀可形成三角形创口,其创口形态依被刺部位皮肤的厚薄及皮下脂肪组织的多少而不同。刺器护柄形成的损伤常位于创角的一侧或两侧,与创角相分离。剪创创口形态特殊,为成对出现的皮肤小裂创,典型排列呈八字形。

（三）火器伤

火器伤是各种枪弹和火药爆炸对人体造成损伤的总称。包括枪弹创、散弹创、爆炸伤。典型的枪弹创由射入口、创道和射出口组成,近距离垂直射击人体时,射入口皮肤往往呈圆形缺损,周围有火药颗粒和烟晕。

致伤物推断应立足人体损伤形态特征分析,结合现场勘查、微量物证、生物物证等检验结果,同时参考侦查、调查情况,对致伤物的种类、质地、形态、数量等特征进行综合分析,并根据分析条件的充分程度表达推断意见。

六、成伤机制分析

成伤机制分析主要依据人体损伤的形态、数量、位置分布等特征,结合现场勘查情况,参考侦查、调查情况,对损伤的形成原因、形成过程进行综合分析、判断。刑事案件中的成伤机制分析,对辨别嫌疑人供述或被害人陈述的真实性,分析案发过程,进行现场重建等意义重大。成伤机制分析也被运用于交通事故鉴定中的交通行为方式鉴定,通过对与事故相关的现场、车辆、伤亡人员进行勘查、检验,依据勘验结果进行综合分析,判断涉案者在事故发生时所处的交通状态。如对车辆驾驶人或乘客的判断,对非机动车驾驶人在事故发生时的骑行或推行状态的判断,对事故发生时行人直立、蹲踞或倒卧状态的判断等。上述交通行为方式鉴定对交通事故涉案者责任认定意义重大。

七、医疗损害鉴定

医疗损害鉴定是应用法医病理学鉴定理论知识、临床医学理论知识和诊疗规范等,对涉及病理诊断和/或死亡后果等情形的医疗纠纷案件进行鉴定。鉴定的内容包括,判断医疗机构实施诊疗行为有无过错;医疗过错行为与损害后果(死亡)之间是否存在因果关系以及过错原因力大小;医疗机构是否尽到了说明义务、取得患者或者患者近亲属书面同意的义务;其他有关的专门性问题。医患双方对死因有异议的,应当在患者死亡后 48 小时内进行尸检;具备尸体冻存条件的,可以延长至 7 日。尸检应当经死者近亲属同意并签字。尸体检验时,医患双方可以委派代表观察尸检过程。医疗损害鉴定的委托由医患双方共同委托,也可以经医患双方同意,由医疗纠纷人民调解委员会委托鉴定。进入司法程序的,由人民法院委托鉴定。

法医病理鉴定,还包括但不限于与死亡原因相关的组织切片特殊染色、尸体影像学检查、组织器官硅藻检验、尸体骨骼的性别和年龄推断等。

第三节 法医病理鉴定的方法

法医病理鉴定是一个系统性的工作,需要在现场勘验、尸表检验、解剖检验、实验室检验、辅助检查,以及结合案情调查等多方面工作基础上进行综合分析,作出判断。

一、案情调查

法医病理学鉴定人应了解案情,包括死者的姓名、性别、年龄、职业、种族、民族、籍贯、家庭情况、家族病史等一般情况,了解死者的生前病史、发案经过、损伤情况、救治经过、尸体发现地及发现经过,以及尸体检验要求解决的问题等;同时了解死者的死亡时间、死亡过程,以及死亡方式;若为医疗纠纷死亡,需对死者生前的临床症状、体征、诊疗和用药过程、药物过敏史等进行了解,详细阅读相关病历资料,研究制定尸体检查方案,使鉴定过程有的放矢。

二、现场勘查

法医学上勘验的现场,是指发现尸体的场所、遗留有与犯罪或人身伤亡事件有关的痕迹的地点。现场勘查主要是对现场整体状况、尸体状况、损伤情况、现场血迹、遗留致伤物等进行勘查,是法医病理鉴定的基础。法医病理鉴定人现场勘查的任务是观察命案现场情况,收集信息,排除可能的犯罪。一旦发现可疑信息,存在犯罪可能,应立即报告刑事侦查机构处理。例如,观察尸体位置及其与周围环境的关系,有无移尸迹象;观察尸体体位、姿势和衣着;血迹的分布、性状、流注方向等。在不变动尸体状态的情况下收集血痕、呕吐物、服剩的药物或毒物及包装物。注意发现毛发、精斑、血迹、纤维、划痕、泥土、金属等微量物证。特别要关注现场的隐蔽部位,如顶棚上、地板下、垃圾道等,并进行初步的尸体体表检查和记录。

三、法医学尸体检验

法医学尸体检验之前应确认死亡,从相关人员处调查和获取与死亡相关的所有案情材料,观察、固定尸体所处环境与方位,仔细检查尸体的衣着及其附着物,标记可疑痕迹,提取备检。尸体检查要系统规范。新鲜尸体原则上均需测量尸体直肠深部温度,记录周围环境温度,并结合尸斑、尸僵及呕吐的胃内容物消化情况等综合推断死亡时间;观察、收集尸体上及周围环境中的昆虫生长发育情况。尸检应尽早进行,避免组织自溶及腐败,尤其是医疗纠纷的尸检,尸体常温下保存一般不超过48小时,冷冻尸体一般不超过1周。腐败尸体的检验对死因鉴定、死亡方式判断等同样必要。

(一)尸体外表检查

1. 衣着检验

对于衣着服饰,按照从外向内、自上而下的顺序进行检验。观察衣着的一般外观和整洁情况,已被脱掉的衣着,应寻回检验。具体而言,检验衣着特征,包括品牌、质地、款式、颜色、纽扣、腰带等;检验衣着及附着物和附带物,口袋内有无证件、信函、手机、电话号码本、笔记本、各种票据、钱币、卡片、照片、纸片及药物等;检验衣着服饰上有无血迹、血痕、精斑、毛发、泥土、杂草、烟灰、油迹、火药、弹片、呕吐物及排泄物等异物;检验衣着服饰有无破损及破损的部位、范围、程度、数目和每一处破损的大小、方向及特征,并与损伤及尸体周围可能存在的衣物破损残留物对比,据此推测破损形成的原因和致伤物;检验装饰品及其特点,是否戴耳环、项链、手镯(链)、脚镯(链)、戒指、胸花等饰物及其特征,是否系领带、围巾及其花色、式样和质地等,为进行个体识别、分析事发经过、分析死亡原因、推断死亡性质等提供依据。

2. 尸体外表的一般检验

尸体检验首先应对尸体原始状态进行检验和描述,体表如有血痕和其他痕迹证据应描述、拍照和取样,然后擦洗尸体并进行重新检验。尸体一般情况,包括性别、年龄、身高、体型、发育、营养状况、种族、肤色及其他特征(如色素斑、痣、疤痕、纹身和肢体残缺等)。

尸体外表检查主要记录尸体的死后变化(即尸体现象),体表从头到足、由左至右、自前而后,各部位状态均要详细检查并记录、照相(重要部位的阴性结果也必须予以记录和照相),全面描述体表个人特征、附着物、病变及损伤情况,如有多个损伤时应逐个用文字说明其大小、方向、位置、特征以及损伤种类和程度。尸体在死后不同时间进行检查,应分别记录和照相。检查要认真仔细,切勿遗漏隐蔽处的电流斑或注射针眼等不明显的暴力痕迹。

(二)尸体解剖

尸体解剖是法医病理学鉴定的基础,一般要求进行系统解剖及组织病理学检查,必要时,还需进行毒物分析、微生物学检验、尸体化学检验。系统解剖要求剖验颅腔、胸腔、腹腔、盆腔,必要时还需剖验脊髓腔及其他需要解剖的部位,如肺血栓栓塞时应解剖检查四肢。不能因找到一种可构成死因的病变或损伤,而不再做全面检查,以致可能遗漏真正的死因。解剖检验过程应详细记录和拍照,对暴露的各器官应在原位照相、摄像后再解剖分离,解剖分离的器官应多角度、多方位照相、摄像后再行切开检验,各器官解剖切开后应多切面照相、摄像后取材用于组织病理学检验。

(三)尸体检验记录

尸体检验记录是制作鉴定意见书的依据。解剖的现场情况及解剖步骤和所见均需逐项如实记录。记录的内容包括检验的方法、时间和地点,尸体检验人员、助手和其他在场人的姓名等,更重要的是,不仅要描述和记录阳性发现,同时也要注明和记录必要的阴性情况。例如,头皮无损伤、颅骨无骨折、脑内无出血等。尸体外表检查及尸体解剖均应拍照或录像,对损伤应进行局部照相和放置比例尺的细目照相。所有照片均应附说明。对无名尸体、中毒尸体、碎尸、新生儿尸体、传染病尸体、交通损伤尸体、医疗纠纷尸体等特殊原因死亡尸体的解剖检验内容、重点、方法与一般尸体的检验有所不同,按相应的标准规范检验。

四、法医病理学组织取材、固定、送检及证据保存

法医病理鉴定除了全面细致的尸体大体检验检查外,法医病理学组织检查也是其中的一个重要的组成部分。原则上,每例尸检的各个器官和重要组织,无论大体检查有无病变或损伤,都应取材备查。提取病理检材时应详细检验、记录、拍摄尸表及剖验组织器官的表面、切面等损伤和病变。对颅腔、胸腔、腹腔及盆腔内的器官,常规应完整提取脑、心、双肺;对肝、脾、双肾、胰腺、胃、肠、扁桃体、甲状腺和肾上腺等主要器官,应尽量多提取检材,必要时可提取其部位的周围组织。

法医病理学检材是从整个器官上可疑病变或外伤处切下小的组织块,放入甲醛中固定。切取的组织块的大小一般为 2×2 cm,厚度以 $0.2—0.3$ cm 为宜。组织器官的切面方向需依据器官及检查目标不同选择横切或纵切。法医工作中,提倡用 10% 甲醛作固定剂。组织固定时应注意:固定剂足量,一般不少于器官组织总体积的 10 倍,次日应更换新鲜固定液继续固定数日,以达到较好的效果;脑的固定,应注意避免压迫而致变形,可用细线穿过基底动脉,单独放入一带盖的容器内,用容器盖压住细线两端,使脑呈悬浮状固定;对有空气的组织如肺等,可用线缚住重物使其下沉,避免其上浮而影响固定效果,也可将浸有固定剂的毛巾或棉花覆盖在肺上面,以利固定;细薄的组织如胃肠、皮肤等,为防止其弯曲扭转,应先展平于稍厚的纸片上,粘着后,再放入固定液中;在固定前将实质器官(肝、脾、肾、胰等)以最大切面切开后再固定。具体按《法医学病理检材的提取、固定、取材及保存规范》(GA/T148-2019)操作。

五、法医学虚拟解剖

虚拟解剖是利用影像学技术(X 线、CT、MRI 等)获取尸体组织器官的影像学资料,以非侵入性技术或微创手段探测人体损伤、疾病等形态学变化,在一定程度上取得类似于尸体解剖的效果,达到诊断损伤与病变的目的的一种检验方法与技术。虚拟解剖作为一种非侵入性的新型解剖技术,是通过影像学技术独立、客观、完整地构建人体组织器官的三维立体图像,是法医学判断死亡原因、死亡方式和致伤方式的一种辅助手段。除法律规定需强制进行尸体解剖的情形外,在某些民事案件中,特别是交通事故死亡尸体,因各种原因不得解剖尸体,可适用法医学虚拟解剖。如死者生前信奉宗教信仰、民族风俗等不宜进行尸体解剖的;死者生前或家属表示不愿进行尸体解剖的;存在传染病、有毒物质、放射性核素或其他生物危害污染的;基于保障鉴定人及其他相关人员人身健康而不宜进行尸体解剖的;年代久远、严重腐败、面部、脊柱、骨盆等非常规解剖部位的检查等。

法医学虚拟解剖应符合国家相关法律法规的规定,并尽可能尊重民族风俗习惯。检查应全面细致,实事求是,客观、公正、科学。法医学虚拟解剖所获得的检验结果,应与尸表检验所见、案情、病史资料等互相比对验证,必要时应行尸体解剖以确证,经分析审定后再采纳,避免仅依据影像学检验所见作出诊断。虚拟解剖诊断应依据虚拟解剖检验所见,结合案情调查(包括死亡过程、客观病史等)、现场勘查、尸体检验、致伤物检验、相关实验室检验结果等,进行综合分析判断。

法医病理鉴定常采用相关的实验室检验,如毒物、药物检验,生物物证检验,生化检验,其他检验(硅藻检验、金属残留物检验)等。

第四节 法医学尸体检验职业防护

一、法医职业防护概述

职业防护水平是反映一个行业发展成熟度的重要指标,法医职业安全与健康是司法鉴定工作中必须关注的问题。所谓法医职业安全危害,就是指法医在开展现场勘查、物证鉴定、实验室研究等司法鉴定相关工作时,产生或存在的对其身心健康、生命安全具有潜在风险或造成实际损失的因素集合。法医职业防护,也可称为法医职业安全风险防控,具体是指针对法医在开展司法鉴定工作过程中的职业安全和健康风险进行管理的活动。它主要通过辨识法医工作中的危害因素并进行风险评估,对法医工作过程和工作环境中已确定的不可接受风险,有针对性地采取一系列控制措施,如从制度、装备、教育培训等多方面,提出降低法医职业安全危害的对策和手段,以期降低职业暴露事件的发生率,减少伤亡数量,保障法医的生命安全和健康。

法医职业暴露事件时有发生,应重视对个人的防护。新冠病毒感染疫情给现场勘查、尸体解剖、检验鉴定等法医职业防护中的生物安全防护带来新的挑战,2024年3月15日,司法鉴定领域首个职业防护国家标准《法医学 尸体检验职业防护指南》(GB/T 43634-2024)正式发布并实施,①为相关职业防护提供了依据。法医职业防护按照工作环境可以分为现场防护、解剖室防护、实验室防护等,按照工作内容可以分为勘查防护、尸体检验防护、活体检验防护、毒物分析防护等。

二、尸体检验职业暴露与职业危害因素分类、分级

按照职业卫生学的分类原则,法医学职业暴露危害因素可以分为人员因素、物的因素、环境因素和管理因素。其中,法医病理鉴定的重要工作内容就是尸体检验。其职业暴露危害因素,第一是法医从业人员因素,包括行为性危害因素,如不规范的解剖操作等;心理性危害因素,如处置有重大人员伤亡的事件引起的心理不适,因连续超负荷工作带来的长时间精神紧张等;躯体性危害因素,如手指刺划伤、高血压、心脏病及女性孕期等特殊生理期。第二是物的因素,包括生物性因素,如特殊地区的有毒动、植物,传染病病人的尸体等;物理性因素,如骨折断端,解剖工具的锐利刃、尖及尸体携带的放射性物质等;化学性因素,如挥发性有机溶剂,尸体携带的挥发性化学物质等。第三是环境因素,包括现场勘查时的复杂地形、密闭空间、极端天气,解剖场所地面湿滑、采光照明不良、通风不良等,辐射环境以及有倒塌风险的建筑等。第四是管理因素,包括职业安全管理规章制度缺失,法医人员缺乏职业防护技能培训等。

世界卫生组织编制的第三版《实验室生物安全手册》中,根据感染性微生物对于个体及群体的危险程度,将生物安全的危险级别从低到高分为四级。法医学尸体检验过程中的危害因素不只有感染性微生物,还有物理性、化学性等因素,甚至包括人员因素、环境因素,以及管理因素。因此,无法完全套用国外的

---

① 《关于批准发布〈原木检验〉等406项国家标准的公告》,https://std.sacinfo.org.cn/gnoc/queryInfo? id=4046DF7D2CBABBDE101D714A93B7AEFE,2024年6月8日访问。

分级标准。国标根据尸体可能携带的致病因子的危险程度,将职业暴露风险由低到高分为三级:Ⅰ级职业暴露风险包括:(1) 未高度腐败的尸体;(2) 未发现甲类、乙类传染病患病依据的尸体。Ⅱ级职业暴露风险包括:(1) 高度腐败的尸体;(2) 有肝炎、结核、艾滋病病史的尸体;(3) 有吸毒史、极度消瘦等疑似感染乙类传染病的尸体;(4) 挥发性毒物中毒尸体,有机磷农药、H_2S、PH_3等中毒尸体。Ⅲ级职业暴露风险包括:(1) 危险化学品或放射性物质污染尸体;(2) 甲类传染病或采取甲类传染病预防控制措施的乙类传染病的确诊或疑似尸体。[①] 此外,还可以根据尸体检验环境的危险程度进行分级。

三、尸体检验职业防护的实施

根据法医工作面临的尸体检验职业安全防护需求,结合我国基本国情和现阶段相关技术发展水平,法医工作人员在尸体检验工作中开展职业防护,可以从四个方面着手。

(一) 有效识别危害因素

法医工作人员应充分关注尸体检验过程中可能遇到的危害因素,并进行规范识别。对于人、物、环境相关危害因素,重在主动发现;对于管理因素,更需要从制度规范上加以约束,形成长效机制。这不单是从业人员的素养,还是相关单位和管理者的责任。

(二) 合理防护危害因素

一是从现场到解剖室进行全流程的风险管控,如现场存在危险地形,危险动、植物或密闭环境的,要有针对性地配备防护用品;现场存在有毒化学品或危爆品,要首先由专业人员进行排险作业。二是采取与危害因素相匹配的防护措施,既包括个人防护用品,也包括尸体解剖室等工作环境;既包括尸体现场勘验时的防护,也包括尸体解剖时的防护;既包括装备的科学配置,还包括对人员使用装备的培训以及设备的维护。根据国标的建议,危害暴露风险和防护水平均分为三级,应在与暴露风险同等级别或高一级别的防护水平中选择防护用品及设施。

---

① 参见《法医学 尸体检验职业防护指南》。

(三) 尸体检验中的规范操作

规范操作是保障职业防护有效性的重要手段,不规范的工作习惯势必增加职业暴露事件的发生,甚至扩大危害后果。现场勘验中的规范操作应以《公安机关刑事案件现场勘验检查规则》和国家标准中的"现场尸体勘验中的风险管控"为依据,尸体解剖中的规范操作应以《法医病理学》教科书、《法医学　尸体检验技术总则》(GA/T 147-2019)等公共安全行业标准为指导,对于传染病尸体或具有生物安全危险的尸体,应参照《传染病病人或疑似传染病病人尸体解剖查验规定》等专门性文件的要求操作。规范操作的一个重要组成部分,也是容易忽略的部分即规范消毒,国标中从解剖室消毒和解剖人员消毒两个层次进行了规范。

(四) 应急保障

完善应对特殊紧急情况下的工作预案,旨在快速响应和有序组织,实现有效防护。对于个人而言,若在尸体检验过程中发生职业暴露,一是要切断暴露源,脱离暴露环境,包括血液、组织等飞溅物的清洗,受伤部位的异物清理、消毒及治疗;二是要明确可能存在的病原微生物的类型,包括对尸体进行常见病原微生物的胶体金试纸条筛查,以及将检材送专业机构进行检验确认;三是要通过接种疫苗、口服药物等方式阻断或降低病原微生物对人体的危害,并按照传染病防治的有关要求进行登记备案和随访治疗。

综上所述,法医学尸体检验职业防护重在构筑三道防线。在"基础工作"方面,从职业防护培训、传染病暴露风险的筛查与预防、身体特殊状态下的风险管控等三个方面筑牢职业暴露的第一道防线。在"现场尸体勘验中的风险管控"方面,从基本防护、特殊防护、现场排险措施等三个维度建立职业暴露的第二道防线。在"解剖操作的风险管控"方面,按照解剖操作注意事项、解剖环境消毒处理、尸检后的工作人员消毒等三个步骤构建职业暴露的第三道防线。第一道防线主要针对职业危害中"人的因素""管理因素",重在日常,目的是强化从业人员的主观能动性。第二和第三道防线主要针对职业危害中"物的因素""环境因素",重在临场处置,目的是在执行任务时确保人身安全。三道防线组成事前、事中、事后相结合的全方位、多层级防护网络,保障我国法医学事业高质量可持续发展,同时为法医职业防护的国际交流与合作提供平台。

第五节　法医病理鉴定意见评判

一、法医病理鉴定意见书的规范性

鉴定意见是诉讼法规定的证据种类之一，司法鉴定意见书是鉴定意见的书面载体，是司法鉴定人依照法定程序和条件，运用科学技术或者专门知识对相关专门性问题进行分析、鉴别和判断的具体体现。法医病理鉴定意见书应当由参加鉴定活动、作出鉴定意见的司法鉴定人，按照统一规定的文本格式制作。鉴定意见书内容包括标题、赋码、文书性质缩略语及序号、基本情况（鉴定事项、受理日期、被鉴定人一般情况）、案情摘要、资料摘要、鉴定过程（尸体检验时间、地点、方法）、分析说明、鉴定意见、落款、附注。"基本情况"，应当简要说明委托人、委托事项、受理日期、鉴定材料、被鉴定人一般情况等。"资料摘要"，应当摘录与鉴定事项有关的鉴定资料，如病史摘要等。"鉴定过程"，应当客观、翔实、有条理地描述鉴定活动发生的过程，包括人员、时间、地点、内容、方法，鉴定材料的选取、使用，采用的技术标准、技术规范或者技术方法，检查、检验、检测所使用的仪器设备、方法，尸体检验情况、组织病理学诊断和必要的实验室检验结果等。"分析说明"，应当详细阐明鉴定人根据法医病理学及有关科学理论知识，通过尸体检验、组织病理学检查、实验室检查，依据鉴定标准，参考专家意见，结合案情和死亡过程等进行鉴别、判断、综合分析、逻辑推理，得出鉴定意见的过程。要求有良好的科学性、逻辑性。鉴定意见应直接回应委托事项，得出明确的鉴定结论。司法鉴定意见书应由参加鉴定的司法鉴定人签名，并加盖司法鉴定专用章。

二、对鉴定实施程序评价

法医病理鉴定程序的审查重点在于对鉴定资料（案情调查、现场勘查记录、病例资料等）的总结和应用，标准和方法的使用，检验记录的客观性、完整性，以及用词的规范性，病理标本的取材、固定、运送交接的规范化和制度化。

法医病理鉴定程序的质量控制体现在以下几方面:(1)鉴定人、复核人、签发人三级审核责任制度。检验、鉴定一般至少有两名以上鉴定人参加,实行鉴定人负责制。(2)专家聘请制度。对于复杂的涉及多学科知识和技术手段的专门性问题的检验、鉴定,如果受主客观条件限制不能独立给出鉴定意见的,可以外聘专家协助鉴定。外聘专家鉴定实行一案一聘制度。专家意见应详细记录在案,鉴定人对专家意见有采纳与否的决定权。(3)鉴定人年度考核制度。考核重点在于个案分析能力、尸体解剖操作能力、器官检查取材能力、组织切片阅片能力、出庭作证能力,其中需要着重强调出庭作证能力。

三、现有的法医病理鉴定技术标准

目前,我国法医病理鉴定技术相关的行业标准主要有公共安全行业标准和司法行政行业标准两类。其中,现行有效的公共安全行业标准有 13 项,司法行政行业标准有 2 项,如表 4-1 所示。此外还有 2 项司法行政指导性技术文件,分别是《法医学尸体解剖规范》(SF/Z JD0101002-2015)和《法医学虚拟解剖操作规程》(SF/Z JD0101003-2015)。鉴定技术标准随技术进步修订颁布,使用时应保证标准状态为现行有效。

表 4-1 现行有效法医病理鉴定技术相关行业标准

标准名称	标准编号	发布机关	说明
法医学 尸体检验技术总则	GA/T 147-2019	公安部	2019 年 10 月 14 日发布,2019 年 12 月 1 日实施,该标准替代 GA/T 147-1996,GA/T 149-1996
法医学 病理检材的提取、固定、取材及保存规范	GA/T 148-2019	公安部	2019 年 10 月 14 日发布,2019 年 12 月 1 日实施,该标准替代 GA/T 148-1996
法医学 机械性窒息尸体检验规范	GA/T 150-2019	公安部	2019 年 10 月 14 日发布,2019 年 12 月 1 日实施,该标准替代 GA/T 150-1996
法医学 新生儿尸体检验规范	GA/T 151-2019	公安部	2019 年 10 月 14 日发布,2019 年 12 月 1 日实施,该标准替代 GA/T 151-1996

(续表)

标准名称	标准编号	发布机关	说明
法医学 中毒尸体检验规范	GA/T 167-2019	公安部	2019年10月14日发布,2019年12月1日实施,该标准替代GA/T 167-1997
法医学 机械性损伤尸体检验规范	GA/T 168-2019	公安部	2019年10月14日发布,2019年12月1日实施,该标准替代GA/T 168-1997
法医学 猝死尸体检验规范	GA/T 170-2019	公安部	2019年10月14日发布,2019年12月1日实施,该标准替代GA/T 170-1997
道路交通事故尸体检验	GA/T 268-2019	公安部	2019年6月3日发布,2019年6月3日实施,该标准替代GA/T 268-2009
人体组织器官中硅藻硝酸破机法检验	GA/T 813-2008	公安部	2008年12月11日发布,2009年5月1日实施。该标准尚未废止,仍然有效
现场白骨化尸体骨骼提取、保存、运输规范	GA/T 1189-2014	公安部	2014年9月28日发布,2014年9月28日实施,该标准为现行有效
法庭科学 硅藻检验技术规范微波消解-真空抽滤-显微镜法	GA/T 1662-2019	公安部	2019年10月14日发布,2019年12月1日实施,该标准为现行有效
法医学 死亡原因分类及其鉴定指南	GA/T 1968-2021	公安部	2021年10月14日发布,2022年5月1日实施,该标准为现行有效
法医学 机械性损伤致伤物分类及推断指南	GA/T 1969-2021	公安部	2021年10月14日发布,2022年5月1日实施,该标准为现行有效
尸体多层螺旋计算机体层成像(MSCT)血管造影操作规程	SF/T 0067-2020	司法部	2020年5月29日发布,2020年5月29日实施,该标准为现行有效
道路交通事故涉案者交通行为方式鉴定规范	SF/T 0162-2023	司法部	2023年10月7日发布,2023年12月1日实施,该标准为现行有效

检验活动应严格按照标准规定的方法和步骤执行,注意不同案件类型采用的检验方法和步骤亦不相同。如怀疑溺死需进行硅藻检验,怀疑缢死或扼死需进行颈部逐层解剖,交通事故死亡尸体应进行挥鞭样损伤检验,分娩过程中死亡的新生儿尸体应进行胃肠浮扬试验、肺浮扬试验,还有气胸检验、胸壁开放性损伤检验、空气栓塞检验、肺动脉栓塞检验等。规范、科学、全面、细致的检验是保障鉴定结果客观、公正的基础。

四、对法医病理鉴定分析说明的评断

"分析说明"部分是根据鉴定材料和检验结果,阐明形成鉴定意见的分析、鉴别、判断的过程,能够反映鉴定人的思维逻辑。通常对以下委托要求进行分析:(1)死亡原因。分析主要(根本)死因、直接死因、辅助死因、死亡的诱因以及死亡的机制;阐明判定某种死因的依据以及排除其他死因的缘由;对可疑现象(死后人为现象,生物样本化验结果等)作出科学的评价,以免误诊影响鉴定意见的判定。(2)死亡方式。鉴定人应结合实际情况给出倾向性意见。(3)推断死亡时间。应提出计算的依据和可能的波动范围。由于不同检测方法可能得到不同结果,故在鉴定时应尽可能采用不同的检测手段,综合分析给出相对合理的结论。(4)致伤物推断。应着重说明致伤物与身体接触部分的可能形态及特性,同时尽可能说明致伤物的种类和质地。(5)损伤时间推断。主要区分生前伤与死后伤,推断出损伤至死亡所经过的时间。

五、对鉴定意见表述方式的规范性评断

鉴定意见应针对委托事由,根据检验结果和分析说明的理由,准确地作出有科学依据的结论。鉴定结论应简明扼要,按逻辑列出。法医病理学有关死因的鉴定意见分为:认定性鉴定意见,即表述为"系",尸体检验工作应至少建立在解剖检验水平的基础上,表示具备充分必要的死因证据支持,并能够与案件事实相印证;符合性鉴定意见,即表述为"符合",尸体检验工作应至少建立在尸表检验水平的基础上,表示具备充分的死因证据支持;倾向性鉴定意见,即表述为"倾向于",尸体检验工作应至少建立在尸表检验水平的基础上,表示可以排除其他死因,且具有部分证据支持某种死因,但证据不充分;不排除性鉴定意见,即表述为"不排除",尸体检验工作应至少建立在尸表检验水平的基础上,表示

可以排除其他死因,且具有部分证据支持某种死因,但不能排除某些死因的可能性;不能得出结论性鉴定意见,即表述为"无法认定",尸体检验工作应至少建立在尸表检验水平的基础上,表示不具备支持某种死因的证据,且无法排除任何死因的可能性。死亡原因鉴定意见常用的表述方式如下:

(一)鉴定意见达死亡机制水平的表述方式

(被鉴定人姓名/尸体名称)(系、符合、倾向于、不排除)(被××暴力作用/患××疾病)造成(根本死因)导致(直接死因)致(死亡机制)死亡。例如,根据对被鉴定人的法医病理学检查结果,结合案情资料、现场情况、死亡经过、毒物检验(或相关检验)结果及被鉴定人情况等综合分析,认为被鉴定人系因冠状动脉硬化性心脏病急性发作导致心肌梗死致心力衰竭死亡。

(二)鉴定意见达直接死因水平的表述方式

(被鉴定人姓名/尸体名称)(系、符合、倾向于、不排除)(被××暴力作用/患××疾病)造成(根本死因)导致(直接死因)死亡。例如,被鉴定人符合被钝性物体击打躯干及四肢造成大面积皮下出血导致挤压综合征死亡。

(三)鉴定意见达根本死因水平的表述方式

(被鉴定人姓名/尸体名称)(系、符合、倾向于、不排除)(被××暴力作用/患××疾病,选填项)导致(根本死因)死亡。例如,(被鉴定人姓名/尸体名称)系被钝性外力作用于头部导致颅脑损伤死亡。再如,(被鉴定人姓名/尸体名称)符合一氧化碳中毒死亡。又如,(被鉴定人姓名/尸体名称)符合被扼压颈部导致机械性窒息死亡。

(四)多因一果鉴定意见涉及多因素的表述方式

(1)联合死因的表述方式:(被鉴定人姓名/尸体名称)(死因1)合并(死因2)死亡。例如,(被鉴定人姓名/尸体名称)符合心肌炎合并肺炎死亡。

(2)辅助死因的表述方式:(被鉴定人姓名/尸体名称)(死因)死亡,××为辅助死因。例如,(被鉴定人姓名/尸体名称)符合心肌病死亡,下肢骨折为辅助死因。

(3)死亡诱因的表述方式:(被鉴定人姓名/尸体名称)(死因)死亡,××为诱因。例如,(被鉴定人姓名/尸体名称)符合冠心病死亡,肢体局部软组织损伤为诱因。

（五）不能得出结论性鉴定意见表述方式

因尸体（失去检验鉴定条件的原因），丧失检验条件，（被鉴定人姓名/尸体名称）死因无法认定（或死因不明）。这适用于因完全丧失鉴定条件或受目前科技水平条件所限，无法得出结论性鉴定意见的情形。

需要强调的是，鉴定意见中系、符合、倾向于、不排除的不同表述，并不意味着鉴定结论的错误，而是由于主客观条件（鉴定人资历深浅、检案材料是否齐全、尸检是否完善等）的限制，鉴定人对鉴定结论的把握度或肯定程度上存在差别。上述鉴定意见关键表述词的把握度的级别为：系（是）＞符合＞倾向于＞不排除＞排除某种死因。

涉及鉴定意见的相关标本（病理切片、血尿化验等）分包给外单位的，务必查阅原单位的报告书或化验单，必要时就鉴定相关问题进行专家咨询，以免误解或扭曲外部信息，给出错误的鉴定意见。

法医病理鉴定应注意保存的证据包括有关文证材料、尸体检验提取的器官和组织、组织病理学切片及蜡块、尸检照片、摄像文档及鉴定意见书等。

 **关键术语**

1. 法医病理学（forensic pathology）
2. 法医尸体检验（forensic postmortem examination）
3. 死亡原因（cause of death）
4. 死亡方式（manner of death）
5. 死亡时间（time of death）
6. 致伤物推断（estimation of the instrument causing the trauma）
7. 职业防护（occupational protection）
8. 个人防护用品（personal protection equipment）

案例研讨视频

案例研究 4-1

案例研究 4-2

思考题

1. 如何有效地将法医病理鉴定意见传达给公众以减少误解和疑虑？
2. 法医病理司法鉴定在国际合作中扮演着怎样的角色？
3. 进行疑难复杂病理案件鉴定为何要加强跨学科团队合作？
4. 在法医病理鉴定过程中为何要关注特殊文化习俗？
5. 尸检职业防护在国家生物安全战略中具有怎样的积极作用？

参考文献

1. 陈忆九、王慧君主编：《法医病理司法鉴定实务》，法律出版社 2009 年版。
2. 丛斌主编：《法医病理学》，人民卫生出版社 2016 年版。
3. 杜志淳主编：《司法鉴定概论》，法律出版社 2018 年。
4. 黄光照、麻永昌主编：《法医病理学》，中国人民公安大学出版社 2002 年版。
5. 霍宪丹主编：《司法鉴定学》，北京大学出版社 2014 年版。
6. 李骄勇：《犯罪现场勘验中法医的职业安全》，载《中国法医学杂志》2019 年第 3 期。
7. 林子清、陈霆宇主编：《法医学》，中国人民公安大学出版社 2015 年版。
8. 刘良主编：《法医毒理学》，人民卫生出版社 2009 年版。
9. 刘茜、王荣帅、屈国强等：《新型冠状病毒肺炎死亡尸体系统解剖大体观察报告》，载《法医学杂志》2020 年第 1 期。
10. 刘鑫、郑谢畅：《加快发展我国法医学虚拟解剖鉴定技术》，载《中国法医学杂志》2020 年第 4 期。
11. 赵子琴主编：《法医病理学》，人民卫生出版社 2009 年版。

第五章　法医临床司法鉴定

学习目标

[情感目标]　认识法医临床司法鉴定工作对维护司法公正和社会正义的重要性,树立尊重与关怀生命健康的观念,激发对法医临床司法鉴定工作的浓厚兴趣与工作热情。

[知识目标]　掌握法医临床司法鉴定的基本理论、基本知识和基本技能,熟悉法医临床司法鉴定的程序要求,明确不同法医临床鉴定标准在实践中的应用范围。

[能力目标]　掌握法医临床鉴定的基本方法和技巧,能够在司法鉴定人指导下进行活体损伤程度、伤残等级等常规鉴定,具备一定的法医临床司法鉴定意见分析和判断能力。

第一节　法医临床司法鉴定概述

一、基本概念

法医临床学(forensic clinical medicine),是一门以活体为研究对象,运用临床医学的理论与技术和法医学知识,研究并解决法律上有关的人体伤害、伤残及其他生理、病理等医学问题的学科,是现代法医学发展和完善的重要组成部分,也是法医学的一门重要分支学科。

二、学科的特点

(一) 与临床各学科及其他学科的关联性

临床法医学检验的对象是活体,故也被称为"法医活体损伤检验与鉴定"。活体损伤检验的内容涉及机体的每一个部位、每一个器官,因此与临床各个学科都有着广泛的联系。同时,每一个案件的委托要求不一样,其中包括涉及应用人类学的知识推断年龄、性别;应用心理学、社会学的知识辨别真伪等。所以,法医临床学鉴定工作也是多学科知识的综合体现。

(1) 应用临床医学各学科的知识,帮助分析、判断各种类型损伤的表现特点、损伤与疾病的关系等。

(2) 临床客观的检验方法和诊断技术,如 X 线、CT、MRI、B 超、肌电图、诱发电位、尿动力学等,已成为法医临床学鉴定、诊断不可缺少的技术手段。

(3) 应用临床病理学知识及病理临床联系的思维方法,分析各类损伤的发生机制、发生发展过程及其转归,使鉴定意见的依据更为充分、合理。

(4) 法医临床鉴定案件还会涉及活体年龄的推断、性成熟度的判断、精神状态的评断等,因此,鉴定人必须熟悉或掌握人体正常生理发育的过程及组织和器官在不同年龄阶段的发育特点,以及合理判断过程中需采用的科学检测方法的相关知识,来满足鉴定工作的需要。

(5) 法医临床鉴定的对象是被鉴定人,每一个被鉴定人的心理素质不一样,在鉴定时对伤情的表述,往往有夸大、伪造、不符合事实的情况,如轻微脑外伤后头痛头晕、肢体软组织损伤后关节活动障碍、眼外伤后视力下降等不良后果,为了能够正确地分析不良后果与损伤之间的关系,法医临床鉴定人必须同时具备心理学、法学、社会学等知识,提高自己辨别真伪的能力,以保证鉴定意见的客观、公正。

(二) 法医临床学学科的独立性

法医临床学是为了顺应社会和法律发展的需要而形成的一门新兴学科,虽然该学科与临床医学等其他学科关系紧密,但经过几十年的发展,逐渐形成了该学科自己的理论体系和研究领域。如法医临床学重点关注的损伤形成时间的推断、致伤物的推断、损伤对机体功能和心理的影响程度,关节活动度、听力、视力、肌力的客观评价,损伤、伤残标准的制定与应用等问题,均不同于临床医学的重点研究方向。①

在国外,鉴定工作主要由取得法医学鉴定资格的临床医生承担,多局限于虐待伤、酗酒、药物滥用、性问题、性犯罪的诊断和鉴定。在我国,法医临床学已发展成为一门独立的学科,有专门的教学人员、科研工作者,有国家统编教材、研究生培养计划。我国在这一学科领域的研究内容广泛而系统,涵盖了人体各个组织器官的损伤以及与诉讼相关的诸多问题。我们的研究不仅关注损伤的鉴定过程,还包括伤残标准的制定与应用,旨在建立一套统一、科学的鉴定体系。随着我国法治建设的不断完善和健全,目前活体损伤鉴定案件仍在逐年增加,预示着我国法医临床学将会进一步向新的学术高峰迈进。

三、鉴定任务

(一)为定性量刑处罚提供科学依据

我国《刑事诉讼法》第146条规定:"为了查明案情,需要解决案件中某些专门性问题的时候,应当指派、聘请有专门知识的人进行鉴定。"在我国《刑法》体系中,有关伤害人身犯罪的罪刑规范,通常是指故意伤害罪。故意伤害罪是指故意非法损害他人身体健康的行为。除故意伤害罪外,还有18个条文对"致人重伤"的行为进行了明确规定,评定重伤也是量刑的重要依据。这些法律条文涉及了20多个不同的罪名,由此可以看出法医临床损伤程度鉴定在定罪量刑中具有至关重要的作用。

我国《刑法》规定最低刑事责任年龄(又称刑事责任能力法定年龄,是指《刑法》所规定的行为人实施《刑法》禁止的法律行为并承担刑事责任所必须达到的年龄)为12周岁,即已满12周岁不满14周岁的人,犯故意杀人、故意伤害罪,致人死亡或者以特别残忍手段致人重伤造成严重残疾,情节恶劣,经最高人民检察院核准追诉的,应当负刑事责任。完全刑事责任年龄为16周岁,即已满16周岁的人犯罪,应当负刑事责任。我国《刑法》在强奸罪中又规定奸淫不满14周岁的幼女的,以强奸论,从重处罚。诸多条文涉及年龄因素,当案件相关人员年龄存疑时,法医临床骨龄鉴定在定罪量刑中也起到了重要作用。

---

① 参见霍宪丹主编:《司法鉴定学》,北京大学出版社2018年版,第214页。

(二) 为调解纠纷、平息矛盾提供客观依据

我国刑事法律规定，对于伤害案件的审理与判决，特别是对故意伤害罪的判定与非罪的区分，始终坚持以事实为依据、以法律为准绳的原则。故意伤害罪与非罪，主要依据是受害人的损伤程度是否达到了轻伤的标准进行界定。这一标准不仅体现了法律对于公民人身安全的重视，也为我们在处理类似案件时提供了明确的指导。在法医临床损伤程度鉴定中，司法鉴定人运用专业的医学知识和技术手段，对受害人的伤势进行细致、科学的评估，从而确定其损伤程度。若受害人的损伤程度经过鉴定不构成轻伤，只构成轻微伤（甚至不构成轻微伤），那么这就为接下来的调解工作提供了有力的依据。在一时情绪冲动、未能妥善控制行为的打架案件中，即使受害人的损伤程度构成轻伤，委托机关也可以根据案件的具体情况，通过深入了解双方当事人的诉求和意见，运用法律知识和调解技巧，对双方当事人之间的矛盾进行调解，努力促使双方达成和解协议，从而在一定程度上达到定分止争、平息矛盾的效果。这不仅有助于维护社会的和谐稳定，也有助于减轻司法负担，提高司法效率。

法医临床损伤程度鉴定在伤害案件的处理中发挥着不可替代的作用，为准确判断案件的性质和程度，为调解纠纷、平息矛盾提供了客观、科学的依据。

(三) 为民事侵权赔偿提供价值依据

社会生活中发生了涉及人身损害的民事纠纷，无论是协商调解，还是诉诸法律，都需要确定具体赔偿数额。法医临床司法鉴定为赔偿金额的确定提供了科学、客观的价值依据。伤残程度评定、医疗损害鉴定、休息（误工）营养护理期评定、后续医疗评定是常见的民事侵权赔偿中的鉴定项目。审判机关可以根据受害人伤残等级、休息（误工）营养护理期来计算和确定民事损害赔偿的具体数额，保障受害人的利益，同时也保护侵权人的利益。

机动车交通事故中受害者的伤残等级评定使用的标准是《人体损伤致残程度分级》，劳动关系中的工伤意外受害者的工伤等级评定使用的标准是《劳动能力鉴定　职工工伤与职业病致残等级》，商业保险理赔的事故受害者的伤残等级评定使用的标准是《人身保险残疾程度与保险金给付比例表》，尽管使用的标准不同，但都属于法医临床司法鉴定的伤残程度鉴定，都为确定伤残等级进而

确定赔偿金额提供了价值依据。

第二节 法医临床司法鉴定的基本内容

法医临床学承担民事、刑事等方面的活体损伤检验任务,包括因打斗、交通事故、工伤事故而造成的各种伤害的法医学鉴定,涉及损伤类型、成伤机制、致伤物推断、损伤时间推断、损伤与疾病的关系、损伤程度等内容。根据案件的需要,需对被鉴定人的生理发育状况(如年龄、性别、精神状态、性成熟度等)进行鉴定;或对某些疾病,如生理发育障碍或异常、性功能障碍、性变态等进行鉴定;还有其他方面的鉴定,如性犯罪、诈病(伤)、造作病(伤)、医疗损害、劳动能力及伤残程度,与损伤有关的赔偿等。

一、损伤程度鉴定

我国《刑法》第234条规定:"故意伤害他人身体的,处3年以下徒刑、拘役或者管制。犯前款罪,致人重伤的,处3年以上10年以下有期徒刑,致人死亡或者以特别残忍手段致人重伤造成严重残疾的,处10年以上有期徒刑、无期徒刑或者死刑。"各种人身伤害形成的损伤,为了法律审判工作的需要,要求对损伤的严重程度进行法医学鉴定。

(一)损伤程度分类

1. 重伤

我国《刑法》第95条规定,重伤是指有下列情形之一的伤害:使人肢体残废或者毁人容貌的;使人丧失听觉、视觉或者其他器官机能的;其他对于人身健康有重大伤害的。最高人民法院、最高人民检察院、公安部、国家安全部、司法部2014年1月1日实施的《人体损伤程度鉴定标准》中提出,重伤是指使人肢体残废、毁人容貌、丧失听觉、丧失视觉、丧失其他器官功能或者其他对于人身健康有重大伤害的损伤,包括重伤一级和重伤二级。

达到重伤标准的损伤概括为:

(1)危及生命的损伤,如心、脑、肝、脾、肾等重要脏器的破裂等。

(2) 可直接引起危及生命的严重并发症的损伤,如颅内血肿、严重的血气胸合并呼吸困难、失血性休克失代偿、损伤后腹膜炎等。

(3) 可直接引起严重后遗症的损伤,如外伤性癫痫、外伤性脑积水、器质性精神病等。

(4) 可致重要器官功能障碍的损伤,如听觉功能丧失、视觉功能丧失、性功能障碍、生育能力丧失等。

(5) 可致残疾的损伤,如肢体残缺、大关节活动度丧失 50% 以上、骨不连、骨折严重畸形愈合等。

(6) 可致毁容的损伤,如眼球缺失、耳廓缺失、面部明显瘢痕导致毁容等。

2. 轻伤

《人体损伤程度鉴定标准》提出,轻伤是指使人肢体或者容貌损害,听觉、视觉或者其他器官功能部分障碍或者其他对于人身健康有中度伤害的损伤,包括轻伤一级和轻伤二级。

3. 轻微伤

《人体损伤程度鉴定标准》提出,轻微伤是指各种致伤因素所致的原发性损伤,造成组织器官结构轻微损害或者轻微功能障碍。

(二) 损伤程度评定原则

1. 实事求是原则

我国相关法律规定,致人重伤和轻伤者,按《刑法》处罚,属犯罪;轻微伤则按《治安处罚条例》处罚,为非罪。在确定罪与非罪的原则问题上,鉴定人承担着向司法部门提供重要的甚至是唯一的审判依据的责任,鉴定时应严格按照标准,本着对事件双方负责的态度,以事实为依据,实事求是地鉴定,以确保鉴定意见的法律性和严肃性。

2. 以损害后果为依据评定原则

危及生命的损伤,应根据损伤当时发生的原发性损害、与损伤有直接联系的并发症,以及损伤直接引起的后遗症进行评定,不可因临床抢救及时、治疗好转、预后良好而减轻原发性损伤的程度评定。如失血性休克,经抢救后机体恢复正常,但仍应以损伤当时严重引发并发症休克进行损伤程度评定。

3. 选择合理鉴定时机原则

任何损伤的发生发展及转归都有一个过程,针对同一损伤在不同的时间段作出的鉴定意见可以不一样。为了避免因鉴定时机不同而出现不同鉴定意见的现象,一般规定,凡是危及生命的损伤或肢体及器官缺失性损伤,均应以受伤当时的原发损伤为鉴定依据,在明确诊断后即可作出法医学鉴定。对于容貌损害、肢体功能障碍(如面部疤痕、骨折、周围神经损伤、听力障碍、视力障碍等),或疑难、复杂的损伤,应在临床治疗终结或伤情稳定后,以治疗后的后果及结局为依据进行法医学鉴定。根据不同的损伤,要求伤后观察3—6个月,必要时甚至需观察更长时间再作鉴定。①

4. 损伤程度标准从严掌握原则

根据不同的损伤程度,加害人必须承担相应的法律责任。损伤程度的认定依据必须十分充分,完全符合鉴定标准的要求。在人身伤情鉴定中需要对损伤与疾病之间或与其他因素之间的关系作出判断,可以通过了解案情、询问损伤(疾病)史、体检诊断、功能诊断、影像诊断、心理检测,全面分析其病理过程连续性和时间间隔规律性,判定诸因素在损伤结果中的作用,鉴定时可参照《人体损伤程度鉴定标准》有关条文进行程度评定;判定伤病"临界型"因果关系(损伤与疾病并存,两者兼而有之,作用基本相当,独自存在不可能造成后果),鉴定时参照《人体损伤程度鉴定标准》有关条文降低一个级别进行损伤程度评定;判定伤病间接因果关系,鉴定时参照《人体损伤程度鉴定标准》有关条文说明因果关系。

二、伤残程度

伤残程度评定是法医临床鉴定的重要内容之一,因致伤的原因不同,援引的伤残标准也不同。目前法医临床鉴定工作中,可以援引的伤残鉴定标准有:(1) 2016年颁布的《人体损伤致残程度分级》;(2) GB/T16180-2014《劳动能力鉴定 职工工伤与职业病致残等级》(简称"工伤标");(3)《革命伤残军人评定伤残等级的条件》;(4)《人身保险残疾程度与保险金给付比例表》(简称"行标");(5)《医疗事故处理条例》;(6) 其他。其中最常使用的是《人体损伤致残

---

① 参见霍宪丹主编:《司法鉴定学》,北京大学出版社2018年版,第218页。

程度分级》和《劳动能力鉴定　职工工伤与职业病致残等级》。

(一) 伤残程度分级依据

(1)《人体损伤致残程度分级》。本标准附录 A 是分级系列中一至十级致残程度等级的划分依据,设定各种残情的致残程度等级。附录 A 中存在以下五组关键词:① 组织器官结构破坏,功能障碍;② 特殊医疗依赖,一般医疗依赖;③ 日常生活能力,护理依赖;④ 日常生活有关的活动能力;⑤ 社会交往。每一个致残程度等级中均围绕上述关键词形成了五个条款,至少符合其中一项条款规定的情形,其残情即可划入该致残程度等级的范畴。本标准主要适用于道路交通事故损伤人员的伤残等级评定。

(2)《劳动能力鉴定　职工工伤与职业病致残等级》。该标准依据工伤致残者于评定伤残等级技术鉴定时的器官损伤、功能障碍及其对医疗与日常生活护理的依赖程度,对伤残程度进行综合判定分级。伤残等级从重至轻分为一至十级,每一级的劳动能力丧失程度相差10%。本标准主要适用于工伤、职业病者伤残等级评定。

(二) 伤残程度评定原则及注意事项

(1) 以损伤治疗结果为评定依据原则。司法技术鉴定为司法工作服务,伤残程度评定意见是司法机关或其他处理部门据以赔偿的依据。构成伤残者,说明其身体存在永久性的功能障碍,因此伤残评定应在损伤经过抢救、治疗、康复,伤情稳定、治疗终结后进行,根据治疗终结后的身体功能状况进行伤残程度评定。同时,"治疗终结"意味着要掌握好鉴定时机,不能过早,也不能过晚,而且鉴定意见依据是以治疗终结后复查的资料及鉴定时的活体检查表现为主。

(2) 不同部位分别进行伤残评定原则。根据损伤部位评定伤残程度,每一处损伤凡构成伤残者,均需评定相应的伤残等级;而同一部位因损伤造成多种后遗症,引起多种功能障碍均构成伤残者,最终仅以导致级别高的伤残等级评定。

(3) 伤残程度评定涉及伤病关系时,必须进行伤病的因果关系及参与度的分析,最终鉴定意见应排除自身疾病致残部分。

(4) 引用人体损伤致残程度分级,符合两处以上的伤残等级者,称多等级伤残。意见中应当分别写明各处的伤残等级。

（5）根据《劳动能力鉴定　职工工伤与职业病致残等级》的规定，对于同一器官或系统多处损伤，或一个以上器官同时损伤者，应先对单项伤残进行鉴定，如几项伤残等级不同，以重者定级，两项以上等级相同可晋升一级，最多只能晋升一级。

（三）伤残评定时机

受伤后，伤残鉴定应在原发性损伤及与之确有关联的并发症治疗终结或者临床治疗效果稳定后进行。由鉴定人根据损伤部位和程度，参照损伤演变过程，选择最佳的鉴定时机，不能只考虑诉讼时限问题。如果有的鉴定在伤后不久即进行，并作出结论，数月后情况变化，那时再作鉴定，结论可能与初期鉴定不一样。这不但影响了诉讼工作，同时也有损鉴定的严肃性。根据损伤的不同情形，伤残鉴定一般为伤后 3 个月（以原发性损伤确定伤残等级的，如椎体骨折、肢体缺失等）、6 个月（一般以肢体功能障碍、畸形愈合确定伤残等级的，如肩、肘、腕、髋、膝、踝六大关节功能障碍，肋骨畸形愈合，骨盆畸形愈合等）、12 个月（以神经功能障碍确定伤残等级的，如植物状态、高位截瘫等）或医疗终结后（特殊情况，如慢性骨髓炎、反复感染等）。①

三、致伤物推断

由于致伤物形状不同、性质不同，且人体组织结构之间存在差异，活体损伤致伤物的推断难易不一。

（一）根据损伤的形态推断致伤物

要在详细检验损伤的基础上找出每一处细微的损伤特征，且这些特征要比较稳定、与致伤物的形态有内在联系，如表皮剥脱、皮肤出血的边缘（尤其是棱边作用的皮肤出血）以及创口、创缘、创角、骨折或其他损伤的性状等，同时需研究组织特点、外力作用等诸因素，找出内在联系及共同点，分析引起这些组织变化的致伤物应具有的特点。一般经过上述研究后，可以推断出致伤物的类别（钝器、锐器或火器）。条件稍好时，可以推断出其种属，如钝器中的斧、锤、棍棒、砖、石块等，锐器中的小刀、匕首、剪刀、斧刃、菜刀等。对于某些案件，认定

---

① 参见杜志淳：《司法鉴定概论》，法律出版社 2018 年版，第 254 页。

致伤物个体较为困难,若具备同一认定的条件,可进行对比,如伤痕(尤其是骨质伤痕)有特殊的形态且具有特异性,致伤物亦有形成这种特殊形态的条件,可作出同一认定意见。

(二)根据创口异物推断致伤物

有时在创口中遗留有如木屑、铁锈、金属微粒、刃口断片、石灰、油垢、泥沙、砖屑、纤维、颜料、油漆、火药、弹头、弹片、刺器断端等异物,可能是致伤物对人体作用时所遗留下来的;有的异物(如刃口断片)为某种工具所特有,这就提供了同一认定条件,对判断与认定具体致伤物有重要价值。这些异物有的用肉眼能够发现,有的需用放大镜、显微镜、比对显微镜、比对仪,甚至需做物理或化学的检测才能发现及认定。

(三)根据附着物推断致伤物

若发现可疑器具上黏附血痕、头发、其他组织碎片、衣着纤维等,需认真地检验,查清附着物是否为人类的组织、血液,什么血型,有条件的话还应检验组织的性别。应尽可能做DNA鉴定,只要致伤物上有人体组织细胞,都可以做DNA扩增,查明DNA图谱,如和伤(死)者的DNA图谱相同,即可认定致伤物上有该伤(死)者的组织。对衣着纤维应用显微镜观察。若各项检验结果均与伤者特征一致,再和上述(一)(二)项的检验结果相互补充,便可得到较为充分的判断致伤物的依据。

(四)从力的作用角度推断致伤物

如颅骨线性骨折,骨折线延长,且向不同方向放射,提示致伤物接触面大,作用力亦很大,致颅骨整体变形。又如颅骨孔状骨折,骨板陷入颅腔,骨折缘较整齐,提示致伤物接触面与骨折孔大小相似,有较明显的棱边。

根据当前国内外检验技术水平,致伤物个体的判断依旧较为困难。例如,根据伤痕形态可认定是菜刀类砍伤,但往往由于检验条件不具备而无法认定具体是哪一把菜刀。因此,对于某件常用物体可以形成被验伤痕的说法,应既不认定,也不否定。在不能认定具体致伤物的情况下,应使用"可以形成"之类较为科学的鉴定用词。

四、损伤时间推断

损伤时间的推断,是指根据活体验伤时所见的损伤改变推测损伤发生时间。主要是根据成伤后至检查损伤期间发生的变化推测不同损伤。变化不同,但均为损伤——炎性反应——修复过程的各阶段形态改变。皮下出血则尚有血红蛋白分解,形成各种分解产物而呈现的颜色变化。这些局部变化可受很多因素影响,如致伤因素、损伤部位、损伤程度、个人体质、有无并发症等。

如擦伤面低于周围皮肤且较湿润,则损伤形成大约未超过 2 小时。如已干燥,有痂形成,则在伤后 3 至 5 小时。如伤面已与周围皮肤一样高,则在损伤形成后 12 至 24 小时或 48 小时。如痂的边缘开始与表皮脱开,则在伤后 3 至 7 天,结痂完全脱落在伤后 7 至 12 天。

皮内及皮下出血处,由于血红蛋白分解而发红、紫、青、绿、黄等一系列颜色变化,据此推断时间还必须考虑各种因素的影响,如出血量、血液积聚部位的深度等。通常出血灶内的氧合血红蛋白于 1 至 3 天内渐变为还原血红蛋白,正铁血红素在 3 至 6 天内转变成含铁血红素及胆红素或橙色血晶,胆红素继而被氧化成胆绿素并渐被吸收;含铁血黄素可在局部停留一段时间或被吞噬细胞运送至造血器官,故出血灶的颜色早期呈青紫褐色,然后渐变为绿色、黄色,但也可以从蓝绿色直接消退,或不经蓝绿色阶段而直接变为黄色以后消退。一般情况下,出血灶的颜色(紫红色、紫褐色或青紫色)变化从边缘开始,在 2 天以后就可以在皮下瘀斑的边缘看到黄色或绿色,或者此两种颜色均有,而后变为紫红色、青紫色或紫褐色,变色区域逐渐向中心缩小,直到消失,蓝绿色、黄色取代之。2 至 3 周,黄色或蓝绿色消退,局部皮肤的颜色恢复正常。[1]

创伤处由于炎症反应,在伤后数小时即见创缘红肿,24 小时左右可有痂皮形成。清洁的创伤在 4 至 5 天内可完全被新生上皮覆盖,如创伤发生感染,则在伤后 36 小时内可形成脓液。

五、损伤与疾病关系

1. 因果关系的类型

人身损害与疾病的因果关系类型按照损害在疾病中的原因力大小,分为完

---

[1] 参见杜志淳主编:《司法鉴定概论》,法律出版社 2018 年版,第 239 页。

全作用、主要作用、同等作用、次要作用、轻微作用和没有作用六种类型。具体类型及参与度判定如下：

（1）完全作用（完全原因）：外界各种损害因素直接作用于人体健康的组织和器官，致组织和器官解剖学结构的连续性、完整性被破坏和/或出现功能障碍，现存的后果/疾病完全由损害因素造成。

（2）主要作用（主要原因）：外界各种损害因素直接作用于人体基本健康的组织和器官，致组织和器官解剖学结构的连续性、完整性被破坏和/或出现功能障碍，现存的后果/疾病主要由损害因素造成。

（3）同等作用（同等原因）：既有损害，又有疾病，损害与疾病因素两者独立存在均不能造成目前的后果，两者互为条件，相互影响，损害与疾病共同作用导致现存后果，且所起的作用基本相当。

（4）次要作用（次要原因）：既有损害，又有疾病，疾病在前，是主要原因；损害在后，为次要原因。即损害在原有器质性病变的基础上，使已存在疾病的病情加重。

（5）轻微作用（轻微原因）：既有损害，又有疾病，疾病在前，是主要原因；损害在后，为轻微原因。即损害在原有器质性病变的基础上，使已存在疾病的病情显现。

（6）没有作用（没有因果关系）：外界各种损害因素作用于人体患病组织和器官，没有造成组织和器官解剖学结构连续性、完整性被破坏及功能障碍，不良后果完全系自身疾病所造成，与损害因素之间不存在因果关系。[1]

2. 参与度判定规则

首先宜根据上述内容判定人身损害与疾病后果的因果关系类型，然后再根据参与程度分级进行判定。具体如下：

（1）人身损害与疾病存在直接因果关系，单独由损害引起疾病或者后果。损害参与程度为90%—100%，建议为100%；

（2）人身损害与疾病存在直接因果关系，人身损害是主要原因，疾病是潜在的次要或者轻微因素。损害参与程度为56%—95%，建议为75%；

（3）既有人身损害，又有疾病，损害与疾病两者独立存在均不能造成目前的

---

[1] 参见范利华、吴军、牛伟新主编：《损伤与疾病》，复旦大学出版社2014年版，第8—9页。

后果,为两者兼而有之,作用基本相等。损害与疾病之间存在同等作用因果关系。损害参与程度为 45%—55%,建议为 50%;

(4) 既有人身损害,又有疾病,若损害与疾病之间存在间接因果关系,损害为次要原因。损害参与程度为 16%—44%,建议为 30%;

(5) 既有人身损害,又有疾病,若损害与疾病之间存在间接因果关系,损害为轻微原因。损害参与程度为 5%—15%,建议为 10%;

(6) 既有人身损害,又有疾病,若现存后果完全由疾病造成,损害与疾病之间不存在因果关系。损害参与程度为 0%—4%,建议为 0%。

六、 劳动能力鉴定

劳动能力鉴定指法定机构对劳动者在职业活动中因工负伤或患职业病后,根据国家工伤保险法规规定,在评定伤残等级时通过医学检查对劳动功能障碍程度(伤残程度)和生活自理障碍程度作出的技术性鉴定意见。

法医临床学劳动能力鉴定主要源于诉讼过程中需要对当事人的劳动能力进行鉴定,其鉴定的主要依据是《劳动能力鉴定 职工工伤与职业病致残等级》(GB/T16180—2014)。劳动能力的鉴定主要由各省(市)劳动能力鉴定委员会组织实施,也有部分司法鉴定机构接受相关部门的授权,从事劳动能力鉴定。

七、 生理状态及功能评定

生理状态及功能评定主要包括青少年发育程度鉴定、活体年龄鉴定、生育能力鉴定、听觉功能评定、视觉功能评定和性功能评定等。青少年发育程度的鉴定,常见于强奸案件受害人的鉴定,主要根据牙齿萌出、骨骼发育及第二性征发育情况来确定。活体年龄鉴定,常见于刑事案件中犯罪嫌疑人或被害人的年龄推断,主要是依据骨龄鉴定结果来确定的。生育能力评定,常见于人身伤害损伤程度鉴定和各类伤残评定,主要依据精子的数量和质量来确定。听觉功能、视觉功能和性功能评定也都有特定的检测程序和评价标准。

八、 诈伤或造作伤的识别

在司法检案中,经常会遇到被鉴定人夸大伤情的情况,这时候就需要鉴定人认真检查,否则会影响鉴定意见的准确性。

常见的诈伤有诈聋、诈瘫、诈盲、关节活动检查不配合、假血尿等。对于这种情况,鉴定人应根据其病理基础、病程进展以及通过观察等识别伪装者,以便得出客观、科学的鉴定意见。

九、休息(误工)、营养以及护理期限评定

受伤人员因伤需要的休息(误工)期限、营养期限以及护理期限,在法医临床司法鉴定中又称为"三期"。"三期"司法鉴定,是指在人身损害赔偿案件中,鉴定人根据委托机关或委托人的委托,对损伤后的休息(误工)时限、护理时限、营养时限的评定。目前,针对"三期"鉴定有一些相关标准,如公共安全行业标准《人身损害误工期、护理期、营养期评定规范》(GA/T1193-2014)、上海市司法鉴定工作委员会办公室2008年1月7日颁发的《人身损害受伤人员休息期、营养期、护理期评定标准(试行)》、北京市司法鉴定业协会颁发并于2011年3月1日执行的《人身损害人员误工期、营养期、护理期评定准则(试行)》等。

(1) 误工期限,指人体损伤后经过诊断治疗达到临床医学一般原则所承认的治愈(即临床症状和体征消失)或体征固定所需要的时间。

(2) 护理期限,指人体损伤后,在医疗或者功能康复期间生活自理困难,全部或部分需要他人帮助的时间。护理期限不同于护理依赖,前者是暂时性的,后者是永久性的。

(3) 营养期限,指人体损伤后,需要补充必要的营养物质,以提高治疗质量或者加速损伤康复的时间。

"三期"的评定应视损伤康复所需要的时间而定,影响康复的因素很多,有客观因素如外伤后感染、骨折延迟愈合、手术治疗多次不成功等;也有主观因素如后期消极治疗、有意隐瞒伤情恢复情况或夸大损害后果等。另外,伤者的年龄、身体素质、心理素质、医疗条件都可以影响损伤的康复过程。因此,要结合治疗方法及效果,全面分析个体的年龄、体质等因素,进行综合评定。

第三节　法医临床司法鉴定的方法

一、基本程序和方法

（一）案件受理

根据法律规定，法医临床司法鉴定应由公安机关、检察院、法院等司法机关委托。目前，道路交通事故案件可以接受受伤者单方委托。医疗损害鉴定原则上是接受司法机关的委托，但医患双方共同协商选择的鉴定机构也可以受理。

委托单位或委托人应在委托书上注明委托要求、委托项目，及送检材料目录，以便鉴定人接到委托后，根据委托书的委托项目和要求，审核送检材料是否齐全，是否符合鉴定要求，以及根据送检材料能否完成委托要求，从而作出受理或不能受理的决定。

通常的委托项目有损伤程度、伤残程度、伤病关系、外伤参与度、"三期"评定、致伤物的推断、外伤形成机制等。

（二）案情了解

鉴定人应亲自听取当事人的自诉，对事件的发生原因、时间、地点、致伤物、就医诊治情况进行全面的了解。

鉴定人应收集、审核委托单位送交的与案情有关的书面资料、讯问笔录、证人证言、伤后的诊治病历、实验室检查结果、影像学资料等。如送检资料内容与自述的伤情不相符，应注意是否存在夸大伤情或诈伤的情况，及时告知被鉴定人进行必要复查，同时向委托单位重新核实案情。

（三）活体检查

活体检查是法医临床鉴定的重要环节。

（1）一般检查：被鉴定人的精神、营养、发育状况、体位、合作程度、语言表达等，反映被鉴定人的一般情况。

（2）特殊检查：体表损伤，应用解剖学术语准确地描述损伤部位、形态、大小、数目、颜色等,并拍照;体内的损伤,如骨折、内脏器官组织损伤或功能障碍,则进行实验室辅助检查,包括 CT 扫描、MR 检查、X 光拍片、B 超、视觉诱发电位、听觉诱发电位、肌电图、激素水平和性功能检查等。其结果均是鉴定重要的、客观的科学依据。

(四)现场勘验

有些特殊案件,在活体检查和审核送检资料后,仍难以合理解释其损伤形成机制时,应进行现场勘验,结合现场分析,有助于提高鉴定意见的准确性。

(五)专家会诊

重大疑难案件或专业性很强的案件,在诊断和鉴别诊断,以及案件的定性问题上,请相关科室临床专家会诊或请多单位法医、鉴定人会诊,有助于鉴定水平的提高,但鉴定意见仍由署名签字的司法鉴定人负责。

(六)书写鉴定意见书

法医临床鉴定意见书的内容包括以下几个方面:

(1)基本情况:委托人或单位、委托鉴定项目、受理日期、送检材料、鉴定日期、鉴定地点、在场人员,以及被鉴定人姓名、性别、年龄、职业、住址等。

(2)案情摘要:简明扼要,主要表述受伤时间、地点、经过、主要受伤部位。如为重新鉴定或复核鉴定应附说明,委托人或单位对引用鉴定标准有专门要求的也应附说明。

(3)病史摘要:事实上是病历的审核过程,结合委托要求,根据事件的发生顺序摘抄,摘抄时应摘录原文。一般受伤当日的病历、手术记录、术后病程记录、出院小结是病历审核及摘录的重点。摘录的病历应能完整地反映损伤或疾病的发生、发展、演变过程,能客观提供诊断和鉴别诊断的依据。当对被鉴定人的陈述有疑问,或被鉴定人对案情陈述不清时,应搜集、摘录该案件目击证人的证言,来帮助对案情的分析。

(4)检验过程。

① 国家标准及检验规范。常用的规范及标准如表 5-1 所示。

表 5-1　法医临床司法鉴定常用规范与标准

规范名称	规范编号	说明
法医临床检验规范	SF/T 0111-2021	2021 年 11 月 17 日发布并实施,本文件代替 SF/Z JD0103003-2011《法医临床检验规范》
法医临床影像学检验实施规范	SF/T 0112-2021	2021 年 11 月 17 日发布并实施,本文件代替 SF/Z JD0103006-2014《法医临床影像学检验实施规范》
肢体运动功能评定	SF/T 0096-2021	2021 年 11 月 17 日发布并实施
人身损害与疾病因果关系判定指南	SF/T 0095-2021	2021 年 11 月 17 日发布并实施
外伤性癫痫鉴定实施规范	SF/Z JD0103007-2014	2014 年 3 月 17 日发布并实施
人身损害后续诊疗项目评定指南	SF/Z JD0103008-2015	2015 年 11 月 20 日发布并实施
男性生育功能障碍法医学鉴定	SF/Z JD0103011-2018	2018 年 11 月 8 日发布,2019 年 1 月 1 日实施
周围神经功能障碍法医临床鉴定技术规范	GB/T 43638-2024	2024 年 3 月 15 日发布,2024 年 7 月 1 日实施
视觉功能障碍法医临床鉴定技术规范	GB/T 43639-2024	2024 年 3 月 15 日发布,2024 年 7 月 1 日实施
听觉功能障碍法医临床鉴定技术规范	GB/T 43640-2024	2024 年 3 月 15 日发布,2024 年 7 月 1 日实施

② 活体检验:针对损伤检查,依据规范的检验方法和过程,详细检查并记录损伤的部位、数目、形状、大小、深度、方向等,并拍照存档。法医活体损伤的检查,要求非常认真、全面、细致,不应遗漏任何微小的损伤。有时即使是微小的表皮剥脱,便足以证实该局部曾有暴力作用,并可用于推测致伤方式及损伤时间等,有时还可进一步推测案件性质等。损伤的检查、记录应注意以下几点:

第一,部位:按解剖学部位及骨性标志,详细记录损伤部位,应特别注意身体隐私部位的损伤。头皮损伤可因头发覆盖而被忽略,应拨开头发仔细观察有无损伤。

第二,数目:损伤数量不多时,应明确记录什么部位有损伤,有多少处、多少条。若损伤数量多、密集或广泛而散在不易数清时,则可记录什么部位有多大面积的何种损伤。

第三,形状:损伤的形状一般用几何学图形描述,如圆形、方形、三角形、星芒状、弧形、梭形、线状、条状等；若用几何学图形难以描述，则可写为不规则形或地图样等。

第四，大小：损伤的大小一般以"cm"为计算单位，测量长、宽、高，圆形损伤则测其直径，椭圆形损伤测纵径及横径。

第五，方向：表皮剥脱伤，与健康皮肤相连部位为暴力作用的终点，游离缘则是起始点。挫裂创有表皮剥脱伴有皮下出血的一侧为暴力作用点。

第六，颜色：表皮剥脱及皮下出血的颜色变化，可以反映伤后经过的时间。

第七，创：创口、创角、创缘、创壁、创底及创腔可因不同的致伤物而显示各自特征性的形态改变，应详加描述。

第八，其他损伤：部位有无特殊异物遗留，如枪伤的烟晕、火药颗粒、弹头，锐器伤的刀刃碎片，砖石伤的泥沙砖屑，或者其他异物，如布片、衣服纤维、纸片等。

③ 影像学资料审核：活体损伤案件中，颅脑、四肢损伤较多，常常遇到需审阅颅脑CT、MR片或肢体损伤X光片的情况。审阅时，除应注意损伤外，也不应忽视对伤者姓名、性别、年龄与检查日期的核对，以免张冠李戴。如鉴定人审核影像学资料后，认为诊断不能明确，一定要请放射科专家会诊或共同阅片。

（5）分析说明：鉴定人表达鉴定思想的论证过程，也能反映鉴定人临床医学与法医学知识的综合能力及水平。一般要求鉴定人根据委托要求，结合送检材料、活体检查结果、专家会诊意见对损伤的特点、形成原因、诊断依据、有无并发症和后遗症、标准的应用逐一进行表述。内容应逻辑性强，文字结构层次分明、通俗易懂，证据可靠充分，结论性意见准确规范，不使用有歧义的语言。

（6）鉴定意见：一般为分析说明内容的总结，应与委托要求相一致。根据不同的委托要求，鉴定意见的表达方式不一样，如伤残程度、损伤程度应根据标准直接评定，而致伤物的推断或损伤时间的推断则多以倾向性意见的表达方式表述，如"符合钝器伤的特点"等。

二、鉴定方式

活体检验是法医临床鉴定的重要环节，其检验结果也是鉴定意见的重要依据。但因部分案件发生时间较长，或损伤时的不良临床反应（如呼吸困难、皮肤青紫、休克等)已经恢复,此时便不能依靠活体检验进行鉴定,故目前常采用的鉴定方式有两种：(1) 活体检验＋文证审核(见基本程序和方法的内容)。(2) 文证审核,仅对委托单位提供的文证资料(病历资料、影像学资料、以往的司法鉴定文书等)进行审核,经分析、判断后出具书面的鉴定意见。临床病历记载和辅助检查资料是鉴定的主要客观参考资料,送检资料受所在医院级别、整体执业水平、检验仪器性能的影响而有所不同,故送检文证资料的内容直接影响鉴定意见的正确与否。所以,根据送检材料是否完整、可靠,可以作出明确的鉴定意见,但该鉴定意见仅对送检文证资料负责；也可以出具仅供参考的意见,或无法得出鉴定意见的意见。

第四节 法医临床司法鉴定意见评判

我国刑事诉讼法、民事诉讼法及行政诉讼法规定,鉴定意见(结论)为法定证据种类之一。法医鉴定意见必须具备客观性、关联性及合法性三个特性,方可作为证据使用。

一、鉴定意见客观性的评断

法医临床鉴定意见必须具有客观性,才能成为事实上的证据。客观性是指伤者诊断、治疗过程中所得到的医学影像学或检验学的检查结果,鉴定人在活体检验过程中对损伤的记录,作为证据时能说明案情、解释案情,甚至合理推断案情。为了使鉴定意见与客观证据呈现高度一致性,要求鉴定人应用现代医学技术和手段,客观、准确、及时进行检查,应用科学的判断方法,分析损伤或伤残形成的原因、发生经过、形成机制,由此作出的鉴定意见,对诉讼的事实起到其他证据难以替代的确证作用。简单将临床医生的诊断意见或检查报告,不加论证即作为鉴定依据应用,不符合鉴定意见客观性的要求,容易导致错误鉴定意见的产生。

二、对鉴定意见与案件有无关联性的评断

法医鉴定属于因果鉴定,其鉴定意见所反映的伤害与造成的损伤后果应具有关联性,即有"因果关系"。明确了因果关系后,还应根据损伤的原因与所产生的后果确定因果关系的大小。因果关系一般包括直接因果关系、同等因果关系、间接因果关系。如损伤是不良后果产生的唯一原因,即一因一果,则为直接因果关系;如不良后果的产生是损伤和自身其他因素共同作用的结果,即多因一果,且难分主次时,则为同等或临界型因果关系;当损伤仅仅是不良后果的诱发因素、加重因素或促进因素时,则为间接因果关系。损伤后因果关系的大小与承担的法律责任大小有关。直接因果关系在法律上多为完全责任或主要责任;临界型因果关系为同等责任;间接因果关系为次要责任或轻微责任。

三、对鉴定意见合法性的评断

鉴定意见形成的过程中,合法的鉴定程序及对鉴定方法、技术、标准的合法应用是鉴定意见在诉讼活动中能作为合法证据的保证。

(一) 鉴定程序的合法性

(1) 鉴定人的合法性。法医临床学鉴定人是指取得法医临床学鉴定人职业资格和执业证书,在鉴定机构中执业,具备应用法医临床学和法医学知识及技能解决诉讼活动中有关法医临床学专门问题能力的专业技术人员。

鉴定人从事鉴定工作是个人行为,要对鉴定意见负责,有出庭作证及对鉴定意见的质疑予以答复的义务。鉴定人必须与事件双方均无利害关系,从而保证鉴定意见的客观公正。

(2) 鉴定步骤的合法性。鉴定作为法律性科学活动,必须在严格的法律程序下进行。鉴定人数、鉴定时限、委托受理手续、鉴定材料的接收与审核、活体检验方法、技术规范、鉴定人的回避制度等,应依照《司法鉴定程序通则》的规定及要求执行。

(二) 鉴定方法、鉴定技术、鉴定标准的适应性和可靠性

首先,适应性。针对不同类型的损伤,均需要进行活体检验及审核送检资料。根据不同的委托要求,应采取不同的检测方法来完成鉴定。例如,眼外伤

后视力下降,则不能仅依靠普通视力表检查的视力结果来作为伤后视力的评价依据,而应选择能客观评价视功能的检测方法(VEP)的检测结果,作为伤后视力的评定依据。

另外,针对不同的损伤原因,应合理应用法医临床专用技术标准(伤残、损伤程度标准)。若在鉴定中遇到现行标准未作详尽规定的问题,尤其是涉及对损伤后果界定不确定的条款,使用标准时,应遵循既符合法定标准的本意,又有合理性的原则,在法定的范围内,综合客观损伤事实及其他相关因素之后下结论。

其次,可靠性。鉴定意见应来源于客观的检验方法,要求记录的损伤与伤害相符合,记录的数据与拍摄的照片相符合,损伤与临床治疗相符合,临床检查记录与法医活体检验记录相符合,最终得出的鉴定意见与客观证据相符合。

(三)鉴定结果与鉴定事项符合度及规范性

鉴定事项是为了解决案件中的专门性问题而提出的要求,鉴定结果是对鉴定事项的具体解答,要求具体、明确和适用。

鉴定意见书的书写应使用符合国家标准或行业标准的通用专业术语,并使用国家法定计量单位和符号。

鉴定结果的表达方式:(1)直接表述是与否。例如,构成轻伤,或不构成轻伤;构成十级伤残,或不构成伤残。(2)推断的鉴定结果,则以倾向性意见来表达。例如,推断致伤物、推断受伤时间时,多以"符合钝性暴力所致""与受伤时间基本相符"或"锐性损伤的可能性大"等方式表达。

关键术语

1. 法医临床学(forensic clinical medicine)
2. 致伤物推断(deduction of injury implement)
3. 损伤时间推断(wound age estimation)
4. 损伤程度鉴定(assessment of human body injury degree)
5. 伤残程度鉴定(assessment of human body disability)
6. 劳动能力鉴定(work ability appraisal)

 **案例研讨视频**

案例研究 5-1

案例研究 5-2

 思考题

1. 如何理解鉴定标准的适用问题？
2. 如何评价损伤程度鉴定中损伤与疾病之间的关系？
3. 如何理解法医临床鉴定时机问题？
4. 法医临床司法鉴定在提升司法公信力中的价值有哪些？
5. 人身损害赔偿与哪些因素有关？

 参考文献

1. 杜志淳主编:《司法鉴定概论》,法律出版社 2018 年版。
2. 范利华、吴军、牛伟新主编:《损伤与疾病》,复旦大学出版社 2014 年版。
3. 霍宪丹主编:《司法鉴定学》,北京大学出版社 2018 年版。
4. 刘技辉主编:《法医临床学》,人民卫生出版社 2016 年版。
5. 沈忆文主编:《法医学》,复旦大学出版社 2021 年版。
6. 王旭:《人身损害受伤人员"三期"评定的基本原则》,载《中国法医学杂志》2011 年第 2 期。
7. 王亚辉、陈腾:《法医学活体年龄推断研究前沿与挑战》,载《法医学杂志》2024 年第 2 期。
8. G. Franchetti, G. Viel, P. Fais, et al. Forensic Applications of Micro-Computed Tomography: A Systematic Review. *Clinical and Translational Imaging*, 2022, 10(6)。

第六章 医疗损害司法鉴定

学习目标

[情感目标] 树立尊重生命、维护患者权益的价值观念,深刻理解医疗损害鉴定在保障医疗安全、促进医患和谐中的重要意义,具备人文关怀精神,尊重患者的权利与尊严,理解国家法律政策的导向。

[知识目标] 了解医疗损害司法鉴定的二元特征,明晰医疗损害司法鉴定与医疗事故技术鉴定的区别与联系,熟悉医疗损害司法鉴定的法律法规及程序,掌握医疗损害司法鉴定意见的审查内容。

[能力目标] 掌握医疗损害司法鉴定的基本方法和技巧,能够熟练运用相关的法律法规和医学知识,对医疗损害司法鉴定意见进行初步审查评判,能够与医疗专家、法官等各方当事人有效沟通,共同推动医疗损害纠纷的公正解决。

第一节 医疗损害司法鉴定概论

一、医疗损害司法鉴定的基本概念

(一) 狭义医疗损害司法鉴定

通常情况下,狭义的医疗损害司法鉴定是指由法定司法鉴定机构实施的医疗过错司法鉴定,是为诉讼服务的一种科学鉴证行为,指法院在受理医疗损害侵权案件后,为了查清案件事实真相,接受医患任意一方当事人的请求或者依法行使自己职权,委托具有资质的司法鉴定机构,聘请具备相应水平的鉴定人,针对医方在诊断、治疗、抢救、护理或者管理中的医疗行为是否存在过错,及患方所诉损害后果与该医疗过错之间是否存在因果关系等进行研究、检验、评判,并最终出具鉴定意见的鉴定方法。一般而言,医疗损害司法鉴定内容包括医疗行为有无过错、医疗过错与损害后果有无因果关系、医疗过错的原因力大小等,以证明医疗行为是否构成医疗损害侵权,并为审判活动提供科学证据。

(二)广义医疗损害司法鉴定

作为一门自然科学,医学具有高度的专业性和复杂的技术性,医疗纠纷案件涉及医学科学技术,专业性较强,案件的争议事实超出了具有一般知识或普通经验者的认识或判断能力。为解决医疗纠纷案件,通常需要进行医疗损害鉴定。就我国的医疗损害鉴定体系而言,人民法院在审理医疗纠纷案件时,既委托医学会进行技术鉴定,也委托具有相应资质的司法鉴定机构进行司法鉴定。曾经,医疗事故技术鉴定被赋予了准司法鉴定的性质。随着《侵权责任法》[①]的颁布和正式实行,这两种形式被统称为医疗损害鉴定。因此,医疗事故技术鉴定也应属于广义医疗损害鉴定的范畴,这也奠定了我国医疗损害鉴定"二元化"的法律基础。

随着我国各项法律政策的逐步统一,为适应"二元化"赔偿向"一元化"赔偿制度的转变,2018年1月19日,国家卫计委第1号公告明确规定《医疗事故分级标准》不再作为部门规章纳入规范性文件管理;与此同时,国务院于同年10月1日颁布实施《医疗纠纷预防和处理条例》,该条例淡化了"医疗事故"的概念,强调"医疗过错"的概念并制定了相应的鉴定规则。《医疗纠纷预防和处理条例》明确规定,医学会及司法鉴定机构都是医疗损害鉴定的主体;医疗损害鉴定的委托主体包括医患双方、医疗纠纷人民调解委员会、地方卫健委或人民法院;医学会、司法鉴定机构在作出医疗损害技术鉴定意见时应当载明是否存在过错、损害后果、过错与损害后果是否存在因果关系等。该条例也自然成为目前开展医疗损害技术鉴定的主要法律依据。依据该条例对鉴定主体的规定,医疗损害鉴定分为两类:一类是医学会组织的医疗损害技术鉴定,一类是司法鉴定机构开展的医疗损害司法鉴定。医疗损害鉴定也由之前的"医疗事故技术鉴

[①] 2021年1月1日,《中华人民共和国民法典》开始施行,《中华人民共和国侵权责任法》同时废止。

定"和"医疗损害司法鉴定"的"二元化",转变为当前"医疗损害技术鉴定"和"医疗损害司法鉴定"的"二元化"。

二、医疗损害司法鉴定的特点

医疗损害司法鉴定是对诉讼活动中涉及的医学科学的专门性问题进行评判的技术性活动,也是解决此类案件的重要环节,医疗损害鉴定意见是处理此类案件的重要依据。医疗损害司法鉴定具有以下几方面的特点:

(1) 鉴定的准司法性。医疗损害司法鉴定的启动主体通常是人民法院,也可以是医疗纠纷调解委员会或者医患双方。其受理和鉴定程序规范、鉴定内容、文书的格式等受到我国《司法鉴定程序通则》等法律法规的调整,鉴定意见具备证据规定的形式要件。

(2) 鉴定主体的合规性。医疗损害司法鉴定的主体是依法取得国家司法鉴定人资格的人员,其执业机构是经司法行政管理部门批准设立的司法鉴定机构。

(3) 鉴定内容的科学性。医疗损害司法鉴定的终极目的是为人民法院审理案件提供科学证据,是解决医疗纠纷诉讼中的专门性问题,其鉴定目的完全依据委托方要求,即人民法院审理案件的需要。鉴定内容通常与民事侵权诉讼有关,主要包括院方的诊疗行为是否存在医疗过错、过错行为是否构成医疗损害、损害后果与医疗行为之间的因果关系、原因力大小等。[①]

(4) 鉴定效力的一致性。医疗损害司法鉴定意见作为证据,不具有当然的法律效力,必须经法庭审查判断才能作为证据。因质证的需要,在必要时鉴定人必须出庭作证;法院遴选鉴定机构或鉴定人无地域、行政级别之分。

(5) 鉴定标准具有科学与法律的双重属性。鉴定标准的科学性体现了对科学标准的遵循,是鉴定结果真实、准确的根本保证,也是医疗损害司法鉴定的本质和基础要求。法律性也是医疗损害司法鉴定的根本属性,其主体、客体、启动、受理、实施、出具意见涉及的鉴定方法、鉴定过程和鉴定意见的检验等都有明确的法律规定,必须遵守医疗领域相关法律法规,依照法定的程序进行。医疗损害司法鉴定是一种科学实证活动,鉴定人对鉴定客体的鉴定标准必须是科

[①] 参见杜志淳:《司法鉴定概论》,法律出版社2018年版,第6页。

学的,要遵循自然科学的客观规律,同时也是依法参与诉讼的活动,要受到诉讼法律的规范,必须按照法律程序来进行,因此,医疗损害司法鉴定标准具有法律与科学的双重性,是科学性与法律性的统一。

(6)鉴定意见具有客观与主观的双重属性。在医疗损害案件鉴定过程中,鉴定材料及其所反映的事实是客观的,所遵循的科学原理是对客观规律的正确反映,据此出具的鉴定意见具有客观性。同时,鉴定主体具有多样性,能力水平各有不同,鉴定意见作为一种结论性意见,是鉴定人对医疗损害侵权材料和证据认真分析、研判、综合而来,它的存在形式与产生形式难免受主观因素影响,医疗损害司法鉴定也有主观性的一面。尽管如此,鉴定意见的主观性并不意味着可以任意臆测或盲目定论,鉴定主体必须对医疗损害事实进行客观描述和详细记录,依据客观事实和客观规律,充分发挥自己的创造力和探究力,展开客观分析和清醒判断。医疗损害司法鉴定意见是客观性与主观性的统一,两者相互依存。

第二节 医疗损害司法鉴定的内容

2021年1月1日,最高人民法院修订的《关于审理医疗损害责任纠纷案件适用法律若干问题的解释》第11条规定,医疗损害鉴定事项包括:实施诊疗行为有无过错;诊疗行为与损害后果之间是否存在因果关系以及原因力大小;医疗机构是否尽到了说明义务、取得患者或者患者近亲属明确同意的义务;医疗产品是否有缺陷、该缺陷与损害后果之间是否存在因果关系以及原因力的大小;患者损伤残疾程度;患者的护理期、休息期、营养期;其他专门性问题。

一、诊疗行为有无过错

医疗过错[①](medical fault)是指医疗机构(或者个体行医者)在对患者诊疗过程中,存在违反法律、行政法规、规章制度以及诊疗规范或诊疗常规的行为。

---

① 刘技辉主编:《法医临床学》,人民卫生出版社2017年版,第18页。

《民法典》第1221条规定：医务人员在诊疗活动中未尽到与当时的医疗水平相应的诊疗义务，造成患者损害的，医疗机构应当承担赔偿责任。司法鉴定人主要依据委托单位所提供的患者临床资料和法医学检查结果（尸体解剖或者活体检查）等，判定医疗机构是否存在违反医疗相关的法律法规、规章及诊疗规范等行为。

（一）医疗过错的法律评判依据

1. 未尽到告知义务

未尽到告知义务是指医方未向患者明确告知必要的病情、医疗措施、医疗替代方案，以及存在的医疗风险（可能发生的不良后果）。

2. 未尽到诊治义务

未尽到诊治义务是指医方未给予患者及时、规范、正确的诊断与治疗，包括误诊（诊断错误）、漏诊（未及时作出全面与完整的诊断）、误治（治疗方案或治疗方法错误，也包括未及时进行全面与系统的治疗）、漏治等。

3. 未尽到注意义务

未尽到注意义务是指医务人员在诊疗活动中未尽到密切注意病情变化、积极防范医疗风险、避免不良后果发生的义务。

（二）医疗过错的具体表现形式

1. 违反具体法律规范规定的过错

医疗机构及其医务人员在诊疗过程中违反法律、行政法规、规章，以及相应诊疗、护理规范的具体规定，或者有违该专业领域多数专家认可的原则和方法，如《民法典》《执业医师法》《医疗纠纷预防和处理条例》《护士条例》《病历书写基本规范（试行）》《医疗机构管理条例》《药品管理法》等，上述法律法规的具体规定都可以作为判定诊疗行为是否具有过错的依据。医疗情形复杂多变，医疗技术不断进步，诊疗方法不断创新，随着医疗技术经验的积累，其适应证、禁忌证和新技术都可能发生改变，成文的规定难以涵盖或出现滞后，实际操作中形成的通行做法和共识虽尚未成文，但同样需要医务人员遵循。不同的临床规范、权威专著对同一或相似问题的阐述可能不尽相同，往往需要借助约定俗成的专家共识作为辅助性判断标准。

2. 违反注意义务的过错

判断医疗行为的过错标准纷繁复杂,常常让人难以把握。不同学科专业,不同经验阅历,对同一医疗行为是否存在过错,其认识会截然不同。若以知名专家的认识、现代尖端医学为标准判定医疗行为,虽然有利于促进医疗诊治水平的提高,但缺乏解决纠纷的客观性;以普及性医学常识或基本临床诊疗常规来判定医疗行为,则医疗行为过错标准过宽,不利于促进医学科学的发展。因此,应当以医疗行为发生时相应专业领域多数医务人员的认识能力和操作水平衡量,医疗机构及其医务人员有责任,也有能力对可能出现的损害加以注意,因疏忽大意或过于自信而未能注意,则认定存在医疗过错。在判定时,尚需结合医疗行为的专门性、地域性、紧急性等因素来考虑。根据医疗行为发生时的客观情况、具体问题进行具体分析,才能真正做到科学、客观、公正地判定医疗过错行为。

第一,注意义务,在医疗活动中即指诊疗义务。首先,根据诊疗行为的阶段可分为一般注意义务和特殊注意义务。一般注意义务是对医疗行为过程的基本要求,包括诊断、治疗、护理,以及影像检查等各类诊疗活动;特殊注意义务是指相关辅助活动中应满足的额外要求,例如,病历书写保存义务、转诊义务等。其次,根据诊疗行为的性质分为技术性注意义务和伦理性注意义务。技术性注意义务是指医务人员在操作技能及程序措施上的义务,如正确使用设备、遵循临床路径等;伦理性注意义务体现在医患关系及人文关怀方面,如不可拒诊、紧急救助及保密义务等。

第二,当时的医疗水平。"当时"一词应从"时""空"两个角度理解。一方面,医学是处在不断发展和进步中的科学,鉴定人不能以"当今"的眼光评价诊疗活动开展时"当时"所用的技术手段。对于诊疗活动是否达标的判断,仍然要以其发生时的规范指南作为参照。另一方面,由于不同地区经济发展不均衡,医疗资源配置和科技水平呈现差异化现象,医务人员只能依据现有的条件和能力实施诊疗活动。因此,鉴定人在判断"当时的医疗水平"时,需结合医疗机构的性质、级别,医务人员的职级、经验,仪器设备配置等方面合理把握不同地区间的差异,在鉴定听证环节也需对此予以充分关注。时限性原则,即紧急情况下的注意义务。某些情况下,患者病情会在短时间内急剧恶化。医护人员在挽救生命和情况紧急的双重压力下,通常注意能力下降,难以全面、系统、准确决断,且人员、设备等条件与常规相比有所不及,这无疑都增加了诊疗难度。因此,紧急状态下,医务人员承担的注意义务应相对宽松。鉴定人应更重视医务人员的临床判断力与处置的基本能力、医患双方立场及诊疗行为整体合理性,而非盲目奉行诊疗规范。

3. 违反告知义务的过错

医疗机构及其医务人员在诊疗过程中宜对患者的病情及拟采取的诊疗措施作出必要的告知,并取得患方的知情与对诊疗措施的同意,告知的情形包括但不局限于:(1)疾病的诊断,包括医师知道的和应当知道的;(2)拟采取诊疗措施的目的、方法、利益和风险,以及拒绝该措施的风险和利益;(3)除拟采取的诊疗措施以外,可供选择的其他替代措施;(4)可能对患者造成明显侵袭性损害或者需要患者承受较强烈痛苦的诊疗措施;(5)费用昂贵的检查、药物和医疗器械;(6)关于转医的事项;(7)其他按照相关规定有必要取得患者知情和同意的情形。未尽到告知义务,则视为存在医疗过错。医务人员的告知既包括书面告知,有时也包括其他适当形式的告知。"告知"一般情况下为书面形式,对于其他形式的告知如电话、音视频等口头形式,只要符合告知义务的形式要件,就不应认为存在过错;当然,鉴定中对"告知"的审查,重点是病历所载的书面告知内容。实际鉴定时,鉴定人应仔细审查,谨慎判断,并关注医务人员未尽到告知义务对患者的实际损害。

(三)分析医疗过错行为的注意事项

1. 考虑医疗案件发生时的总体医疗水平

医疗水平会随时代的发展而不断提高,不能用现代的医疗水平衡量医疗纠纷发生时的医疗行为,应考虑医疗案件发生时医院所采用的诊疗措施是否代表当时最适宜的治疗手段。

2. 分析医疗机构所在的地区

我国不同地区医疗水平差异仍然较大,偏远地区医疗水平相对落后,因此,在分析医疗过错行为时应当综合考虑医疗机构所处的地区,从而作出相对科学、准确的判断。

3. 分析医疗机构的不同等级

医疗机构的等级代表着医疗机构条件、管理水平、技术水平,以及综合诊治能力。一般来说,医院等级越高,诊治疾病的水平越高,患者承担的医疗风险相对越小。若某医院出现的诊疗过失属于该等级医院能避免而因疏忽大意未能避免的,则可认定该医院存在医疗过错行为。

二、诊疗行为与损害后果之间因果关系及原因力的判定

(一)因果关系及原因力大小的概念

1. 因果关系的概念

因果关系是指原因和结果之间的关联性。[①] 医疗损害司法鉴定中,医疗过错与损害后果是否存在因果关系是进行医疗损害赔偿的重要前提之一,而医疗过错在损害后果中的原因力的大小则是对损害赔偿进行量化的重要依据之一。医疗损害案件多为多因一果,损害原因至少包括三种情况:自身疾病的转归、医疗行为本身的侵袭性和医疗过错。在一些具体案件中,可能还包括更加复杂的因素参与其中。因此,因果关系分析及原因力判定在医疗损害案件中对案件的正确审理起着至关重要的作用,自然也是医疗损害司法鉴定的重要内容。

2. 原因力大小的概念

原因力是指原因和结果之间的关联程度。[②] 根据《医疗损害司法鉴定指南》,原因力是指可能同时存在多种原因导致患者发生损害后果时,医疗过错所起作用的大小。

在医疗损害司法鉴定中,原因力的判定本质上是对导致损害后果的各原因进行量化的过程。原因力是指在侵权损害赔偿责任的共同原因中,违法行为和其他因素对损害结果的发生或扩大所发挥的作用力,是对医疗过错行为进行定量分析的技术性概念。

(二)因果关系及原因力大小的分类

1. 医疗行为与患者的损害后果之间无因果关系

不良后果几乎完全是由患者病情本身的特点、自身健康状况、体质的特殊性或者限于当时医疗水平等因素造成,与医疗行为不存在本质上的关联。

[①] 参见许文苑、张志威:《外伤后吞咽功能障碍程度及因果关系法医学鉴定1例》,载《法医学杂志》2022年第4期。

[②] 参见冯龙、王典、于晓军等:《医疗损害因果关系及其原因力的定性定量分析》,载《中国司法鉴定》2013年第3期。

2. 医疗行为与患者的损害后果之间存在一定的因果关系,过错系轻微原因

损害后果从本质上而言是由于患者病情本身的特点、自身健康状况、体质的特殊性或者限于当时医疗水平等因素造成,医疗过错行为仅在损害后果的发生或进展过程中起到了一定的诱发或轻微的促进和加重作用,即使没有发生医疗过错,损害后果通常情况下仍然难以避免。

3. 医疗行为与患者的损害后果之间存在一定的因果关系,过错系次要原因

损害后果主要是由于患者病情本身的特点、自身健康状况、体质的特殊性或者限于当时医疗水平等因素造成,医疗过错行为仅在损害后果的发生或进展过程中起到了促进或加重作用,即使没有发生医疗过错,损害后果仍然有较大的可能会发生。

4. 医疗行为与患者的损害后果之间存在一定的因果关系,过错系同等原因

损害后果与医疗过错行为以及患者病情本身的特点、自身健康状况、体质的特殊性或者限于当时医疗水平等因素均密切相关,若没有发生医疗过错,或者没有患者的自身因素(和/或限于当时医疗水平等因素),损害后果通常情况下不会发生。医疗过错和患者自身因素在损害后果形成的过程中,所起的作用基本相当,难分主次。

5. 医疗行为与患者的损害后果之间存在因果关系,过错系主要原因

医疗过错行为是导致患者损害后果的主要原因,患者病情本身的特点、自身健康状况、体质的特殊性或者限于当时医疗水平等因素只起次要作用,若没有医疗过错,损害后果一般不会发生。

6. 医疗行为与患者的损害后果之间存在因果关系,过错系全部原因

医疗过错行为是导致患者损害后果的直接原因,若没有医疗过错,损害后果必然不会发生。

三、医疗机构应尽的说明义务、取得患者或近亲属同意义务

(一)说明义务

我国《民法典》第 1219 条规定,医务人员在诊疗活动中应当向患者说明病情和医疗措施。需要实施手术、特殊检查、特殊治疗的,医务人员应当及时向患者具体说明医疗风险、替代医疗方案等情况,并取得其明确同意;不能或不宜向患者说明的,应当向患者的近亲属说明,并取得其明确同意。医务人员未尽到

前款注意义务,造成患者损害的,医疗机构应当承担赔偿责任。

最高人民法院《关于审理医疗损害责任纠纷案件适用法律若干问题的解释》第 11 条特别要求,人民法院委托鉴定时要求鉴定机构对"医疗机构是否尽到了说明义务、取得患者或者近亲属书面同意的义务"进行鉴定。

(二) 知情同意义务

知情同意包括知情和同意两个方面。知情建立在医生充分履行告知义务的基础之上,同意建立在知情基础之上。医师有义务告知病人所有的真实信息,以使病人在知情的基础上能够对拟采取的治疗方法作出决定。只有建立在充分知情基础上的同意才具有法律约束力。同意的方式多种多样,除《民法典》规定的书面同意外,还包括口头同意和行为方式同意。例如,病程记录中有明确的告知内容记载,且有当事家属的签字,但病历文书中没有法律要求的专门告知同意书,此时也应该视为医务人员针对某些诊疗方式给予了告知并征得了患者或家属的同意。给患者静脉注射时,只要病人有表示配合的行为,就足以表示同意。因此,没有书面同意不等于不同意,实践中应根据不同的情况,具体问题、具体分析。所以,应了解临床上获得病人书面同意的局限性。通常情况下,对于常用的具有较小固定风险的诊疗方法,不需征得患者或家属的书面同意,如青霉素过敏皮试阴性时,注射青霉素后仍有极少数个体可能发生迟发性青霉素过敏;常规输注液体时也有极少数个体可能发生输液反应。上述情况下均不需要获得患者或家属的书面同意。

四、残疾程度评定

(一) 残疾程度评定的必要性

伤残评定是指鉴定机构根据委托单位的委托,在受伤人员治疗终结后,依据有关法规,参照相关标准,对受伤人员的残疾程度进行评定,得出鉴定意见并出具鉴定报告的技术评判活动。

医疗侵权诉讼案件中,导致损害后果的原因错综复杂,既有医疗过失因素,也有自身疾病因素,还包括诊疗行为所不能规避的副作用,即某种诊疗方式所固有的侵袭性。在损害后果的发生上常表现为多因一果或多因多果。针对医疗损害的具体表现形式,不同学者的观点并不完全相同。但无论原因如何复杂,死亡或残疾都是损害后果的最多见的基本表现形式。

死亡本身是一种静态后果,判定有无死亡后果几乎不需要专业性技能的参与,也不需要对其定量判定,在医疗损害司法鉴定中,只要明确导致死亡的各种参与因素所起的作用大小,审判机关即可依据有关人身损害赔偿的相关法律规定进行判决。损害后果为遗留功能障碍而导致残疾者,虽然明确了诊疗过失与后遗功能障碍所致的残疾具有因果关系及诊疗过失在残疾后果中的原因力,但残疾程度轻重不等,不能将上述定性判定直接作为计算赔偿数额的依据,还必须参照一定的伤残评定标准对伤残等级进行评定。

(二)残疾程度评定适用标准

综观我国相关法律规定,还没有针对医疗损害赔偿案件涉及的残疾程度评定应该采用什么标准的具体规定,不同鉴定人观点也不一致。有学者认为,无论是司法鉴定机构还是医学会都没有统一的医疗损害鉴定标准,不同的鉴定人或者鉴定专家组都是根据自己的经验、知识储备以及对案件的认知对案件作出评判。[①] 既往实践中,医疗损害司法鉴定案件涉及伤残评定的,既有比照《劳动能力鉴定 职工工伤与职业病致残等级》者,也有比照《医疗事故分级标准(试行)》者。但医疗损害致残者并不属于《劳动能力鉴定 职工工伤与职业病致残等级》的适用范围,也不具有某一医疗损害赔偿纠纷是"医疗事故"比照《医疗事故分级标准(试行)》进行残疾程度评定的前提条件。

针对医疗纠纷民事赔偿,医疗损害鉴定的"二元制"也导致医疗损害赔偿的"二元化"。随着我国各项法律政策的逐步统一,为适应"二元化"赔偿向"一元化"赔偿制度的转变,2018年1月2日,国家卫计委第1号公告明确规定:《医疗事故分级标准(试行)》不再作为部门规章纳入规范性文件管理,《医疗事故分级标准(试行)》也不能再作为医疗损害案件中伤残等级评定的参照标准。

为完善人身损害致残程度评估方法,2017年1月1日,两院三部共同发布实施了《人体损伤致残程度分级》,在两院三部的公告中明确:除工伤之外的各种人体损伤致残程度认定应当统一适用《人体损伤致残程度分级》,也即标准适用的范围是2017年后所有交通事故案件、故意伤害案件、雇员损害、医疗损害

---

① 参见柏巍巍、蒋士浩:《我国医疗损害鉴定模式研究——以江苏医疗损害鉴定模式为例》,载《中国卫生法制》2023年第4期。

等人身损害致伤的案件,并明确该标准的适用主体为司法鉴定机构和司法鉴定人。因此,笔者认为,在医疗损害司法鉴定案件中,伤残等级评定的参照标准应为《人体损伤致残程度分级》。

五、休息期、营养期、护理期

休息期(误工期)是指人身损害后,受伤人员接受医疗及功能康复,不能参加普通工作、学习、活动的时间。营养期是指人身损害后,受伤人员需要补充必需的营养物质,以提高治疗质量或者加速损伤康复的时间。护理期是指人身损害后,受伤人员在医疗及功能康复期间生活不能自理,需要他人帮助的时间。

《人体损伤误工期、护理期、营养期评定规范》是2014年11月26日由公安部发布并实施的行业标准,明确了适用范围为人身损害、道路交通事故、工伤事故、医疗损害等人身损害赔偿中受伤人员的误工期、护理期和营养期评定。2015年1月1日,上海市质量技术监督局发布实施了《人身损害受伤人员休息期、营养期、护理期评定准则》,明确了本标准适用于人身伤害、道路交通事故、医疗纠纷案件及人身损害赔偿案件中受伤人员的休息期、营养期和护理期评定。在上海地区,除了适用公安部发布的行业规范外,上海质量技术监督局发布的地方标准亦是"三期"评定的适用标准。

第三节 医疗损害司法鉴定的方法

一、医疗损害司法鉴定的技术方法及原则

1. 依法鉴定原则

依法鉴定原则是指司法鉴定从程序到实体、从形式到内容、从技术手段到技术标准都必须遵守相关的法律法规和技术规范的规定。它要求医疗损害司法鉴定的主体,鉴定客体,鉴定程序,鉴定技术、手段、方法和标准都应符合相关法律法规和技术规范的规定。作为鉴定主体,鉴定机构必须具备法律法规规定的条件,并经法定机构审核、批准登记,直至公告;鉴定人必须是具备相应鉴定人资格的自然人,经法定机构审核、批准登记和名册公告,并持有医疗损害司法鉴定执业范围的执业证书。鉴定人受理案件后,在实施司法鉴定过程中,应按照法律规定的程序开展鉴定活动,医疗损害鉴定方法和标准应受到法律的认可或行业的认可或推荐。医疗损害司法鉴定的受理、实施和鉴定意见的出具等都应按照有关规定进行。医疗损害司法鉴定人在执业过程中还必须严格遵守职业道德和职业纪律并自觉接受监督;故意作出虚假鉴定意见的,应追究其相应的刑事或民事责任。

2. 同行评议原则

司法鉴定机构进行医疗损害司法鉴定时应聘请相关领域临床专家参与对医疗行为的评价,并适当兼顾被审查医院的资质。

医疗损害司法鉴定本质是依法对一个已经发生的医疗行为作出专业的分析、评价和判断。常规医疗活动具有三方面特点:(1) 专业技术密集。临床医学分类越来越细,临床医生分工也越来越细,其专业领域科学精细、经验独到,非业内资深人士难以熟知。(2) 实施程序规范。医院的专业化管理和医疗活动的规范化运作,既有规律性,又有约定俗成的经验性。医学诊疗常规、规范是临床医学长期经验的积累和总结,并随着医学科学及科学技术的发展不断变化和更新。(3) 技术进展迅速。临床医学作为应用学科,因其关乎人类生命健康,技术进展和变化在现代科学中当属首位,外行不可能持续关注和掌握。法医鉴定人没有长期实践获得的临床医疗经验,属于相对的"外行",鉴定实务中独立进行复杂、精细和专业的技术评价活动,还存在一些不足。同行评议要求评议的主体应该与被评议方属同一专业,满足专业对口和资历相当的条件。同行评议原则是医疗损害司法鉴定的主体原则,明确了承担该类鉴定的鉴定人资格,或者参与鉴定的专家资格。当然,此原则并非剥夺法医学鉴定人参与鉴定的权利,只是要求医疗损害司法鉴定的鉴定人或者专家必须有同行参加。

3. 专门性问题原则

由于医疗活动专业性较强,通常人们将技术评价等同于法律判断和确认。对医疗损害的判断和确认,本质上也变成一个法律问题。专门性问题原则就是要明确医疗司法鉴定的范围和内容,确定技术评判的范围。专门性问题原则要研究和处理好与法律问题的关系及界限,即技术问题、法律问题和技术与法律交叉问题。

4. 证据属性原则

医疗损害司法鉴定最终成果为鉴定意见,鉴定意见是处理医疗纠纷的重要证据。这就要求该鉴定意见必须具备证据属性的以下要点:(1)鉴定意见不同于一般的技术类文件,其文本所含基本要素由相关法律规范确认。(2)鉴定意见形成的本质是鉴定人和专家的意见,鉴定人和专家对自己的意见负责。(3)鉴定意见作为证据必须查证属实,鉴定人和专家参与质证,说明和解释鉴定意见并接受质询是其法定义务。

5. 尊重科学原则

医疗损害司法鉴定是法律规范下的科学实证活动。按照客观规律实施技术评判是鉴定活动应遵循的根本准则,医疗损害司法鉴定意见作为法定证据之一,其核心为是否能客观真实地证明案件事实,这也要求鉴定活动应坚持科学性原则。

医疗损害案件通常涉及内科、外科、妇产科、儿科等诸多学科,鉴定内容复杂,专业性较强,鉴定活动中依据的科学原理应符合客观规律。鉴定人应在鉴定过程中依据科学的原理,借助科学的先进技术,采用规范的方法和步骤,认真细致地开展医疗损害司法鉴定活动。

出具的医疗损害司法鉴定意见应当客观真实。医疗损害司法鉴定意见应当是在听证会及法医学查体工作之后出具,鉴定意见应尽量明确,分析说明应层次分明、条理清晰、依据充分、术语专业、逻辑严密、数据准确,恰如其分地阐明各个征象的内部联系。

二、医疗损害司法鉴定的程序性方法

(一)鉴定的委托

根据《司法鉴定程序通则》的规定,司法鉴定机构应当统一受理办案机关的司法鉴定委托。医疗损害司法鉴定的委托主体一般为法院、卫生行政机关、医调委、仲裁委等,委托主体应当向司法鉴定机构提供真实、完整、充分的鉴定材料,并对鉴定材料的真实性、合法性负责。司法鉴定机构应当核对并记录鉴定材料的名称、种类、数量、性状、保存状况、收到时间等。

委托主体需要向司法鉴定机构提供下列有关材料:(1)鉴定委托书;(2)案情介绍资料;(3)被鉴定人的基本情况;(4)鉴定材料,包括门诊或住院病历资

料、影像学摄片等;(5) 如果是重新鉴定或复核鉴定,除提交上述材料外,还必须提交前一次或前几次的鉴定书及其附件。

(二) 鉴定材料预审

委托方提出医疗损害司法鉴定委托后,向司法鉴定机构提供鉴定材料供鉴定人审核,判断其可信性、完整性和准确性。司法鉴定机构审核后,在规定期限内给予是否符合受理条件以及本机构是否具备鉴定能力的答复。鉴定材料不能满足审核要求的,鉴定机构宜及时提出补充提供的要求。提供的鉴定材料根据案件所处阶段,一般包括但不限于鉴定申请书、医患各方的书面陈述材料、门诊病历、住院病历(包括病程记录、体温单、医嘱单、化验单、手术同意书、特殊检查同意书、医患沟通及风险告知书、手术及麻醉记录单、病理报告、护理记录等)、医学影像学资料、民事起诉状和民事答辩状,以及鉴定材料质证记录等。

(三) 鉴定受理

司法鉴定机构接受委托从事司法鉴定业务,不受地域范围的限制。在医疗损害案件受理之前,司法鉴定机构应当审查委托单位的委托资格,并且要审核所要解决的问题是否属于诉讼中的专门性问题。对于属于本机构医疗损害司法鉴定业务范围,所提供的鉴定材料真实、完整、充分的鉴定委托,应当予以受理。受理鉴定后,根据案件具体情况,需对被鉴定人(患者)进行必要的检验(包括尸体解剖、组织病理学检验、活体检查以及其他必要的辅助检查)。

(四) 鉴定实施

医疗损害司法鉴定的实施是指司法鉴定人具体进行鉴定的活动,是医疗损害司法鉴定的核心环节,是确保鉴定工作质量的关键。医疗损害鉴定机构应当组织符合条件的鉴定人员组成鉴定专家组,并根据医疗损害争议所涉及的学科专业和鉴定事项的复杂程度,确定鉴定专家。鉴定实施的步骤如下:

1. 指派鉴定人

这一环节很多时候在受理案件时就已经确定,针对较为疑难复杂的案件,往往需 2 人以上的鉴定人员参与,由司法鉴定机构业务负责人选派适当的鉴定人担任鉴定工作。

2. 制定鉴定方案

鉴定方案就是鉴定人实施鉴定的步骤和方法,主要是根据案件涉及的不同医学分支具体情况具体分析,针对专业性较强的临床医学问题,鉴定人就鉴定涉及的专门性问题咨询相关医学专家。专家意见宜内部存档并供鉴定人参考,但不作为鉴定意见书的一部分或其附件。鉴定所需要的病史、摄片等原件资料需要在鉴定完成后交还委托方。

(五)听证制度

目前,我国尚没有医疗损害司法鉴定程序的具体规定,医疗损害司法鉴定采取听证会的方式开展。实践证明,医疗损害司法鉴定中进行听证能够取得良好的社会效果。听证的主要目的是在鉴定人的主持下,双方当事人公开表明自己的观点,以便鉴定人理清争议的问题,确认和固定司法鉴定适用的证据材料。听证制度还具有以下辅助功能:告知鉴定人身份、有无回避的请求;认为有必要的,可以对被鉴定人进行临床检查;利用听证会的场合释明司法鉴定的风险和患者认识的误区。

听证会后一般作如下处理:(1)无影响鉴定的情况时,直接进入鉴定实质程序。(2)当事人一方对病理报告、尸检报告有争议的,函告法官补充委托项目或建议选择其他鉴定机构,同时调取原始材料进行重新审查,该案中(终)止鉴定。(3)患方当事人对病历资料提出质疑的,函告法官进一步确认,视情况中止鉴定。(4)主要争议点超出司法鉴定范围或鉴定机构能力的,按退案处理。(5)提出鉴定人回避的,应中(终)止鉴定活动,及时与法官沟通,按相关程序处理。

(六)出具鉴定意见书

鉴定人综合鉴定材料所反映的诊疗过程、医患各方的陈述意见、检验结果和专家意见,根据医学科学原理、临床诊疗规范及鉴定原则,完成鉴定意见书的制作并交付委托方。

第四节 医疗损害司法鉴定意见评判

对医疗损害司法鉴定意见进行评价、判断,在司法鉴定领域诸多鉴定项目中是最困难、最复杂的活动。

一、医疗损害司法鉴定意见的审查评判方式

在医疗损害司法鉴定过程中,鉴定人对鉴定事项提出自己的观点和见解,带有一定的主观性,而医疗事实的复杂性也决定了鉴定意见的不确定性,所以鉴定意见必须经过全方位的审查评判,以健全的审查采信制度,保证鉴定意见的科学性和合法性,最后才能作为定案的依据。完善鉴定意见采信制度,本质上是完善鉴定意见的审查评判使用制度。就鉴定意见的审查评判而言,包括审判人员对鉴定报告形式上的审查,当事人对形式及内容的审查,以及鉴定人和专家辅助人通过出庭质证对鉴定意见实质内容的审查。

二、医疗损害司法鉴定意见的审查评判内容

医疗损害司法鉴定是司法鉴定的一种,鉴定意见是重要的证据种类,在作为证据出现时应当进行认证,鉴定意见只有具有合法性、与案件事实有关联性、具有科学性和客观性时才能作为证据使用。人民法院在对当事人提供或者人民法院自行收集的证据进行质证之后,依照鉴定规则来确定是否具有证明力和证明力的大小。根据我国《关于民事诉讼证据的若干规定》,审判人员在审判中依据相关的实体和程序的规定对于证据是否具有证明力和证明力的大小进行判断。

(一)医疗损害司法鉴定意见的合法性

人民法院通过对医疗损害司法鉴定机构及鉴定人的资格进行必要的审查来确定证据是否具有证明力,若鉴定机构或鉴定人不具备必要的鉴定资格,那么该鉴定意见就不具有作为证据的证据能力。对医疗损害司法鉴定合法性的评价主要侧重以下几点:(1)医疗损害司法鉴定人在鉴定工作中是否受到他人威胁、利诱或社会舆论的不当影响等因素。(2)医疗损害司法鉴定中存在鉴定人回避问题,应当回避而没有回避时,鉴定意见就会出现瑕疵。(3)医疗损害司法鉴定听证会作为鉴定的重要环节和组成部分,能够进一步了解医患双方争执焦点及诊治过程。因此,对于听证会不能如期举行的,需要明确其原因。

(二)对医疗损害司法鉴定意见的科学性

对医疗损害司法鉴定科学性的评价,主要考量鉴定标准、技术和方法的科

学性。(1)应用标准是否恰当和可靠。判断医疗行为是否存在过失的技术标准和临床规范,必须现行有效;理论观点必须成熟可靠,这也是对聘请的临床医学专家的资质和能力的要求。(2)检查方法是否恰当、详细。鉴于医疗损害司法鉴定专业性较强,在鉴定活动开展过程中,鉴定人对查体应仔细,根据查体、影像学检查等材料综合分析认定的因果关系应符合科学规律。

（三）鉴定意见表述与逻辑推理的规范性

医疗损害司法鉴定意见内容丰富,与其他司法鉴定意见比较,对医疗损害鉴定意见要素存在特别要求。首先,病历整理能够基本反映医院的诊疗活动,依序展示医疗行为发生的过程,属于证据证明的案件事实。其次,鉴定过程和双方当事人的争议要点摘录。应说明听证会、法医学活体检查和专家论证情况的鉴定过程,整理双方当事人的争议要点,明示此次鉴定的针对性。最后,尸检报告或其他临床辅助检查的结果摘录。上述材料基本上均为鉴定材料,鉴定意见分析讨论中涉及的问题,均应在上述材料中找到依据或者证据支持,起到前后呼应的作用。

分析说明是整个鉴定报告的精华和灵魂,也是鉴定意见的核心依据。审查医疗损害司法鉴定意见书的"分析说明"应关注的问题有:(1)论点论证全面。对每一个环节或问题进行讨论,应当有明确的观点,论点明确,论据详实。特别是对于医院没有过失的情况,也应当分析是否产生相应的不良后果或者损害。(2)正反分析到位。鉴定人对医疗过失的讨论,以及对医疗环境的客观因素、患者自身主客观因素和法定免责事由的分析应从正反两个方面进行。对医疗损害原因力大小和损害后果的确定,应考虑多因素参与的问题。[①]

（四）医疗损害司法鉴定意见书的规范性

对医疗损害司法鉴定意见书的有关内容,《司法鉴定程序通则》和《司法鉴定文书规范》规定:(1)司法鉴定人应当按照统一规定的文本格式制作司法鉴定意见书。(2)司法鉴定意见书应当由司法鉴定人签名,多人参加的鉴定,对鉴定意见有不同意见的,应当注明。(3)司法鉴定意见书应当加盖司法鉴定机构的鉴定专用章。(4)司法鉴定意见书应当一式四份,三份交由委托人收执,一份由司法鉴定机构存档。(5)司法鉴定机构应当按照有关规定或者与委托人约定的

---

① 参见霍宪丹主编:《司法鉴定学》,北京大学出版社2014年版,第298页。

方式,向委托人发送司法鉴定意见书。(6)委托人对鉴定过程、鉴定意见提出询问的,司法鉴定机构和司法鉴定人应当给予解释或者说明。

 案例研讨视频

案例研究 6-1

案例研究 6-2

 关键术语

1. 医疗纠纷(medical disputes)
2. 医疗损害(medical damage)
3. 医疗过错(medical faults)
4. 损害后果(damage consequence)
5. 因果关系(causal relationship)
6. 原因力(causative potency)
7. 参与度(contribution degree)

 思考题

1. 如何正确处理医学专家与司法鉴定人之间的关系?
2. 医疗损害司法鉴定为何要坚持同行评议的原则?
3. 医疗损害司法鉴定中因果关系分析及原因力大小的评判依据是什么?
4. 医疗损害司法鉴定中医疗过错的表现形式及损害后果的认定依据是什么?
5. 如何通过医疗损害司法鉴定促进医疗纠纷的预防和解决?

参考文献

1. 柏巍巍、蒋士浩:《我国医疗损害鉴定模式研究——以江苏医疗损害鉴定模式为例》,载《中国卫生法制》2023年第4期。

2. 杜志淳主编:《司法鉴定概论》,法律出版社2018年版。

3. 冯龙、王典、于晓军等:《医疗损害因果关系及其原因力的定性定量分析》,载《中国司法鉴定》2013年第3期。

4. 霍宪丹主编:《司法鉴定学》,北京大学出版社2014年版。

5. 刘技辉主编:《法医临床学》,人民卫生出版社2017年版。

6. 许文苑、张志威:《外伤后吞咽功能障碍程度及因果关系法医学鉴定1例》,载《法医学杂志》2022年第4期。

7. Walter Gelhorn. Medical Malpractice Litigation (U. S.)-Medical Mishap Compensation (N. Z.). Cornell Law Review,1988,73.

第七章　法医物证司法鉴定

[学习目标]

　　[情感目标]　理解法医物证司法鉴定在司法实践诉讼中的现实作用，深刻领会尊重人权、保护隐私的重要性，塑造严谨求实的职业精神。

　　[知识目标]　系统掌握法医物证司法鉴定的基本概念、内容、技术方法以及意见评价等理论知识，理解法医物证的特点和内涵，熟悉法医物证司法鉴定涉及的遗传标记、生物学原理和技术规范。

　　[能力目标]　掌握法医物证司法鉴定的内容和技术方法，能对各类生物检材进行科学、规范采集与初步判断，能根据案件需求选择合适的鉴定方法和技术手段，具备对法医物证鉴定过程及意见书作出科学评价的能力。

第一节　法医物证司法鉴定概述

一、法医物证鉴定概念

　　法医物证鉴定，是指鉴定人运用法医物证学的科学技术或者专门知识，对各类生物检材进行鉴别和判断并提供鉴定意见的活动。

　　法医物证司法鉴定是一项技术要求高、专业性极强的工作，案件的委托、受理和鉴定应当符合国家法律程序，鉴定过程中要保证方法得当、操作标准、试剂有效、仪器良好、结果准确可靠。

　　根据司法部《法医类司法鉴定执业分类规定》，法医物证鉴定包括个体识别、三联体亲子关系鉴定、二联体亲子关系鉴定、亲缘关系鉴定、生物检材种属和组织来源鉴定、生物检材来源生物地理溯源、生物检材来源个体表型推断、生物检材来源个体年龄推断，以及与非人源生物检材相关的其他法医物证鉴定等。

二、法医物证

法医物证司法鉴定的理论支持是法医物证学。法医物证学研究的对象是与人体有关的生物物证，通常称为法医物证，具体包括血液（斑）、精液（斑）、唾液（斑）、组织/器官（含毛囊、牙髓）、毛干、牙齿、骨骼、分泌物、排泄物、脱落细胞及其他人源生物检材，以及非人源生物检材等。法医物证检材除具有普通物证的基本特点外，还有不同于其他物证的特点。

首先，检材的稳定性容易受到环境条件的影响。法医物证的检材不同于临床实践中的检材，法医物证的检材大多数来源于犯罪现场，而犯罪现场的环境条件受到诸多因素的影响，所以，就算是一个经验丰富的法医鉴定人，在面对法医物证检材的检验与鉴定时，也面临着巨大的挑战。以血液（痕）样本为例，鉴定人不能预测检材收集前所经历的环境条件和时间，也不能控制检材收集后运送到实验室的保存方法，收集到的血痕检材有可能被现场其他斑痕污染，也可能在运输过程中被污染，甚至导致降解和腐败，在检验分析之前，也不能确保检材是否为血痕。因此，法医物证的特点之一就是由于环境条件的作用使它具有某些不确定性。

其次，法医物证的证据属性为科学性。检材的发现、提取和检验过程需要运用科学技术来完成，即法医物证属于科学证据。每个法医物证实验室必须有科学的管理程序和质量控制体系，有针对不同检材操作的作业指导书，有严格的实验室分区，有防止交叉污染的技术手段，仪器设备应当检定校准或进行期间核查，出具的鉴定意见应该符合逻辑推理和科学理论，且不受案情本身影响，具有客观性。

三、基本理论

(一) 个体识别理论

个体识别(personal identification)是法医物证鉴定用以揭示个体身份的任务,是指以同一认定理论为指导原则,通过对物证检材的遗传标记作出科学鉴定,依据个体特征来判断前后两次或多次出现的物证检材是否同属一个个体的认识过程。同一认定的实质是通过比较案发现场收集到的生物性检材与受审查个体的相应特征,判断前后两次或多次出现的个体是否为同一个个体。同一认定检验和比较的依据是人类遗传标记(genetic marker,GM)。人类遗传标记众多,如 ABO 血型就是其中的一种。同一认定需要使用一定数量遗传标记的组合。

(二) 亲子鉴定理论

法医物证学中,分析个体的遗传标记,根据遗传规律对被控父母与子女血缘关系的鉴定称为亲子鉴定(parentage testing)。与个人识别不同,亲子鉴定研究的是两个以上个体之间是否有血缘关系的问题。遗传规律与统计学原理是亲子鉴定的理论基础。亲子鉴定必须通过检测个体遗传标记,分析遗传关系才能实现。用于鉴定亲子关系的遗传标记,应该是一种简单的遗传性状,遗传方式已被确定,具有遗传多态性。

(三) 短串联重复序列

短串联重复序列(short tandem repeat,STR)是一种具有重复结构的 DNA 遗传标记,其核心重复序列的重复单位一般为 2—6 bp。根据基序碱基数的不同,STR 可分为二核苷酸序列,及三、四、五和六核苷酸序列,其中四核苷酸基序的 STR 是目前法医遗传学运用最为普遍的遗传标记,最常见的基序为(AGAT)或(GATA)。STR 等位基因片段长度多在 400 bp 以下,采用 PCR 技术扩增成功率高,阳性率和检测灵敏度大约比小卫星可变数目串联重复序列(variable number of tandem repeats,VNTR)高 10 倍,尤其适用于降解、陈旧和腐败检材的分型鉴定。经过筛选的 STR 基因座,扩增条件基本相同,可以在同一个 PCR 反应体系中同时扩增多个靶基因座,叫做复合扩增或复合 PCR(multiplex,PCR)。复合扩增技术已经具备比较严格的自动化操作程序、完善的质量控制和质量保证措施。标准化的分型数据有利于计算机的数据处理、贮存和联网检索,为建立大规模的法医 DNA 数据库打下良好的基础。

以 STR 为核心的第二代法医 DNA 分型技术已成为法医 DNA 分析技术的主流多态性 DNA 遗传标记,实现了分型的自动化和标准化。[①] 目前除了常用的 STR 遗传标记外,其他 DNA 遗传标记有单核苷酸多态性(single nucleotide polymorphism,SNP)、线粒体 DNA(mitochondrial DNA,mtDNA)多态性、插入/缺失(insertion or deletion,InDel)多态性等。

四、基本任务

法医物证司法鉴定主要解决司法实践中的个体识别、亲子鉴定等问题。刑事案件、民事案件等都需要应用法医物证鉴定解决相关技术问题,例如:

(1) 伤害、斗殴以及谋杀等案件中,在犯罪现场或可疑凶器上常常遗留有血痕或其他生物斑痕,需鉴定是否为人血,查实是被害人或作案人所遗留。

(2) 强奸或强奸杀人案,在犯罪现场的床上、地上、被害人衣物或阴道中遗留有罪犯的精液或精液与阴道分泌液的混合斑迹,需鉴定可疑精液斑或混合斑中精液,确定是否为犯罪嫌疑人所遗留。

(3) 道路交通事故现场勘查中,事故现场以及嫌疑车辆上的血痕、毛发与组织碎片需要鉴定来源。

(4) 重大灾害和空难事件造成的尸体残段,需要鉴定是否属于同一人,杀人纵火、焚尸灭迹、火灾事故或集体被害案件需要进行尸源鉴定;灾难、战争挖掘的遗骸,在无法靠外观辨认身份时,需要借助法医物证鉴定身份或确定亲缘关系。

(5) 亲子鉴定案件,如父母与子女之间有无亲生血缘关系,以及非婚生子女、财产继承、移民、公证、拐卖儿童及强奸致孕等民事与刑事案件,都需要进行亲子鉴定。

(6) 亲缘关系鉴定案件中,孩子生父和/或生母已去世,特别是孩子为非婚生子女,因涉及财产继承、落户、认亲等,为证实亲缘关系的,可根据个案的实际情况选择同胞关系鉴定、半同胞关系鉴定、祖孙关系鉴定、叔侄关系鉴定等。

---

① 参见王保捷、侯一平主编:《法医学》,人民卫生出版社 2018 年版,第 149 页。

第二节 法医物证司法鉴定的内容

一、个体识别

个体识别是用以揭示个体身份的任务,通过对生物检材进行性别检测、常染色体 STR 检测、Y 染色体 STR 检测、X 染色体 STR 检测、线粒体 DNA 检测等,以判断两个或多个生物检材是否来源于同一个个体。

任何形式犯罪的发生都涉及物质接触和交换,犯罪人或者在现场留下痕迹,或者把现场的痕迹带走。留下或带走的物质中常有毛发、纤维、皮肤的剥脱物、扣子、泥土等大量的物证。特别是在凶杀、抢劫、盗窃、殴斗、强奸等案件中,由于个体与个体间,或个体与环境物件间发生接触,常有血液、毛发、皮肤、指甲、牙齿、精液或唾液的遗留或失落。寻找和提取这些生物检材并进行分析,可以使侦查和审判工作中的许多疑点得到解决,例如,在强奸案件中,若在被害人阴道内或衣物上发现精液,便为发生过性行为的论点提供了有力的证据。进一步对精液和阴道细胞进行 DNA 遗传多态性分析作个人识别,便可为肯定或否定嫌疑人是作案人的论点提供科学证据。

个体识别以同一认定理论为指导原则,同一认定是一种认识活动,这种认识活动的目的是判断案件中多次出现的法医物证检材是否同一。[①]"同一"与"相同""相似"有严格的区别。法医物证学中所说的"同一"是指一个人自身与自身的同一关系,而"相同""相似"是指两个人相同或相似的关系。法医物证司法鉴定中同一认定检验和比较的依据是人类遗传标记。同一认定并不需使用人体的全部遗传标记,而只是一定数量遗传标记的组合。因此,在研究同一认定问题时,必须具体考察某遗传标记组合是否具备了同一认定所要求的条件,包括遗传标记的特定性、稳定性和反映性。遗传标记组合的特定性主要由遗传标记的数量和群体中个体的数量两个因素决定。所谓稳定性是指个体的遗传标记能够保持不变属性的时间长短,即遗传标记可检测时限的长短,也包括生

[①] 参见侯一平主编:《法医物证学》,人民卫生出版社 2016 年版,第 3 页。

物检材中遗传标记对外界各种物理、化学和生物性因素的抵抗或耐受的能力。个体遗传标记的反映性与人类的认识能力之间有着密切的关系。一般来说，个体遗传标记的反映性是客观存在的，但是这种反映性能否在同一认定中加以利用则取决于我们的认识能力和技术水平。

二、亲子鉴定

亲子鉴定包括二联体亲子关系鉴定和三联体亲子关系鉴定。二联体亲子关系鉴定是判断被检父与孩子或者被检母与孩子之间的亲缘关系，三联体亲子关系鉴定是判断生母、孩子与被检父或者生父、孩子与被检母之间的亲缘关系，通常需要对生物检材进行常染色体 STR 检测、Y 染色体 STR 检测、X 染色体 STR 检测等。

人类有 22 对常染色体和一对性染色体，遗传性状由染色体上的基因所控制，基因随染色体由亲代传给子代，子代的每对常染色体中，一条来自父亲，另一条一定来自母亲。孟德尔遗传定律表明，染色体上的等位基因在亲代与子代之间的传递规律是孩子的一对等位基因中一个来自父亲，一个来自母亲，孩子不可能带有双亲均没有的等位基因。

与个体识别鉴定对遗传标记的要求一样，亲子鉴定中使用的遗传标记同样也需要强调遗传标记的特定性、稳定性和反映性。但是与个别识别鉴定不同的是亲子鉴定要考虑突变因素的影响。DNA 遗传标记的突变率比基因表达产物要高，在亲子鉴定中应用时必须加以注意。

三、亲缘关系鉴定

亲缘关系鉴定是指对生物检材进行 STR 检测、SNP 检测、线粒体 DNA 检测等，以判断被检个体之间的同胞关系、祖孙关系、半同胞关系、叔侄关系等亲缘关系。目前，用于更大范围血缘关系鉴定的遗传标记有两类，即常染色体 DNA 遗传标记与非常染色体 DNA 遗传标记，后者主要指 mtDNA 和 Y 染色体 DNA 遗传标记。利用常染色体 DNA 遗传标记进行血缘关系鉴定的原理是基于有血缘关系的个体比无血缘关系的个体共享相同等位基因的概率高，血缘关系近的个体比血缘关系远的个体共享相同等位基因的概率高。因此，可以通过与无血缘关系个体比较概率高低来判断是否存在血缘关系。利用 mtDNA 和

Y染色体DNA遗传标记进行血缘关系鉴定的原理是基于mtDNA遗传标记的母系遗传特征和Y染色体遗传标记的父系遗传特征。具有共同的母系祖先或父系祖先的个体具有相同的等位基因,反之则无。因此,可以通过检测mtDNA和Y染色体DNA遗传标记来判断是否存在血缘关系。需要指出,血缘关系鉴定针对的是一组个体的遗传特点,而不是一个个体的遗传特征,其特定性需要其他证据来佐证。例如,Y染色体DNA遗传标记本身并不能区分爷孙关系与叔侄关系。用Y染色体DNA遗传标记明确他们有共同的父系祖先后,爷孙关系或叔侄关系的确定需要其他证据。因此,血缘关系鉴定的特定性不如亲子关系鉴定。对于不能满足鉴定规范要求的亲缘关系鉴定,例如,祖孙鉴定中生母、祖父、祖母无法同时参与,可以通过ITO法①或家系重建的方式进行鉴定。

四、其他鉴定内容

(一)生物检材种属和组织来源鉴定

该鉴定是指对可疑血液、精液、唾液、阴道液、汗液、羊水、组织/器官等各类生物检材及其斑痕进行细胞学检测、免疫学检测、DNA检测、RNA检测等,以判断其种属、组织类型或来源。例如,对现场采集到的疑似血痕进行检验,需要明确:(1)送检检材是否含有血;(2)是人血还是动物血;(3)人血的个人特征,包括血型、酶型、DNA多态性、性别、个体年龄、个体表型、祖源信息推断等。

(二)生物检材来源生物地理溯源

该鉴定是指对生物检材进行祖先信息遗传标记检测,以推断被检个体的生物地理来源。

(三)生物检材来源个体表型推断

该鉴定是指对生物检材进行生物表型信息遗传标记检测,以推断被检个体容貌、身高等生物表型或其他个体特征信息。

(四)生物检材来源个体年龄推断

该鉴定是指对体液(斑)、组织等检材进行生物年龄标志物检测,以推断被

---

① 陆惠玲、杨庆恩:《用ITO法计算两个个体间的血缘关系机会》,载《中国法医学杂志》2002年第3期。

检个体的生物学年龄。

(五)与非人源生物检材相关的其他法医物证鉴定

与非人源生物检材相关的其他法医物证鉴定包括但不限于对来自动物、植物、微生物等非人源样本进行同一性鉴识、种属鉴定、亲缘关系鉴定等。

第三节 法医物证司法鉴定的方法

一、鉴定方法概述

法医物证涉及的鉴定技术方法众多,包括形态学方法、物理学方法、化学方法、免疫学方法、生物化学方法、分子生物学方法、遗传学方法,以及电子计算机技术等。[①] 根据鉴定目的不同,即使同一份检材,按照不同的鉴定内容和要求,所采取的鉴定方法不同。例如,血痕的预试验一般选择联苯胺试验、鲁米诺试验等,属于化学方法;而血痕的种属鉴定可以选择经典的沉淀反应、抗人血红蛋白胶体金试验等,属于免疫学方法。对于未知的生物检材如可疑血斑、可疑唾液斑、可疑液精斑、毛发等,大多需要经过肉眼检查、预试验、确证试验、种属鉴定和遗传标记检验等过程,该过程涉及不同的检验方法。对于常规的个体识别、亲子鉴定及亲缘关系鉴定等,经鉴定人员亲自取样后,无须经过上述过程可以直接进入遗传标记的检验,像血痕等样品的采集也可以经 FTA 卡提取后直接扩增。

检材 DNA 提取和纯化是法医物证鉴定重点工作之一,常用的方法包括有机溶剂法、聚苯乙烯二乙烯基苯树脂法(Chelex 法)、硅珠法、磁珠法、FTA 卡法以及使用商品化核酸提取和纯化试剂盒等。其中,Chelex 法提取 DNA 的过程始终在同一个试管内进行,不涉及转移,能够减少污染机会,同时也降低了检材的损失,是一个十分简单、快速的方法,很适合微量检材的 DNA 提取,但该法提取的 DNA 纯度不高,仅适用于 PCR 反应模板制备。

---

① 参见侯一平主编:《法医物证学》,人民卫生出版社 2016 年版,第 5 页。

提取后的 DNA 经过聚合酶链式反应可以进行 DNA 多态性分析，例如，常染色体 STR 检测、Y 染色体 STR 检测、X 染色体 STR 检测、SNP 检测、线粒体 DNA 检测等。在法医物证鉴定领域主要采用毛细管凝胶电泳对 STR 进行 DNA 分型，与传统聚丙烯酰胺凝胶电泳相比，毛细管凝胶电泳具有更高的精确性，分辨率可高达 1bp。应用不同荧光标记可以解决不同 STR 扩增产物长度的重叠，更有利于进行复合扩增产物的检测，极大地提高了效率。高通量测序技术的快速发展，同时为法医 DNA 的检验提供了更高层次的技术手段，数据量大、遗传标记多的特点也为复杂亲缘关系鉴定提供了可能。

二、血液和血痕的检验方法

（一）血痕的特点

正常健康人的血液占体重的 8% 左右，随着剪切力的变化，其黏度也会发生变化。血痕的形态取决于出血的部位、打击的方式和力度等。血液一旦离开人体，将会受到生物因素和非生物因素的作用和影响，致使在体外发生降解、污染和腐败等，并且这种过程发生得很迅速。离开机体的时间越长，血液中大分子的抗原蛋白质和 DNA 的破坏导致检验难度越大，血痕的检验难度大于血液的检验难度，血痕越陈旧，检出率越低。因此，要及时发现和提取血痕，并妥善保管和运输，到达实验室后要尽早检验。

（二）血痕检验的基本程序

血痕检验时一般遵循以下检验程序：肉眼检查、预试验、确证试验、种属鉴定、遗传标记和性别测定、其他检验（包括出血部位、出血时间、出血量推断等）。

1. 血痕的肉眼检查

血痕的肉眼检查主要观察血痕的位置、数量、形态、色泽、分布、范围及大小，检查血痕与现场其他物品的相互位置关系，推测它的形成机制，从而初步判断案件性质、发案时间、案件发生过程、尸体被移动路线、嫌疑人的行踪等相关信息，为侦查、破案提供线索和证据。许多有色物质，如油漆、酱油等在衣物或地面上形成的暗色斑痕容易与血痕混淆，深色介质上的血痕容易被忽视遗漏，要对现场仔细观察，对可疑血痕进行详细记录、拍照或录像。

2. 血痕的预试验

在现场勘查时,许多肉眼难以鉴别、外观与血痕相似的斑迹都会被提取,然后通过预试验筛选出需要进一步检验的检材,即迅速筛除不是血痕的检材,所以预试验是一种筛选试验。预试验通常具有操作简便、快速、所需检材量少、灵敏度高等特点。本节主要介绍4种血痕的预试验方法:

(1) 联苯胺试验

联苯胺试验的原理是利用血痕中的血红蛋白及正铁血红素的过氧化物酶活性,使过氧化氢释放出新生态氧,将无色的联苯胺氧化成蓝色的联苯胺蓝。具体操作如下:剪取或刮取微量检材置于白瓷板上,依次滴加冰醋酸、联苯胺无水乙醇饱和液各1滴。1—2分钟后无蓝色反应,再加3%过氧化氢1滴,立即出现蓝色为阳性反应;若不出现蓝色,为阴性反应。联苯胺实验的特点是灵敏度高,血液经过稀释50万倍后,试验仍可能呈阳性结果。然而,有些生物性体液(如唾液、鼻涕、脓液)、植物汁液(如大蒜、胡萝卜、马铃薯)等均具有过氧化物酶活性,另外还有一些氧化剂(如铁锈、高锰酸钾、甲醛)也能氧化无色物质成为有色物质。因血痕预试验缺乏特异性,阳性结果仅表示待测物可能是血痕,而不能确证为血痕。另外,联苯胺能够破坏血痕,不能再进行后面的检测,因此试验时不要将试剂直接滴在衣服或其他检材的斑痕上。联苯胺是致癌物,检测时应加强自我防护。

(2) 酚酞试验

酚酞试验的原理与联苯胺试验相同,新生态氧使还原酚酞氧化为酚酞,在碱性溶液中酚酞呈桃红色或红色。操作方法同上。该法灵敏度不及联苯胺试验,同样缺乏特异性,但酚酞试剂无毒、安全。

(3) 鲁米诺试验

鲁米诺试验的原理是鲁米诺的碱性溶液在过氧化氢存在下与血红素或血卟啉环内的铁离子反应发出强荧光。具体操作如下:鲁米诺0.1g,无水碳酸钠5g,30%过氧化氢15mL,加蒸馏水至100mL。因为这种溶液有弱的自发荧光,可加入0.2%的尿酸抑制发光。在暗室中把试剂喷到可疑血痕部位,如是血痕则发出蓝白色至黄绿色荧光,干燥、分解和陈旧血痕比新鲜血液发出更强的荧光。此试验在黑暗的大面积现场检查时最为适用,广泛用于寻找潜在血迹和清洗过的血迹。发光氨对于血液有特异性,与血清、胆汁、唾液、脓液、精液斑、尿液等均不反应,但可与马铃薯汁、金属和清洗剂发生反应。

(4) 蓝星试剂试验

蓝星试剂试验具有超高灵敏度,可用于显现犯罪现场被清洗和消除的肉眼不可见的血迹,也可用于检查被清洗过的或年代久远的现场。蓝星试剂是目前市场上一种非常灵敏有效的血迹显现试剂。蓝星试剂不破坏 DNA 分子结构,发现的血迹可以继续后面的 DNA 分析,试剂本身无毒,操作无害方便。蓝星试剂试验的目的是筛选可疑血斑,可作为案发现场潜血的筛选预试验。

3. 血痕的确证试验

预试验阳性结果表明检材可能是血痕,要确证检材是否为血痕需要进行确证试验。主要依据是检测检材中是否含有血红蛋白或其衍生物。阳性结果表明检材是血痕。本节主要介绍 2 种血痕的确证试验方法:

(1) 血色原结晶试验

血色原结晶试验又称高山结晶试验,其原理是血红蛋白在碱性溶液中分解为正铁血红素和变性珠蛋白。在还原剂作用下,正铁血红素还原为血红素,同变性珠蛋白和其他含氮化合物(如吡啶、氨基酸等)结合形成血色原结晶。具体操作如下:剪取或刮取少量检材,置载玻片上,用针分离成细纤维,盖上盖玻片,加 1—2 滴高山试剂,室温下静置 10 分钟后镜检。出现樱桃红色星状、菊花状或针状结晶,即为阳性。不出现结晶,为阴性反应。血色原结晶试验最大的特点是特异性好,但灵敏度较低,而且高山试剂久置易失效,因此每次试验时应该用已知血痕进行阳性对照。

(2) 氯化血红素结晶试验

氯化血红素结晶试验的原理是血红蛋白受酸性作用,分解产生正铁血红素,其与氯离子反应生成氯化血红素结晶,游离氯离子由醋酸和氯化钠作用而产生。取检材少许置载玻片上,分离成纤维状。加氯化钠少许,用玻璃棒压碎并与检材混合,盖上盖玻片,滴加冰醋酸 1—2 滴,在酒精灯上微加热,至出现 1—2 个小气泡时即移开,待冷却后镜检。有褐色菱形或针状结晶为阳性反应。阳性可确证为血痕。

相比血痕的预试验,血痕的确证试验灵敏度较低,环境因素(如细菌污染、腐败发霉、洗涤与日晒等)作用后的血痕,结果往往呈阴性反应,而且确证试验易受许多其他因素的影响,故阴性结果也不能完全否定检材是血痕,只能说未能检见血痕。

4. 血痕的种属鉴定

血痕种属鉴定的目的是确定血痕是人血还是动物血。只有确定了血痕是人的,检测血痕的人类遗传标记才有意义。某些动物、植物、细菌都含有与人类相似的血型物质,如果不清楚血痕的种属,就进行人类血型测定,容易将动物的遗传标记判为某个人的,从而得出错误的结论。所以,用血痕进行个体识别前,必须鉴别其种属来源。目前种属鉴定的方法有许多种,本节主要介绍2种血痕的确证试验方法:

(1) 沉淀反应

沉淀反应是一种经典的免疫反应。可溶性抗原与相应抗体发生特异性结合,当抗原抗体比例适合时可形成肉眼可见的抗原抗体复合物沉淀。反应管中加入抗血清,将血痕浸出液用毛细吸管层叠于抗血清的上面,保持两液界面清晰,室温静置1小时内观察结果。若两液接触面出现白色沉淀环,为阳性反应,无沉淀环为阴性反应。试验必须设置已知人血痕浸出液阳性对照,检材无血痕部位的浸出液、生理盐水及常见动物血痕浸出液等阴性对照。

(2) 抗人血红蛋白胶体金试验

胶体金法是一种免疫层析技术,用该技术进行种属试验,具有灵敏度高、操作简便的特点。其原理是胶体金由金化合物制备而成,带负电荷,可作为抗体染料结合物。胶体金将抗体免疫球蛋白吸附在表面,形成一种标记了该种免疫球蛋白的"探针",用此"探针"可以结合相对应的抗原。此种由抗体标记后的胶体金称为免疫胶体金。胶体金颗粒自身呈红色,当免疫胶体金颗粒结合对应的抗原后,再与抗原相应的抗体结合,免疫胶体金颗粒便被滞留而富集,出现肉眼可见的红色,据此判断阳性或阴性的结果。

取少量血痕样本用蒸馏水浸泡,使浸泡液微带黄色。取出试纸条,在加样区加3—5滴浸出液或将试纸条的加样区浸于待检样本的浸泡液中5—10秒,静置3—5分钟观察结果,反应区中的检测线和质控线出现两条红色区带为阳性结果,只有质控线显现红色区带为阴性结果,无带出现表明可能操作失误或试纸条失效,应重复测试。

5. 血痕的个体识别

血痕检验的最终目的是要鉴定血痕是不是某个个体的,所以确证为人血痕后,应测定血痕中的遗传标记进行个体识别,血痕的个体识别是法医物证鉴定中最重要的内容之一。在 20 世纪 90 年代以前,主要通过检测红细胞血型(如 ABO、MN 血型等)、红细胞酶型和血清型进行个体识别。进入 90 年代以后,随着 DNA 分析技术的迅速发展和日趋完善,DNA 遗传标记的检测已是血痕个体识别的主要手段。由于 DNA 遗传标记多态信息含量大,大大提高了血痕的个体识别概率,实现了血痕检验从只能否定个体到可以高概率认定个体的飞跃。

从血痕中提取 DNA 主要采用有机溶剂提取和 Chelex-100 提取方法。有机溶剂法提取的 DNA 纯度较高,Chelex-100 提取方法比较简单,提取模板 DNA 纯度较差,仅适用于 PCR。血痕也是 DNA 检材较好的储存形式之一。具体操作如下:在实验室条件下,将新鲜血滴于 FTA 卡(一种可以结合并保护核酸免于降解的滤纸)上,以便于存放和管理。使用时用特制打孔器截取直径约 1.2 mm 的血痕置于塑料试管中,然后加入 PCR 试剂扩增。由于该方法操作简便,无须进行 DNA 定量操作,因此适于实验室大规模自动化 DNA 样品检验。血痕个人识别主要用 STR 基因座分型,其次为序列多态性如 mtDNA 的检测。

6. 血痕的其他检验

血痕的其他检验包括出血部位的判定、出血量的测定,以及出血时间的测定等。血痕检验中,判定出血部位有重要意义。单纯血痕难以判断出血部位,只有血痕中混有组织细胞时,根据细胞形态特征判断是何种组织细胞,才能借以推测出血部位。出血量的测定有助于判断尸体所在的现场是否为原始现场或推测死前挣扎的时间等。血痕的陈旧度测定在某些案件中也很有意义。测定血痕陈旧度主要根据各种血液成分的变性和血清氯渗润基质的宽度,受时间推移的影响及其他因素,如热、阳光、水洗、腐败等的影响,一般只能作粗略估计。

三、精液斑检验

(一) 精液斑的特点

典型的射精产生 2—5mL 精液,主要由精浆和精子细胞组成。精液是一种含蛋白质、各种酶及果糖等多种成分的碱性乳白色胶状液体。除精子外,还有睾丸细胞、白细胞、脱落柱状上皮细胞、前列腺卵磷脂小体、玻璃小体、各种形状的精胺结晶、色素颗粒、脂肪球等。精浆是由男性各附属性腺分泌物所组成的复杂的混合物,其中精囊液约占60%、前列腺液占30%、附睾和尿道球腺液约各占5%。精囊液中含有多种蛋白质,在精液的凝固和射精中发挥重要作用。此外,精囊液中含有黄素,根据其在紫外灯下发光的性质可用于搜寻精液斑物证。前列腺液含有高浓度的酸性磷酸酶和前列腺特性抗原,是确证精液斑的重要标记。精液斑无固定的形态,外观常因附着物不同而有差异。在司法检察实践中,它大多附着于犯罪嫌疑人或女性的衣、裤,女性的外阴部或大腿内侧,以及犯罪现场的被褥、毛巾、纸张、床板等处。此外,阴道擦拭物也是常见的精液斑检材。

(二)精液斑检验的基本程序

精液斑检验的主要目的与其他物证检验一样,是为案件的侦查提供线索,为分析、审理案件提供证据。对疑为精液斑的检材需要解决下列问题:可疑斑痕是否为精液斑？若是精液斑,确定精液斑的个体来源。精液斑的检验步骤为肉眼检查、预试验、确证试验、认定为人精液斑后检测多态性遗传标记进行个体识别。

1. 精液斑的肉眼检查

肉眼检查的目的是发现可疑精液斑,确定其所在部位及分布情况,以便准确取材,提高阳性检出率。一般精液斑呈灰白色浆糊状斑迹,软质载体(如衣裤、纸张等)上精液斑手触有硬物感,新鲜精液斑有特殊臭味。精囊液中的黄素在紫外线照射下显银白色荧光,斑痕边缘呈浅紫蓝色。精液斑过于淡薄,数天或者数年的精斑,可无荧光,故根据阴性结果不能轻易否定精液斑。紫外线检查方法简便,不损害检材,不影响检材继续其他项目的检验,一般在肉眼不易辨别时作精液斑定位和取材用。

2. 精液斑的预试验

预试验的目的是筛选可疑精液斑,要求方法简单,灵敏度高。精液斑预试验方法很多,本节主要介绍3种精液斑的预试验方法:

(1) 酸性磷酸酶检验

检验酸性磷酸酶的方法很多,如磷酸苯二钠试验、a-磷酸萘酚-固蓝B方法、琼脂扩散法及电泳法等。磷酸苯二钠试验的原理是精液中的酸性磷酸酶可分解磷酸苯二钠,产生萘酚,后者经铁氰化钾作用并与氨基安替比林结合,生成红色醌类化合物。具体操作如下:取斑痕 0.1 cm×0.1 cm,最好取斑痕边缘部位,置试管内,加缓冲液 3—4 滴,经 37℃温箱内 5—10 分钟后,加等量显色液,立即出现红色为阳性反应,表明检材可能是精液斑。颜色深浅与酸性磷酸酶浓度成正比,浓度越高,颜色越深红,浓度过高可出现红色沉淀。呈橙黄色为阴性反应,表明检材不是精液斑或精液斑中的酸性磷酸酶被破坏。同时,剪取无斑痕处检材及已知精液斑作阴性与阳性对照。

(2) 碘化碘钾结晶试验

碘化碘钾结晶试验的原理是精液斑中卵磷脂析出胆碱,遇碘形成过碘胆碱结晶。具体操作如下:取少许检材置载玻片上,分离纤维,加 1—2 滴试剂,覆以盖玻片,镜检。初见褐色颗粒,逐渐形成褐色或褐红色针状、菱形、长矛状结晶为阳性反应。该结晶不稳定,于生成后 1—2 小时可自然消失,再加试剂又复产生。镜检时若发现呈褐黄色染色的精子,可认定检材为精液斑。

(3) 苦味酸结晶试验

苦味酸结晶试验的原理是精素的分解产物与苦味酸结合,形成精素苦味酸结晶。具体操作如下:同碘化碘钾结晶试验,覆以盖玻片后稍加温,冷却,镜检。出现青黄色有折光性的十字形、柱状、星形结晶为阳性反应。结晶形成后可迅速增大。苦味酸结晶试验灵敏度与碘化碘钾结晶试验相似。结晶也不是精液斑所特有,肝、脾、胰等脏器浸出液也可形成同样结晶。

3. 精液斑的确证试验

精液斑确证试验是检验精液中的特有成分,阳性结果可以确认精液斑。近几年,精液斑的确证试验进展较快,方法很多,主要有以下两类方法:精子检出法及免疫学试验方法。

(1) 精子检出法

检出精子是认定精液斑最简便、最可靠的方法,不需要特殊试剂和仪器。精子具有典型而稳定的形态,不易受其他因素影响而改变,十余年的陈旧精液斑也可能查见精子。光镜下观察精子是无色的,一般情况下精子头部有折光,尾部很细。检材浸泡后涂片观察,常见精子头部和尾部分离。在实际的精液斑检验中,常选择合适的浸出液及适当的染色方法,以提高精子的检出率。精子染色方法有单染法和复染法两种。单染法使用的染料有藻红、亚甲蓝、苏木素等,复染法使用两种或两种以上染料,精子头部、尾部和基质染成不同的颜色,便于观察和分辨。常用的复染法有 HE 染色法、酸性品红亚甲蓝染色法、圣诞树染色法等。

(2) 免疫学试验方法

制备各种抗人精液特殊成分的抗血清,用免疫学试验,如沉淀反应、酶联免疫吸附试验、胶体金标记试验等检测相应抗原,可以确证精液斑。常用的有前列腺特异性抗原 p30 检测。

抗人精液血清沉淀反应的原理是用特异性抗人精液血清与可疑精液斑检材浸出液作沉淀反应,出现白色沉淀线为阳性反应,证明检材含有人精液。抗人精液血清与精液斑生理盐水浸出液作环状沉淀反应、琼脂双向扩散试验或对流免疫电泳均可用于精液斑种属鉴定,阳性反应表明待测斑迹是人精液斑,阴性反应表明不是人精液斑或精液斑已遭破坏。试验时,用已知人精液斑作阳性对照,检材无精液斑部位作阴性对照。

前列腺特异性抗原(prostate specific antigen,PSA)又称 p30,是成年男子精浆中特有的一类糖蛋白。从精液中分离纯化出 p30 抗原,获得抗-PSA 血清。抗-PSA 血清确证精液斑的灵敏度和准确性均高于精子检出法,不受精液中有无精子的影响,也不受阴道液和唾液的干扰,能正确区别人类精液斑与动物精液斑,是目前确证人类精液斑的最好方法。胶体金法是一种免疫层析技术,用胶体金 PSA 抗原检测试剂条,又称 PSA 试剂条进行精液斑确证试验。该方法特异性好,灵敏度高,稀释 6000 倍的精液仍可获阳性结果;试验操作简单,整个试验过程可在 5 分钟内完成,是目前的一项常规技术。原理及方法与胶体金法确证血痕一样,不同的是精液斑确证试验胶体金标记的是鼠抗人 PSA 单克隆抗体,检测线包被另一种鼠抗人 PSA 单克隆抗体,质控线包被羊抗鼠 IgG 抗体。

4. 精液斑的种属鉴定

精液斑确证后,需要进一步鉴别是人精液斑还是动物精液斑。抗人精液沉淀素血清既有器官特异性又有种属特异性,与可疑斑痕浸出液作沉淀试验,结果阳性可以肯定为人精液斑。此外,使用特异性好、灵敏度高的胶体金 PSA 试剂条也是种属鉴定的常用方法。

5. 精液斑的个体识别

精液斑检验的主要目的是进行个体识别,确定现场精液斑是谁所遗留。精液斑检验传统的遗传标记主要有 ABO 血型、酶型、血清型等，随着 DNA 多态性分型技术的广泛应用，精液斑的个体识别取得重大突破，本节主要介绍精液斑的 DNA 分析。

精子含有大量 DNA，可从精液斑提取 DNA，检测其多态性。即使精液中无精子，由于精液中含有少量睾丸细胞、上皮细胞等，也能进行 DNA 分型。精子细胞核膜是富含二硫基的交联蛋白组成的网状结构，能抵抗各种类型的去污剂作用，对外源性蛋白酶水解也有相当强的抵抗作用。为了裂解精子细胞，必须切断二硫键以消化蛋白。二硫苏糖醇（dithiothreitol，DTT）作为还原剂可使二硫基断裂，还原成-SH。因此在进行精液斑 DNA 提取时，除了常规的 SDS、蛋白酶 K 以外，还需加入一定量的 DTT。精子核蛋白在没有还原剂时极为稳定，在还原剂存在时不稳定，利用这种特性可用二步消化法从精液与阴道液的混合斑中提取精子 DNA。

精液斑的 DNA 分析方法与血痕相同。目前，最常用的 DNA 遗传标记是 STR，从精液斑中提取 DNA 后，经 PCR 扩增特定 STR 基因座，扩增产物经电泳分析，以人类等位基因分型标准物为对照，可判定精液斑的 STR 型。

四、唾液（斑）的鉴定

（一）唾液（斑）的特点

正常纯净的唾液是无色、无味、黏稠性液体，主要成分是水，占 99％以上，其余为固体物质，唾液中还有黏膜脱落上皮细胞、少量白细胞以及食物残渣等。

唾液斑是唾液在载体上干燥后形成的斑痕。唾液斑在白色背景上常呈淡黄色，在紫外线下发淡青色荧光。法医物证检验中通常在犯罪现场发现当事人留下的痰或唾液（斑），现场烟蒂、手帕、口罩、瓜子皮、果皮、果核、嚼过的口香糖及喝过水的杯子上也会有唾液（斑）遗留。

（二）唾液斑检验的基本程序

唾液斑检验首先确定检材是否为唾液斑，确证唾液斑后再作个体识别。唾液中含有大量的淀粉酶，要分析检材是否为唾液斑时，可检查淀粉酶。但人体粪便及几乎所有的植物、发芽种子和真菌中均含淀粉酶，人体其他分泌液如鼻涕、尿、精液等也含少量淀粉酶，因此仅凭在斑痕中检出淀粉酶，不能确证唾液斑。如果在检材中同时检出口腔黏膜脱落上皮细胞,则可确证唾液斑。

唾液斑的个体识别,传统的方法是检测唾液斑中的 ABO 血型,20 世纪 70 年代用电泳方法检测唾液蛋白和酶的遗传多态性,目前主要用 DNA 分析法。分析 DNA 多态性是目前进行唾液斑个体识别的有效手段。唾液中含有口腔黏膜脱落上皮细胞,可从中提取 DNA,进行基因组 DNA 与线粒体 DNA 多态性分析。亲子鉴定等案件中可以直接采集被鉴定人的唾液斑,提取 DNA 后进行多态性检测。

五、其他检材检验

(一) 尿液(斑)检验

正常尿液为淡黄色、透明、弱酸性液体。尿液中的固体成分主要为人体的代谢产物,如尿酸、尿素、肌酸以及钠、钾等无机成分;此外,还含有红细胞、白细胞、上皮细胞、细菌、蛋白质和糖类等成分。体外尿液干燥后形成尿液斑。

生物物质鉴定实践中,在机械性窒息死亡现场,死者的衣裤、被褥或其他物品上可能遗留有尿液(斑),对其进行检验鉴定可推测死者临死时有无尿失禁、尿失禁发生的地点、尸体的位置等,为案件的分析与案发现场的重建提供重要信息。此外,随着近年来毒品犯罪的增多和违禁药物的滥用,尿样是相关物质检验最常使用的样品。尿液(斑)的检验同样需要经过预试验、确证试验、个体识别、成分分析等几个检验步骤。

(二) 毛发检验

毛发是人和动物皮肤的附属器官。人毛是由表皮演化而来,由角质蛋白所组成,不易破坏,离体毛发更是可以长期保存,是法医鉴定较好的物证,在刑事案件现场提取的毛发可能是人毛,也可能是动物毛发或化学、植物纤维,它们可为判断案件的性质、推断凶器、划定侦查范围、寻找犯罪嫌疑人等提供线索和证据。但毛发作为法庭证据,价值是有限的,只有在特定的条件下,才可起到证据作用。如根据人毛的形态可判断毛发的生长部位及推断年龄;利用毛干可检测 mtDNA;利用毛囊上皮细胞提取的 DNA 物质可以进行性别检测和个体识别。此外,毛发还可以供毒物化验,分析某些特定毒物的吸收和分布。亲子鉴定和亲缘关系鉴定中,对于接受了外周血干细胞移植的被鉴定人,应避免采集其血样作为检验样本,宜取其口腔拭子(唾液斑)或毛发进行检验。

(三)骨骼与牙齿

人体组织器官中硬度最高的是骨骼和牙齿。由于它们坚固、耐热、抗腐败,是人体最稳定的生物学证据,可长期存在,特别是骨密质。白骨化尸体、重大灾难(如火灾、矿难、空难、沉船、战争、地震)中严重毁损的尸体或某些历史案件的遗骸鉴定中,骨和牙齿是身源鉴定主要的甚至是唯一的检材。骨骼与牙齿的个体识别主要依靠法医人类学的相关知识和 DNA 遗传标记的检测来完成。总之,由于骨骼、牙齿的稳定性,它们是遗骸身源鉴定最后依赖的检材。陈旧骨骼和牙齿的检验难度较大,检验的关键问题涉及 DNA 提取、分离和纯化。

第四节 法医物证司法鉴定意见评判

一、个体识别司法鉴定的评判

(一)个体识别鉴定核心概念

1. 个体识别能力(discrimination power,DP)

个体识别能力,也称为个体识别概率,是指在调查群体中随机抽取两个个体,二者的遗传标记表型不相同的概率。DP 是评价该遗传标记识别不同个体效能大小的指标,DP 值越接近 1,说明遗传标记区分无关个体的能力越强。累积个体识别能力(total discrimination power,TDP)是指一组相互独立的遗传标记联合使用,识别群体中不同个体的能力。

2. 匹配概率(probability of matching,PM)

匹配概率,通常叫做随机匹配概率(random match probability,RMP),指特定遗传标记表型在群体中的估计概率。PM 值越接近 0,说明这种组合表型在群体中碰巧匹配的可能性越小。累积匹配概率(cumulative match probability,CPM)是指当采用包含多个相互独立遗传的遗传标记对生物检材进行检测时,各遗传标记随机匹配概率的乘积。

个体识别能力与随机匹配概率的关系为:$DP=1-PM$。

3. 似然率(likelihood ratio, LR)

似然率是评估遗传标记分型提供证据强度的指标。数值上似然率是两个条件概率的比值，LR 数值越大，越支持证据检材来源于某个个体的假设。似然率与累积匹配概率的关系为：$LR = 1/CPM$。

(二) 个体识别案件中 DNA 检测结果的评估规则

随机匹配概率是对一个特定的 DNA 图谱可能出现在人群中的估计概率。随机匹配概率也可以理解为从一个人群中随机抽取一个样本，会出现特定 DNA 图谱的理论概率。显然这个概率越小，遇到这种个体的可能性就越小，说明现场检材与嫌疑人样本的表型匹配越不像是一个随机事件，支持这两个样本来自同一个人的假设，也就是支持现场检材是嫌疑人留下的假设。个体识别通过比较两个样本的一系列表型，从而判断两个样本是否来自同一个体。检测的基因座数越多，并且每一个基因座的表型都匹配，证据的作用就越大。因此，现实检案工作中，应该尽可能多地增加遗传标记数目，以增强系统的个体识别能力。

在个体识别的同一性鉴定中，法医统计学更倾向用似然率方法来评估遗传分析提供的证据强度。似然率提供了一种基于术语"支持"的简单约定，以便根据一定数据来支持一种假设，排斥另一种假设。如果似然率在数值上超过 1，证据支持现场物证为嫌疑人所留的假设。反之，如果小于 1，则支持现场物证是一个与案件无关的随机个体所留的假设。[①]

前后两次或多次采集的生物检材的遗传标记表型不一致，则可以排除两者来源于同一个体。前后两次或多次采集的生物检材之间或生物检材与比对样本之间的遗传标记表型一致，则需计算 LR 值。实践中一般建议 LR 值大于全球人口总数，则可以支持两者来源于同一个体，并写明 LR 值为多少。

二、亲子鉴定意见的评判

(一) 亲子鉴定核心概念

1. 亲子鉴定(parentage testing)

亲子鉴定是通过对人类遗传标记的检测，根据遗传规律分析，对两代人之

---

① 参见霍宪丹主编:《司法鉴定学》，北京大学出版社 2018 年版，第 258 页。

间的血缘关系进行判断的活动。

2. 三联体亲子鉴定(parentage testing of trios)

三联体亲子鉴定指被检测男子、孩子生母与孩子或者被检测女子、孩子生父与孩子的亲子鉴定。

3. 二联体亲子鉴定(parentage testing of duos)

二联体亲子鉴定指被检测男子与孩子或被检测女子与孩子的亲子鉴定。

4. 双亲皆疑的亲子鉴定(parentage testing of alleged parents)

双亲皆疑的亲子鉴定指父亲、母亲与孩子的血缘关系均不能确定的亲子鉴定。

5. 排除概率(power of exclusion,PE)

排除概率指不是孩子生父或生母的随机个体,能够被遗传标记排除血缘关系的概率。亲子鉴定通常使用多个遗传标记系统,累积排除概率(cumulative probability of exclusion,CPE)可对多个遗传标记联合应用的综合鉴定效能进行评估,也是亲子鉴定实验室的质量控制标准之一,分为三联体鉴定累积排除概率和二联体鉴定累积排除概率。

6. 亲权指数(parentage index,PI)

亲权指数是亲子鉴定中判断遗传证据强度的指标,是判断亲子关系所需的两个条件概率的似然率,即具有被鉴定父亲遗传表型的男子是该孩子生物学父亲的概率与随机男子是孩子生物学父亲的概率的比值。PI不限于用在鉴定父亲,也可用在鉴定母亲。

(二) 亲子鉴定案件中DNA检测结果的评估规则

《亲权鉴定技术规范》(GB/T 37223-2018)为我国现行的亲子鉴定标准。按照该标准,不管二联体还是三联体鉴定,检测系统的累积排除概率均应$\geqslant 0.9999$,一般不应根据一个遗传标记不符合遗传规律就作出排除亲权关系的意见。不符合遗传规律的遗传标记应参与计算累积亲权指数。

在不考虑双胞胎或者近亲的情况下,亲子鉴定意见出具原则如下:

(1) 排除亲权关系,是指对被检验人(如父、母、孩子)进行多个基因座检验后,发现多个基因座基因型不符合遗传规律,累积亲权指数<0.0001,支持被检测男子(或被检测女子)不是孩子生物学父亲(或母亲)。

(2) 支持亲权关系,是指对被检验人(如父、母、孩子)进行多个基因座检验后,发现所有基因座基因型均符合遗传规律,或者出现有少数遗传标记不符合遗传规律时(考虑为突变),所有位点计算的累积亲权指数>10000,支持被检测男子(或被检测女子)是孩子生物学父亲(或母亲)。

视案情,可以增加 Y-STR、X-STR 或线粒体 DNA 检测进行补充鉴定,但仅对 Y 染色体或 X 染色体或线粒体 DNA 特殊的遗传规律进行描述性分析。如果按照上述方法计算的累积亲权指数介于 0.0001 和 10000 之间,应当增加检测遗传标记。

三、祖孙关系鉴定意见的评判

(一)祖孙关系鉴定核心概念

1. 祖孙关系鉴定(kinship analysis of grandparent(s) and grandchildren)

祖孙关系鉴定是依据 DNA 分型结果,对被检孩子与祖父母间是否存在生物学祖孙关系作出的判断。祖孙关系的情形很多,但现行的《生物学祖孙关系鉴定规范》(SF/Z JD0105005—2015)中说明了该规范仅适用于生母、祖父、祖母同时参与鉴定下被检孩子与祖父、祖母间的祖孙关系鉴定,该对争议祖父母,要么双方都与孩子存在祖孙关系,要么都不是孩子的祖父或者祖母。

2. 平均非祖父母排除率(mean power of random grandparents excluded, RGE)

RGE 是指通过检测一个或多个遗传标记能将群体中随机一对夫妇排除为孩子祖父母的能力。

3. 祖孙关系指数(Grandparent index, GI)

祖孙关系指数是亲权指数的一种,是生物学祖孙关系鉴定中判断遗传证据强度的指标,是指争议祖父母与孙子(女)之间存在祖孙关系时其遗传表型出现的概率与争议祖父母与孙子(女)为无关个体时其遗传表型出现的概率之比值。需根据单个 STR 的祖孙关系指数,计算检测系统的累积祖孙关系指数(CGI)。

(二)祖孙关系鉴定案件中 DNA 检测结果的评估规则

祖孙关系鉴定要求实验使用的遗传标记平均非祖父母排除率不小于 0.9999,为了避免潜在突变影响,任何情况下都不能仅根据一个遗传标记不符合遗传规律就作出排除意见,任何情况下都不能为了获得较高的祖孙关系指数,将检测到的不符合遗传规律的遗传标记删除。在满足上述条件的情况下,CGI>10000 时,支持被检测夫妇是孩子生物学祖父母的假设;CGI<0.0001 时,支持被检测夫妇不是孩子生物学祖父母的假设;在不能满足 CGI>10000 或 CGI<0.0001 时,应通过增加检测的遗传标记来达到要求。否则,无法作出鉴定意见。对于补充检验的 Y-STR 或 X-STR 检测结果,建议仅对 Y 或 X 染色体特殊的遗传规律进行描述性分析,判断是否符合同一父系(被检孩子为男性时)或是否符合祖母与孙女(被检孩子为女性时)的遗传规律。不推荐仅依据补充检验的 Y-STR 或 X-STR 基因座检测结果出具明确的生物学祖孙关系鉴定意见,应以常染色体 STR 的结果作为出具鉴定意见的主要依据。

四、全同胞关系鉴定意见的评判

(一)全同胞关系鉴定核心概念

1. 全同胞关系鉴定(identification of full sibling relationship)

全同胞(full sibling,FS)是指具有相同的生物学父亲和母亲的多个子代个体。全同胞关系鉴定是指通过对人类遗传标记的检测,根据遗传规律分析,对有争议的两名个体间是否存在全同胞关系进行判定的过程。

2. 状态一致性(identity by state,IBS)评分

对于每一个 STR 基因座而言,两名有争议个体之间的相同等位基因的个数。当采用包含多个相互独立的常染色体遗传标记分型系统对两名有争议个体进行检测时,各个遗传标记上 IBS 评分之和即称为累积状态一致性(CIBS)评分。

3. 全同胞关系指数(full sibling index,FSI)

对于每一个 STR 基因座而言,两名有争议个体之间存在全同胞关系时其基因型出现的概率与两名有争议个体之间为无关个体时其基因型出现的概率之比值,即为 FSI。当采用包含多个相互独立的常染色体遗传标记分型系统对两名有争议个体进行检测时,各个遗传标记上 FSI 的乘积即称为常染色体 STR 基因座累积全同胞关系指数(CFSI)。

4. 系统效能(system efficiency)

系统效能是指采用给定的检测系统以及相应的判定标准进行生物学全同胞关系鉴定时,预计能够给出明确结论的可能性。

（二）全同胞关系鉴定案件中 DNA 检测结果的评估规则

全同胞关系鉴定主要依据《生物学全同胞关系鉴定技术规范》(GB/T 43641-2024)，规范中规定使用 CIBS 和 CFSI 两个指数中的任意一个指数皆可进行结果评估，任一方法达到阈值即可进行判定。若检测系统中包含的基因座超出规定的范围，则每个 STR 基因座的个体识别能力应不低于 0.9000，或者检测系统所含 STR 基因座的平均个体识别能力不低于 0.9000。

在准确性不低于 99.99% 的前提下，(1) CIBS 大于标准中对应阈值或 CFSI 大于 10 000 时，倾向于认为两名有争议个体为全同胞关系；(2) CIBS 小于标准中对应阈值或 CFSI 小于 0.0001 时，倾向于认为两名有争议个体为无关个体；(3) CIBS 或者 CFSI 介于"倾向于认为两名有争议个体为全同胞关系"和"无法给出倾向性意见"的阈值之间，可给出"无法给出倾向性意见"的鉴定意见。

如果出现"无法给出倾向性意见"的情况，宜补充检测基因座，需要时可增加 X 染色体、Y 染色体或线粒体 DNA 遗传标记检验结果进行判断。如果补充检验 X 染色体遗传标记、Y 染色体遗传标记或线粒体 DNA 遗传标记，应根据其遗传规律采用文字描述的方式进行分析说明。

五、半同胞关系鉴定意见的评判

（一）半同胞关系鉴定核心概念

1. 半同胞关系鉴定(half sibling testing)

半同胞(half sibling)是指具有相同的生物学父亲(或母亲)和不同的生物学母亲(或父亲)的多个子代个体。半同胞关系鉴定是通过检测人类遗传标记和分析遗传规律，对有争议的个体之间是否存在半同胞关系进行判定的过程。

2. 半同胞关系指数(half sibling index, HSI)

对于每一个遗传标记而言，争议个体之间存在半同胞关系时其基因型出现的概率与争议个体之间为无关个体时其基因型出现的概率的比值，即为 HSI。累积半同胞关系指数(cumulative half sibling index, CHSI)指当采用包含多个相互独立的遗传标记对被鉴定人进行检测时，各遗传标记半同胞关系指数的乘积。

(二) 半同胞关系鉴定案件中 DNA 检测结果的评估规则

《生物学半同胞关系鉴定技术规范》(SF/T 0131-2023)中规定,半同胞关系鉴定包含两个体配对半同胞关系鉴定(双亲皆无情况下,甄别两个体间生物学半同胞关系与无关个体关系)、三个体组合半同胞关系鉴定(双亲皆无情况下,甄别两个已知生物学全同胞和另一个体间的生物学半同胞关系与无关个体关系)及四个体组合半同胞关系鉴定(共同单亲缺失而双方另一单亲参与情况下,甄别两个子代个体间生物学半同胞关系与无关个体关系)。

三种鉴定情形所采用检测系统的系统效能均应大于 0.75,即两个体配对半同胞关系鉴定应检测不少于 73 个常染色体 STR 基因座,三个体组合半同胞关系鉴定应检测不少于 39 个常染色体 STR 基因座,四个体组合半同胞关系鉴定应检测不少于 35 个常染色体 STR 基因座。累积半同胞关系指数大于 10000 时,倾向于认为争议个体(子代个体)为半同胞关系。累积半同胞关系指数小于 0.0001 时,倾向于认为争议个体(子代个体)为无关个体。累积半同胞关系指数介于 0.0001 和 10000 之间时,可以通过增加检测常染色体遗传标记提高检测系统的系统效能,进而给出倾向性意见。

对于两个体配对半同胞关系鉴定,当争议个体之间可能为同父异母兄弟时,应补充检验 Y 染色体遗传标记;可能为同父异母姐妹时,应补充检验 X 染色体遗传标记;可能为同母异父半同胞时,应补充检验线粒体 DNA 遗传标记。相关结果应根据其遗传规律采用文字描述的方式进行分析说明。

关键术语

1. 遗传标记(genetic marker,GM)
2. 短串联重复序列(short tandem repeats,STR)
3. 单核苷酸多态性(single nucleotide polymorphism,SNP)
4. 个体识别(personal identification)
5. 亲子鉴定(parentage testing)
6. 个体识别能力(discrimination power,DP)
7. 似然率(likelihood ratio,LR)
8. 排除概率(power of exclusion,PE)

9. 亲权指数(parentage index, PI)
10. 状态一致性(identity by state, IBS)

 **案例研讨视频**

案例研究 7-1

案例研究 7-2

 思考题

1. 法医物证区别于物证的特点是什么?
2. 现场对生物检材提取过程中的注意事项有哪些?
3. 法医物证分析需要具备哪些遗传学基础知识?
4. 三联体、二联体亲子鉴定与父母皆疑亲子鉴定的异同点有哪些?
5. 二代测序技术在法医物证鉴定中的优势是什么?

 **参考文献**

1. 侯一平主编:《法医物证学》,人民卫生出版社 2016 年版。
2. 霍宪丹主编:《司法鉴定学》,北京大学出版社 2018 年版。
3. 陆惠玲、杨庆恩:《用 ITO 法计算两个体间的血缘关系机会》,载《中国法医学杂志》2002 年第 3 期。
4. 《司法部关于印发〈法医类司法鉴定执业分类规定〉的通知》(司规〔2020〕3 号)。
5. 王保捷、侯一平主编:《法医学》,人民卫生出版社 2018 年版。
6. 朱波峰、孟昊天、兰琼:《我国人体表征分子鉴识研究的成果、挑战与展望》,载《法医学杂志》2019 年第 5 期。
7. Peter M. Schneider. Scientific Standards for Studies in Forensic Genetics. *Forensic Science International*,2007,238.

第八章 法医毒物司法鉴定

学习目标

[情感目标] 理解并认识法医毒物司法鉴定在诉讼中的重要作用,树立牢固的职业安全观念和严谨的科学思维模式,激发创新活力,能够主动探索毒物鉴定的新方法、新应用。

[知识目标] 了解法医毒物鉴定的任务、内容,理解毒物的概念、分类和特点,熟悉现代毒物分析常用技术方法,明晰法医毒物鉴定的法律法规、鉴定标准及操作规范。

[能力目标] 掌握常见检材的处理方法,具备运用法医毒物司法鉴定知识进行案件分析的能力,能够运用所学知识科学评判法医毒物司法鉴定意见。

第一节 法医毒物司法鉴定概述

一、毒物的概念界定

(一)毒物的概念

毒物是指以较小的剂量进入机体之后,引起机体功能障碍、器质性病变甚至死亡等中毒现象的物质。毒物是一个相对概念,世界上不存在绝对有毒或绝对无毒的物质。除了物质本身性质外,机体摄入的剂量、方式和速度等因素也能使物质转变为毒物。

(二) 食物、药物与毒物之间的关系

食物、药物与毒物三者之间没有严格的界限,只要达到剂量,任何物质都可能成为毒物。比如,食盐是日常生活中常用的调味品,但一次性大量食用食盐超 200 g 以上就会对身体造成危害;斑蝥素、乌头等动植物自古以来就被用作中药治病,但其自身具有毒性,过量使用可能导致中毒,因此用药时须严格控制剂量。

(三) 毒品与毒物的关系

毒品是常见的毒物种类,这一概念具有社会和法律色彩。《刑法》第 357 条规定:毒品是指鸦片、海洛因、甲基苯丙胺(冰毒)、吗啡、大麻、可卡因以及国家规定管制的其他能够使人形成瘾癖的麻醉药品和精神药品。

毒品具有违法性、危害性和成瘾性。其中成瘾性是导致毒品滥用的主要原因。一方面,毒品使人产生虚幻的快感,驱使吸毒者具有周期性连续用药的欲望,产生强迫性用药行为,同时戒毒过程最困难的阶段就是克服心理依赖性。另一方面,反复吸入毒品导致身体机能和中枢神经系统发生改变,若中断用药会产生强烈的机体损伤,即戒断症状,需要继续服毒才能维持身体状态的稳定,毒品的生理依赖性就表现为严重的戒断症状。

一般来说,从植物中提取的毒品(鸦片、大麻、吗啡、古柯碱等)被称为第一代毒品或传统毒品;第二代毒品(冰毒、麻古、摇头丸等)是由化学合成得到的。近年来,随着社会的发展,第三代毒品已经出现,被称为"新精神活性物质(new psychoactive substance,NPS)""策划药"或者"实验室毒品",是指没有被联合国《1961 年麻醉品单一公约》和《1971 年精神药品公约》所列管,但具有滥用潜力,可以引起公共健康风险的物质。截至 2022 年,全球范围内已经发现了 9 大类总计 1184 种新精神活性物质,即合成大麻素类、合成卡西酮类、苯乙胺类、色胺类、氨基茚满类、哌嗪类、苯环己哌啶类、植物类及其他类别。[①] 目前,我国已经将 188 种新精神活性物质以及全部的芬太尼物质和合成大麻素物质纳入了管制范围。

---

① 参见联合国毒品和犯罪问题办公室发布的《2023 年世界毒品问题报告》。

二、常见毒物种类及中毒症状

（一）常见毒物的种类

目前，世界上的毒物种类有成百上千种，并且毒物的数量还在不断上升。按照毒物的理化性质以及用途可以将毒物综合分为气体毒物、挥发性毒物、合成药毒物、天然药毒物（有毒动植物）、金属毒物、农药毒物（杀虫剂、除草剂、杀鼠剂）、水溶性无机毒物、毒品、易制毒化学品、新精神活性物质等（见表8-1）。①

表 8-1　常见毒物种类②

种类	常见毒物
气体毒物	一氧化碳、硫化氢、磷化氢、液化石油气
挥发性毒物	苯类、醇类、醛类、醚类、氰化物
合成药毒物	苯二氮杂䓬类、巴比妥类药物、吩噻嗪类、抗精神病药物、临床麻醉药、抗生素
天然药毒物	植：乌头、颠茄、钩吻、雷公藤甲、马钱子、夹竹桃 动物：斑蝥、蟾蜍、河豚、毒蛇
金属毒物	砷、汞、钡、铅、铬、铊、镉及其化合物
水溶性无机毒物	强酸、强碱、亚硝酸盐
杀虫剂	有机磷类、氨基甲酸酯类、拟除虫菊酯类
除草剂	百草枯、敌草快、草甘膦
杀鼠剂	香豆素类、茚满二酮类、有机氟类、有机磷类、氨基甲酸酯类
毒品	传统毒品：古柯类、大麻类、阿片类、吗啡类 兴奋剂与致幻剂：苯丙胺类兴奋剂、氯胺酮、麦角酰乙二胺、苯环己哌啶
易制毒化学品	1-苯基-2-丙酮、苯乙酸、甲苯
新精神活性物质	依托咪脂、合成大麻素、卡西酮类、芬太尼类、氟硝西泮、色胺类、哌嗪类

（二）常见毒物的中毒症状

毒物与机体发生作用，机体会表现出一些典型的症状，通过典型症状可以初步判断一些典型的毒物种类。如表 8-2 所示，主要的症状有消化泌尿系统、呼

---

① 参见杜志淳主编：《司法鉴定概论》，法律出版社 2018 年版，第 268 页。
② 参见沈敏主编：《法医毒物司法鉴定实务》，法律出版社 2011 年版，第 2—3 页。

吸循环系统、神经系统等方面的中毒症状。

表 8-2 常见毒物的中毒症状①

	症状	毒物
消化泌尿系统	流涎、口鼻冒白沫	有机磷、有机氟、拟除虫菊酯、乌头、氨基甲酸酯
	剧烈腹痛	酚、砷、汞、强酸、强碱、钩吻、磷化锌、巴豆
	口渴	斑蝥、河豚
	剧烈呕吐与腹泻	磷化锌、砷
	血尿、尿闭	砷、汞、巴豆、桐油、麻、汞斑蝥、蓖麻、抗凝血杀鼠剂、百草枯
呼吸循环系统	血液正常，不凝固	抗凝血杀鼠剂
	血液鲜红，不凝固	氰化物、一氧化碳
	血呈酱色，不凝固	亚硝酸盐、苯胺、硝基苯
	呼吸浅慢	安眠镇静药、吗啡、阿片、一氧化碳
	肺水肿	有机磷、百草枯、刺激性气体
	心跳加剧、心律失常	强心甙类、氨茶碱、蟾蜍、苯丙胺
神经系统	闪电样昏倒迅速死亡	氰化物、烟碱
	痉挛、强直性痉挛	氰化物、有机磷、氟乙酰胺、士的宁、毒鼠强
	幻觉	颠茄、曼陀罗、大麻、麦角酸二乙基酰胺、抗抑郁药
	口唇四肢发麻	乌头、河豚、蟾蜍、大麻
	视觉障碍、复视、失明	甲醇、钩吻
	瞳孔改变	有机磷、吗啡、阿片、颠茄类、麦角酸二乙基酰胺、古柯碱、大麻、奎宁
其他	大量出汗	有机磷、氨基甲酸酯
	体温升高	有机磷、阿托品、五氯酚钠
	皮肤发红、起疱	斑蝥、巴豆、强酸

三、法医毒物司法鉴定

（一）法医毒物司法鉴定的概念

司法部 2020 年颁布的《法医类司法鉴定执业分类规定》第 44 条规定："法医毒物鉴定是指鉴定人运用法医毒物学的科学技术或者专门知识，对体内外药毒物、毒品及代谢物进行定性、定量分析，并提供鉴定意见的活动。"

法医毒物司法鉴定不同于毒物检验，法医的内涵体现了毒物鉴定的对象源

---

① 参见霍宪丹主编：《司法鉴定学》，北京大学出版社 2018 年版，第 277—278 页。

于人、结果用于人;鉴定的内涵则是在严谨的科学检验之上,融入专业性的分析与判断。国际上,一般认为法医毒物鉴定由毒物检测和结果评价(或分析毒物学和解释毒理学)两部分构成,后者对鉴定人的能力要求更高。

(二)法医毒物司法鉴定的特点

1. 法医毒物司法鉴定兼具法律性与科学性

法医毒物司法鉴定既有科学性的内涵,又有法律性的要求,体现了法律性和科学性的有机统一。一方面,法医毒物司法鉴定本身是一种诉讼活动,是为解决诉讼中的问题产生的活动,每一份鉴定报告都关系着司法的公正与公平。因此,鉴定人应具有正确的道德观、责任心和使命感,遵守法律法规、规章,遵守职业道德和执业纪律,尊重科学,遵守技术规范,养成客观、细致、严谨、求真务实的检验鉴定作风,独立、客观、公正地进行毒物鉴定,并对自己作出的鉴定意见负责。另一方面,法医毒物司法鉴定具有科学性。它要求法医毒物鉴定人具有毒物与中毒相关的学科知识背景,坚实的专业技术基础和分析问题、解决问题的能力,并熟悉中毒事件处理的工作程序和法律知识等。[1]

2. 毒物尤其是未知毒物种类繁多、复杂

一方面,世界范围内毒物种类快速增加,每年约新增大于 10000 种毒物。部分新型药物尚未纳入法律规制中,新型药品与毒品之间界限模糊,需要鉴定技术的加强以及仪器设备的更新以适应新型毒物的分析检验,提高检验结果的精确度。[2] 另一方面,毒物相关案情通常疑难复杂,不同案件涉及的毒物不同,同一毒物对不同人体的影响不同,中毒产生的危害不同,这些因素都使得中毒案件在一开始处于真相不明朗的阶段,初查阶段很难准确确定毒物种类,故鉴定人员的初步判断通常是对含有毒物的检材进行系统分析,通过初筛排除不相干毒物,缩小鉴定范围,再进一步分析毒物。此外,有的毒物进入体内会立马发作,而有的需经历一段时间才出现中毒症状,不同的毒物的吸收状况、对身体造成的伤害、代谢方式不同,所以鉴定人员需要根据毒物的不同提取检材。

3. 涉毒案件的鉴定依赖性强

一方面,毒物种类多,有的甚至具有无色、无味等特点,用肉眼难以判断其

---

[1] 参见刘伟、沈敏、陈航等:《法医毒物鉴定专业标准体系构建》,载《中国司法鉴定》第 2018 年第 1 期。
[2] 参见联合国毒品和犯罪问题办公室发布的《2023 年世界毒品问题报告》。

种类，不论缴获多少毒品都需要经过鉴定之后才能确定侦查方向和侦查策略，何况犯罪分子会运用淀粉、糖等物质伪装成毒品的外表实施诈骗，再加上有的侦查人员凭借主观经验判断毒品，在投入大量人力、物力后才发现并非毒品，导致拖延破案进度。另一方面，现行《刑法》对毒品犯罪的量刑是以毒品数量为主要依据，并结合其他具体情节进行的。鉴定意见中反映出的毒品的种类、数量、纯度等信息对犯罪嫌疑人的定罪量刑具有重要意义。

第二节　法医毒物司法鉴定的内容

法医毒物司法鉴定主要包括气体毒物鉴定、挥发性毒物鉴定、合成药毒物鉴定、天然药毒物鉴定、毒品鉴定、易制毒化学品鉴定、杀虫剂鉴定、除草剂鉴定、杀鼠剂鉴定、金属毒物类鉴定、水溶性无机毒物类鉴定，以及与毒物相关的其他法医毒物鉴定等内容。

一、中毒鉴定

中毒鉴定是指对人体内或现场提取到的检材中的毒物进行定性和定量分析，以确定检材是否含有毒物、中毒者的中毒性质及程度、毒物对死亡的影响程度。毒品案件和中毒事件逐年上涨，再加上毒物种类日益繁多、外观不易辨别，中毒鉴定的需求也随之增加。

鉴定人员可以根据毒物在中毒者体内的吸收、分布、代谢、排泄状况，推断毒物进入机体的途径，结合尸检结论、案情报告、死者病史等情报分析死因，判断是否因毒物导致中毒或死亡，以及分析事件性质，如自杀、他杀或意外事件等，解决刑事案件中的疑难问题。此外，鉴定人员通过判断毒物的含量、中毒程度，结合临床表现和死亡原因，推断中毒时间和死亡时间，可以使案件真相水落石出。

二、毒品鉴定

毒品是危害社会和公民健康的罪魁祸首，不仅会直接造成机体损伤，更会引发许多问题,如家庭破裂、犯罪率上升、生活品质下降等。毒品鉴定是指通过对可疑检材的定性和定量分析,确定所疑检材是否为麻醉药品和精神药品等国家管制的毒品。毒品鉴定的目的在于判断某物质是否为毒品以及分析毒品的纯度、成分、性质,以查明毒品的数量、运输途径和来源,为打击毒品犯罪以及定罪量刑提供科学依据。相较于其他犯罪,毒品犯罪严重危害公众身心健康,破坏社会管理秩序,被告人被判处的刑罚通常较重,其中毒品的性质、纯度和数量对于审判机关对被告人的定罪量刑起着至关重要的作用,若没有科学的技术手段对毒品进行定性、定量分析,就很难对犯罪分子处以正确的刑罚,而法医毒物的鉴定意见能够作为科学证据为司法诉讼提供保障。

三、滥用物质鉴定

物质滥用又称药物滥用,指少量服用没有不良反应,但持续过度使用会产生依赖,对人体造成损害的物质。滥用物质鉴定是指通过机体提取的生物检材以及在现场或案件中获得的体外检材进行定性和定量分析,判断所疑物质是否为国家管制的麻醉药品、精神药品或其他毒品,被鉴定人是否服用滥用物质、滥用程度、滥用史,以及滥用物质对行为能力的影响等。滥用物质具有较强的毒性作用,其危害性不亚于毒品,近年来随着新精神活性物质在全球范围内的滥用,因吸食致死的人数也在逐年上升。然而,新型滥用物质的界定比较模糊,部分滥用物质尚未纳入法律规制范围。[①]

第三节 法医毒物司法鉴定的方法

鉴定程序应包括检验(样品采样、定性分析、定量分析)、系统评估、鉴定意见判断、鉴定文书撰写等环节。鉴定活动完毕后,应将各个环节的记录归档。目前,我国尚未出台规定毒物司法鉴定程序的相关法律,部分省市为了规范本地的毒物鉴定工作,出台了规范毒物鉴定程序的法律规则,如重庆市出台的《重

---

① 参见王鑫、陈航、向平:《向毒而战——2023年国际法医毒物学家协会(TIAFT)第60届年会会议综述》,载《中国司法鉴定》2024年第1期。

庆市司法鉴定条例》,但绝大多数地方并未专门制定毒品检验鉴定程序。

一、检材的收集和处理

检材通常是刑事案件的关键物证,同时对法医鉴定工作起着至关重要的作用,检材收集不全面、检材不具备代表性、收集的量未达到鉴定条件、检材受到污染等状况都会对鉴定工作产生重大影响,甚至决定鉴定成败。因此,检材的收集应当做到谨慎、细致,尽可能保留检材的原始状态。

(一)检材的类型

检材分为体外检材和生物检材两种。体外检材指在侦查过程中搜集到的或在现场勘查过程中获得的保留了毒物特征、未经人体消化吸收的检材,包括吞服不久的呕吐物、洗胃液、胃内容物、药片、毒物残渣、剩饭,以及现场搜集到的可疑物品等。体外检材一般含有原型药毒物,能够反映出毒物的状态、性质,是分辨毒物的绝佳素材,但毒物在现场通常会被隐藏或丢弃,因此侦查人员应当仔细地勘查现场,不放过任何残留的毒物。

生物检材指从活体或尸体上获得的检材,如血液、唾液、尿液等体液以及毛发、内脏组织、器官、肌肉、骨骼、皮肤、指印。需注意的是,此类检材的状态会随着时间的推移产生变化甚至腐烂,且不同毒物在人体的分布状态不同,法医应当选取合适的部位进行提取,确保提取的检材的毒物含量较高。

(二)检材的收集和处理原则

1. 符合法律规范和程序规定,确保样本的可追溯性和可靠性

现场收集的检材应在见证人在场的情况下进行,必要时通知死者家属。收集时,登记好检材的采集地点、时间、提供检材者的姓名等信息。如犯罪现场缴获毒物,要求犯罪嫌疑人和见证人同时在场,将全部毒物进行称量然后密封,最后勘查笔录应具备当事人的签名。

2. 检材应全面、分别收集

侦查人员应当全面收集检材,达到检材足够的数量,具备代表性,同时确保收集到的检材真实合法,不存在替换或虚假的情况,如此才能确保鉴定结论的说服力。对送检的不同检材需要分别取样,即使是相同种类的检材也不能采取混合后均匀采样的方法,因为来源或采集地点不同会导致毒物含量存在差异。

3. 检材的收集和处理方式应当具有针对性

提取检材之前应当仔细勘查现场,根据案件情况判断提取检材的方式。若是室内中毒,需分析毒气来源、管道损坏状况并采取现场毒气。若在现场发现尸体,需第一时间保护尸体,禁止无关人员触碰尸体,并判断尸体的死亡时间、尸僵状态、毒物的进入途径,收集现场以及周围的毒物残留物质。

4. 尽可能避免检材受到污染与损失

毒物鉴定对于结论的精确性要求较高,检材被污染可能会改变毒物的性质,故鉴定人员收集时应尽可能保持检材的原有形态,确保检材不受到污染。存放的容器事先要进行清洁,且收集到检材后尽快分装密封保存并贴密封条,尤其是气体类毒物要防止其挥发。对于体内代谢快、易挥发损失的毒物,应尽早取材,并及时送检。此外,一个器皿只能装一种检材,不能混装,器皿的标签应当标出全部信息。

(三) 检材的收集方法

对于体外检材和生物检材的收集应分情况讨论。现场吃剩的或怀疑有毒的食物、药片、药液、药粉、药渣等都应提取。一般检材重量在 300 g 以下者应全部收集,对 300 g 以上者,则应充分搅拌、混匀后取 300 g。若检材属于固体材料,可以在上下左右四个部位分别提取 300 g;对于粉末检材,可以采用锥形四等分取样技术进行操作,即将材料倒在平面上,堆成锥形。锥形物被弄平并沿对角分开,分成四等分。取相对的等分区域作为样品,重复这种方法,可得到较少量的样品。对于像新精神活性物质致幻蘑菇这类动植物实体,检材可以是菌盖、菌柄或菌托,也可为孢子或其他制品等。若检材属于液体材料,应观察有无沉淀或分层现象,若有,则需要分别提取 300 mL。此外,还要注意提取现场或周围可疑的药瓶等容器、针管和针头等装置。[①]

需要说明的是,对于大宗涉毒案件多包装可疑毒品的取样,勘查人员需要确定包装中物质的颜色、状态、气味是否一致,若现场毒品小于 10 包,应全部提取;若现场缴获的毒品在 10—100 包,可以随机提取 10 包;若现场毒品大于 100 包,可以随机按照总数的平方根取整提取。

---

① 参见王炜、侯艳、石恩林等:《刑事中毒案件法医毒物分析检材的规范化采集》,载《中国人民公安大学学报(自然科学版)》2016 年第 4 期。

对于口服中毒的案件,应提取全部呕吐物、洗胃液以及全部尿液、粪便、血液等检材,血液的量一般为 20 mL 左右;若口服中毒后死亡,尸检时需要提取胃及胃肠内容物全部,尿液全部,胆汁全部,肾 1 只,肝、脑、肺等脏器各 300 g(若不足 300 g,则全部采集),血液 200—300 mL;对于疑似注射药物、咬伤身亡的案件,除了上述检材外,还应特别提取 2—3 处注射针眼部位或咬伤部位的肌肉组织和距针眼、咬伤部位较远区域的组织;对于疑似吸入气体中毒者(如硫化氢、一氧化碳),首选肺组织提取,也可提取心血、脑脊液及其他组织;对于笑气这类气体鉴定,当样本为肺等生物组织时,可以使用气体采集注射器吸取来自组织的气体;当然,对于氰化物、亚硝酸盐中毒死亡者,也要注意提取心血;对于慢性中毒者,可取毛发、指甲、皮肤供检验,毛发样品应贴头皮或将毛发根部剪下,一般不少于 100 mg;在处理已埋葬或严重腐败、白骨化的检材时,要提取胃、肝区的腐土和脑壳内的残渣以及棺木周边土壤及棺内物品。由于随着尸体腐败,毒物也会逐渐渗入土壤中,若时间较长,骨骼部位的腐土的毒素早已下渗,含毒量可能较少,以至于无法检出毒物,故提取腐土时应分层提取,且应提取尸体未触及的土壤作为对照。

(四)检材的包装与保存方法

首先,样本应当用合适的容器进行标记和封存,盛装毒物的容器必须洁净,一般选用公安机关专用的包装袋或容器,所用包装材料必须是一次性的。其次,检材的包装必须严密,严格遵守司法程序,在有人监督的情况下完成。包装材料上必须标明检材的名称、提取时间、重量、案件号和提取人等。对于气体类毒物,可以用采气袋提取;对于固体类毒物,可以使用纸袋、塑料袋或者塑料、玻璃以及瓷制容器盛装;对于液体或半固体状的检材,可用玻璃瓶盛装,并在玻璃瓶外部套塑料袋;若检材为血液,可用抗凝管或促凝管收集(若作乙醇定量分析,应使用抗凝管);若检材为毛发,应标记发根位置后,封装于密封袋中。

收集到的检材尤其是易挥发、泄漏、损失的气体以及代谢速度快的检材,应当立即送检,无条件立即送检的应当妥善保存,以防止样本的损坏和污染。需注意的是,防腐剂会破坏检材本身的性质,影响检验结果,所以在保存过程中不得添加任何防腐剂。对不同类型的样本需要采用不同的保存方法,如常温、冷藏、冷冻保存,以最大限度保留检材活性。在运输过程中必须保证送检材料不腐败,可采用冰壶运输。

(五) 检材的预处理方法

在开始鉴定前需要对检材进行预处理,一般包括两大步骤:首先,对检材进行均匀化、调整酸碱度、去蛋白、水解结合物等处理,除去内源杂质;其次,根据待测检材性质对毒物进行提取(直接提取、液-液萃取法、固-液萃取法、消解法等)、分离、纯化、衍生化等操作,使得毒物从复杂基质中分离、富集出来,更易被检测。需要说明的是,化学衍生化是一种利用化学变换把某一化合物转化成类似化学结构物质的技术。对于检测难度较高的化合物(如吗啡等极性较强的物质),化学衍生化技术能够改善样品的分离和鉴定性能,提高易气化化合物的热稳定性,有助于提高仪器检测的灵敏度与准确度。

二、常用的分析方法

鉴定人员需要使用适当的仪器设备和分析方法对检材进行分析,通过分析检材的物理性质、化学性质、光谱特征等来鉴定检材中的物质。此外,鉴定人员还需要参考对照样品,例如,使用已知含有特定毒物的标准样品或参考文献中的数据来进行比对和确认,通过比对和对照检材的特征确定检材中是否存在目标物质。[1]

(一) 外观观察法

外观观察法即根据毒物的不同物理特征对毒品进行初步判断,但该方法存在一定局限性,因为即使是同一种类的毒物也存在差异。一般可以通过观察检材中毒物的颜色、形态、气味等性质初步判断毒物种类。例如,氰化物呈现出白色、易潮解的固体形态;安眠药则常常是白色或带有各种颜色的糖衣药片;砒霜和磷化锌则是分别表现为不溶于水的白色和黑色粉末;敌鼠钠盐和氟乙酰胺则能轻松溶于水,表现为黄色和白色粉末或结晶;而有机磷则多为黄棕色液体;致幻蘑菇外形如黄色的"干蘑菇";等等。此外,一些毒物还具有特定的气味,如氢氰酸和硝基苯带有杏仁味,磷化锌和有机磷农药则散发出蒜臭味,敌百虫和滴滴涕略显芳香,六六六散发出特殊霉臭,而来苏尔则具有臭药水味。需要注意,现在市场上流通的新精神活性物质等毒物常被伪装成日常生活中常见的食品、

---

[1] 参见沈敏、向平、刘伟主编:《法医毒物鉴定理论与实践》,科学出版社2022年版,第94—108页。

香烟等物质,无法简单通过外观观察获得初步结论。

(二)化学反应法

化学反应法是根据不同毒物与不同化学试剂发生化学反应所呈现出的各类性质变化来识别毒物种类的一种方法。换言之,通过观察化学反应的颜色、气味、沉淀、结晶等变化来初步判断是否存在毒物或排除某类毒物的存在。由于显色反应一般都不属于专一反应,因此可能会出现假阳性的情况。需要注意的是,化学反应显色不一,且显色结果可能会受到其他物质影响,因此化学反应法只能对毒物的种类进行初步认定和筛选,必须再进一步用其他方法分析才能最终定性。常见的化学反应法是马改试验法。马改试剂遇到鸦片、吗啡、海洛因、可待因呈现紫红色;遇罂粟碱溶液无色;遇那可丁呈鲜黄色;遇美沙酮由粉红色变成紫色;遇苯基丙酮呈现橙黄色;遇含有苯丙胺、甲基苯丙胺的检材溶液变为橙色,随后转为褐色;遇麻黄素,溶液变为黄绿色,随后转为棕色;若检材为摇头丸,溶液呈现深蓝色;等等。

(三)免疫分析法

免疫分析法是采用高度特异性的抗原-抗体反应技术,检测生物检材中毒物的一种方法。免疫分析法灵敏度高、选择性强、操作简单、检材用量少,近年来广泛应用于尿液、血液等生物检材中毒物的筛选分析。目前,主要有三类商品化试剂盒,即荧光偏振免疫法(FPIA)试剂盒、酶联免疫吸附法(ELISA)试剂盒和免疫胶体金标记法试剂盒,可以对吗啡、苯丙胺、甲基苯丙胺、氯胺酮等常见毒品进行检测。其中,免疫胶体金标记法因其高灵敏度、高选择性和操作简便,成为大麻成分快速检测的优选方法。然而,由于灵敏度和检测范围的限制,它通常作为初步筛查工具使用。

(四)毛细管电泳法

毛细管电泳法,亦称为高速毛细管电泳法,是一种基于极细弹性毛细管作为分离通道的液相电泳技术。其驱动力来源于高压直流电磁场,通过样品中各组分在电场中移动速度和大小分布的差异来实现分离。该技术包括多种分离模式,其中毛细管溶液区带电泳是最常见的,还有聚合凝胶电泳、电解质等速电泳、pH等电点聚焦电泳、胶束电渗流电动毛细管电泳和电色谱等。其中,毛细管溶液区带电泳结合了高效液相色谱和传统平板凝胶电泳的优势,具备高速度、高效分离、高分辨率、良好重复性和易于自动化等特点。实际应用中，胶束电渗流电动毛细管电泳法常被用于检测人体尿样中的四氢大麻酚。

（五）色谱技术

历经100多年的发展，色谱技术已经获得了广泛的应用，成为司法鉴定领域不可或缺的分析手段。该技术显著减少了对检材用量的需求，一般而言，单次分析过程仅需微升级别的样本量。色谱法是一种常见的物质鉴定技术，包括气相色谱法和液相色谱法。

气相色谱法（gas chromatography，GC）通过样品挥发性物质的分离和检测，可用于分析有机物、毒品等。利用气相载气将样品中的成分分离，并通过检测其在固定相柱中的保留时间来进行定性和定量分析。气相色谱法常用于分析易挥发性物质和有机化合物，对于鉴定挥发性毒物和药物具有重要意义。气相色谱法凭借出色的分离效能、快速的分析速度、样品用量少的特点以及多样化的检测优势，在法医毒物学领域得到了广泛应用。

液相色谱法（liquid chromatography，LC）则适用于定性和定量分析溶解性较好的样品，常用于药物、农药、食品添加剂等的检测，能够对复杂检材进行有效的分离和检测。高效液相色谱法（high performance liquid chromatography，HPLC）是一种常用的分离技术，其原理是在固定相柱中将检材成分分离。与气相色谱法相比，高效液相色谱法展现出其独特的优势。它简化了样品处理流程，拓宽了分析范围，显著降低了样品检测限，可以直接分析不挥发性毒药物、极性毒药物、热不稳定毒药物、结合型代谢物，以及大分子化合物。

（六）光谱技术

光谱技术是一种利用物质与光的相互作用来进行鉴定的技术，其原理主要是利用样品与特定波长的辐射相互作用形成的光谱图来检测物质的吸收、发射、散射等特性，从而分析检材的结构及组成。目前，常见的光谱技术主要有紫外-可见光谱法（ultraviolet-visible spectroscopy，UV-Vis）、红外光谱法（infrared spectroscopy，IR）、拉曼光谱法（Raman spectroscopy）、表面增强拉曼散射法（surface-enhanced Raman scattering，SERS）等。光谱技术可以对待检物质进行定性和半定量分析，其最大优势是无损检测，有利于证据的保全和复勘复验。此外，光谱成像分析还可检测出药、毒物成分的盐型，这是色谱技术不可比拟的。但光谱技术存在选择性差、灵敏度低等缺点。故提高光谱成像技术的灵敏度，充分发挥其定性能力，是未来光谱成像技术的发展方向。

UV-Vis 可以用于检测物质的吸收和发射特性，常用于荧光染料、化学反应动力学等的研究。将提取的粗制品溶于醋酸中，用紫外分光光度计测定，不同毒物的吸收峰特征不同。以河鲀毒素为例，若检材中含有河鲀毒素，其吸收光谱在 250—300 nm 之间成弧状，270 nm 处有吸收高峰。以氯胺酮为例，可通过滴加 10% 的氢氧化钠水溶液使样品 pH 值调至 11，用乙醚提取氯胺酮。乙醚脱水后加 0.05 mol/L 硫酸反提氯胺酮。将该硫酸反提液用紫外分光光度计检测，在 269 nm 和 276 nm 处均呈现氯胺酮的特征吸收峰。

IR 由于测试速度快、检测成本低、绿色环保，可以分析物质的分子结构和官能团，可用于毒物的快速定性筛查分析。其中，傅里叶变换衰减全反射红外光谱（attenuated total internal reflectance fourier transform infrared spectroscopy，ATR-FTIR）可以简化样品处理过程，被用于易制毒化学品的检测。具体操作方法为，将研磨均匀的适量固体或液体样品均匀地铺展在 ATR 窗口的上表面，将固体样品压紧使其紧密接触，采集样品的全反射光谱。波数范围 4000—650 cm^{-1}，分辨率 4 cm^{-1}，采样次数 16 次。将样品的红外光谱图与标准物质的红外光谱图比对可以初步判断样品所含化合物的种类，然后根据特征吸收峰法对样品定性。

拉曼光谱法可以通过测量照射到样品表面频率变化的散射光，得到分子的振动和转动信息，进而实现快速鉴别不同毒品在拉曼光谱上具有的独特特征峰，通过与已知毒品的光谱数据库进行比对，准确鉴定未知样品。这种非破坏性的鉴定方法避免了样品的进一步破坏和污染，为公安部门提供了可靠的毒品鉴别信息。目前，自主研制的易制毒化学品轨迹综合查缉装备已经将拉曼光谱技术用于易制毒化学品的快速筛查中，该装备可以准确获取被检测物质的拉曼特征光谱，结合拉曼光谱数据库，可在实际易制毒化学品查缉工作中支持现场物质成分核验。

SERS 是激发表面等离子体共振效应的分析技术，该技术具有高灵敏度，能够检测非常微弱的拉曼散射信号，并通过信号增强技术将其强化几十倍甚至上百倍。SERS 已被用于检测苏丹红、芬太尼、三聚氰胺等有害物质。

(七) 质谱及联用技术

质谱法可以通过测量化学物质的质量-电荷比来确定其组成和结构，是一种具有高灵敏度和分辨率的物质鉴定技术，可以拓宽毒物分析的范围，提高分析结果的可靠性。目前，主要发展了气相色谱-质谱联用法（liquid chromatography-mass spectrometry，GC-MS）和高效液相色谱-质谱联用法（high performance liquid chromatography-mass spectrometry，HPLC-MS）。这些方法的具体步骤为：将检材经有机溶剂稀释、提取后，利用手性色谱柱分离，然后进行检测，经与平行操作的空白样品和添加样品作对照，以保留时间、质谱特征碎片离子峰和离子对相对丰度比进行定性分析；以峰面积为依据，采用内标法进行定量分析，计算检材中毒物的含量。

GC-MS凭借其出色的分离能力和质谱的高灵敏度结构鉴定功能，成为分离与检测复杂化合物的强大工具之一。该技术曾是毒物分析的"黄金标准"，至今在法医毒物分析领域仍占据主流地位，适用于分析挥发性或易挥发性物质，常用于研究毒品、炸药等相关问题。司法部司法鉴定科学研究院、公安部物证鉴定中心及黑龙江省公安厅等单位，率先引入GC-MS对生物样本中的毒品如吗啡、有机磷类、拟除虫菊酯类、氨基甲酸酯类杀虫剂以及巴比妥类、苯二氮䓬类、吩噻嗪类、生物碱类药物进行了检测。

像乌头碱等稳定性较差样品，通常不采用GC-MS，而是HPLC-MS进行分析。HPLC-MS结合了HPLC和MS的优势，在法医毒物学等领域应用广泛。该技术操作更简便、灵敏度更高、分析范围更广，适用于分析不挥发、热不稳定、极性的毒药物以及溶解性较好的样品；可检测气相色谱难以检测的化合物，如蛇毒、溴敌隆、斑蝥、乌头碱等。然而，由于LC-MS电离的特殊性，目前尚缺乏公认的质谱检索谱库。

液相色谱-串联质谱联用法（liquid chromatography-tandem mass spectrometry，LC-MS/MS）因无须对样品进行衍生化处理、具有高分辨率且提供结构信息，是目前毒物检测的主流方法，具有良好的稳定性和高灵敏度。

近年来，质谱成像技术（mass spectrometry imaging，MSI）作为一种新兴技术，能够直接从生物组织切片表面获取众多蛋白质或小分子代谢物的空间布局信息，被用于毒物检测与分析中。自1997年起，该技术就被应用于探索生物组织中蛋白质的分布情况。相较于免疫组化、荧光标记、核磁共振等其他技术，质谱成像技术的优势在于能够直接从组织表面分析出多样化的蛋白质和代谢物,并且具备出色的空间分辨率。目前,多种药物和毒品及其代谢物(如口服美沙酮、可卡因和四氢大麻酚等)已使用 MSI 技术检测。

(八) 电化学分析技术

在毒物鉴定中,电化学分析法因具有装置体积小、响应速度快等优势,可以实现原位在线监测,已被用于测定毒物的浓度和活性。通常情况下,会用到电位计、电解质分析仪、电化学工作站、电化学传感器等装置来测量电位、电流、电量和电导率等电化学参数,以监测待检物质的电化学行为,从而实现待测物质的性质、成分、含量的分析。目前,该技术已被用于检测乙醇、一氧化碳、硫化氢等气体、Pb(Ⅱ)、Cd(Ⅱ)和 Cu(Ⅱ)等重金属离子,天然药毒物、合成药毒物、毒品、农药、鼠药等有机毒物。虽然电化学传感器在鉴定有机物、气体、离子等多种毒物及其代谢物方面已取得显著研究成果,但在处理多组分体系时,其灵敏度和选择性仍有待提升。

三、检验结果的评判

检测结束后,鉴定人员需要对得出的检验结果进行评断,根据结果以及毒物的浓度可推断出毒物对行为能力的作用程度,准确地评价法医毒物分析的结果可以判定死亡原因及案件性质。因此,鉴定结果关乎他人的命运,作为一名鉴定人员,应当遵守职业操守和法律规范,不受外界因素和主观判断影响,作出客观真实的鉴定意见,杜绝草草了事。

值得注意的是,鉴定意见受仪器设备条件、鉴定人员能力的高低、检材的变化等多种因素影响,不能单一地看待检验结果。阳性结果并不必然意味着中毒,同样,阴性结果也不足以排除中毒的可能性。

因此,我们需综合考虑毒物分析方法,结合中毒状况、尸体解剖情况、案件情况以及现场勘查情况综合判断结果。①

若检验结果为阳性,需审核:分析方法是否专一?干扰因素是否已排除?多种方法得到的结果是否一致?操作和反应条件是否正确无误?试剂纯度、器皿清洁度及污染可能性,检材采集和存放过程中是否有污染?毒物是否作为药

---

① 参见沈敏、向平、刘伟主编:《法医毒物鉴定理论与实践》,科学出版社 2022 年版,第 30—31 页。

物摄入,是否超量,是否为正常含量?毒物是否为检材腐败的分解产物或污染所致?若上述均无误,可确定存在某种毒物。若与案情或症状不符,需进一步调查复核,以检验结果为依据,作出正确结论。

如果检验结果为阴性,需考虑以下可能性:检材采集是否恰当且足够?毒物提取方法是否合适,提取量是否足够,过程中是否损失毒物?检验方法灵敏度是否足够,是否因灵敏度不足而未检出?检材净化是否完善,杂质是否干扰检验结果?操作过程是否无误,试剂使用是否正确?毒物是否已分解(生前或死后)?是否为现有方法无法检出的毒物?经过仔细分析,若上述因素均不存在,可得出不含某种或某类毒物的结论。若操作技术和试剂无误但无法排除其他因素,则只能得出未检出某种或某类毒物的结论。此时应深入研究"未检出"的原因,必要时重检或送交其他单位复验。

四、司法鉴定意见书

鉴定活动完成后,鉴定人员需要出具鉴定意见书。作为科学的诉讼证据,鉴定意见书有利于帮助审判人员与当事人更好地掌握案情,解释案件中中毒相关的疑点、难点,鉴定机构与鉴定人负有对其内容承担责任的义务。

(一)鉴定意见书的内容

鉴定意见书的内容应当简单明了、条理清楚,客观、公正、全面,如实反映检验过程与结果,包括毒物是否存在以及检材的含量范围,同时必须注明分析方法和技术的采用依据,对于得出的意见要有充分的根据。鉴定意见书的内容大致分为三个部分:引言、正文与结论。

引言包括委托事项、送检情况、案情摘要、检材状况、案号、委托身份、鉴定对象、检验要求等内容。

正文包含鉴定过程、运用的仪器和检验方法、检测地点、检测时间。需详细记录检材包装情况,包括重量/容量、形态、颜色、气味、酸碱性及异物情况。特殊检材(如毒品)需拍照记录。取用量、处理过程及定性与定量结果应简要叙述,确保分析准确可靠。

结论部分描述检验得出的结果以及对结论进行详细说明,包括对毒物的毒理作用、性质、种类、特征、对行为能力的影响等方面作出说明。最终,根据鉴定结果，客观、全面地分析判断，作出含有、不含有或未检出某种毒物的意见。

(二)鉴定意见书的语言

需注意的是，鉴定文书使用的术语应当具备规范性、明确性，不得用"敌敌畏""冰毒""白粉"等俗语或代称称呼毒物。但这并不代表文书中要充满大量的化学公式与专业术语，这是因为晦涩难懂的文字反而会阻碍外行人的理解，故鉴定人员要尽可能用简单易懂但又准确的语言描述检验结果。描述的语言应当准确具体，对定性与定量检验过程作出详细说明，标明含有毒物成分的相应克重，不得出现"可能含有××成分"等模糊字句。

(三)鉴定意见书的落款

根据《司法鉴定程序通则》的规定，文书的落款处应当有司法鉴定机构的司法鉴定专用章以及司法鉴定人员的签名，多人参加的鉴定，对鉴定意见有不同意见的，应当注明。司法鉴定文书应当一式四份，三份交由委托人，一份由司法鉴定机关保存。

第四节 法医毒物司法鉴定意见评判

在诉讼过程中，法院应当审查鉴定意见的证据资格和证明力。虽然法院不得干预鉴定人员作出鉴定意见，但法院应当对鉴定意见开展形式审查和实质审查，因为流于形式的审查并不足以证明鉴定意见对于查明案件事实具有推动作用。故法院不仅要审查鉴定人员的鉴定资格和鉴定意见的完整性，还要审查鉴定意见的内容，包括鉴定意见是否与证明对象相关、鉴定过程是否严格按照规范执行、适用的检材是否标准等。鉴定意见的审查目的不只是确定证据的真实性，更重要的是确认鉴定意见取得过程的合法性，如果毒物侦查的手段和鉴定意见取得的过程是非法的，那么必然会降低鉴定意见的证明力。

一、当前司法实践中的意见评判

实践中，技术性证据的审查工作主要由具备专业知识和技能的检察技术人员或其他专家执行,他们依托科学知识和技术专长对鉴定意见进行细致审查。而辩护律师尽管通过自学努力掌握相关知识,以审查鉴定意见中的潜在问题,从而保障被追诉人的合法权益,但检察官和法官在审查鉴定意见时,更多依赖的是他们的法律知识、逻辑推理和丰富的实践经验。由于大多数辩护律师、检察官、法官并未接受过系统的科学技术训练,他们虽然在鉴定意见的规范性和合法性上能够进行有效审查,但在深入剖析技术原理、专业方法、行业标准等实质性问题时,往往显得力不从心。这种基于知识短板的司法鉴定证据审查方式,从科学的角度看,确实存在不足之处。

二、审查要点

(一)鉴定主体

鉴定工作至关重要,鉴定机构与鉴定人员必须具备法定的资质。若鉴定意见未附有《鉴定机构资格证书》和《鉴定人资格证书》,则无法证明其合法资质,鉴定意见不得作为定案依据。同时,若鉴定机构不具备法定资质,或鉴定事项超出其业务范围和技术条件,如违规接受称量委托等应由公安人员负责的侦查行为,均属违规,其结果同样不可作为定案依据。

(二)检材

毒物与生物检材是两类关键证据。毒物检测对涉毒案件至关重要,需核实检材与毒品是否一致,来源需明确。检测流程须严格按规定时间完成,尤其现场查获的化学合成物,易受环境影响变质,务必尽快送检,确保准确性。同时,应审查检材提取方法,避免交叉污染导致结果不准确。取样过程同样关键,实践中应详细记录。

(三)鉴定标准、检测仪器以及检验方法

《司法鉴定程序通则》第 23 条规定:"司法鉴定人进行鉴定,应当依下列顺序遵守和采用该专业领域的技术标准、技术规范和技术方法:(一)国家标准;(二)行业标准和技术规范;(三)该专业领域多数专家认可的技术方法。故在有国家标准的情况下,鉴定人应当优先使用国家标准,使用行业标准或其他标准都是错误的。"

同时，应仔细审查检验仪器的适格性和检验方法的规范性，不得混用定量与定性检测仪器。在审查检测过程时，务必详细列明过程、数据以及必要的图表，以确保鉴定报告的完整性和可证明性。否则，缺乏图表和数据的报告将难以具备法定证明效力，可能仅是鉴定人的合理怀疑。

（四）鉴定文书形式要件

《司法鉴定文书规范》和《公安机关鉴定规则》详细规定了鉴定文书的内容和制作要求，若不符合相关要求，则可能大大降低鉴定意见的公信力，甚至在法庭审理中不被采信。

 关键术语

1. 法医毒物司法鉴定（forensic toxicological identification）
2. 毒物（poisons）
3. 毒性（toxicity）
4. 毒品（illicit drugs）
5. 合成药毒物（synthetical medicine）
6. 易制毒化学品（precursor chemicals）
7. 金属毒物（metallic poison）
8. 新精神活性物质（new psychoactive substance）

 案例研讨视频

案例研究 8-1

思考题

1. 如何理解法医毒物司法鉴定兼具法律性与科学性?
2. 如何理解毒物概念的相对性?
3. 简述法医毒物鉴定过程中定性与定量检测的价值。
4. 如何理解毒物暴露与特定疾病之间的关联性?
5. 法医毒物鉴定过程中如何做好职业防护?

 参考文献

1. 刘伟、沈敏、陈航等:《法医毒物鉴定专业标准体系构建》,载《中国司法鉴定》2018年第1期。
2. 《2023年世界毒品问题报告》。
3. 杜志淳主编:《司法鉴定概论》,法律出版社2018年版。
4. 霍宪丹主编:《司法鉴定学》,北京大学出版社2018年版。
5. 沈敏、向平、刘伟主编:《法医毒物鉴定理论与实践》,科学出版社2022年版。
6. 沈敏主编:《法医毒物司法鉴定实务》,法律出版社2011年版。
7. 王炜、侯艳、石恩林等:《刑事中毒案件法医毒物分析检材的规范化采集》,载《中国人民公安大学学报(自然科学版)》2016年第4期。
8. 王鑫、陈航、向平:《向毒而战——2023年国际法医毒物学家协会(TIAFT)第60届年会会议综述》,载《中国司法鉴定》2024年第1期。

第九章 精神疾病司法鉴定

学习目标

[情感目标] 认识精神疾病司法鉴定在诉讼中的重要作用,重视身心健康,树立保障人权的理念和为法治中国建设做贡献的自信心和自豪感。

[知识目标] 了解精神疾病司法鉴定的业务范围和鉴定内容,熟悉精神疾病司法鉴定的方法,掌握精神疾病鉴定意见司法判定的核心要素。

[能力目标] 具备运用精神疾病司法鉴定知识进行案例分析的能力,学会如何审查判定精神疾病司法鉴定意见。

第一节 精神疾病司法鉴定概述

在我国精神医学界中,对于"精神病"的理解有一个从广义到狭义的转变过程。"精神病"(psychosis)与"精神疾病"(mental illness)、"精神障碍"(mental disorder)等的含义不同。

一、概念界定

精神疾病是指在各种生物学、心理学以及社会环境影响下,大脑功能活动发生紊乱,导致认识、情感、意识和行为等精神活动不同程度障碍的疾病。精神病是其中最严重的一类,即仅指狭义精神病。

精神障碍的含义与精神疾病类似,从现在关于精神疾病的分类和命名看,总体趋势是采用"精神障碍",而非"精神疾病"。究其原因,一是医学科学已由单纯生物医学模式向生物-心理-社会医学综合模式进行转变,影响精神疾病的因素不仅包括生物因素,还有心理因素甚至环境因素等,因此,精神障碍这一具有心理、社会性内容的词语更为恰当。二是医学上通常是以排除疾病的方式来证明一个人健康正常,精神疾病的诊断是一项比较困难的工作,因而目前精神医学通用的精神疾病诊断手册都用更强调功能异常的精神障碍来代替精神疾病。

司法精神病学(forensic psychiatry)是介于精神病学和法学之间的一门边缘学科,它以临床精神病学理论和科技为基础、法律为准绳、法学理论为指导,主要研究和解决精神疾病患者涉及的法律问题和精神卫生问题。

精神疾病司法鉴定(forensic mental health assessment)又称为法医精神病鉴定或司法精神医学鉴定。2020年司法部颁布的《法医类司法鉴定执业分类规定》第24条规定:"法医精神病鉴定是指运用法医精神病学的科学技术或者专门知识,对涉及法律问题的被鉴定人的精神状态、行为/法律能力、精神损伤及精神伤残等专门性问题进行鉴别和判断并提供鉴定意见的活动。"

二、精神疾病司法鉴定的特点

精神疾病司法鉴定除了具备司法鉴定共同的特点以外,还有其自身的特征,可概括为以下几个方面:

（一）精神疾病司法鉴定兼具法学与精神医学的双重属性

司法精神医学是作为自然科学的医学与作为社会科学的法学发展到一定阶段,为解决一些交叉和边缘问题而产生的。一方面,精神疾病司法鉴定具有法律性。首先表现为精神鉴定本身是一种诉讼活动,是为解决诉讼中的实体问题如犯罪嫌疑人或被告人的刑事责任能力而产生;其次表现为精神鉴定从启动到结束都必须遵循法律规定,违反法定程序进行鉴定的法律效力会受到一定影响。另一方面,精神疾病司法鉴定具有医学性。不管是采用纯医学立法方式还是混合立法方式,对责任能力的判断必然涉及行为人是否存在精神疾病及其严重程度、精神疾病与危害行为之间是否有一定关联性等问题。

（二）精神疾病司法鉴定具有更大的主观性

通常认为,所有的鉴定活动都具有一定的主观性。因为鉴定中的观察、解释、评断都是人的主观活动,心理学原理和规律表明,人对客观事物的观察会因受其固有观念、情绪等因素的影响,而带有选择性与倾向性。至于鉴定中的解释与评断受到心理因素影响的可能性就更大了,尤其是在评断标准未规范化的情况下。所以,鉴定意见不一定都是正确的,它需要在法庭上接受当事人双方的质证。而精神鉴定因其自身特点,主观性更为明显。

首先,精神疾病司法鉴定的内容本身具有较强的主观性。例如,刑事责任能力的精神鉴定需要在确定行为人是否属于刑法上"精神病"的基础上,对行为人是否因精神疾病而致辨认控制能力削弱的主观状态进行判断。然而,人的精神活动是内在的、无形的,被鉴定人很可能出于一定目的对其行为和语言进行伪装,鉴定人须透过其伪装识别出真实的精神状况,由此也增加了精神鉴定的困难性。在其他类型的司法鉴定中,如法医临床、物证、痕迹等鉴定,则更侧重于对客观存在的属性进行分析与评判。

其次,精神疾病的诊断是基于科学认识的价值判断,带有一定的主观性。虽然近几十年来国内外都制定了一些关于精神疾病的分类或诊断标准,如世界卫生组织《国际疾病与相关健康问题统计分类》第十版、美国精神医学会《精神障碍的诊断与统计手册》第四版、《中国精神障碍分类与诊断标准》第三版等,但是因精神疾病本身的复杂性,目前人们对一些主要精神疾病的病因、本质及精神病理表现与大脑结构、生理生化机理之间的关系还缺乏全面了解。迄今对多数精神疾病的诊断,仍然缺乏精密客观的理化检验手段或方法,主要还是依据病史和精神状况检查所见即临床表现来确定。由此可见,在判断被鉴定人是否有精神疾病的过程中,因相对缺少客观检测指标,从而更多地依赖鉴定人的价值判断。当然,随着精神医学的发展,精神疾病的客观检测指标和诊断标准会愈加完善,科学判断也将会发挥更大的作用。

(三)精神疾病司法鉴定大多是一种回溯性评价

许多精神鉴定案例都是在被鉴定人实施危害行为一段时间以后,才由委托机关提出来,有时实际鉴定距离危害行为发生间隔数月之久,有的甚至数年。如刑事责任能力的判断需要依据行为人实施行为时的精神状态及辨认控制能力情况作出,鉴定人只能依赖被鉴定人对以往事实的回忆性陈述以及有关被鉴定人精神状况的文证材料,如病史材料、相关证人对被鉴定人实施危害行为时或行为前后的精神状态的证言等。但是许多被鉴定人没有系统的诊疗病史,也无器质性的病变,相关证人证言有时掺杂不真实成分,因此精神鉴定过程更多依赖被鉴定人的配合,这对鉴定人准确评价被鉴定人行为时的精神状况是很大挑战。

尽管精神疾病司法鉴定存在上述局限性,但其科学性是毋庸置疑的。它是鉴定人依据医学科学规律及特殊经验对案件中的专门问题进行解释、评断,对于补充事实裁判者在精神疾病及其与危害行为关系问题上认识能力的不足发挥重要作用。在诉讼活动中,人们希望通过司法证明中的理性思维活动获取对案件事实全面而客观的认识,但是仅以司法人员有限的经验知识和证据材料来恢复发生在过去的案件事实是不现实的,最好的办法就是借助各种证明方法尽可能地使判断接近事实真相,而精神疾病司法鉴定就是其中一种重要的证明方法。①

第二节 精神疾病司法鉴定的内容

精神疾病司法鉴定即法医精神病鉴定,包括精神状态鉴定、刑事类行为能力鉴定、民事类行为能力鉴定、其他类行为能力鉴定、精神损伤类鉴定、医疗损害鉴定、危险性评估、精神障碍医学鉴定,以及与心理、精神相关的其他法医精神病鉴定等。

一、精神疾病司法鉴定内容概览

依据司法部 2020 年颁布的《法医类司法鉴定执业分类规定》,精神疾病司法鉴定主要包括以下内容:

(1) 精神状态鉴定,是对感知、思维、情感、行为、意志及智力等精神活动状态的评估,包括有无精神障碍(含智能障碍)及精神障碍的分类。

(2) 刑事类行为能力鉴定,是对犯罪嫌疑人或被告人、服刑人员以及强奸案

---

① 参见张爱艳:《精神障碍者刑事责任能力的判定》,中国人民公安大学出版社 2011 年版,第 205—208 页。

件中被害人的行为能力进行鉴定,包括刑事责任能力、受审能力、服刑能力(含是否适合收监)、性自我防卫能力鉴定等。

(3) 民事类行为能力鉴定,是对民事诉讼活动中的相关行为能力进行鉴定,包括民事行为能力、诉讼能力鉴定等。

(4) 其他类行为能力鉴定,是对涉及行政案件的违法者(包括吸毒人员)、各类案件的证人及其他情形下的行为能力进行鉴定,包括受处罚能力、是否适合强制隔离戒毒、作证能力及其他行为能力鉴定等。

(5) 精神损伤类鉴定,是对因伤或因病致劳动能力丧失及丧失程度,各类致伤因素所致人体损害后果的等级划分,以及损伤伤情的严重程度进行鉴定,包括劳动能力,伤害事件与精神障碍间因果关系,精神损伤程度,伤残程度,休息期(误工期)、营养期、护理期及护理依赖程度等鉴定。

(6) 医疗损害鉴定,是对医疗机构实施的精神障碍诊疗行为有无过错、诊疗行为与损害后果间是否存在因果关系及原因力大小进行鉴定。

(7) 危险性评估,是适用于依法不负刑事责任精神病人的强制医疗程序,包括对其被决定强制医疗前或解除强制医疗时的暴力危险性进行评估。

(8) 精神障碍医学鉴定,是对疑似严重精神障碍患者是否符合精神卫生法规定的非自愿住院治疗条件进行评估。

(9) 与心理、精神相关的其他法医精神病鉴定或测试,包括但不限于强制隔离戒毒适合性评估、多道心理生理测试(测谎)、心理评估等。

二、刑事责任能力鉴定

刑事责任能力,是指行为人构成犯罪和承担刑事责任所必需的,行为人具备的刑法意义上辨认和控制自己行为的能力。刑事责任能力鉴定是刑事领域中最常见的司法鉴定,也是我国精神疾病司法鉴定起步最早、鉴定历史最长的一种。

(一) 刑事责任能力的立法方式

从各国刑法规定看,刑事责任能力的立法方式主要有三种,即纯医学立法方式、纯心理学立法方式以及混合立法方式。目前,大多数国家都采用混合立法方式,在判断刑事责任能力时,兼采医学标准和心理学标准的立法方式。即行为人不仅必须患有《刑法》规定的精神疾病(医学标准),而且所患精神疾病必须引起辨认能力或控制能力丧失或削弱（心理学标准），才可被判定为无刑事责任能力或限制刑事责任能力。

我国《刑法》规定："精神病人在不能辨认或者不能控制自己行为的时候造成危害结果，经法定程序鉴定确认的，不负刑事责任，但是应当责令他的家属或者监护人严加看管和医疗；在必要的时候，由政府强制医疗。""间歇性的精神病人在精神正常的时候犯罪，应当负刑事责任。""尚未完全丧失辨认或者控制自己行为能力的精神病人犯罪的，应当负刑事责任，但是可以从轻或者减轻处罚。"

从上述规定可以看出，在判断精神病人刑事责任能力时，我国《刑法》采取的是混合立法模式。与纯医学立法方式相比，混合立法方式具有可以针对精神疾病程度及根据行为人特征进行轻重判断的优点；与纯心理学立法方式相比，则具有更加稳定的医学认识基础。混合立法方式的独特之处在于通过递进式评价标准将行为人的本体生物学特征和具体情境下的心理状况相结合，充分发挥了刑法机能，因而更具科学性和合理性，但与此同时也对操作者提出了更高的要求。

一是对精神医学专家来讲，混合立法方式迫使他们还要进行其并不擅长的心理学分析，需要对精神疾病与犯罪行为之间的关系进行分析，从而提出犯罪行为是否因精神疾病而导致的意见。而在纯医学立法方式下，精神医学专家只需作出行为人在实施犯罪行为时是否患精神疾病的判断即可。

二是对司法人员来讲，混合立法方式需要他们判断精神医学专家对精神疾病与犯罪行为之间关系的分析是否可信，以及能否采纳此鉴定意见作为证据来使用等问题。由此对司法人员提出了更高的要求。

（二）刑事责任能力的分级

我国《刑法》关于刑事责任能力程度分级的规定，经历了一个由二分制（完全无刑事责任能力、完全刑事责任能力）到三分制（完全无刑事责任能力、限制刑事责任能力、完全刑事责任能力）逐渐完善、成熟的演变过程。依据《刑法》第18条的规定，精神病人刑事责任能力的评定采取"三分制"。

第一，完全无刑事责任能力：精神病人在不能辨认或者不能控制自己行为的时候造成危害结果的，经法定程序鉴定确认的，不负刑事责任。

（1）医学标准：精神病人发病期或未愈，中度或更重的精神发育迟滞（智商

50 以下)或者轻度精神发育迟滞伴精神病发作以及智能严重缺陷的器质性精神病;与精神病等位的严重精神障碍,包括癔症性精神病、病理性醉酒等。

(2)心理学标准:上述患者在实施危害行为时,由于严重的意识障碍或智能缺陷,或幻觉、妄想等精神病性症状的影响,使其丧失了实质性辨认能力或控制能力。

第二,限制刑事责任能力:尚未完全丧失辨认或者控制自己行为能力的精神病人犯罪,应当负刑事责任,但是可以从轻或减轻处罚。

(1)医学标准:精神病未愈,部分缓解或残留状态,轻度或中度精神发育迟滞;其他明显的精神障碍(包括非精神病性障碍)。

(2)心理学标准:上述患者在实施危害行为时,由于明显的精神障碍,使其对危害行为的实质性辨认能力或控制能力明显削弱。

第三,完全刑事责任能力。

(1)医学标准:精神病已痊愈或者缓解期,间歇性精神病精神正常期,其他非精神病性障碍。

(2)心理学标准:上述这些人在发生危害行为时,无客观依据证明其辨认能力或控制能力有明显削弱,作案往往有现实动机和目的,其病情与危害行为无因果关系。①

应当说,刑事责任能力三分制比二分制更加科学。首先,三分制符合我国司法精神病学的理论与鉴定实践,限制刑事责任能力精神病人的存在是不可争辩的客观事实。其次,三分制关于限制刑事责任能力精神病人从轻或者减轻处罚的规定,不仅符合我国刑法定罪量刑的基本原则,也能达到适用刑罚的目的,还与我国刑法对其他限制刑事责任能力者(又聋又哑的人、盲人、已满 14 周岁不满 16 周岁的人)的处罚原则相适应。需注意的是,三分制也引发了一些新问题,如限制刑事责任能力如何更准确量化,如何处理服刑与治疗的关系等。

三、民事行为能力鉴定

民事行为能力,是指法律确认的公民通过自己的行为从事民事活动、参加

---

① 参见杜志淳主编:《司法鉴定概论》,法律出版社 2018 年版,第 309 页。

民事法律关系、取得民事权利和承担民事义务的能力,即公民能够以自己的行为依法行使权利和承担义务,从而使法律关系发生、变更或消灭的资格。①

民事行为能力通常分为一般民事行为能力和特定民事行为能力,前者指当事人对自己参加的所有民事活动所实施的行为,具有辨认和意思表达的能力;后者指当事人对某一项或某几项民事活动所实施的行为(如立遗嘱,签订合同,离婚诉讼,赡养、抚养或收养,财产公证,财产继承等),具有相应的辨认和意思表达能力。

(一)一般民事行为能力的分级

第一,完全民事行为能力,指被鉴定人有能力以自己的行为取得和行使法律所允许的任何权利,并能承担和履行法律义务。患有精神疾病不能正确理解法律法规和社会生活规范,不能理智地实施民事行为的人,即使年满18周岁,也不具有完全民事行为能力。

第二,限制民事行为能力,又称部分民事行为能力或不完全行为能力,指可以独立进行一些民事活动但不能独立进行全部民事活动。

第三,无民事行为能力,指被鉴定人不能以自己的行为取得民事权利和承担民事义务。如无法理解或完全曲解民事行为代表的意义和性质及对自己带来的后果和影响。

(二)特定民事行为能力的鉴定

第一,精神疾病患者已经完成一个民事行为时的民事行为能力,如生前或现在已立的遗嘱,已完成的财产公证,已签订的合同或已提交的辞职报告等。

第二,精神疾病患者将要进行某一民事行为时的民事行为能力,如离婚诉讼、出庭作证、财产分割或处置等。

对于特定民事行为来说,民事行为能力只可能为"有"或者"无"的判断,一是能建立明确的精神障碍诊断;二是被鉴定人的精神症状对某特定民事行为能力有影响,不能完全辨认该特定民事行为中自己的权利和义务。

---

① 参见王保捷、侯一平主编:《法医学》,人民卫生出版社2018年版,第143页。

第三节 精神疾病司法鉴定的方法

精神疾病司法鉴定的方法一般包括阅卷审查、调查取证、精神状态检查、心理测验、躯体与辅助检查等。由于精神疾病的复杂性及对大脑精神功能研究方法的有限性,精神疾病司法鉴定中使用实验室检测及特殊检查的情况要比其他法医学领域少。

一、阅卷审查

阅卷是由鉴定人对委托方提供的所有鉴定材料进行详细阅读、思考、分析的过程,为制定合理的鉴定方案,明确鉴定调查与检验的目的与重点奠定基础。

1. 基本原则

(1) 鉴定人应亲自阅卷,逐一阅读委托方提供的全部材料。

(2) 阅卷时要把握案卷材料中的重点,寻找与鉴定委托事项有关的线索和疑点。

(3) 注意收集和掌握与被鉴定人精神状况及其诊断有关的信息,以便在鉴定调查和检验过程中进一步核实和澄清。

(4) 注意审查委托方提供的送检材料的真实性、完整性、充分性及取得材料的方式、方法等。

2. 阅卷内容

(1) 明确本案的一般要件,包括委托事项或要求、鉴定目的和用途、鉴定的原因等,进一步确定委托事项是否符合本专业的执业范畴。

(2) 阅读刑事案件的材料时,应重点阅读案件发生经过、讯问和审理记录、证人及证明材料、司法鉴定书,了解被鉴定人在案件中的角色、作用和精神行为特征;对其既往精神异常的病历资料,应重点了解其主要病症特点、病情发展过程、转归等。

(3) 阅读民事纠纷案件的材料,应重点了解纠纷过程、双方的利益关系;应通过阅读被鉴定人在案发前的日记、信件等文字材料,了解被鉴定人案发前思维、情感等精神状态,是否有精神疾病的迹象;同时注意家属、单位、同事、邻居等书证材料中反映的被鉴定人个人史、个性特征、精神疾病史及其家族史等信息。

二、调查取证

调查取证是为了核实、补充必要的与鉴定有关的信息,对被鉴定人以外的或与案情有关的人员进行调查的过程,以了解和澄清与鉴定案件有关的各种客观事实。

1. 基本原则

(1) 由鉴定人亲自实施。尽量采用当面调查的形式,若条件限制,可以通过电话、信函等通信方式。

(2) 调查前应明确需要调查的对象、内容和主要问题,形成调查提纲。

(3) 调查询问要客观、全面、具体,尽可能记录被调查者原话,采用录音录像方式更有利于保证调查资料的真实性。

2. 调查内容

(1) 调查被鉴定人的亲属、同事、邻居、单位领导时,重点了解其个人与家庭情况(包括精神病家族史)、既往病史、工作及社会经历等。

(2) 对于刑事案件,重点调查案发时的目击者、被害人、其他涉案人员等,了解被鉴定人在案发时的精神行为状态;案发后若被羁押,还应调查同监仓人员和管教人员,了解被鉴定人案发后的精神状况。

(3) 对于民事案件,重点调查被鉴定人参与一般民事活动或特定民事活动时的精神状况及在处理个人事务时的行为表现。

三、精神状态检查

精神状态检查是鉴定人通过晤谈、观察和评估等方式,系统了解和掌握被鉴定人的精神状态,以确定被鉴定人有无精神障碍症状,障碍的性质、特点、程度、持续时间等问题。精神状态检查是精神疾病司法鉴定最重要的方法。

1. 基本原则

(1) 以案卷材料和调查中发现的问题为线索,有目的、有重点地检查核实案卷材料和鉴定调查中需要澄清的问题,根据检查发现的新情况进一步探求被鉴定人案发时及当前的精神状态。

(2) 客观、真实和完整地做好精神检查记录,尽可能采用录音录像,以备溯源和查证。

(3) 检查发现的重要阳性与阴性结果尽可能用标准化或量化评定工具来佐证。

2. 检查内容

(1) 合作的被鉴定人:检查内容包括一般情况(意识状态、环境与自我定向、仪表仪容等),认知过程(感知觉、记忆、思维、智能等),情感反应(表情、声调、姿势、稳定性,对周围事物是否有相应情感反应等),意志行为(有无冲动、伤人、自伤、自杀、毁物等行为)。

(2) 不合作的被鉴定人:对于兴奋躁动、缄默、木僵、意识模糊等不能进行有效沟通的被鉴定人,主要观察其意识状态、面部表情与情感反应、言语、姿态、动作,对刺激有无反应及有人与无人在场时的变化情况。

四、心理测验

心理测验是通过标准化的心理检测工具,量化评估个体智力、记忆、情绪、精神疾病症状、社会能力等多种神经心理功能。心理测验可作为精神检查的重要技术补充。

(1) 认知功能测验,主要指综合反映多种智力和记忆因素的评定量表,常用的有伤病后智力、记忆检测以及伤病前智力推断等工具和方法。

(2) 临床精神症状量表,用于评定智力、记忆以外的其他精神症状,主要包括人格障碍和人格改变测验、各种临床症状评定量表等。

(3) 社会功能评定量表。社会功能的高低通常反映个体精神障碍的严重程度,而前述心理测验主要反映临床症状及症状类型,难以反映症状对个体的社会功能的影响及程度,因此,在评定个体临床症状类型的同时,还应评估其社会功能或社会适应水平。这类工具主要包括评估认知功能导致的社会功能受损、评估精神症状导致的社会功能受损等。

(4) 伪装精神疾病评定。由于精神障碍表现形式的复杂性及客观检测工具的局限性,伪装或夸大精神障碍或精神损伤的情形多见,因而需要对智力、记忆等测验结果的真实性和有效性进行再评估,并佐证和支持鉴定人的评估意见。

常用的客观评定伪装或夸大的工具有伪装认知功能损伤评估、伪装精神症状评估等。

（5）与法律能力有关的评定工具，指专业人员应用精神医学知识、技术和经验依法对被鉴定人承担某种法律责任或行使某种法律权利时的行为能力的量化评定工具。它主要有暴力犯罪行为人刑事责任能力评定量表、部分责任能力评定量表、辨认和控制能力的精神医学评定、服刑能力评定量表、受审能力评定量表等。[①]

五、躯体与辅助检查

为了解精神疾病是否存在大脑器质性病变基础，需对大脑病变作出"定位"和"定性"诊断。可根据具体情况有针对性地选择相关生化、脑影像学、脑电图或其他特殊检查，以获得器质性病理、生理、生化等诊断依据。

第四节　精神疾病鉴定意见评判

精神疾病鉴定意见是指精神鉴定人基于精神医学知识及临床经验作出的鉴定结果。因诉讼制度与价值观念的差异，不同国家对于鉴定结果的法律地位规定不一。大陆法系国家视鉴定人为法官的辅助者，在立法上将鉴定结果一般概括为"鉴定结论""鉴定人的意见"等，并将其规定为一种独立的证据类型；英美法系国家则视专家为证人，在立法中没有将鉴定结果作为独立的证据形式加以规定，而是包括在证人证言中，称为"专家证言"或"专家意见"。我国的情况与大陆法系国家类似，如《刑事诉讼法》规定的八种证据中，第六种即作为独立证据类型的"鉴定意见"。应当说，"鉴定意见"较"鉴定结论"更为科学、准确，也更符合鉴定活动的本质特征。精神疾病鉴定意见作为法定证据的一种，必须经查证属实后，才能作为定案的根据。

[①] 参见霍宪丹主编：《司法鉴定学》，中国政法大学出版社2016年版，第230—233页。

一、精神疾病鉴定意见的质证

质证有广义和狭义之分,广义的质证是指在诉讼程序中,由法律允许的质证主体对各种证据采取询问、质疑、说明、解释、辩驳等形式,从而对司法人员的内心确信形成特定证明力的一种诉讼活动。狭义的质证是指诉讼当事人对在法庭上出示的证据采取质疑、询问、辩驳等形式进行对质核实的活动。下面主要从狭义层面上论述精神疾病鉴定意见的质证。

从本质上看,精神鉴定意见只是一种科学经验的规范化体现,并非一定正确。为了解决实践中鉴定意见质证的形式化问题,有必要对精神鉴定的质证主体、质证的程序性保障以及质证的实体内容等加以完善。其中,质证主体是质证的关键,任何一方的缺失或力量失衡都会导致质证达不到预期的目的。这就要求我们对质证主体进行平等武装,精神鉴定人的出庭以及精神专家辅助人的设立,是保证鉴定意见得以有效质证的必要措施。

(一) 精神鉴定人的出庭

因精神鉴定意见在证据理论上属于言词证据,依据直接言词和集中审理原则,鉴定人应当出庭。鉴定人的任务不是简单地向法庭宣读鉴定意见,更重要的是接受控辩双方的质询,并通过解释、辩论使法官明白孰是孰非。可以说,精神鉴定人的出庭,无论对于程序公正的维护还是裁判结论公正的保证,都具有至关重要的意义。

(二) 精神专家辅助人的设立

因精神鉴定意见涉及的专业性问题较强,不具备该领域专业知识和经验的人,难以对鉴定意见是否客观准确、鉴定标准是否符合规定,以及鉴定活动程序是否存在瑕疵等问题作出判断。因此,即便是精神鉴定人出庭作证,也会因鉴定意见得不到充分质问而流于形式。为了弥补当事人和法官在鉴定专业知识方面的不足,有必要建立专家辅助人制度。这不仅是强化鉴定意见庭审质证对抗性、提高庭审质证质量的必要措施,同时也是提高鉴定意见权威性的需要。

另外,专家辅助人参与质证,还可在一定程度上限制重新鉴定的次数。这是因为当专家辅助人对鉴定意见没有合理怀疑时,整个质证有助于法官形成采信此鉴定意见的内心确信;只有当专家辅助人对鉴定意见存有合理怀疑或不同意见,而鉴定人又不能给出合理解释时,才有必要启动重新鉴定程序。法官对比前后两次鉴定意见的质证,一般就能作出取舍。专家辅助人参与质证对于无谓的鉴定"升级"起了一定的制约作用,既节约了诉讼成本,又提高了诉讼效率。

实际上,最高人民法院于 2002 年就以司法解释的形式在我国民事诉讼与行政诉讼中创设了专家辅助人制度,也有人称其为技术顾问制度,即允许当事人向法庭申请由具有专门知识的人员出庭就案件中的专门性问题进行说明。鉴于刑事诉讼对证据质证的要求更高,因而设立专家辅助人更有其必要性。刑事诉讼法规定,公诉人、当事人和辩护人、诉讼代理人可以申请法庭通知有专门知识的人出庭,就鉴定人作出的鉴定意见提出意见。法庭对于上述申请,应当作出是否同意的决定。此处"有专门知识的人"即为专家辅助人。

总之,专家辅助人的设立不仅有利于法庭询问质量与效率的提高,还有利于鉴定质量的提升。尤其是在《关于司法鉴定管理问题的决定》实施以后,我国的司法鉴定越来越走向专业化和社会化,司法行政机关是主管鉴定人和鉴定机关登记管理的唯一国家机构,此种情况下,鉴定意见的科学性和可靠性就愈加需要专家辅助人的质证。

二、 精神疾病鉴定意见的认证

所谓"认证"其实就是"认定证据"的简称,即法官对证据的审查判断和确认活动。一项证据经过了取证、举证、质证,还必须经过认证,才能够作为最终定案的依据,因而,认证更具有决定性意义。精神疾病鉴定意见的认证就是法官对鉴定意见的审核认定行为,包括对精神鉴定意见证据能力的认证和对精神鉴定意见证明力的认证。一般情况下,证据规则主要是对证据能力作出规制,至于证明力则由裁判者以自由心证的方式加以认定。

(一)证据能力的认证

鉴定意见的证据能力,是指鉴定意见的证据资格问题,相当于英美证据法中的证据可采性。对于精神鉴定意见的证据能力,一般从以下方面进行考察:

1. 精神鉴定人的资格审查

鉴定资格主要指鉴定人应当具备鉴定所需的专门知识和技能,这是鉴定意见具有证据能力的首要条件。大陆法系国家对鉴定人的资格问题采取事先审查的方式,凡是达到法律规定标准的鉴定人都要统一注册,形成鉴定人名册,鉴定活动的开展必须从鉴定名册中挑选鉴定人。但因法律不可能对具备何种知识程度的人可以在具体案件中担任鉴定人给出一个确定标准,因此对于被列入鉴定人名册的人,法律也不排除控辩双方对其是否具有专门知识和技能提出疑问,这时必须由法官在个案中加以判断。

《关于司法鉴定管理问题的决定》第4条针对所有司法鉴定人规定了如下条件:(1) 具有与所申请从事的司法鉴定业务相关的高级专业技术职称;(2) 具有与所申请从事的司法鉴定业务相关的专业执业资格或者高等院校相关专业本科以上学历,从事相关工作五年以上;(3) 具有与所申请从事的司法鉴定业务相关工作十年以上经历,具有较强的专业技能。具备上述条件之一的人员,都可以申请登记从事司法鉴定业务。每项司法鉴定业务的开展有三名以上鉴定人即可。另外,依据《关于精神疾病司法鉴定暂行规定》,具有五年以上精神科临床经验并具有司法精神病学知识的主治医师以上人员或者具有司法精神病学知识、经验和工作能力的主检法医师以上人员都可以担任精神鉴定人。

不难看出,上述条件都非常笼统,且门槛较低。应当制定司法精神医学专业切实可行的鉴定人准入制度,并对精神鉴定人的资质加以规范,这一方面有利于保证精神鉴定人的业务水平和鉴定质量,另一方面也有助于法官对精神鉴定人进行资格审查。

2. 精神鉴定意见的鉴定程序审查

对鉴定程序的审查非常重要,审查内容主要是看精神鉴定是否符合相应的程序规范,即是否符合精神鉴定活动自身的一般程序规范以及精神鉴定活动在整个诉讼中的程序规范,如是否符合精神鉴定的申请、决定、委托,以及实施等程序规定。若程序不合法,要么影响鉴定结论的证明力,要么侵犯当事人的诉讼权利,最终侵犯其实体权利。

我国精神鉴定程序的启动权主要由公安机关、检察院与法院行使,对鉴定机构与鉴定人的选任采用的是法定主义,由法律统一规定。一般来说,鉴定程序的启动不符合法律要求的,提供的鉴定意见也不具有证据能力。

精神鉴定人接受委托后,需要先对被鉴定人的精神障碍病史等材料进行全面的收集,然后进行精神检查。在体格检查中,神经系统检查、脑电图检查、智力检查等都是常规检查项目,有时为排除隐蔽的器质性疾病,也需做脑CT、MRI等特殊检查。精神检查通常采取会谈的方式,如果遇到被鉴定人不合作,或虽经多方启发,仍闭口不言,可采取住院鉴定进行仔细观察。不能对缄默不语或违抗的被鉴定人采用任何形式的变相强制性方法,否则将影响鉴定意见的证据能力,因为精神鉴定意见的得出也应建立在排除非法证据的基础之上。

综上,通过对精神鉴定意见的合法性审查,凡是不具有精神鉴定人资格、不符合鉴定程序的鉴定意见就不应被采纳。

(二)证明力的认证

鉴定意见的证明力,是指鉴定意见在多大程度上证明待证事实,是证据的证明价值问题。因鉴定意见的证明力属于事实认定的范围,法律一般不作规定,而是由法官或陪审员依自由心证原则进行判断。

1. 影响鉴定意见证明力的因素

通常情况下,影响鉴定意见证明力的因素主要有以下五点:(1)鉴定人知识水平的高低;(2)鉴定所使用的仪器设备的先进程度;(3)用作鉴定的基础事实材料的可靠性;(4)鉴定人因受外界因素影响而形成的预断和偏见;(5)同案当中的其他证据。当然,具体判断鉴定意见的证明力时还需法官根据个案情况进行具体衡量。

2. 精神鉴定意见对法官的约束力

精神鉴定意见对法官是否具有约束力存在三种不同的看法:否定说、肯定说与折中说。

否定说认为,鉴定意见对法官没有约束力,法官有权自由决定是否采纳鉴定人的意见。即法官审查证据,决定哪些证据应予以排除。理由之一,鉴定意见是一种证据形式,只是鉴定人依自己的专业知识提供给法院的一个证据资料而已,采纳与否应由法官依自由心证来决定,否则就等于让鉴定人越俎代庖,侵犯法官的认定事实的权力。理由之二,精神鉴定是事后回顾性鉴定,缺乏客观的方法,对行为人犯罪时的精神状态进行判断非常困难,从而导致鉴定意见不真实。理由之三,鉴定可能发生错误。鉴定人的素质差异很大,经常出现对同一个被告产生不同鉴定结果的情况,若认为鉴定意见对法官具有约束力,则会产生更大的混乱。[①]

---

① 参见张丽卿:《司法精神医学——刑事法学与精神医学之整合》,中国检察出版社 2016 年版,第 327—331 页。

肯定说认为,鉴定意见对法官具有约束力,只要鉴定人的能力及鉴定过程不存在问题,法官就应当采纳鉴定人的意见,而不得拒绝或排除。正因为法官不具备认识案件专门性问题的知识与能力,才需要鉴定人的协助,因而应该接受鉴定意见的约束。若拒绝采纳鉴定意见,则有"外行否定内行意见"的嫌疑。①

折中说认为,鉴定意见对法官应该有一定的拘束力,但没有绝对的约束力。② 法官在认定案件事实时一般应当采纳鉴定人的意见,若认为鉴定意见不应采纳,则可通过补充鉴定或重新鉴定解决或通过书面形式说明不予采纳的理由。

我国在精神鉴定意见对于法官是否具有约束力方面,理论与实践中的做法有所不同:从法律规定看,包括精神鉴定意见在内的所有鉴定意见都只是证据的一种形式,必须经过当事人的当庭质证以及法官的审查判断并被认为真实可靠后才能作为定案的根据,即理论上应采否定说。但是实践中绝大多数案件采用的是肯定说或折中说,司法机关对精神鉴定意见的采信率高,存在过分依赖鉴定意见的现象。

事实上,上述争论与精神鉴定的评价范围以及精神鉴定人的角色定位有关。以刑事责任能力鉴定为例,鉴定意见对于法官是否具有约束力是难以判断的。因为精神鉴定意见中的刑事责任能力内容对法官不具有约束力,原本就应由法官来认定,鉴定人的意见只起参考作用。但是,精神鉴定意见中的医学内容对法官是具有约束力的,这是基于对法官自由心证的合理控制,因刑事责任能力的判断必须以相应的医学事实为基础。由此便产生了矛盾,即同一份鉴定意见中不同的内容对法官的约束力是不一样的。那么为了消除此矛盾,较合理的办法就是采用刑事责任能力的合作判断方式:首先,精神鉴定意见只包括医学要件的评定内容,即由精神医学鉴定人确定被鉴定人是否有精神障碍、实施危害行为时的精神状态、精神障碍与所实施危害行为之间的关系。其次,在司法人员主持下与鉴定人共同对心理学要件作出判断,即确定被鉴定人是否因精神障碍而丧失或削弱辨认控制能力,从而得出有无刑事责任能力的结果。这样,法官在拥有刑事责任能力判断权的前提下,只要鉴定人的能力及鉴定过程

---

① 参见郭华:《鉴定结论论》,中国人民公安大学出版社 2007 年版,第 311—312 页。
② 参见何家弘主编:《司法鉴定概论》,北京大学出版社 2002 年版,第 26 页。

不存在问题,就应当肯定精神鉴定意见的证明力,若拒绝采纳则必须说明理由。①

概而言之,精神鉴定意见的证明力原则上由法官自由判断,但是不得违背经验法则和逻辑规则,这是现代自由心证客观化发展的必然要求。精神鉴定意见对法官具有约束力,在不能提出拒绝理由的情况下须承认此鉴定意见的证明力。

关键术语

1. 精神疾病(mental illness)
2. 精神障碍(mental disorders)
3. 精神病(psychosis)
4. 精神疾病司法鉴定(forensic mental health assessment)
5. 刑事责任能力(criminal capacity)
6. 民事行为能力(civil capacity)
7. 诉讼能力(litigation capacity)
8. 受审能力(competence to stand trial)
9. 辨认能力(identification capacity)
10. 控制能力(control ability)

思考题

1. 如何确保精神疾病鉴定过程中被鉴定人的人权得到保障?
2. 精神疾病鉴定在推动精神卫生法律制度建设中有何作用?
3. 精神疾病司法鉴定方法与其他法医学鉴定方法有何不同?
4. 公众对精神疾病鉴定的认知存在哪些误区?
5. 如何驳斥"有病无罪论"?

---

① 参见张爱艳:《精神鉴定意见的司法判定》,载《法学论坛》2011年第4期。

参考文献

1. 陈卫东等:《司法精神病鉴定刑事立法与实务改革研究》,中国法制出版社2011年版。
2. 杜志淳主编:《司法鉴定概论》,法律出版社2018年版。
3. 胡泽卿主编:《法医精神病学》,人民卫生出版社2016年版。
4. 霍宪丹主编:《司法鉴定学》,中国政法大学出版社2016年版。
5. 李立众:《精神病人责任能力的认定方案研究》,载《中外法学》2020年第3期。
6. 王保捷、侯一平主编:《法医学》,人民卫生出版社2018年版。
7. 张爱艳:《精神障碍者刑事责任能力的判定》,中国人民公安大学出版社2011年版。
8. 张丽卿:《司法精神医学:刑事法学与精神医学之整合》,中国检察出版社2016年版。
9. 郑瞻培、高北陵主编:《精神疾病司法鉴定及精神伤残鉴定争议案例评析》,中国检察出版社2008年版。

第十章　文书司法鉴定

学习目标

［情感目标］　认识文书物证的证据价值，加深对文书司法鉴定工作科学性的理解，领悟其在维护司法公正、促进社会公平正义中的重要作用。

［知识目标］　了解文书司法鉴定的基本概念和范畴，明确其在司法实践中的定位和作用，掌握文书司法鉴定的对象、价值以及常见鉴定类型，形成完整的知识理论框架。

［能力目标］　能够遵循科学、规范的操作流程，科学运用文书物证鉴定理论方法对专门性问题进行科学分析和判断，具备一定的文书物证相关专门性问题的综合分析能力。

第一节　文书司法鉴定概述

一、文书司法鉴定的概念

文书，亦称文件，广义来讲是指记载、传递和表达制作人意思的一类信息载体，狭义来讲是人们在社会交往中形成和使用的与案件事实有关的各种公文、合同、信函、契约、字据、证照等材料的总称。文件作为物证的种类之一，通常由两类要素构成，一是用来记录、表达信息的物质载体；二是用来表达某种意思的文字、图案和符号。

文书司法鉴定是具有专门知识的鉴定人，运用文件检验学的理论、方法和专门知识，对诉讼涉及的专门性问题进行鉴别和判断并提供鉴定意见的活动。文书证据与常规单一物质物证有所不同，它不仅依靠单一物质属性来证明案件事实，而且依靠物质载体上记载的表明某种意思的信息、符号来证明。因此，在鉴定方法上，文书司法鉴定也与常规单一物质检测存在差别，形成较为系统的文书鉴定业务类别。

二、文书司法鉴定解决的专门性问题

文书司法鉴定解决的诉讼涉及文书物证的专门性问题，包括可疑文件的书写人、制作工具、制作材料、制作方法、内容、性质、状态、形成过程、制作时间等。鉴定人通过对诉讼中涉及相关专门性问题的可疑文件进行检验、分析鉴别和判断，提供鉴定意见。

三、文书司法鉴定的类别

（一）依据物证类司法鉴定执业分类

文书司法鉴定包括笔迹鉴定、印章印文鉴定、印刷文件鉴定、窜改（污损）文件鉴定、文件形成方式鉴定、特种文件鉴定、朱墨时序鉴定、文件材料鉴定、基于痕迹特征的文件形成时间鉴定、基于材料特性的文件形成时间鉴定、文本内容鉴定等。

（二）依据文件鉴定通用规范分类

文书司法鉴定包括笔迹鉴定、印章印文鉴定、印刷文件鉴定、文件制作时间鉴定、文件材料鉴定、窜改（污损）文件鉴定、特种文件鉴定、文件形成方式鉴定等。

四、文书司法鉴定的对象

文书司法鉴定的对象首先是可疑文件，且其中的任何组成部分都可能成为文书鉴定的需检要素。根据文书的形成方式、形成过程及表现形态，可将鉴定对象分成三大类。

（一）书写文件

书写文件是书写人持书写工具将文字、符号书写到相应载体上制成的文

件。书写工具通常是指书写笔,同时也包含特殊工具、非常规方式。文字符号、书写墨迹、书写工具、书写内容、形成方式、书写时间,以及载体纸张都是具体的鉴定对象。

（二）印刷、机制文件

印刷、机制文件是指用印刷工具将文字符号承印到载体上制成的文件。印刷字迹、印刷工具、印刷材料、文字内容、制成时间,以及文书符号载体都是鉴定对象。

（三）窜改、污损文件

由于人为故意、自然老化因素造成部分或全部内容改变或消退的文书,通常称窜改、污损文件,如添改字迹色料、缺损字迹、潜在字迹压痕、破损痕迹等均为鉴定对象。

五、文书司法鉴定的价值

在司法实践中,文书司法鉴定无论是对于刑事案件、民事案件还是行政案件的各个环节都具有重要价值。

（一）揭示案件事实及确定案件性质

文书司法鉴定利用专门的技术揭露隐含在文件物证材料中的事实信息,并且用鉴定意见的形式展现,为法院查明案件真相提供客观证据。

（二）印证案件中的其他证据

通过鉴定活动作出的文书鉴定意见,不仅可以判断相应证据的真实性,体现文书物证的证据价值,还可以对案件中的其他证据起到证实作用。

（三）认定或排除行为主体

无论在刑事或民事诉讼中,文书司法鉴定都可以起到确认或者排除行为主体的作用。刑事案件中,通过将文书物证中的字迹与犯罪嫌疑人的字迹进行比对检验,可以认定书写人,排除无关人员。依据《刑事诉讼法》,同其他证据类型相比,鉴定意见更为科学和客观。

第二节 文书司法鉴定的内容

一、笔迹鉴定

(一) 笔迹鉴定概述

笔迹是书写人运用书写工具，按一定的书写规范，通过书写活动在书写载体上形成的文字、符号、图形、图案、绘画等书写符号系统。书写的各种文字、符号、绘制的图画，以及书写、绘画时用笔所形成的特定痕迹，都能反映出书写人的书写技能和书写习惯。

笔迹鉴定是具有专门知识的鉴定人，通过将检材与样本字迹的笔迹特征进行比较检验，对检材字迹的书写人或与样本字迹的同一性进行检验和鉴别的专门技术。笔迹鉴定的对象是笔迹，主要任务是确定检材与样本笔迹是否为同一人的笔迹，运用的主要方法是同一认定方法。

(二) 笔迹鉴定的原理

笔迹是人的书写动作形成的痕迹，书写动作由书写意识、书写技能和书写习惯来支配，所以笔迹这种特殊的动作痕迹能反映书写人的书写技能、书写习惯。同一人的书写习惯具有相对稳定性和总体特殊性。笔迹除了具备一般同一客体的相对稳定性和总体特殊性以外，还具有反映性。这三个属性是笔迹检验的理论基础，也是笔迹鉴定意见能成为诉讼证据的科学依据。

(1) 笔迹的反映性是笔迹鉴定的物质基础。笔迹的反映性是指笔迹反映书写习惯、暴露书写习惯的必然性。笔迹是在书写活动过程中形成的，是书写习惯的表现。因此，通过笔迹可以考察书写活动，能够发现书写习惯。不仅如此，由于书写习惯对于人主观意志的控制以及书写条件的限制具有自主性和能动性，因而不仅在正常笔迹，而且在故意伪装和书写条件变化的笔迹中，它也必然会表现出来。

(2) 书写习惯的同一性是笔迹鉴定的条件。书写习惯的同一性是指同一个人不同时间形成的笔迹都保持着它自己的基本特征，其自身存在着同一关系的特性。科学的世界观认为,事物的运动、发展是绝对的,它在每一瞬间既与自己相同,又与自己相区别。笔迹也一样,它的自身同一,不是绝对等同,是包含着差别的同一,这是由书写习惯本身既有可变性、又有相对稳定性决定的。

(3) 笔迹的总体特殊性是笔迹鉴定的鉴别根据。笔迹的总体特殊性,是指每个人的笔迹特征总和各不相同的属性。个人的笔迹只能是总体特殊,而不是每个单字、每个笔画都特殊,这是由于书写习惯既有特殊性,又有共同性。书写习惯的特殊性是指不同人的书写习惯互有区别。这种区别主要来自个人书写技能的学习、训练和形成习惯过程中的主客观条件的差别。书写习惯的共同性是指每个人的书写习惯都有或多或少不同程度的共同之处。这主要是由于语言文字毕竟是交际的手段和工具,决定了个人进行书写活动时不能随心所欲,必须接受社会规范与规则的制约。

(三) 笔迹特征

笔迹特征是笔迹中反映书写人的书写水平和书写习惯特点的各种征象。笔迹特征可分为书写风貌、布局、写法、形体、结构、笔顺、运笔和笔痕八类;根据笔迹特征价值又可分为一般特征和细节特征。笔迹一般特征包括:书写风貌、布局、写法、形体及结构特征中单字的整体结构等;笔迹细节特征包括:笔顺、运笔、笔痕和结构特征中单字局部结构及单字笔画之间的搭配比例关系等。在某些情况下,运用笔迹表达思想和传递信息,可在不同程度上反映出书写人的书面语言习惯,书面言语习惯虽然从本质上讲不属于反映书写运动习惯的笔迹特征,但在大量字迹笔迹同一性鉴定中,有时可作为重要的参考依据。

(1) 书写风貌特征。书写风貌特征是指通过整篇字迹的谋篇布局、字的大小形态和排列组合等结构特点、书写速度和书写力度的变化体现出的笔画质量等因素,综合反映出书写人的书写水平、书写控制能力的概貌特点。

(2) 布局特征。布局特征是指通篇字迹谋篇布局的特点或局部字迹的排列组合关系。具体表现为段、行、字、符号之间及其相互之间的空间分布特点,如轴线和基线方向、角度;字间和行间的疏密;字与字或符号之间的比例关系;字或符号与格线的关系;行缩进、突出特点;抬头、落款的位置;页边、页脚、页眉的宽窄、形态等。

(3) 写法特征。写法特征是指单字及符号的基本构造、书写方法和使用规则。构成汉字字形的要素包括笔画、笔数及汉字部件的位置关系等。写法特征按繁简可分为简化字、繁体字;按规范性可分为规范字、非规范字、异体字、旧体字等;按正误可分为错字、别字等。

(4) 形体特征。形体特征是指单字的基本形状和体式,包括单字的体式、大小、形状及倾斜方向、角度等。单字的体式可分为楷书体、行楷体、行书体、行草体、草书体等;单字外部形状可分为长、方、圆、椭圆及不规则形状等。

(5) 结构特征。结构特征是指某些固定搭配的单字之间(如签名、日期等),以及单字的偏旁、部首、笔画之间的空间布局和比例关系。笔迹的结构特征可分为整体结构特征、单字结构特征和笔画结构特征等。整体结构特征,如签名笔迹中各单字之间的整体布局关系;单字结构特征,如单字各部件之间的左右、上下、里外、包围的布局和比例关系;笔画结构特征,如单字的笔画之间具体的搭配比例关系等。

(6) 笔顺特征。笔顺特征是指构成单字的各部件之间、单字笔画之间的书写次序和方向,有时也指某些固定搭配的单字之间或单字与相邻符号之间的书写次序和方向。

(7) 运笔特征。运笔特征是指书写活动中一个完整的起、行、收笔书写过程或一系列相互关联的书写过程中反映出的书写方向和角度、书写速度和书写力度的变化特点在笔迹中的综合反映,以及书写过程中在笔画的起、收、转、折、连、绕等细微书写动作处反映出的书写方向和角度、书写速度和力度的变化特点。运笔特征可分为某些固定搭配字迹笔画间的整体运笔特征、单字运笔特征、笔画运笔特征及细微书写动作的运笔特征等。

(8) 笔痕特征。笔痕特征是指书写过程中书写工具在字迹笔画中形成的综合反映书写工具结构特点和书写人书写动作特点的痕迹特征。如用圆珠笔书写形成的油墨露白、堆积、间断、分裂等,其出现的部位、形态、分布特点等。笔迹鉴定实践中,要特别注意区分书写工具形成的"笔痕特征"与因书写条件或伪装、模仿形成的非正常笔迹的变化特征。

(四) 常见的笔迹鉴定类型

(1) 判定检验笔迹形成方式。笔迹在书写过程中,墨迹渗透纸面形成的结合形态、墨迹浓淡变化等特征共同构成识别笔迹形成方式的依据。

(2) 认定检材笔迹的书写人。每个人的笔迹特征总体具有特殊性,可根据对笔迹一般特征与细节特征的比较结果,判断检材与样本笔迹是否为同一人书写。

（3）鉴别一份文件上的几部分笔迹，多份文书物证上的笔迹是否为同一人的笔迹。

二、印章印文鉴定

（一）印章印文鉴定概述

印章是镌刻有单位名称或个人姓名等内容，用作盖印于文件上表示签署或鉴证的信物，常由印面、章体及印柄构成，印章制作在我国是特种行业。印章印文是印章印面在纸张等文件载体上，通过盖印相应印文材料，形成的印面内容及其结构特点的反映形象。

按照印章的功能、用途可将印章分为公章、专用章和私章三种。公章是指党、政、军各级机关，社会团体，企事业单位及其所属机构使用的代表本单位或部门的印章。专用章是指专用于某种业务或某种文书的印章，不具有普遍的证明作用。私章是指个人所用的名章。私章的款式、大小、形状、字体等较繁杂。

印章印文鉴定，是指具有专门知识的鉴定人，根据印章在制作、使用、保存过程中形成的印面材料和结构特性在印文中的具体反映，通过检材与样本印文的比较、鉴别，从而确定文书物证上印章印文真伪的专门技术。

（二）印章印文特征

印章印文特征是在制作、使用、保存印章过程中形成的印面结构特性在印文中的具体反映形象。根据印文特征价值可分为一般特征和细节特征。其中，印文一般特征包括印文内容、印文结构、印文规格、盖印材料等；印文细节特征包括印文文字、线条、图案、留白的形态、布局和搭配比例关系，以及印章在制作过程中形成的特殊暗记、疵点、划痕、残缺及反映雕刻工具特点的细微痕迹，印章在使用过程中形成的印面墨迹分布状态、印面附着物、磨损及修补、清洗形成的缺损、特殊暗记和印文防伪特征等。

（1）印文内容特征。印文内容特征是指印文上表明印文所代表的单位、机构、部门名称或个人姓名或其他特殊用途文字的内容，也包括除印面文字外的图案、图形等其他内容。

（2）印文结构特征。印文结构特征是指印章印面上构成印文的文字、图案、边框、留白等基本要素,及各要素之间的排列组合、搭配比例等空间分布关系。由于印文的种类和用途不同,印面结构也有不同的规定和要求,如国务院直属机关的印章,要求印文中央刊国徽,没有行政职能的中央刊五角星等。国家行政机关内设立的机构或直属单位的印章,规定名称自左而右环行或名称前段自左而右环行,后段自左而右直行。

(3)印文规格特征。印文规格特征是指印文的外框形态和大小尺寸。常见的公章形状有圆形、方形、椭圆形等;专用章的形状有圆形、椭圆形、正方形、三角形等;名章的形状式样各异,甚至有无边框或不规则形状的名章印文。不同形状的印文,其大小尺寸的测量和表达方法不同,如圆形一般用直径表示;方形可用长、宽或对角线表示;椭圆形态或不规则印文均可用横向和纵向最大值表示。

(4)印文文字特征。印文文字特征是指印文文字的字形、字体和文字大小、笔画长短、粗细等,以及单字与单字之间、单字笔画之间的布局、搭配比例等空间分布关系。

(5)印文线条特征。印文线条特征是指印文的边框和内部线条的形态、结构、大小、长短、粗细等,以及线条之间的布局、搭配比例等空间分布关系。

(6)印文图案特征。印文图案特征是指构成印文图案的点、线、面等各要素的形状、结构、大小、长短、粗细等,以及各要素之间的布局、搭配比例等空间分布关系。

(7)印文留白特征。印文留白特征是指印文空白部分及空白部分出现的非印文内容的印迹的分布状态及与印文各部分内容之间的空间分布关系等。

(8)印面墨迹分布特征。印面墨迹分布特征是指印章印面墨迹的深浅、浓淡、堆积、空白等分布特点在印文中的具体表现,以及印面墨迹盖印后在纸张等文件载体上的吸附、渗透、洇散等特性。印章的结构、章面材质、印文材料特性的不同,以及盖印条件的变化和印面材料的老化等因素都会形成印面墨迹不同的分布特点。

(9)印面缺损特征。印面缺损特征是指印章在制作、使用和保存过程中因清洗、摩擦、磕碰或印章印面材料的老化等原因形成的印面笔画、线条的磨损、残缺或变形等特征。

(10)印面附着物特征。印面附着物特征是指印章印面或印文材料表面吸附的非印面固有的细小物质,及其位置、结构、规格、形态和分布状态,以及与印文上其他要素之间、相互之间的布局搭配比例等空间分布关系在印文中的具体表现。印章印面和印文材料在保存、使用过程中,其表面容易吸附来自周围环境的尘埃、毛发、纤维、纸屑、烟灰等细小物质,在盖印过程中印面和印文材料表面的接触又会使这些附着物相互混杂或转移。

(11) 印面暗记特征。印面暗记特征是指印章在制作或使用过程中,为了防伪等目的在印面上制作的特殊记号。印面暗记特征通常表现为印面上文字笔画或线条的残缺变形、特殊标记等。

(12) 盖印材料特征。盖印材料特征是指形成印文的各类色料的理化特性,如色料的颜色、光泽、显微结构和形态及其光谱特性和成分等。

(13) 防伪特征。防伪特征是指防伪印章在制作过程中形成的具有一定防伪功能的特征。常见的印章防伪特征包括:采用先进工艺代替手工刻制印章反映出的制作工艺特点、制作材料特性;防伪印油和印泥特殊的理化特性和光学/光谱特性;在印面图文的点、线条或边框上制作的防伪标记;印章印面上以防伪为目的经物理或化学方法才能显现或识别的不可见图文信息。

(三) 常见的印章印文鉴定类型

(1) 确定印文的形成方式。通常在诉讼中涉及的协议、合同等文书证据中,只有通过真实印章盖印形成的印文才是有效印文,诵过胶印、打印、复印等复制方式形成的印文皆属于非正常印文。

(2) 确认可疑印文与样本印文的同一性。可疑印文与真实印章盖印的样本印文进行比较检验,根据一般特征和细节特征比较结果,进行综合评断,可以认定检材印文与样本印文是否出自同一印章所盖印。

(3) 确认形成可疑印文的印章类型。印文本质上属于印章印面通过盖印在相应载体上形成的客观反映形象,对印文色料的分布、色料的理化类型及印文相应附属特征痕迹进行分析,可以判断形成印文的印章类型。

三、印刷文件鉴定

(一) 印刷文件鉴定概述

印刷是将文字、图形、符号等制成印版,经过油墨或墨粉显色后转印到纸张等承载客体上的过程,是按印版或原稿印制、复制文件的主要手段。随着科学技术的进步,从影响世界的四大发明之一活字印刷到目前的计算机制版印刷,印刷文件在表现形式上一直在发生改变,尤其是办公自动化系统的应用,打印和复印文件成为印刷文件的主流形式,使得伪造和变造印刷文件变得极其容易,这些改变促使鉴定技术要不断迎接新的挑战。

印刷文件,是指采用凸版印刷、凹版印刷、平版印刷、孔版印刷等传统制版印刷技术及特种制版印刷技术,或利用打字机、打印机、复印机、传真机等办公设备,制作形成的各类机制文件的总称。印刷文件包括各种版型的专业印刷设备印制的文件和现代办公设备印制的文件,如书刊、证券、信稿纸、信函纸、商标、宣传品等和打印、复印、传真文件等。

印刷文件鉴定,是具有专门知识的鉴定人根据印刷工艺、印刷设备、现代办公设备的材料和结构特点及其变化规律在文件载体上的具体反映,对检材的印刷工具、印刷方法的种类和印刷机具、印版的同一性等进行检验和鉴别的专门技术。

(二)常见印刷文件鉴定类型

(1)印刷版型鉴定。文件的印刷版型一般包括凸版印刷、凹版印刷、平版印刷、孔版印刷等。印刷版型鉴定主要依据可疑文件反映出的印刷方法的种类特征、传统制版印刷文件的基本特点及检验方法,对检材是否符合凹版印刷、凸版印刷、平版印刷和孔版印刷的特点,以及是否采用特种印刷工艺、防伪印刷技术作出分析评断,鉴定可疑文件的印刷方法。

(2)印刷文件的同机(同版)鉴定。印刷文件同机鉴定分为传统制版文件同机鉴定和办公设备机制文件同机鉴定。其中,办公设备机制文件同机鉴定根据办公设备类型的不同,又分为字符式打印文件同机鉴定、点阵式打印文件同机鉴定、静电复印文件同机鉴定、传真文件同机鉴定等;传统制版文件同机鉴定的主要任务是同版鉴定。

(3)印刷文件是否存在添加事实。根据可疑字迹与其余字迹反映出的印刷特征是否一致,有无多次印刷的痕迹,彩色激光打印形成的文件有无多种或重复出现的暗记特征等,可判断印刷文件、办公机制文件是否为一次制作形成。

(4)特种文件的真伪鉴别。即根据特种文件的制作方式、制作工具、制作材料及采用的防伪技术等特性,必要时通过可疑文件与真实文件或标准样本的比较检验,采用形态比对和理化检验方法或专门仪器检测方法等对其真伪进行鉴别。

四、窜改(污损)文件鉴定

(一)窜改(污损)文件鉴定概述

窜改(污损)文件是各类在原真实文件的基础上采取各种手段形成的变造文件和各类受污染、损坏的污损文件的总称。

窜改文件,一般以变造文件为主要表现形式,是在原真实文件的基础上,采用添加改写、擦刮涂改、粘贴拼凑、涂抹掩盖、换页、拆封后重密封、消退及伪老化等技术手段,对原真实文件的局部内容加以改变,导致文件内容或性质已产生变化的可疑文件。污损文件是在保存、使用等过程中,由于与其他物质接触或受外力影响导致全部或部分内容被污染损坏的文件。

窜改(污损)文件鉴定是具有专门知识的鉴定人,对检材是否存在变造事实及变造内容进行检验和鉴别,或对受污损的检材进行清洁整理、恢复固定以及显示和辨认模糊或不可见内容的专门技术。司法鉴定和法庭科学领域,窜改(污损)文件鉴定主要包括变造文件鉴定、污损文件鉴定、模糊记载鉴定、压痕记载鉴定、文件形成方式鉴定。

(二)常见的窜改(污损)文件鉴定类型

(1)添改文件鉴定。即通过检验手写字迹与其他字迹的布局是否合理,反映书写工具的笔痕特征是否连贯等,来判断是否存在添写事实;通过检验印刷字迹与其他字迹的整体布局是否协调,形成方法、过程有无差别,字迹的行基线倾斜方向和角度是否吻合,与其他字迹反映出的印刷特征是否一致等来判断是否存在添加打印事实。

(2)擦刮文件鉴定。即通过观察纸张可疑部位表面纤维结构,有无反映出擦刮工具的痕迹特征,以及表面色泽、荧光等理化特性有无异常变化来判断是否存在刮擦事实;同时,在需检字迹处观察有无残留的笔画或字迹色料及印压痕迹,分析被去除的字迹内容或笔画。

(3)换页文件鉴定。即通过检验装订工艺、装订方法有无异常,装订孔结构、形状、边缘、数量是否吻合,各页纸张、字迹色料的色泽、规格及其他理化特性是否一致，文件印刷特征前后是否连贯、是否吻合等方面进行检验，确定是否存在换页事实。

（4）消退及伪老化文件鉴定。即根据可疑文件消退或伪老化的污染残留痕迹的分布状态或残留物的理化特性，分析可能的消退或伪老化的方法；根据纸张表面色泽是否正常，有无污染、消退残留物及异常印压痕迹，分析纸张表面可疑部位的理化特性有无异常变化，纸张表面的纤维有无损坏的痕迹；根据纸张上各类污损痕迹的分布状态及性质，综合分析是否符合利用化学方法或物理方法进行消退或伪老化的痕迹特点。

五、文件制作时间鉴定

（一）文件制作时间鉴定概述

文件制作时间，是整份文件或文件的部分内容形成的时间或时间范围，以及不同文件或同一份文件的不同部分之间形成的顺序和过程。文件制作时间鉴定是具有专门知识的鉴定人，根据构成检材的系统要素的特性及其在时间和空间上的变化规律，对其形成时间及形成顺序和过程进行检验和鉴别的专门技术。不同的鉴定方法依据的原理各不相同，相比较而言，通过物理或化学方法检测墨迹或印油成分变化确定形成时间的方法适用范围较为广泛。

目前已有的文件制作时间鉴定方法常常受到比对样本、保管条件、纸张成分差异或者文件真假形成时间过于接近等因素影响，能够鉴定的情形有限，能够确定的时间精度也很有限，总体而言，属于有待于深入探索、研究的业务范畴。

（二）常见的文件制作时间鉴定类型

（1）打印文件印制时间鉴定。即通过对打印文件反映出的随时间的推移在不同时间阶段呈现规律性变化的各类打印阶段性特征，及在某时间段内保持相对稳定的各类打印共时性特征的检验，判断打印文件印制时间范围及多份同机形成的打印文件是否一次或相近时间印制形成。

（2）复印文件印制时间鉴定。即通过对静电复印文件反映出的随时间的推移在不同时间阶段呈现规律性变化的各类静电复印机在使用、维护等过程中形成的或产生变化的特征，及在某时间阶段内保持相对稳定的各类特征的检验，判断静电复印文件印制时间及多份同机形成的静电复印文件是否一次或相近时间印制形成。

（3）印章印文盖印时间鉴定。即通过对印文阶段性特征及随时间的推移在不同时间阶段呈现规律性变化的各类特征，及在某时间阶段内保持相对稳定的各类共时性特征的检验，判断可疑印文盖印时间范围及多枚同一印章的印文是否一次或相近时间盖印形成。

（4）朱墨时序鉴定。即对文件系统要素中的印迹，通常指印章印文和指印等，与各种书写工具形成的手写文字和打印、复印文字等之间交叉部位显微特性、光学特性的检验、分析，判断相应印迹与交叉部位字迹形成的先后次序。

六、文件材料鉴定

（一）文件材料鉴定概述

文件材料是指制作文件的纸张、墨迹、黏合剂等各类物质材料的总称。文件材料鉴定，是指具有专门知识的鉴定人，采用理化检验方法对可疑文件的物质材料特性进行检验，或通过检材与样本文件材料的比较检验对其种类进行检验和鉴别的专门技术。

文件材料鉴定主要解决以下问题：一是分析判断文件材料的种类和成分等，确定其与样本材料是否同一；二是确定可疑文件材料的种类、品牌、生产厂家及产地等；三是根据可疑文件材料的来源提供侦查工作的方向和范围，便于文件材料的种属鉴别、同一认定，为文书司法鉴定相关业务提供基础材料支撑。

（二）文件材料的种类

文件材料包括纸张、墨水墨迹、墨粉墨迹、油墨印迹、黏合剂等。

（1）纸张。纸张是各类原纸和纸制品的总称。纸张的种类很多，分类方法也多种多样，总体上我国轻工部将纸张分为11类。

（2）墨水墨迹。墨水墨迹是利用各种书写、绘画墨水、喷墨打印墨水等在文件载体上形成的各类油性、水性色料痕迹的总称。

（3）墨粉墨迹。墨粉墨迹是利用激光打印机、静电复印机等印刷机具，通过静电成像的原理在文件载体上由墨粉附着成像形成的各类墨粉痕迹的总称。

（4）油墨印迹。油墨印迹是利用盖印墨迹（印泥、印油）、传统制版印刷油墨印迹、办公印刷设备油墨印迹(不包括激光打印墨迹、静电复印墨迹和喷墨墨水墨迹)、特种油墨印迹等在文件载体上形成的各类油性墨迹的总称。激光打印墨迹、静电复印墨迹属于墨粉墨迹的范畴,喷墨墨水墨迹属于墨水墨迹的范畴。

(5)黏合剂。黏合剂是文件上的各种浆糊和胶水等黏合材料的总称。在印刷文件及窜改污损可疑文件中,装裱、装订及拼接等操作都会使用黏合剂,结合黏合剂种类鉴别,可以辅助对印刷文件进行溯源,同时可以分析和判断变造文件的具体手段。

(三)文件材料的主要特性

(1)纸张特性。纸张特性是纸张检验的具体内容和纸张比较检验中种类鉴定的客观依据。目前文书鉴定实践中,考查可疑文件纸张的主要特性包括:一是纸张的表观色泽、纸病、纹痕、纤维形态及分布等外观特征;二是纸张的规格、厚度和白度等物理特性;三是纸张的紫外光、红外光、荧光等视频光谱特性;四是纸张的拉曼光谱、红外光谱等光谱特性;五是纸张的主要元素成分。

(2)墨水墨迹特性。墨水墨迹特性是墨水墨迹检验的具体内容和墨水墨迹比较检验中种类鉴定的客观依据。目前文书鉴定实践中,考查可疑文件墨水墨迹的主要特性包括:一是墨水墨迹的表观色泽、宏观和微观形态等外观特征;二是墨水墨迹的紫外光、红外光、荧光等视频光谱特性;三是墨水墨迹的拉曼光谱特性;四是墨水墨迹的薄层色谱、气相色谱、液相色谱等色谱特性。

(3)墨粉墨迹特性。墨粉墨迹特性是墨粉墨迹检验的具体内容和墨粉墨迹比较检验中种类鉴定的客观依据。目前文书鉴定实践中,考查可疑文件墨粉墨迹的主要特性包括:一是墨粉墨迹的表观色泽、宏观和微观形态等外观特征;二是墨粉墨迹的紫外光、红外光、荧光等视频光谱特性;三是墨粉墨迹的拉曼光谱、红外光谱等光谱特性;四是墨粉墨迹的主要元素成分。

(4)油墨印迹特性。油墨印迹特性是油墨印迹检验的具体内容和油墨印迹比较检验中种类鉴定的客观依据。目前文书鉴定实践中,考查可疑文件油墨印迹的主要特性包括:一是油墨印迹的表观色泽、宏观和微观形态等外观特征;二是油墨印迹的紫外光、红外光、荧光等视频光谱特性;三是油墨印迹的拉曼光谱等光谱特性;四是油墨印迹的薄层色谱、气相色谱、液相色谱等色谱特性。

(5)黏合剂特性。黏合剂特性是黏合剂鉴定的具体内容和黏合剂比较检验中种类鉴定的客观依据。目前文书鉴定实践中,考查可疑文件黏合剂的主要特性包括：一是黏合剂的表观色泽、宏观和微观形态等外观特征；二是黏合剂的紫外光、红外光、荧光等视频光谱特性；三是黏合剂的拉曼光谱、红外光谱等光谱特性；四是黏合剂的显色特性等。

第三节 文书司法鉴定的方法

一、文书司法鉴定基本程序

文书鉴定具体业务实施中依据的原理和采用的具体检验方法差异很大，但鉴定程序主要把握以下步骤：

第一，受理委托。受理委托主要审查确认委托事项是否属于文书司法鉴定业务范围，是不是司法鉴定通则规定的不予受理的情形之一，委托要求在技术能力范围能否实现，同时围绕鉴定事项必须了解相关案件情况。

第二，审核检材、样本。检材原则上必须是原件，如果只能提供复制件，要根据委托目的审查是否达到鉴定条件，检材的质量和数量是否满足鉴定实施需要。对样本进行审查，要确保其来源真实可靠，数个样本之间没有矛盾，数量上有足够的特征可以识别，达到鉴定所需的基本要求。

第三，选择检验方法和设备实施鉴定。应根据委托要求选取适合的技术方法和鉴定设备。司法鉴定人进行鉴定，应当依下列顺序遵守和采用该专业领域的技术标准、技术规范和技术方法：一是国家标准；二是行业标准和技术规范；三是该专业领域多数专家认可的技术方法。司法鉴定人应当对鉴定过程进行实时记录并签名。记录应当载明主要的鉴定方法和过程，检查、检验、检测结果，以及仪器设备使用情况等。

第四，分析检验结果。对检验过程中发现的现象和检验结果进行综合分析和评断，并阐述作出相应鉴定意见的主要依据。确认鉴定意见时必须将各种可能影响准确性的因素加以排除。

第五，出具鉴定意见。必须严格按照鉴定依据的充分程度和对鉴定事实的认识程度准确表述，作出科学、严谨的判断，严格按照具体业务国家标准和技术规范的意见形式出具鉴定意见。

二、文书司法鉴定检验原则

案件受理后进入鉴定实施程序,在检验过程中要遵循一定的检验原则。文书鉴定应按以下检验原则进行:

(1) 先宏观检验后微观检验。

(2) 先无损检验后有损(破坏性)检验。

(3) 进行有损检验前应当告知委托方,并征得委托人书面同意。

(4) 进行有损检验前应先固定原貌(可采用拍照、扫描等方法),必要时应进行预试验。

(5) 进行有损检验时,应选用对检材破坏范围小、破坏程度低、用量少的方法。

三、文书司法鉴定理论方法

(一) 种属鉴别方法

(1) 种属鉴别的概念。文书司法鉴定的种属鉴别是具有专门知识的人,根据文书物证的分析结果,就涉案文书物证各要素及有关事实的种类归属进行科学判断的方法。通过对客观物质属性的把握,可以选取客体特征,并据此进行种类的区分。例如,文书物证笔迹,根据现实发现的客观表现,可以对其进行正常笔迹还是非正常笔迹的判断。

(2) 种属鉴别的对象和内容,包括涉案文件要素制作人的种属鉴别;涉案文件要素制作工具的种属鉴别;文件材料的种属鉴别。

(3) 种属鉴别的程序和方法。首先,提取特征检验。通过观察、分析以及检验客体,可以发现被检客体存在的种属特征。被检客体的种属特性是由该客体的根本属性所决定的,不同性质的客体,决定了其表现出的种属特征也不同。在文书司法鉴定中,对于笔迹的种属特征认定,主要依据客体反映的书写人掌握、使用语言文字的能力、环境以及生理心理因素等;对于有关机具的种属特征认定,主要依据机具的生产要求以及技术指标等;对于材料物质的种属特征认定,主要依据材料成分、含量的异同等。不同的种属特征,获取的方式也不同。从文书物证内的字迹、言语中获取种属特征时,一般可以运用感官分析、显微检验等手段。获取材料物质成分等种属特征时,可以运用物理检验、化学检验以及仪器分析等手段。通过各种检验方法的综合运用,可以发现文书物证中的各类种属特征。

其次,比较检验。比较检验是对检材检验中提取的种类特征及有关信息,同相近的已知客体的种类特征相比较,以全面发现其异同,为作出鉴定意见奠定基础。实践中,比较检验采用的方式一般有两种:第一,检材与委托人提供的相近的已知客体样本的种属比较;第二,检材与相关客体的种属特征、标准图谱或者数据材料的比较。

最后,综合评断。综合评断就是在比较检验的基础上,对应当作出的意见进行理性论证的过程。只有充分、准确地把握客体的种属特征,才能够正确分析、评断比较检验的结果。在进行评断时,应当综合考虑客体具有的各类种属特征,不能忽视任何具有检验意义的特征。综合利用各类种属特征,不仅可以使鉴定意见的论证更为充分,而且能够将客体的种属类别区分得更为明确。此外,综合评断时还应当抓住客体的本质特征,即与客体的种属性存在直接、必然联系的特征。

(二)同一认定方法

(1)同一认定的概念。文书物证的同一认定,是指认定文书物证客体自身的同一性,即它自身反映的物质属性只能是由具有关联性的某一客体形成,而非形成客体以外的其他事物产生。由于事物的运动与发展演变是绝对的,所以要用发展的眼光看问题,文件物证客体的同一并非是绝对、完全等同的,是包含着差别的同一。

(2)同一认定的对象和内容,包括文件要素制作人的同一认定;文件要素及制作工具的同一认定;文件整体分离的同一认定。

(3)同一认定的程序和方法。首先,分别检验。分别检验需要对被审查客体的反映特征(或受审查客体本身)分别进行观察和检验分析,判定两者之间各自具有哪些特定性特征,为下一阶段进行比较检验提供依据。特征反映体中反映出的特征往往只是客体自身特征中的一部分,如笔迹的特征是多方面的,有时在具体鉴定中反映出的形体特征、笔顺特征、搭配比例特征、运笔特征等只是笔迹的一部分特征。观察、分析检材中具有哪些突出的特征,有利于更快地发现样本中对应的比对特征。其次,比较检验。在分别检验的基础上,鉴定人应当对检材和样本进行比较检验,确定被寻找客体以及受审查客体的特征中存在的符合点与差异点。一般可将检材与样本置于同一视野中,对两者之间的特征进行比对,即可发现两者之间存在的特征符合点以及差异点。最后,综合评断。在分别检验、比较检验基础上,综合评断是同一认定的最后步骤。综合评断是在通过比较,已经发现和确定了检材和样本笔迹的符合点与差异点之后,进一步研究同异点的成因及性质,从而确定笔迹是否同一的过程,并决定应当作出的鉴定意见。鉴定意见的正确与否,与综合评断是否客观、全面、深入直接相关。

(三) 文件系统鉴定方法

(1) 文件系统鉴定的概述。文书物证的系统鉴定是把文书物证作为与案件事实相联系的有机整体,采用各种检验手段发掘其所能挖掘到的各要素信息及几个要素之间的关系信息,从案件的具体情况和各要素的联系上,对文件与案件事实的关系所作的鉴别和判断。系统鉴定与其他鉴定方法相比而言,不仅要结合文件物质属性的判断,还需要运用各种恰当适合的检验手段,在寻求系统中个别要素来源、物质属性时,更要兼顾系统鉴定与其他鉴定方法的结合,再按照文书物证系统鉴定的具体原则加以综合地分析,从而获得正确的鉴定意见。

(2) 文件系统鉴定的运用。首先,全面把握文件形成过程的系统性。文书物证是以书写、印刷等方式制作的文书为载体,以语言、文字、图形、符号等方式呈现有关制作工具、材料、文件内容以及文书真伪等信息的物质性客体。鉴定人员在运用系统鉴定的方法时,应当准确、全面地了解案情和所要鉴定的客体,熟练掌握文书物证与案件之间以及文书物证系统内部各要素之间的联系。其次,准确把握文书物证构成要素的整体性。各类案件中存在的文书物证大多是由言语、笔迹、污损变化、印迹以及物质材料等要素构成。即使是最简单的文件,也不会仅仅由单一要素构成。上述各种要素之间由于互相作用,共同形成了文书物证这一整体。文件要素之间的关系应该是多元的,既有时间、空间上的关系,也有逻辑上的关系。例如,朱墨时序鉴定中,对整个文件系统的结构及各要素的检验和研究,不但能够揭示各要素的详细信息,而且能够挖掘该要素与其他要素的关系及其在整个文件系统中的地位和作用,为鉴定提供更多的判断依据。①

四、文书司法鉴定的技术方法

（一）观察法

观察法是指鉴定人采用肉眼或借助放大镜、显微镜等观察仪器，对文书检材形貌和细部特征进行察看、识别的方法。对于书写字迹，可以通过观察法发现仿写或摹写特征，从而确认笔迹是否正常；对于变造文书，可以通过观察法发现消退、擦刮和添加痕迹；对于印刷票证，可以通过观察票证上独有图案和防伪标记，分辨真伪。观察法也是所有鉴定使用的初步检验步骤。

（二）比较检验法

比较检验是文书鉴定中最具代表性的检验方法，它以确认的样本为参照物，对检材与样本从外在形貌到内在文件要素结构进行全面比较，尤其是独有的个性特征的比较，根据对比较结果的综合分析，从而得出肯定或否定的意见。最为典型的是笔迹、印章印文及印刷机具等的同一性鉴定。

（三）物理、化学检验法

物理检验主要是采用光学观察检验的方法，利用紫外光、红外光、激光等光源对物体吸收、透射、激发等特性，显示文书中可见光下常规观察方法不易辨认或无法观察到的信息。化学检验可以直接测定检材的物质属性及特定物质成分的含量，如通过化学分析仪器设备，用有机溶剂提取字迹色料中的可挥发溶剂，直接测定检材中的物质成分及其含量；也可以采用化学试剂直接与文书上的物质发生化合反应，从而显现出文书上被隐形或消退的内容，如对消退字迹的检验。

（四）综合评判法

文书鉴定中有一些疑难问题，可能限于检材或样本自身条件不足，也可能需要证明的精确度高，单一的检验方法难以解决，需要用两种以上的方法，从不同的角度进行检验和验证，根据检验的结果综合分析，从而得出鉴定意见。例

---

① 参见陈晓红、罗仪文、卞新伟：《系统鉴定方法在朱墨时序鉴定中的应用》，载《中国司法鉴定》2014年第3期。

如，印文形成时间的鉴定，可以利用印文因印章磨损、老化等阶段性的形态特征变化，印文形成后印油物质发生挥发、渗透与纸张成分聚合反应产生物质成分的变化，印文与文字形成的先后顺序等依据，综合判断得出该印文形成时间的鉴定意见。

第四节　文书司法鉴定意见评判

文书司法鉴定通常以司法鉴定意见书或者司法鉴定检验报告书的形式进行鉴定过程、综合评断及鉴定结果的表述。依据我国刑事、民事及行政诉讼法关于证据的相关规定，文书司法鉴定意见必须查证属实，才能作为认定案件事实的依据。

一、委托鉴定材料的审查

文书鉴定依程序接收的委托鉴定材料是鉴定意见产生的依据，从受理委托到具体实施，都需要对材料进行审查。委托鉴定材料一般包括需检可疑文件材料，即检材，以及经质证或经合法程序确认的比对样本材料。主要审查内容包括：检材是否达到鉴定的基本要求，例如，是否是原始材料，即原件；需检要素是否有比较充分的可检验条件，且是否具有可靠性、稳定性；样本的数量和质量是否能实现委托方提出的鉴定要求。只有在检材和样本符合条件的基础上才有可能产生客观、科学的鉴定意见。

二、实施鉴定主体的评价

鉴定机构和鉴定人应当在司法鉴定管理部门依法登记的鉴定业务范围内开展鉴定业务，对鉴定机构和鉴定人要审查是否具备文书鉴定的鉴定资格与资质；如果该项鉴定所使用的技术方法、设备为非标准方法、高端设备，还要考察该行业内该领域专家对此鉴定方法、鉴定设备的认可度，审查鉴定人对该项鉴定技术研究掌握的程度。简单地说，前者资格审查是判断鉴定意见的证据力，后者能力审查是判断鉴定意见的证明力。此外，鉴定机构和鉴定人与案件及案件当事人之间的关系应当符合法律关于回避的规定。

三、鉴定原理、方法和标准的评价

鉴定原理是鉴定意见产生的基础,鉴定意见书通常在分析说明中对所适用的原理作简单的阐述。对鉴定原理的审查主要是审查原理的可靠性和适格性,审查鉴定意见在适用原理上是否恰当,这个原理是否存在争议或者已经被证明不可靠。

鉴定方法是鉴定意见科学性和可靠性的保证。一项鉴定可能有多种方法可以选择,方法的准确性、稳定性和精密度都是要考虑的评价标准。鉴定方法审查包含该方法应当遵循的程序规范,鉴定所需的仪器、耗材等,任何一项不达标都会对鉴定意见准确性产生影响。对于某些疑难鉴定,单一方法难以得出准确结论,还应当采用多种方法进行复核验证,达到结果始终相同才可以出具最终意见。

文书鉴定目前还没有可量化的鉴定意见评价标准,但近年来司法部推行鉴定机构的认证认可,实行鉴定流程规范化管理,也制定了一系列文书鉴定规范,这些均为标准的组成部分。因此,在检材可鉴定标准、样本可比较标准,以及鉴定流程上还是存在相对统一的审查标准,凡是已有的标准都应当参照。

四、鉴定意见的评价

鉴定意见是鉴定人依据前期观察和检测的结果,在客观分析检验结果基础上得到的主观与客观相统一的认识,所以鉴定意见的表达要准确反映鉴定人对鉴定过程事实的认定程度,不能简单化或出现歧义。鉴定意见的得出是建立在充分的鉴定依据基础上,如果达不到充分程度,判断的认定程度也应随之降低。文书鉴定以观察比较检验为主,可以量化的客观检测数据较少,对鉴定人鉴定经验依赖程度较高,特别是笔迹同一性鉴定,依靠鉴定人发现具有稳定性、独特性的书写特征,并凭着书写习惯原理和经验判断这些特征的价值,最终依据特征的价值和数量得出是否同一的结论。如果检材和样本条件都很好,发现独特、稳定特征数量和质量达到足以认定条件就可以出具明确的肯定或否定意见,如果样本的数量或质量不理想,发现的特征价值不高或数量有限,就应当客观表达现有条件能达到的判断程度。

五、文书鉴定意见书规范性评价

鉴定意见书的规范性是鉴定意见效力的组成部分，在刑事诉讼证据规定、民事诉讼证据规定中对鉴定文书关键形式都有相关规定。鉴定意见必须符合法定的形式要求，鉴定意见内容必须符合程序、说理、意见规范表述的要求，意见书应当加盖鉴定机构鉴定专用章，必须有鉴定人签字等。如果鉴定意见书组成内容要素存在漏项，或者发生效力的印章、签名缺失，都应视为无效文书。

司法鉴定意见书出具后，发现有下列情形之一的，司法鉴定机构可以进行补正：一是图像、谱图、表格不清晰的；二是签名、盖章或者编号不符合制作要求的；三是文字表达有瑕疵或者错别字，但不影响司法鉴定意见的。补正应当在原司法鉴定意见书上进行，由至少1名司法鉴定人在补正处签名。必要时，可以出具补正书，对司法鉴定意见书进行补正，不得改变司法鉴定意见的原意。

 关键术语

1. 文件系统鉴定（systematic examination of questioned document）
2. 笔迹鉴定（forensic identification of handwriting）
3. 印章印文鉴定（forensic identification of stamp impression）
4. 印刷文件鉴定（forensic examination of printed document）
5. 窜改（污损）文件鉴定（forensic examination of altered and damaged document）
6. 文件材料鉴定（forensic examination of document material）
7. 文件形成方式鉴定（forensic examination of document formation method）

案例研讨视频

案例研究 10-1

案例研究 10-2

思考题

1. 机器人书写形成的文字有何规律或特点?
2. 文书司法鉴定可能运用哪些相关学科知识?
3. 为何不宜使用复印件进行文书司法鉴定?
4. 对少数民族文字鉴定应具备什么能力?
5. 利用人工智能自动特征提取识别有何风险和挑战?

参考文献

1. 陈晓红、罗仪文、卞新伟:《系统鉴定方法在朱墨时序鉴定中的应用》,载《中国司法鉴定》2014年第3期。
2. 〔英〕大卫·艾伦:《文件的科学检验》,黄建同、梁立峥等译,中国人民公安大学出版社2012年版。
3. 杜志淳主编:《司法鉴定概论》,法律出版社2018年版。
4. 韩丹岩、涂丽云主编:《文件检验学》,中国人民大学出版社2015年版。
5. 黄建同主编:《文件检验》,中国人民大学出版社2013年版。
6. 霍宪丹主编:《司法鉴定学》,北京大学出版社2014年版。
7. 贾玉文、邹明理主编:《中国刑事科学技术大全(文件检验)》,中国人民公安大学出版社2002年版。
8. 贾治辉主编:《文书检验》,法律出版社2000年版。
9. 许爱东主编:《物证技术学》,法律出版社2012年版。
10. Akhmerova D, Krylova A, Stavrianidi A, et al. Forensic Identification of Dyes in Ballpoint Pen Inks Using LC-ESI-MS. *Chromatographia*, 2017, 80(11).
11. Jurisch M, Vendramini P H, Eberlin M N, et al. Detection of Handwriting Forgery Made with Erasable Pens Using Desorption Electrospray Mass Spectrometry Imaging. *J Am Soc Mass Spectr*, 2020, 31(4).

第十一章 痕迹司法鉴定

学习目标

[情感目标] 认识痕迹鉴定在揭示真相、维护社会公平正义中的重要作用,增强对痕迹鉴定工作的责任感和使命感,形成尊重科学、追求正义的价值观。

[知识目标] 明确痕迹鉴定的总体任务,掌握痕迹司法鉴定的基本理论和基础知识,熟悉不同类型痕迹的鉴定方法和程序,形成系统化的痕迹鉴定知识体系。

[能力目标] 熟练使用各种检验器材,能准确识别和提取现场痕迹,进行科学的预备检验、分别检验、比对检验和综合判断,能够运用专业知识分析痕迹的符合点与差异点,准确判断痕迹的来源与性质并形成初步鉴定意见。

第一节 痕迹司法鉴定概述

一、痕迹的概述

事物运动或变化所遗留的印象或迹象称为痕迹。根据马克思主义观点,物质是不断运动的,运动会产生痕迹,痕迹是物质之间相互作用的结果,是物质运动的直接表现形式。痕迹的产生往往是由于外力的作用,因此具有一定的客观性。马克思主义物质观强调物质是运动的,这也在一定程度上揭示了痕迹的动态性。痕迹会随着时间的推移而发生变化或消失,但同时也会有新的痕迹产生。在自然界和人类活动中，各种各样的痕迹无处不在。仔细观察和研究这些痕迹，可以更好地理解我们所处的世界。痕迹作为物质运动和变化的直接表现形式，具有重要的意义。

广义痕迹，是指由特定行为引起的一切变动且留下的现象，包括物理、化学、生物、数字痕迹等。这些变动既包括物质结构和外观的变动，如物体位置的移动或结构的破坏，也包括客观环境的变化，如案件现场物质与物体的增减。同时，声音、光线、烟雾、气味和颜色的变化等各种变动状态也是其组成部分。

狭义痕迹，通常被称为形象痕迹，是指在力的作用下，一个客体作用于另一个客体，留下的可以用来进行同一认定的物质变化形态。这些痕迹可以反映客体相互接触作用产生的形象特征，也可以反映某客体分离作用产生的分离特征，以及客体运动的动力形态特征。

二、痕迹的形成要素

痕迹的形成必须具备三个基本要素，即造痕体、承痕客体、作用力。

（一）造痕体

造痕体，亦称造型客体，是指在两个客体相互接触作用并形成痕迹的过程中，在其他物体表面留下自身表面结构形态特征的物体，即形成痕迹的主体，例如，手指、鞋底、工具、轮胎等，没有造型体就没有痕迹。

（二）承痕客体

承痕客体亦称承受客体，是痕迹形成时在自己表面的接触部位留下造型客体表面结构特征的载体，是形成痕迹的被动体，各种物体表面，以及人体皮肤表面都可以成为痕迹的载体。

（三）作用力

作用力是指加载于承痕客体的载荷，是形成各种痕迹不可缺少的因素之一。它的大小直接影响形象痕迹的深浅、粗细和明显程度，而痕迹的形状和特征则与作用力的方向、角度密切相关。作用力因大小、方向、角度不同，会形成不同的痕迹特点。

三、痕迹的分类

(一) 依据痕迹的宏观结构分类

(1) 立体痕迹,即造痕体作用于承痕体时,使承痕体的表面形态发生塑性变形或裂变而形成的痕迹。立体痕迹具有三维特征,宏观下有立体感。形成立体痕迹需要具备一定的条件:第一,造型体的硬度要大于承受体的硬度,否则不可能形成立体痕迹;第二,承受体必须具有一定的可塑性;第三,作用力大小适当。

(2) 平面痕迹,即造痕体作用于承痕体时,不改变承痕体的表面结构,而仅在接触面上发生介质转移而形成的痕迹。平面痕迹又可分为两种:一是表面加层痕迹,即造型体接触面附着的一层物质(汗液、粉尘、血液等)被带到承受体表面而形成的痕迹;二是表面减层痕迹,即承受体表面附着的薄薄一层细微物被造型体带走而形成的痕迹。

(二) 依造痕体的类型分类

(1) 人体痕迹,如指印、掌印、赤足印、牙印等。
(2) 器械物体痕迹,如工具痕迹、鞋印、车辆轮胎痕迹、枪支来复线痕迹等。
(3) 动物痕迹,如牛蹄印、羊蹄印、鸡爪印等。在盗窃牲畜或以牲畜作为运输工具的案件中,这类痕迹对分析案情有重要作用,必要时可进行鉴定。

(三) 按肉眼是否可见分类

(1) 能见痕迹,一般表面加层或减层痕迹及立体痕迹均为能见痕迹。
(2) 潜在痕迹,多为汗液指纹。

四、痕迹的作用

狭义痕迹在刑事、民事和经济案件的办理中都具有重要的作用。

(1) 在刑事案件中,狭义痕迹的作用主要表现在以下几方面:

第一,为判断案件情况,确定侦查方向提供依据。通过现场上的形象痕迹,我们可以判断犯罪分子的行动路线、作案情况和罪犯的个人特点。

第二,为审查嫌疑对象提供有力证据。通过对现场痕迹和嫌疑人或嫌疑物的痕迹样本进行比对检验,可以解决同一认定问题,为审查嫌疑对象提供有力证据。

第三，建立犯罪情报资料档案时，形象痕迹可以提供嫌疑人的个人资料。

第四，为发布协查通报、打击流窜犯罪提供资料，有助于了解犯罪模式和趋势，为开展针对性打击提供依据。

(2) 在民事、经济案件中，指纹作为狭义痕迹的突出特点和应用稳定性，可以在文书真伪纠纷中作为证明个人身份的证据。

第二节 痕迹司法鉴定的内容

一、指纹鉴定

(一) 手纹的种类

1. 手纹的类别

手纹是指分布生长在人的指头（即手指末端）面上的乳突线、皱纹等皮肤花纹的总称，包括乳突纹线、屈肌褶纹、皱纹、伤疤、脱皮、汗孔等。

(1) 乳突纹线

乳突纹线是指在手掌及脚掌面上出现的有规则排列的凸起线条状皮肤组织结构。乳突纹线一般形态是指单根纹线的宏观几何形态，包括弓形线、弧形线、箕形线、环形线、螺形线、曲形线、棒形线、波浪线。

乳突纹线的组合形态是指由几种不同系统的乳突纹线相组合所构成的花纹整体形态。具有相同形态和流向的纹线组或位于某一特定部位的纹线组称为系统。根据纹线组合形态所处位置及分布可分为三个系统：内部系统、外围系统、根基系统。

(2) 屈肌褶纹

屈肌褶纹是手指关节和手掌一定部位上所固有的粗大、明显的沟纹。对于手指屈肌褶纹，正常情况下，食、中、环、小四指具有第一、第二和第三屈肌褶纹；而拇指只有第一和第二屈肌褶纹。对于手掌褶纹而言，多数手掌具有三条屈肌褶纹，分别为第一、第二和第三屈肌褶纹。

(3) 皱纹

皱纹是由于皮肤张弛、堆挤活动所形成的细小而浅表的沟纹,其印痕形象与屈肌褶纹相近。皱纹表现为中空的细长空白线条状,宽度略大于小犁沟,流向多与乳突纹线相交叉。皱纹的特定性、稳定性及在印痕中的反映性都比屈肌褶纹差,因此其特征价值低于屈肌褶纹。

(4) 其他手纹

其他手纹主要包括伤疤、脱皮、汗孔等。伤疤一般是受创的皮肤局部,由于组织再生所形成的皮表疤痕,在鉴定中是重要的特征。脱皮是由于病变或重摩擦等因素引起的皮肤角化层局部脱落,在鉴定中有短效参考特征。汗孔是皮肤上排泄汗液的出口,一般难以单独用于检验鉴定。

2. 指头乳突花纹的分类

指头乳突花纹简称指纹,根据花纹组成结构的不同可将指纹分为弓形纹、箕型纹、斗型纹和混杂型纹四大基本类型。

(1) 弓形纹

弓形纹是纹线从指头的一侧流至另一侧不返回,主要由弓形线和横行线体系上、下层叠组成的花纹类型,只有两个系统,无三角。按内部形态的不同,弓形纹可分为弧形纹和帐形纹。(如图 11-1 所示)

弧形纹

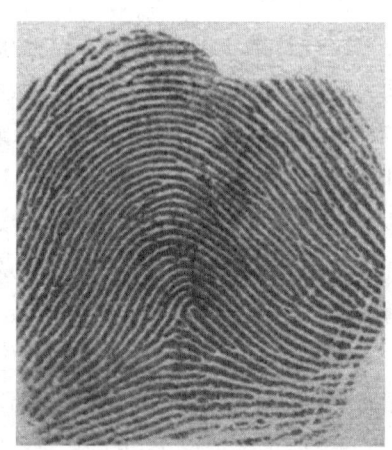
帐形纹

图 11-1　弓形纹

（2）箕形纹

箕形纹是指中心由一根以上的箕形线套叠构成内部系统，上部及两侧由弓形线体系包绕，下部由一些波浪线和横行线为根基组成的花纹。① 箕形纹具有一个主三角，极个别的出现一至两个副三角。按印痕中箕头相对箕口的倾斜方向，可将箕型纹分为左箕和右箕或正箕（95％）和反箕（5％）。（如图 11-2 所示）

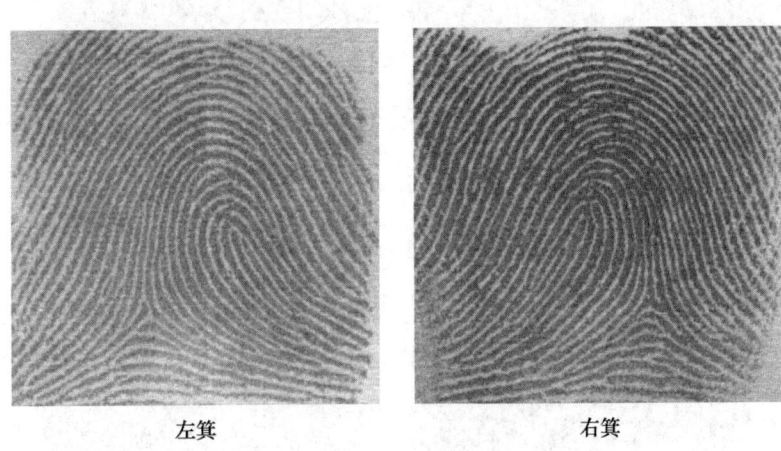

左箕　　　　　　　　右箕

图 11-2　箕形纹

（3）斗形纹

斗形纹是指中心由一根以上的环形线、螺形线或曲形线相套叠或层叠，其上部及两侧外围由弓形线系统包绕，下部由波浪线和横直线为根基组成的花纹。斗形纹通常有两个三角，但个别有三个三角。按内部花纹的不同形态，斗形纹又可分为环形斗、螺形斗、绞形斗、曲形斗、双箕斗、囊形斗及杂形斗等。（如图 11-3 所示）

（4）混杂形纹

混杂形纹指中心由两种以上的纹线体系相并列混合，或因其形态奇特杂乱而不能归入弓、箕、斗的花纹。（如图 11-4 所示）

---

① 单大国主编：《刑事科学技术》，高等教育出版社 2016 年版，第 74 页。

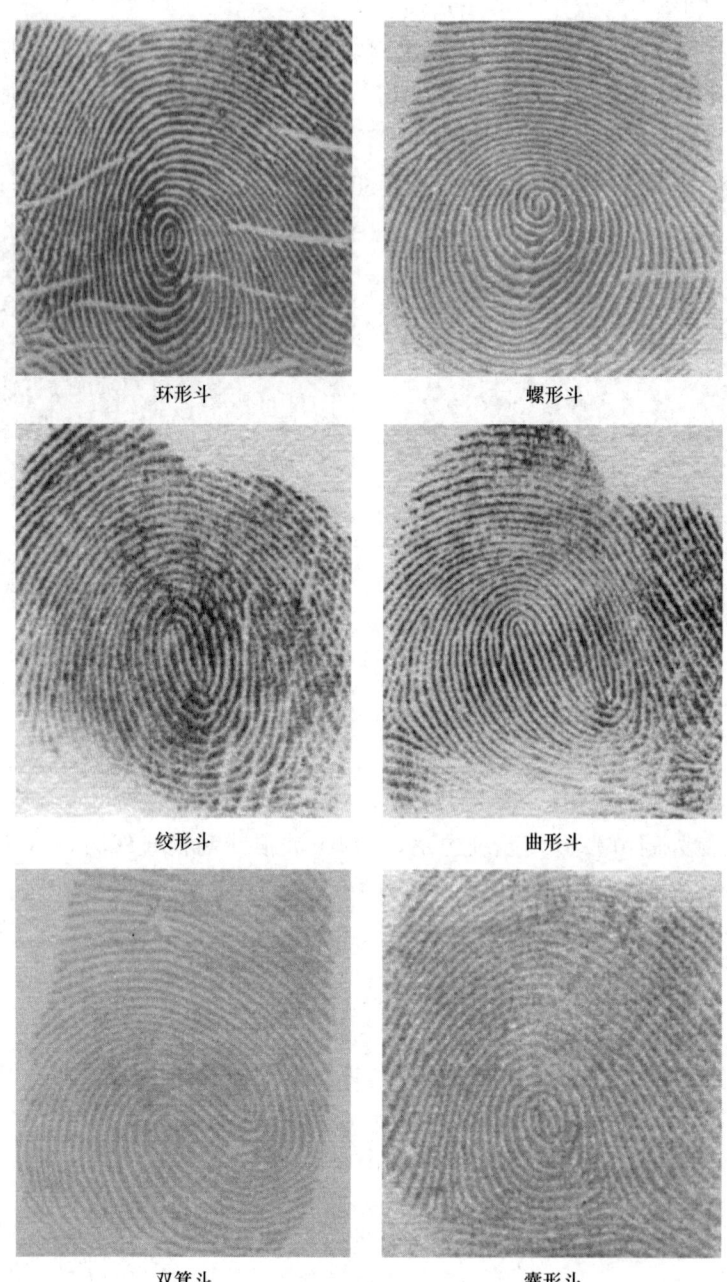

图 11-3 斗形纹

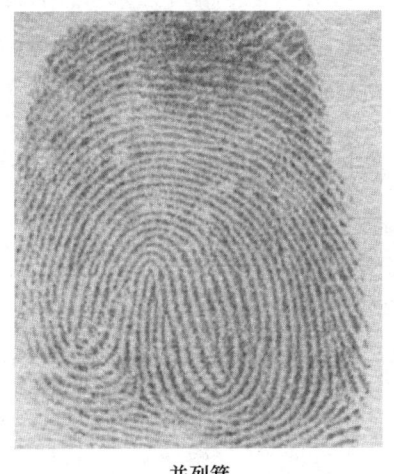 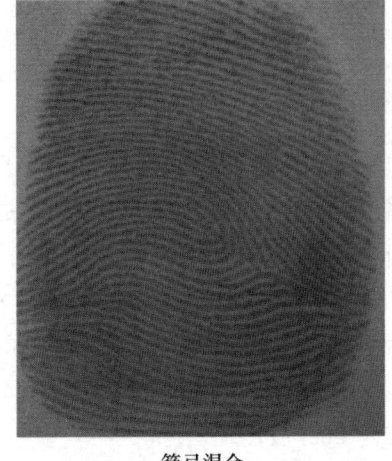

并列箕　　　　　　　　　　　箕弓混合

图 11-4　混杂形纹

(二) 指纹的特征

1. 指纹的概貌特征

指纹的概貌特征也称宏观特征，一般指肉眼直接观察到的指印印面情况，通常包括纹型(形)、纹线流向、指印的形状大小、印面积墨、漏白、边缘形态及附着物等特征。

2. 指纹的细节特征

指纹的细节特征也称个别特征，每条乳突纹线的长度、方向、角度的不同使乳突线自身的起始、终止、位置呈现多样性，多条乳突纹线的分歧、结合及多种复合形态是乳突花纹的细节特征。指纹的九种细节特征有：起点、终点、分歧、结合、小棒、小点、小勾、小眼、小桥。

(三) 潜在手印显现的常规方法

1. 粉末显现法

粉末显现法是利用手印物质对显现粉末的吸附作用显现潜在手印。在粉末刷显过程中，由于粉末在手印物质上的吸附能力大于在客体表面的吸附能力，在客体表面的显现粉末被去除之后，手印物质上仍然会存留显现粉末，于是潜在手印得以显现。常用的粉末主要有铝粉(银粉)、青铜粉(金粉)、磁性粉和荧光粉等。实际操作时,应根据手印的实际情况和客体的特性来选择合适的方法。通常的四种显现技术方法有:撒粉刷显法、直接刷显法、撒粉抖显法和磁性刷显法。

2. 熏染显现法

熏染显现法指使用试剂的气态分子与手印纹线的相互作用而显出手印的方法,常用的有碘熏法和"502"胶熏显法。

(1) 碘熏法

碘熏法主要用于显现浅色灰墙、本色木、竹器等客体上的新鲜汗潜手印和油潜手印,显现时将碘加热挥发,附于被显部位进行显现,或直接熏显。显出的手印应立即拍照提取,用磁粉固定或用氯化钯水溶液法固定。

(2) "502"胶熏显法

"502"胶熏显法几乎适用于显现所有非渗透性客体上的新鲜和稍陈旧汗潜手印。显现时,将"502"胶涂于纸上,风干至不粘手时对被显部位进行贴附、加热熏显,或用磁性粉染色。对于浅色客体上的手印,可用荧光染色剂染色处理。

3. 化学显现法

化学显现法是通过试剂的气态分子与手印纹线的相互作用而显出手印,常用的有硝酸银显现法、茚三酮显现法和 DFO 显现法等。

(1) 硝酸银显现法

硝酸银显现法适用于浅色纸类客体上的新鲜和较陈旧汗潜手印的显现。显现时将硝酸银涂于客体被显部位上,阴干后曝光显现,显好后立即拍照并放暗袋中保存。若显色过度,可进行减薄处理。

(2) 茚三酮显现法

茚三酮显现法适用于各种纸张、浅色纺织品和本色木等客体上的新鲜及陈旧手印的显现。通过浸泡、喷雾等方法涂于待显客体表面,阴干后加热或在室温下即可显出手印。

(3) DFO 显现法

DFO 与汗液中的氨基酸反应生成淡紫红色化合物,DFO 显现法灵敏度高于茚三酮显现法,适用茚三酮显现法的也适用此方法。操作时,将疑有手印的检材浸入工作液中约 10 秒,加热后观察或拍照。

(四) 现场指纹的寻找、提取

1. 现场指纹的寻找

寻找、发现现场手印的重点部位包括：第一，作案活动的中心，表现为物品被挪动、翻动、毁坏、抛弃等。第二，作案人来往现场的相关部位及物品，包括入口、出口及途径中的障碍物、攀附物等。第三，现场遗留物，主要是指作案人遗留在现场的作案工具及其他相关物品。第四，与作案活动相关的附属设备和物品，如洗漱、照明等设备及其他物品等。

2. 现场指纹的提取

对于已经发现或显现的指纹，应该根据其特点，选择适当的方法进行提取。常见的方法是拍照，记录指纹的全貌和位置。在拍照后，可以采用实物提取、胶带黏取或制作石膏模型等方法。方法的选择需根据现场情况和指纹的具体特征来决定。

二、足迹鉴定

(一) 足迹的概述

1. 足迹的概念

足迹是指人在站立和行走运动中，由于体重和肌肉收缩力，赤足或穿着鞋袜的足与地面等承痕客体表面接触时形成的痕迹总称。足迹包括赤脚足迹、穿袜足迹和穿鞋足迹。这些痕迹既能反映人的赤足及其所穿鞋袜的表面形态结构特征，又能反映人行走的步法特征，具有反映性、稳定性、特定性和连续性等特点。

2. 足迹的种类

足迹的分类可以从不同角度进行，概括为以下几种：

第一，按造型客体可分为赤足足迹、穿袜足迹、穿鞋足迹。

第二，按承受客体的反映形式可分为立体足迹、平面足迹、混合足迹。平面足迹又可分为加层足迹和减层足迹。混合足迹主要指鞋内底或鞋垫上的足迹。

第三，按作用方式可分为动态足迹、静态足迹。

第四，按足迹搭配关系可分为单个足迹、成趟足迹。

第五，按足迹的数量和检验结果可分为一个足迹、多个足迹，一种足迹、多种足迹,一人足迹、多人足迹。

第六,按足迹质量可分为完整足迹、残缺足迹、清晰足迹、模糊足迹、重叠足迹等。

(二) 足迹的特征

足迹的特征是指足迹中能反映出造痕体相应部位形态或特殊行走习惯的反映形象的总称。足迹特征是人行走运动规律的客观反映,也是足迹分析和鉴定的基础。足迹的特征包括足迹的结构特征、足迹的步法特征、鞋底磨损特征。

1. 足迹的结构特征

(1) 赤足足迹的结构特征

赤足足迹的结构特征包括一般特征和细节特征。赤足的一般特征可以从赤脚足迹的大小、形状、脚趾分布状况,以及脚掌皮肤乳突纹线特征等方面来观察、认识。赤足的细节特征可以从脚趾大小及其比例关系、脚趾畸形(多趾、缺指、断指、联指)、脚掌乳突纹线的细节特征(基本上同指纹),以及褶、皱纹、裂纹、伤疤、鸡眼、老茧皮、脱皮等方面观察。

(2) 穿鞋足迹的结构特征

鞋印特征反映的主要是鞋底特征。鞋底特征包括一般特征和细节特征。穿鞋足迹的一般特征有鞋印的形态特征和鞋底制作特征。形态特征主要指鞋印的大小、鞋底各部位的形状。鞋底制作特征主要根据鞋的生产工艺方法和鞋底的原料品种而形成,包括生产工艺特征和鞋底的原料品种特征。穿鞋足迹的细节特征主要是指鞋底在穿用过程中造成的磨损、老化和损伤,主要包括鞋外底损伤特征、鞋外底磨损特征及修补、修饰特征。

(3) 穿袜足迹的结构特征

在犯罪现场,穿袜足迹通常有两种类型:一种是城镇中较为少见的带底袜足迹,如家用布底袜;另一种是占主导地位的针织袜足迹,针织袜轻薄、柔软且富有弹性。穿袜足迹不仅能反映出袜子的特征,还能反映出赤足的外形特征。因此,在穿袜足迹检验过程中,应结合赤足足迹特征进行深入的研究。

2. 足迹的步法特征

步法特征是指人行走运动习惯的表现形式,是人经过长期练习和反复实践逐渐形成的行走动力定型的反映,它包括步幅特征和步态特征。

(1) 步幅特征

步幅特征是指在连续的成趟足迹中所反映出来的双足在空间中的搭配关系及摆动方式特征,即步长、步宽、步角。

(2) 步态特征

步态特征是指足迹中所反映出来的遗留足迹人的行走习惯特点及身体结构特点的特征。根据足迹的形成过程和形成步态特征力的三要素,步态大致可以划分为起足、落足和支撑三个阶段。各阶段均有必然出现的主体特征及可能出现的伴生特征。所谓主体特征,即起足蹬痕、落足踏痕和支撑压痕,这三种痕迹在每个正常人的足迹中都能出现,较稳定且明显,不易受外在条件影响;所谓伴生特征,即起足时的挑、耠、划、扫、抬痕,落足时的推、跄、擦、磕痕,支撑时的坐、迫、拧痕等。

3. 鞋底磨损特征

鞋底磨损特征可分为一次性磨损、重复性磨损和综合性磨损三类。

(1) 一次性磨损

在坚硬、锐利的客体上磨蹭、蹬踢、碰撞形成的硬伤,一次性形成的沟痕、小坑、缺损、裂口,以及踩踏上烟头、炭火、炉渣、红铁烧烙成的坑凹、缺损、孔洞等叫做一次性磨损。它们出现的位置和形状、长度、深浅等都是很特定的。

(2) 重复性磨损

鞋底在穿用过程中,经常受到摩擦、弯曲、伸长和压缩等力的作用,使鞋底表面花纹磨损,鞋底外表发生形变,如磨光(花纹磨平)和窟窿(孔洞)等。

(3) 综合性磨损

由于长期穿用,鞋底经常受到弯曲、伸张和压缩而处于变形中。同时,高温、严寒、潮湿、干燥、日光照射、地面上污垢等各种物质对鞋底的作用,以及足底汗垢对鞋底的侵蚀等,均能使其物理机械性能逐渐减退,导致鞋底老化,进而在重力、摩擦力的作用下出现龟裂、折断等破损现象,如后跟落足部位出现的折痕以及掌前边沿出现的放射痕等。它们在鞋足迹上出现的部位、形状、大小,几条龟裂或断裂构成的角度、程度等是特殊特征,具有较高利用价值。

(三) 现场足迹的勘验

1. 寻找现场足迹的重点部位

(1) 犯罪中心现场。犯罪中心现场是犯罪行为发生的地方,通常会有大量的足迹。

（2）现场的出入口。出入口是犯罪嫌疑人进出现场的通道，会有犯罪嫌疑人的足迹。

（3）来去路线。犯罪嫌疑人进出现场的路线会留下足迹，可以帮助确定犯罪嫌疑人的行动轨迹。

（4）隐身守候处。犯罪嫌疑人在现场附近的隐身守候处等待或者观察会有足迹。

（5）埋尸藏赃处。现场有埋尸或者藏赃物的行为会留下足迹，可以帮助警方找到被埋的尸体或者赃物。

（6）案犯踩踏过的地方。在某些情况下，犯罪嫌疑人在现场踩踏以破坏证据，会留下足迹。

2. 现场足迹的提取

经现场勘验确定为犯罪嫌疑人所留足迹或尚未澄清的足迹，不管是否完整、清晰，都必须妥善提取。切忌只提取一两个完整的足迹，而不提取残缺的足迹，更不应自认为与案件无关而任意舍弃足迹。提取足迹常用的方法如下：

（1）照相法

照相法是如实地记录足迹状态、所在位置、周围关系等原始状态的有效方法，是所有提取足迹方法中的首选方法。拍照的基本方法是：保持足迹不变形，一定要在足迹弓部内边缘附近平放比例尺。不论是立体的、平面的，还是单个的、成趟的，都要用比例照相或直线连续比例照相的方法进行固定提取。

（2）实物法

为保持足迹的原始状态，有利于分析检验工作，在条件允许下，可提取留有足迹的实物。如足迹遗留在桌、椅、纸张、衣物、床单等轻小的客体上，可经领导批准并征得事主的同意，提取实物。如系贵重物品，须办理提取手续，收据写明确切名称、规格、数量、价值、新旧程度和标志等，用完及时归还原主。

（3）石膏制模法

对于立体足迹除须拍照外，应该采取石膏制模法提取，制作足迹模型通常以石膏粉灌制。以石膏粉制模提取的足迹，反映的特征清晰，检验方便，方法简单，成本低。

(4) 复印法

对于平面足迹可采用复印的方法提取。常用复印法有静电复印法、胶带黏附法。对遗留在水泥地面、水磨石地面、地板、地砖、地毯、纺织品等物体表面上的粉尘足迹(加层、减层)可用静电复印法提取。胶带黏附法，即用比较宽的掌纹胶带或足迹专用胶带黏附清晰的粉尘平面足迹或经过粉末刷显后的足迹及经过染色固定的平面足迹等。

三、工具痕迹鉴定

(一) 工具痕迹鉴定概述

1. 工具痕迹的概念

工具痕迹是指犯罪嫌疑人利用工具破坏(或侵害)客体时，在接触部位因受力引起的变形，简称工痕。从定义可以看出，工具痕迹的形成主要由作用力、工具、承痕客体三个要素决定。工具痕迹具有多发性、多变性、立体性、附着物和遗留物多等特点。

2. 工具痕迹的作用

第一，解决同一认定问题，判断痕迹是否系送检的嫌疑工具所遗留；第二，解决各种种属认定问题，推断形成痕迹所用工具的种类，并进而分析罪犯具有何种专业技能和使用专业工具的特点；第三，为分析案情提供依据，推断形成痕迹的情况，为鉴别案件的性质、分析行为属性提供依据。

(二) 工具痕迹的分类

按照工具与客体相互接触方式不同，工具痕迹分为线条痕迹和凹陷类痕迹两种类型。

1. 线条类痕迹

线条类痕迹是被破坏客体与工具在切划接触状态下产生的变形。痕迹以凸凹线条的起伏形态反映工具接触部位的特征。线条类痕迹由痕起缘、痕迹面、痕止缘三个部位组成。

线条类痕迹的一般特征为痕迹的形状、尺寸、数量、分布等，反映出工具接触部位的形状、规格等种属特征；细节特征为单一线条的凸凹起伏结构，包括峰、谷、腰的形态，线痕的宽窄与倾斜流向等，反映出工具接触部位的凸凹点、线等特征。

2. 凹陷类痕迹

凹陷类痕迹是被破坏客体与工具在印压接触状态下产生的变形。痕迹以凸凹坑丘的形态反映工具接触部位的特征。凹陷类痕迹由痕起缘、痕迹壁、痕底、痕止缘四个部位组成。

凹陷类痕迹的一般特征为痕迹的形状、规格尺寸等，反映出工具接触部位的形状、规格等特征；细节特征为单一凸凹坑丘的结构，包括形状、凸凹性与具体位置等，反映出工具接触部位的凸凹点、线等特征。

(三) 工具痕迹现场勘验

1. 寻找工具痕迹的重点部位

(1) 在现场的封闭物及障碍物上寻找。为了达到犯罪目的，犯罪嫌疑人常常持械破坏现场的门、窗、墙、锁及锁的装置等障碍物，从而在其上遗留下使用工具的特征。

(2) 在作案目的物上寻找。在被盗割电线、电缆及侵害的人体组织等目的物上会寻找到较好的工具痕迹。

(3) 沿犯罪嫌疑人逃走路线寻找。犯罪嫌疑人在逃跑过程中，有时会将在现场没有及时处理的小客体、局部客体、作案工具扔弃。

(4) 在犯罪嫌疑人住所及其周围寻找。犯罪嫌疑人住所及其周围，可能留有犯罪嫌疑人抛弃的作案工具、被破坏的小客体、作案工具的"遗留样本"。

2. 工具痕迹的提取

工具痕迹的提取方法主要有照相固定提取、原物提取和制作模型提取三种。

(1) 照相固定提取。照相固定提取为工具痕迹提取的最基本方法，一般要拍照现场工具痕迹的全貌照片与特征照片。照片的内容应反映出工具痕迹承痕客体所在的位置、方向与周围物体的关系，也要反映出工具痕迹在承痕客体中的位置，同时要反映出痕迹的轮廓和细小特征的形态。

(2) 原物提取。提取工具痕迹的承痕客体，是提取工具痕迹最直接的方法。对于小客体（如锁具、折页等）可直接提原物。客体较大时，可拆卸、割下原物部分，以保全痕迹的细微特征，应遵守不破坏原有痕迹特征、不产生新痕迹特征的原则。

3. 制作模型提取

制模提取现场工具痕迹具体有三种方法：

(1) 硅橡胶制模提取。取适量的硅橡胶放在干净的玻璃板上，滴加正硅酸乙酯和月桂酸二丁基锡，调匀后轻轻地涂注在痕迹上，待凝固后，从硅橡胶的边缘轻轻掀起。

(2) 硬塑料提取。提痕时先在痕迹表面涂甘油，再把硬塑料放在热水中使其软化，取出后甩掉表面水珠，揉捏光滑后按压在痕迹上，待硬塑料冷却定型即可取起。

(3) 注塑法提取。用注塑枪将聚氯乙烯加热熔融，注入痕迹中，待冷却定型后慢慢取出。

四、枪弹痕迹鉴定

(一) 枪弹痕迹的概述

1. 枪弹痕迹概念

枪弹痕迹是指子弹在发射过程中，同弹匣、枪机、枪管等机件互相磨擦撞击，在弹头、弹壳上形成的痕迹以及在障碍物、目标物上所形成的射击附带痕迹。

2. 枪弹痕迹的作用

(1) 可以确定发射的枪支种类。

(2) 对具体枪支进行同一认定。

(3) 判断射击的距离、方向、角度、进出口和射击顺序等问题。

(4) 判明创口是否为枪弹创以及被击者在受击时的瞬间姿态。

(5) 建立枪弹痕迹档案，查对枪支来源，还可对弹壳、弹头痕迹进行分类、编码和检索。

(二) 枪弹痕迹的特征

枪弹痕迹的特征一般包括射击弹头上的痕迹、射击弹壳上的痕迹、弹壳上射击附带痕迹。

1. 射击弹头上的痕迹

射击时,弹头在火药气体压力的作用下通过枪管,弹头外壳与枪管内壁发生强烈的摩擦作用,便留下了能反映枪管内壁构造和使用状况的痕迹特征,一般包括:膛线枪管的痕迹特征、平滑枪管的痕迹特征、弹头上出现的不正常痕迹特征及弹头上的射击附带痕迹。

2. 射击弹壳上的痕迹

整个射击过程可分为装弹、击发、排壳三个基本阶段。在这三个不同阶段,射击弹壳上会形成不同的痕迹特征。装弹过程会形成弹匣口痕迹、枪机下表面痕迹、推弹突笋痕迹、拉壳钩前端痕迹等。击发过程会形成击针头痕迹、弹底窝痕迹、弹膛内壁痕迹、烟垢特征等。排壳过程会形成拉壳钩痕迹、抛壳挺痕迹、抛壳窗口痕迹等。

3. 弹壳上射击附带痕迹

在射击过程中,由于受到火药瓦斯的化学作用,火药的残渣和枪油、尘垢等混合留在弹壳上,容易在底槽处留下形成痕迹。

(三) 枪弹痕迹的发现和提取

1. 枪弹痕迹的发现

(1) 寻找射击弹头。弹头飞出枪管遇到障碍物,有的穿透,有的射入而不穿透,有的反跳落地。寻找时可先观察弹孔,分析弹道,然后在弹着点重点查找弹头。

(2) 寻找射击弹壳。各类枪支的排壳方向和排壳的远近不同,一般情况下弹壳遗留在射击点附近五米左右范围内。由于射击时的环境或地面的具体条件不同,弹壳抛出的距离可能在五米以外,要结合射击距离、方向、罪犯足迹以及现场环境等进行寻找。

(3) 寻找发射枪支。在一般情况下,罪犯作案后都会把枪支带走,但也有的把作案枪支抛在井洞、池塘、粪坑、垃圾堆或小河沟内。

(4) 寻找弹着点痕迹。寻找弹着点应根据弹头飞行方向及可能的反跳方向或折行的途径仔细观察。射击附带痕迹只在近距离射击时才有,而且分布在弹孔的周围。在发现弹孔和附带射击痕迹后,应拍照和测量并准确记录所在位置。

2. 枪弹痕迹的提取

(1) 对现场发现的射击弹头、弹壳、未射过的子弹、枪支,均要拍照并反映出这些物品与周围主要物体之间的关系。

(2) 提取枪支要注意弹膛内是否有子弹,如有则要进行处置,以防发生危险并注意不要破坏枪支上可能有的手印。

(3) 对提取的弹头、弹壳应按顺序编号,并将它们所在位置、是否有附带痕迹记录下来。

五、车辆痕迹鉴定

(一) 车辆痕迹的概述

1. 车辆痕迹的概念

车辆痕迹指车辆轮胎或其他附属构件在地面上或其他客体上形成的反映形象。从车辆痕迹定义可以看出,车辆痕迹的范围较宽,它不仅包括车轮痕迹,还包括车体痕迹、车辆附件痕迹以及其他物品的碎片或微量油漆。

2. 车辆痕迹的作用

(1) 根据车辆的轮数、轨距、轮胎规格、胎面花纹结构等特征,可以推断出车辆的种类或型号,为侦查提供线索,为缩小工作范围提供依据。

(2) 根据留在现场的车轮或车辆其他部位留下的痕迹,可以进行同一认定,为审查嫌疑车辆提供证据。

(3) 根据车辆在行驶过程中形成的痕迹特征,可以分析出车行方向,为寻找、追踪作案或肇事后逃跑车辆提供线索。

(4) 根据车辆留下的车灯破碎玻璃、油滴、微量油漆碎片、车体附着的血迹、车胎花纹中的填塞物等,可以判断出罪犯或肇事者在现场的驾车活动过程和事故原因,为侦破案件、追究责任、查找嫌疑车辆提供线索。

(5) 根据车辆留下的刹车痕迹,可以计算出车辆刹车时的速度,为判断交通事故责任提供参考。

(二) 车辆痕迹特征

车辆痕迹特征不仅可以反映出车身结构特点和使用过程中产生的轮胎磨损等个别特征,也能体现出车辆行驶运动的轨迹等行驶特征,为道路交通事故现场重建提供参考。

1. 车辆结构和参数特征

车辆结构和参数特征是指能反映车辆种类和部分车辆参数的特征,主要包括轮胎花纹形态特征、轮胎花纹组合特征、车辆参数特征和车灯特征四种。

(1) 轮胎花纹形态特征

轮胎痕迹指车辆轮胎在其他客体上形成的反映形象。轮胎痕迹可以反映轮胎花纹的结构、形态,而轮胎花纹与车辆类型存在一定的关联性。如工程机械轮胎花纹块大、花纹沟深,有明显的胎肩,胎面和胎肩侧面花纹形态单一,结构简单;载重汽车轮胎规格多,轮胎花纹变化大;轿车轮胎花纹结构比较复杂,形态变化较多,花纹块小,花纹沟浅而密,刀槽花纹多,胎肩不明显,胎面花纹与胎侧花纹连续。

(2) 轮胎花纹组合特征

轮胎花纹组合特征指同一车辆轮胎使用的花纹形态或花纹方向不同的花纹组合特征。通常,一辆车上轮胎规格、花纹形态及花纹方向应完全相同,因更换轮胎,车辆不同轮胎上的花纹形态及花纹方向不一致,就构成了花纹组合特征。

(3) 车辆参数特征

车辆参数特征指轮胎痕迹中能反映出车辆参数的特征,包括轮距、轴距、轮数、轴数、轮胎面宽度、轮胎花纹等。其中,轮距、轴距和轮胎面宽度与车型有着密切的关系,是推断车种的重要参数。

(4) 车灯特征

汽车车灯中有行车灯、超车灯、转向灯、刹车灯及倒车灯等,其灯罩颜色、形状及灯罩花纹均不相同。同名不同型的车辆,其车灯特征也存在差异。

2. 车辆的痕迹特征

(1) 车辆行驶运动特征

车辆行驶运动特征是指车辆在行驶过程中轮胎形成的轨迹的总体形态。案件现场较常见的车辆轮胎痕迹主要分为滚印、压印、拖印和侧滑印,或由于车辆轮胎受力不均、胎面温度过高而发生爆裂的痕迹。行驶特征一般可以反映出车辆的部分结构参数、轮胎花纹形态、车辆的行驶状态等。另外,机动车与非机动车的行驶特征有明显区别。

(2) 轮胎面磨损与机械损伤特征

轮胎面均匀磨损表明轮胎安装使用正常,磨损导致花纹沟变浅,轮胎充气过量使胎面中部形成的磨损程度大于胎面两侧,轮胎充气不足使胎面两侧与路面接触过多,导致两侧的磨损大于轮胎中部。

(3) 附属痕迹特征

支架痕迹是部分机动车和人力车痕迹的一种伴生痕迹,支脚的数量、形态,支脚底面花纹,支脚的磨损,支架痕迹与车轮痕迹的位置关系,都具有一定的特定性。

(三) 车辆痕迹的勘查

1. 车辆痕迹的发现

(1) 车辆痕迹的勘查

如果犯罪现场选择在车流量较少的偏僻地区,周围的车辆痕迹可能成为犯罪车辆的痕迹。当犯罪嫌疑人选择比较沉重或体积较大的物品作为犯罪目标时,他们通常会选择使用车辆作为运输工具。因此,在勘验现场时,应注意现场附近的物体上是否有车辆剐碰或其他可疑痕迹。在作案时车辆可能与其他物体发生剐碰,因此应注意现场附近的物体上是否有可疑痕迹。

(2) 车辆痕迹的测量

在测量前,应首先确定车辆前后轮的痕迹。确认痕迹后,应选择边缘清晰的轮胎痕迹以测出胎面宽度。随后,根据轮胎痕迹的覆盖关系选择测量点,并分别测出前后轮距。利用车辆调头痕迹,可以准确地测出车辆的轴距。

2. 轮胎痕迹的提取

(1) 立体轮胎痕迹的提取

在轮胎痕迹上配以比例尺进行拍照后,应使用石膏浆连续注入立体轮胎痕迹中,并放入加强筋。待石膏浆硬化到一定程度时,可使用塑料板、金属板、胶合板将石膏浆分割成适当大小的若干块,并为每块编写序号。待石膏完全硬化后,将其取下。现在也可以采用硅橡胶或其他塑性物质制作立体轮胎痕迹模型,这可以参考立体足迹提取方法。

(2) 平面轮胎痕迹的提取

平面痕迹的反映与路面条件、介质以及行驶状态等因素有关。常见的路面包括柏油、沥青、水泥、泥土和其他硬质路面。在泥土路面上,轮胎痕迹通常比较清晰,而在柏油和水泥路面上,痕迹则较差。为了更好地观察轮胎痕迹,可以贴近地面并从不同方向利用自然光进行小角度观察。此外,我们还可以将光源贴近地面或与地面呈15°角左右照射痕迹。当平面痕迹可以清晰地观察到时,则在痕迹上添加比例尺,并不断变换光源位置,选择最佳状态进行拍照,以便提取轮胎痕迹。拍照后,可以使用透明胶纸粘贴或使用石膏固定等方式提取轮胎痕迹。

第三节 痕迹司法鉴定的方法

一、痕迹司法鉴定常规检验方法

(一) 外观分析检测法

外观检验是一种获取物证的重要方法,可通过感官或简单器材实现。外观检验主要分为两种情况:一是观察物证的外观、颜色、形状等特征,判断其种类、来源和性质;二是关注物证与环境、物证之间的相互关系,以确定其来源、性质和价值。外观检验在司法鉴定中具有重要作用,有助于否定嫌疑、缩小范围,为鉴定打下基础,甚至直接确定种属问题。这需要鉴定人员具备丰富的经验和敏锐的观察力,准确把握物证的特征及其与环境等的关系。

(二) 图像分析检验法

图像分析检验法主要通过对痕迹图像的观察和分析,提取出特征信息,为鉴定提供依据。图像分析技术不仅能精准定位和识别痕迹,还能深度分析痕迹图像,提取更多特征信息,为鉴定人员提供有价值的信息。此外,图像分析技术还可结合其他先进技术,如人工智能和机器学习技术,实现自动化鉴定。

(三) 显微检验法

显微镜检验法是一种常用的观察物证微观形态和结构特征的方法。它利用各种显微镜,包括光学显微镜和非光学显微镜,提高人的视觉分辨能力,以观察人眼看不到或看不清的物体形态或痕迹。光学显微镜包括生物显微镜、立体显微镜、比较显微镜、偏振光显微镜、金相显微镜等。非光学显微镜则包括扫描电子显微镜、透射电子显微镜和原子力显微镜等。显微镜的主要功能是通过影像放大来增强人的视觉能力,从而观察到肉眼难以看到的物体形态或痕迹。这一技术在刑事科学领域应用广泛,涉及传统的文件检验、工具痕迹检验、枪弹检验以及微量物证的检验等领域。

（四）光学检验法

光学检验通过视频光谱仪对痕迹特征进行检验和分析,是一种有效的技术手段。视频光谱仪是一种光电仪器,它可以实时采集和分析物体表面的光谱信息,从而识别和鉴定物体类型、材料成分等信息。通过视频光谱仪进行检验,可以分析痕迹物质的颜色、反射率、透射率等特征,从而确定痕迹物质的类型和成分。此外,视频光谱仪还可以用于鉴定历史文物、艺术品等物品的材质和制作工艺,为文物保护和鉴定提供科学依据。因此,视频光谱仪在刑事侦查、文物保护等领域具有广泛的应用价值。

二、痕迹鉴定的方法和步骤

痕迹鉴定的主要任务是解决个人的同一认定,主要分鉴定受理程序和检验两个阶段,其中检验包括预备检验、分别检验、比较检验和综合判断四个步骤。

（一）鉴定受理程序

1. 明确鉴定要求

（1）应了解委托内容和相关案事件情况,明确具体的鉴定要求。

（2）对于鉴定要求不明确或不准确的,应向委托方提供技术咨询并确认鉴定要求。

2. 审查送检材料

（1）应审查检材和样本的有关情况,若有关情况不明确,应与委托方联系确认,包括但不限于以下内容：检材来源、检材数量、检材状态。

（2）初步审查检材的鉴定条件和样本的比对条件。

（3）需补充样本的,应将相关情况告知委托人。

3. 决定是否受理

（1）应根据送检材料的具体情况及实验室现有资源条件等,决定是否受理。

（2）决定受理的,应与委托人签订鉴定委托协议,并按登记规则进行统一登记,生成唯一案号。

(3) 决定不受理的,应向委托人说明原因。

(4) 不能当场决定是否受理的,可先行接收送检材料,并与委托人办理交接手续。

(二) 检验

1. 预备检验

(1) 设计检验方案是一个细致且复杂的过程。首先,需要仔细审查送检材料,以便全面理解其内容和特性。其次,根据鉴定要求,明确合理的检验目标,并选择适当的检验手段和方法。最后,按照各检验项目的特点和实施顺序,合理安排实施顺序。通过这一系列步骤,我们可以确保检验方案的准确性和有效性。

(2) 准备检验材料与器材。根据检验方案选定检验方法,需事先准备好所用仪器设备。如果需要改变物证原貌,应征得送检单位同意,并采用摄影手段拍摄、固定物证原貌。对于可能提交鉴定的物证,如工具、鞋子等,应模拟物证的形成条件,制作供检验用的样本。

2. 分别检验

分别检验是同一认定的基础性环节,其任务是为比较检验奠定基础。这一过程包括以下几个步骤:第一,研究现场痕迹(检材)的形成条件和客体特性;第二,初步分析和选择清晰、稳定、可靠的痕迹特征;第三,确保样本痕迹的真实性和可靠性;第四,确保样本特征具有充分的可比性;第五,如鉴定条件不足,通知委托单位重新或补充收集样本。

3. 比较检验

比较检验是痕迹司法鉴定中至关重要的环节,其主要任务是对现场痕迹与样本痕迹进行比对,确定两者的符合点和差异点。即对检材痕迹和样本痕迹的对应特征逐一进行比较,充分揭示两者所反映的同一认定客体特征的异同。根据同一认定客体的性状,可分别选取物证和样本所反映的特征,通过对比确定特征的异同,也可采用测量、拼接、画线、重叠、并列对比等方法发现两者的异同。

4. 综合判断

综合评断的关键在于查明符合点和差异点的性质,即查明符合点和差异点的来源。评断特征差异点和评断特征符合点是痕迹鉴定中非常重要的环节。

差异点是指现场痕迹与样本痕迹之间的特征不符之处。本质差异是两个客体之间必然存在的、内在的区别。非本质差异是由于同一客体自身变化或痕迹与样本的形成条件不同而产生的差别,包括但不限于痕迹形成时间、样本形成时间久远与客体演变等因素。

本质符合的特征是现场痕迹与样本痕迹两者特征的总和。这需要满足以下条件:必须具有一定数量的符合特征,其中应有质量好的特征;特征间的相互关系是吻合的;特征的总和具有不可重复性;没有不能科学解释的差异。非本质符合的特征一般是某些特征相似或偶合,似乎符合但又有难以解释的差异,有时差异点还占主导地位。这种情况下,我们需要作出否定的同一意见。

第四节 痕迹司法鉴定意见评判

司法鉴定意见是重要的法定证据之一,司法鉴定意见必须经过审查才能作为证据,鉴定意见审查是司法鉴定过程中的重要环节,其目标是确保鉴定意见的准确性和可靠性。对鉴定意见需要关注其形成和使用的全过程,包括合法性审查、客观性审查及鉴定意见的评判。

一、合法性审查

合法性审查是鉴定意见是否合法的关键,它要求鉴定意见必须遵照法定程序取得,并符合法定形式。鉴定意见的产生是科学与法律有机结合的过程。具体而言,鉴定意见的合法性审查主要从以下几个方面进行:

第一,审查鉴定主体是否合法:鉴定人必须具有相关的鉴定资格,能够运用专门知识对问题进行客观、科学的分析。鉴定意见应属于署名鉴定人的执业范围,并且鉴定事项应符合鉴定机构的业务范围和技术条件。

第二,审查鉴定程序是否合法:确保鉴定过程符合法律程序,确定鉴定人是否与当事人有利益冲突,是否遵循了必要的取证和实验步骤。另外,还需要确定鉴定人是否存在回避情形等。

第三,审查鉴定材料是否合法:确保鉴定人使用的材料合法,并且与鉴定的问题有关。检材的来源、取得、保管、送检需符合法律及有关规定,检材必须充足、可靠。

第四,审查鉴定意见的形式和表达是否合法:鉴定意见的形式和表达方式应当符合法律的规定,避免使用容易引起误解的语言。鉴定意见应注明鉴定事由、鉴定委托人、鉴定机构、鉴定要求、鉴定过程、鉴定方法、鉴定日期等相关内容,并加盖司法鉴定专用章,由多名鉴定人共同签名或盖章;鉴定意见作出后需要及时告知相关人员,并确保当事人对鉴定意见无异议。

二、客观性审查

客观性审查要求司法鉴定活动必须基于客观存在的材料进行,对客观性审查的分析如下:

(1) 样本来源:样本来源需要具备可靠性,同时比对条件以及收集、保存、运送和保管应当符合鉴定规则。

(2) 鉴定过程和方法:司法鉴定意见的得出必须遵循程序规范,检验步骤、仪器设备的操作以及数据监测应达到相关标准。

(3) 标准及条款:鉴定所依据的标准及条款必须适当,且经过查新。

(4) 鉴定意见明确性:鉴定意见的作出应当明确,推理需符合客观规律和逻辑,因果关系论证需清晰准确。

三、痕迹鉴定意见评判

痕迹司法鉴定意见的评判具有重要意义,在司法审判中起着关键作用。鉴定意见是司法鉴定人根据专业知识和经验,对与案件有关的痕迹进行评估和判断后得出的。它为法庭提供有关案件事实的客观信息,帮助法官作出公正判决。

一是确认鉴定意见与案件的联系。通过鉴定,可以确定案件相关证据,有助于证明或反驳有关犯罪嫌疑人、受害人和证人等涉案人员的指控和陈述。

二是对鉴定意见的证明力进行评估。鉴定意见的科学可靠性有助于增强其作为证据的可信度,因此在审判过程中,需要对鉴定意见进行全面审查。

总之,痕迹司法鉴定意见在司法审判中起着至关重要的作用,其意义不仅在于确认鉴定意见与案件的联系,还可以评估其在案件中证明力的大小。通过全面评判、审查鉴定意见的科学性,可确保其作为证据的可靠性,为公正的判决提供强有力的支撑。

关键术语

1. 痕迹鉴定(traces identification)
2. 手印鉴定(handprint identification)
3. 足迹鉴定(footprint identification)
4. 工具痕迹鉴定(tool traces identification)
5. 枪弹痕迹鉴定(bullet traces identification)
6. 车辆痕迹鉴定(vehicle traces identification)

案例研讨视频

案例研究 11-1

案例研究 11-2

思考题

1. 大数据时代数字痕迹包括哪些方面?
2. 通过指纹膜捺印一般反映出哪些指纹特征?
3. 3D扫描技术的出现对立体足迹的提取产生了哪些影响?
4. 如何综合评断痕迹鉴定过程中检材与样本出现的符合点与差异点?

5. 人工智能的发展对痕迹鉴定意见的判断产生了哪些影响?

 参考文献

1. 敖日其冷主编:《痕迹司法鉴定》,法律出版社 2015 年版。
2. 单大国主编:《刑事科学技术》,高等教育出版社 2016 年版。
3. 何勤华、杜志淳、杨正鸣主编:《物证技术学简明教程》,法律出版社 2018 年版。
4. 孙浩、胡向阳:《法官对鉴定意见的实质审查进路研究——以专业通俗化为重心展开》,载《中国司法鉴定》2023 年第 4 期。
5. 谭铁军等:《基于 3D 技术的轮胎痕迹检验研究》,载《中国人民公安大学学报(自然科学版)》2023 年第 4 期。
6. 王彦吉、王世全主编:《刑事科学技术教程》,中国人民公安大学出版社 2006 年版。
7. 徐立根主编:《物证技术学》,中国人民大学出版社 2011 年版。
8. 张书杰主编:《痕迹检验学》,中国人民公安大学出版社 2007 年版。

第十二章 微量物证司法鉴定

学习目标

[情感目标] 感受微量物证在证明案件中所发挥的作用,深刻领悟微观世界中物质普遍联系的科学原理,提升对细微证据的敏锐洞察力,加深对法治社会建设的认同感与责任感。

[知识目标] 了解微量物证的定义、种类和特点,理解不同种类微量物证的检验方法和分析原理,熟悉微量物证鉴定相关技术标准,明晰定性分析、定量分析与比对分析的适用场景。

[能力目标] 能够运用分析技术进行微量物证的提取、分离、检测与分析,掌握微量物证的发现与保护技巧,能在复杂环境中有效识别和收集潜在证据,对微量物证的证据价值进行科学评价与有效传达。

第一节 微量物证司法鉴定概述

一、从化学物证到微量物证

(一)化学物证概述

化学物证是指从物质理化性质的角度证明与案件相关事实的证据。它依据化学手段,解决证据问题。化学物证的理念由来已久。例如,《洗冤集录》中的银针验尸,依据的便是通过银针与砒霜之间产生的黑色硫化银沉淀判断死者是否死于砒霜中毒。欧洲毒理学的鼻祖奥菲拉博士也是凭借改进的砷镜实验装置，成功地破获了著名的拉法吉投毒案，并结束了横贯19世纪上半叶的砒霜投毒无从问津的局面。

(二) 化学方法提供物证的路径

由于客观世界中的物质都具有化学信息，所以当其被卷入违法犯罪活动时，鉴定人员便可以通过化学方法提供物证。通常情况下，常见的证明路径有如下三种：

1. 通过物质的元素组成获得重要的物证

以拿破仑之死案为例。对于拿破仑的死因，学者们众说纷纭。1815年滑铁卢战役失败后，拿破仑被囚禁于圣赫勒拿岛。由于生存环境较差，拿破仑的身体状况日趋下滑，从1820年秋季开始就进入病危状态。1821年5月5日，拿破仑因"胃癌"身亡。瑞典牙医富尔舒沃德将拿破仑死亡之前的临床表现与砷中毒的临床表现进行了细致比对，并高度怀疑拿破仑死于砷中毒。他收集到拿破仑的头发，并使用中子活化分析法对其进行分析。结果表明，拿破仑在死亡之前较长一段时间内发生了慢性砷中毒。尽管拿破仑的真正死因尚未明确，但在相关人员收集到的1805年和1814年的拿破仑的毛发样品中，同样检出了较高的砷含量，这再次加重了人们对于拿破仑死于砷中毒的怀疑。

2. 通过物质的化学结构获得重要的物证

以一起奥美定注射案为例。2006年，张女士为了追求美丽前往家附近的美容院接受面部塑形注射。"医护"人员声称对其注射的是瑞蓝产品，即一种以透明质酸为主要成分的面部注射填充剂。瑞蓝是美国药品监督管理局多年以来此类产品中唯一获批的产品，其安全性毋庸置疑。然而，接受面部注射后不久，张女士却因大面积面部感染而再次入院，医生高度怀疑患者的病情是因接受奥美定注射而导致的。奥美定是以聚丙烯酰胺为主要成分的面部注射填充剂，曾因其产品中含有毒性的游离丙烯酰胺而被中国国家食品药品监督管理局叫停。虽然奥美定与瑞蓝都是聚合物产品，但是二者具有截然不同的化学结构，实验室中可以使用红外光谱法对其结构进行观察。最终，法官依据相关鉴定部门提供的张女士面部取出物的红外光谱检验结果给出了客观公正的裁定。

3. 通过物质的化学性质获得重要的物证

以毒品快速显色反应为例。在机场安全检查或在制毒贩毒案件现场勘查中,相关工作人员需要对现场提取的嫌疑毒品粉末进行快速检验,从而为涉案人员的去留以及侦查措施的制定提供依据。马改试剂显色法就是常见的毒品快速显色反应之一。马改试剂为含有2%甲醛的浓硫酸溶液。少量嫌疑毒品粉末添加到马改试剂中便会快速呈现溶液颜色变化。对于吗啡、海洛因等鸦片提取物,马改试剂会很快变为紫色;对于摇头丸、冰毒等安非他命类的合成毒品,马改试剂会迅速变为橙色。这种颜色改变往往会带来重要的证据信息。

每一起案件发生后,法律工作者都需要对过去未知事物进行推理与判断。虽然历史不能倒流、真实情况无法再现,但是犯罪活动所遗留的线索可以为相关工作人员提供宝贵的证据信息。借助现代科学技术揭晓它,则推理所得的法律事实便能最大限度地接近客观事实。无论是物质的元素组成、化学结构还是化学性质,它们都可以视为掩藏在犯罪行为背后的痕迹,为追溯犯罪事实和真相提供线索和指引。掌握这些化学证据,法律事实的推理与判断就会如虎添翼。

(三) 微量物证的概念和范围

凡能用以揭露和证实犯罪行为,或为侦破案件提供线索和范围的量小体微的物质,统称为微量物证。微量物证既有所有物证的共性,即物质性、客观性和证据性,又拥有区别于其他种类物证的特点,即量小体微。从狭义的角度看,量小体微是指微量物证往往数量少、体积小。例如,微量物证可能是如头皮屑般大小的一块油漆碎屑,也可能是纤细如丝的一根纤维。从广义的角度看,量小体微也可以指微量物证的有效成分少,背景干扰多。例如,大火散去之后,从火灾现场收集的一大瓶气体中,纵火剂汽油的含量可能微乎其微,气体瓶中绝大多数的成分为背景空气。

"量小体微"曾经作为数量级别用于界定微量物证,如 1 mg 的粉末或者 1 mL 的液体等。然而,随着现代化仪器分析手段的不断推陈出新,量小体微的界限被一次次地打破。这种改变的快速与巨大往往突破人们的想象。今天令人一头雾水的微量物证很可能在未来的某一刻变得价值连城,因此所有涉案证据都要尽量长期保存。

二、微量物证鉴定的难点

在量小体微这一特点的作用下,微量物证在应用过程中遭遇了许多疑难问题。

(一) 微量物证难以发现

微量物证的关联性显而易见,但是它的存在却未必像关联性那样容易确认。例如,一起交通肇事逃逸案件中,被撞的自行车后架钢管上可能黏附来自肇事车辆的蓝色车牌漆,这对于寻找和确认肇事车辆至关重要。然而,在混乱的交通肇事现场,要想察觉这些蓝色油漆附着物的存在并不容易。

(二) 微量物证难以分析

由于微量物证往往是混杂在某种介质中的微小物品,因此微量物证的分析检验常受到背景介质的干扰。例如,对爆炸尘土中的炸药进行分析时,尘土中固有的物质就会严重干扰炸药种类的识别和数量的确认。在解决上述问题的过程中,一方面,应加强提取环节的优化,通过各种分离技术获得背景干扰小、目标物含量高的分离结果;另一方面,应注重背景样品(空白样品)的提取,从而有效地识别出混杂在分析结果中的背景化学组分。

(三) 微量物证易于变化

在犯罪活动进行过程中,一些微量物证是以少量黏附的形式,极为隐蔽地转移到其他客体表面。在获得成功提取之前,这些少量黏附的微量物证会大量暴露于氧气、水或光照等环境下,化学性质容易改变。此外,还有一些微量物证会经历剧烈的摩擦、碰撞而被挤压到其他客体表面。在挤压过程中,这些微量物证往往会因为高温的出现而发生化学性质的改变。对于依靠微量物证的数量进行判别的情况,如依据射击残留物的颗粒数量判断射击距离,微量物证在提取、保存以及转移过程中所产生的数量的改变就更为显而易见了。

(四) 微量物证易受污染

微量物证的污染主要由以下两个原因造成:第一,微量物证的多次转移。很多微量物证的转移往往是多次发生的。它既可以从原始客体转移到第一客体表面,又可以从第一客体表面转移到第二客体(其他客体)表面。在连续转移的过程中,它可能会造成不相关客体的交叉污染。第二,微量物证的工业化生产。与指纹、DNA等极具个性的物证不同,微量物证往往是在批量工业化生产过程中,经过数次"复制"而形成的。纤维、塑料、橡胶、油漆……每一种常见的微量物证都因工业化生产而具有数量颇丰的雷同物。这些性质相似的材料充斥于日常生活的各个角落,难以彼此区分。

三、微量物证鉴定的意义

微量物证面临的难题不胜枚举。然而,为什么案件调查过程中仍要坚持使用微量物证?为什么法庭审判中依据的微量物证的数量与日俱增?答案是微量物证具有得天独厚的优势——难以销毁。一方面,微量物证以近乎隐形的方式躲避了犯罪分子的故意破坏。可以试想,犯罪分子可以在作案后擦掉指纹、冲掉血迹,但是他往往会忽略嵌在窗框上的一根纤维或者藏在被害人指甲缝中的一点木屑。另一方面,微量物证又常常以异常坚挺的方式出现在现场勘查人员的视野中。它们脆弱而又顽固,成为追踪犯罪活动的客观依据。

第二节 微量物证司法鉴定的内容

一、微量物证的种类

按照传统的观点,常见微量物证可以分为纵火剂、爆炸物、纤维、塑料、橡胶、色料、玻璃与土壤等。①

值得一提的是,微量物证的种类总是处于动态变化之中。例如,早期,危害国家安全案件中总会遇到淀粉类黏合剂的鉴定问题,这是因为不同的犯罪分子可能会就地取材,熬制不同的浆糊用以粘贴反动标语。然而,在如今无纸化办公普及的年代,我们除了偶尔会遭遇以聚乙烯醇、聚乙烯醇缩甲醛和聚丙烯腈为主要成分的胶水之外,淀粉类黏合剂的踪影几乎荡然无存。由此看来,纷繁复杂的微量物证,永远紧随社会发展的脚步而动态变化着。

二、微量物证鉴定的检验对象

通过微量物证鉴定手段提供证据时,检材、比对样品和空白样品成为三种常见的检验对象。其中,检材是指从现场提取的可疑的、可供物证检验和鉴定

---

① 参见刘景宁、周亚红:《毒物及微量物证分析学》,南京大学出版社2005年版。

的物证,例如,从持枪抢劫的现场找到的射击残留物。比对样品是指与案件有关、与检材进行比较的样品,例如,从市面随机购得的商品参照物或者从犯罪嫌疑人家中提取的炸药。空白样品则是指不含检材成分,但与检材有关的样品,例如,从距离爆炸中心点较远处提取的空白尘土,或者从粘有油漆附着物的车辆表面提取的背景油漆。空白样品往往由检材的载体或者混入检材中但不含有检材成分的部分构成。微量物证司法鉴定意见的产生完全依赖于上述三种对象的检验。虽然并不是所有的案件中都存在检材、比对样品与空白样品共同出现的情况,但是在现场勘查及案件受理的过程中,鉴定人员始终要将检材、比对样品和空白样品的概念铭记在心,并尽可能全面获得所有检验对象。

三、微量物证鉴定的分析类型

在对所有的检验对象做好分类之后,下一步需要做的就是明确各种分析的目的。总体而言,实验室中的微量分析主要包括定性分析、定量分析和比对分析三种类型。其中,定性分析主要通过对物证的组成(元素和官能团)及结构的分析,判断物证的物理、化学性质,从而确定它的种类。简而言之,定性分析可以回答"待测对象是什么"的问题。定量分析则是测定有关组分的相对含量或绝对含量,它所回答的是"待测组分有多少"的问题。如果说定性分析是基础,那么定量分析是化学证据的提升,是物证分析的发展趋势。它可使物证分析的可靠性和准确性得到提高,使物证分析达到新水平和新高度。相对定量分析而言,比对分析则可以逾越定性分析这一环节,在不知道待比较的两个对象是什么的情况下,直接根据特征比对结果,作出是否相同或是否为同一的判断。需要注意的是,比对分析要在完全相同的条件下平行开展。

与其他自然科学领域中常见的定性分析和定量分析相比,比对分析当属微量物证鉴定方法的特色。例如,从犯罪嫌疑人家中找到的高压电线与盗窃案犯罪现场中剩余的高压电线来源是否相同?总体而言,对两份样品进行比对时,种属鉴别尚且容易,同一认定则难度较高。无论微量物证的主要成分是有机物还是无机物,进行同一认定时,所进行的比对分析的出发点都是样品中的痕量组分。这些痕量组分的种类及相对含量就像样品的条形码或者人类指纹一样,可以用于推断它的来源。

第三节 微量物证司法鉴定的方法

一、微量物证鉴定分析方法概述

微量物证通过物质的理化性质证明与案件相关的事实,理化性质则需要不同的分析方法予以揭示。例如,探测物质元素组成的原子吸收光谱、直视有机物化学结构的傅里叶变换红外光谱、分离混合物中各个目标组分的高效液相色谱……微量物证的检验会使用各种类型的仪器分析方法。

总体而言,适合微量物证检验的方法主要包括显微镜法、色谱法以及光谱法三大类。其中,显微镜法主要从微区放大的角度拓展人类观察的能力。简单的光线经过数次折射之后就会呈现出数十倍至数百倍的放大图像,电子显微镜甚至可以依据电学信号的优势,将放大倍数提升至成千上万倍。光谱法依据的是某种物质对于特定波段电磁波的吸收与发射,从而判断其化学成分或者结构。色谱法则是依据某种物质在两相之间特有的分配,通过流动相与固定相之间的相对运动,来对物质进行分离和判定。

二、微量物证鉴定分析方法类型

(一)显微镜法

对于所有法庭科学分支学科而言,显微镜法无疑占据着重要的地位。尽管它只是通过光学信号或者电子信号将微小物体放大至肉眼所能观察的范畴,但是富有经验的检验人员往往可以在这个简单的放大观察过程中,发现许多重要的证据信息。例如,擅长地质学检验的工作人员可以通过显微镜观察到碱性长石与斜长石的存在;擅长植物学检验的工作人员可以通过显微镜观察到某份花粉样品中大量出现的灌木植物花粉与禾本科植物花粉。(如图12-1所示)在混乱的犯罪现场中,有价值的微量物证往往以各种组分交织在一起的混合状态出现。显微镜法堪称是从混合样品中发现有价值异物的最佳途径。

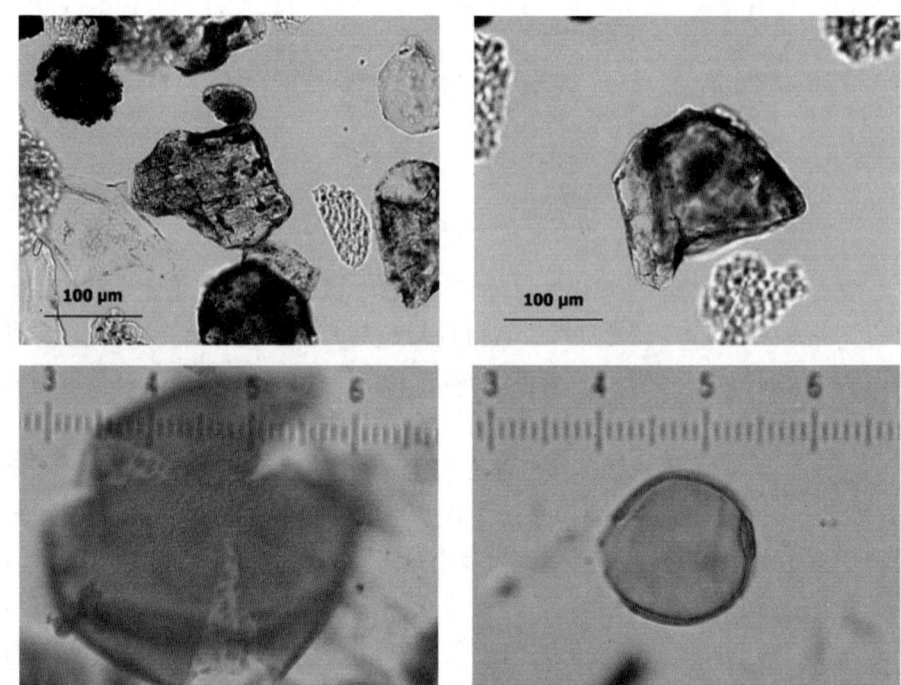

图 12-1　通过显微镜观察从微量物证中找到的碱性长石(左上)、斜长石(右上)、
火豆花粉(左下)、禾本科植物花粉(右下)[①]

(二) 光谱法

从元素的角度理解物质的组成可以帮助法律工作者更好地理解如何利用物质的理化性质进行微量物证鉴定。元素是所有物质的构成基础。每种元素仅由一种原子组成,其原子中的每一核子具有同样数量的质子,用一般的化学方法不能使之分解。截至目前,人类共发现了 118 种元素,其中 94 种元素是天然存在的,其余 24 种元素是人工合成的。所有元素赖以存在的最小单元是化学反应的基本微粒,且在化学反应中不可分割。原子由原子核和核外电子构成,因此具有核式结构。世界上绝大多数物质都是由两种或两种以上的元素结

[①] See David A. Stoney, Andrew M. Bowen, Vaughn M. Bryant, Emily A. Caven, Matthew T. Cimino and Paul L. Stoney. Particle Combination Analysis for Predictive Source Attribution: Tracing a Shipment of Contraband Ivory. *Journal of the American Society of Trace Evidence Examiners*, 2011. 2 (1).

合以后构成的新物质,即化合物。例如,CO_2 就代表着一个碳原子与两个氧原子结合之后形成的一个二氧化碳分子。化合物的理化性质均有别于其构成元素的理化性质。目前,人类已经识别出数千万种化合物。

光谱法起源于自然界中的各种光学现象。自然光通过玻璃棱镜时会折射出色彩连续变化的谱线,这说明自然光是由红色至紫色等不同颜色的光混合而成的。当自然光照射到一块红布表面时,它将吸收除了红色光线之外的所有其他波段的光线,从而使物体表现为红色。所有的物质都像这块红布一样,它们可以选择性地吸收某些光线。因此,检测吸收光线的波段和强度可以实现对物质组分的识别和定量。

从科学的角度看,光是所有种类的电磁波的总和,它同时兼具波动性和粒子性。由于光的波动性,因此其在向前运动过程中会呈现出上下连续波动的状态。在此过程中,波长(λ)和频率(f)特征可以用于描述某种光。其中,波长是指两个相邻波峰/波谷之间的距离,单位为 nm;频率是指在单位时间内通过的波峰/波谷的数量,单位为 cps。波长与频率之间的关系可以通过式 12-1 表达,二者成反比。由于光具有粒子性,因此它可以被视为一系列光子的组合。光子是传递电磁相互作用的基本粒子,具有一定的能量。由式 12-2 可知,光的能量与其频率密切相关。例如,之所以紫外线会造成皮肤伤害,就是因为其频率较高,能量较大,对于皮肤具有一定的穿透性。光的粒子性更适于解释物质对光线的选择性吸收。

$$f = c/\lambda \quad (\text{其中},c \text{ 为真空条件下的光速}) \qquad (12\text{-}1)$$

$$E = hf \quad (\text{其中},h \text{ 为普朗克常数}) \qquad (12\text{-}2)$$

电磁波谱是由传播速度相同,但是频率不同的一系列波段的光线组成的,可见光只是其中的一小部分。从本质上讲,电磁波谱中每一部分的光线都是电磁波,其根本区别在于频率。X 射线与无线电波唯一的区别在于频率;可见光区中不同颜色的光线之间的差别也在于频率。根据频率的高低,即对应的能量大小,电磁波谱可以分为 γ 射线、X 射线、紫外光、可见光、红外光谱,以及无线电波等。每一部分的光线之间都是连续变化的,没有明确的界限。

根据物质所含元素的不同以及分子结构的不同,它们会选择性地吸收或者发射特定的电磁波。基于物质与辐射能(如热能、光能等)作用时,由物质内部发生量子化的能级之间的跃迁而产生的发射、吸收或散射辐射的波长和强度进行分析的方法就是光谱法。

光谱法可以分为连续光谱和明线光谱两类。其中，连续光谱当中各种颜色的光线呈现连续变化，例如，白炽灯发射的光谱；而明线光谱则以线状的、数量有限的光谱为主，每条谱线代表一个波段/频率，谱线与谱线之间有明显的深色分界线，如钠灯、汞灯、霓虹灯。处于固态或者液态的物质受热后往往产生连续光谱，对于物质成分识别意义不大；当物质处于高温气态条件时，受激后的物质中，每种元素都会选择性地发射明线光谱，这些像"指纹"一样的特征有利于反推物质的组成元素。

从分析目标物的角度，光谱法可以分为原子光谱法和分子光谱法。其中，原子光谱法是由原子外层或内层电子能级的变化产生的，它的表现形式为明线光谱。属于这类分析方法的有原子发射光谱法（AES）、原子吸收光谱法（AAS）、原子荧光光谱法（AFS），以及X射线荧光光谱法（XFS）等。分子光谱法是由分子中电子能级、振动能级和转动能级的变化产生的，表现形式为连续光谱。大多数分子光谱法是通过记录样品对于某种特定光线或者某段特定光区的吸收情况，反映样品化学成分的，即分光光度法。常见的紫外-可见光谱法（UV-Vis）、红外光谱法（IR），以及显微分光光度法（MSP）都属于这类分析方法。此外，少数分子光谱也可以通过记录样品的发射光谱而反映其化学成分，例如，分子荧光光谱法（MFS）及拉曼光谱法（RM）。

在实践中，鉴定人员可以根据目标物组分的情况，确定光谱种类的选择。例如，当案件中出现一根纤维证据时，如想判别纤维的种类，可以使用红外光谱法对其主要纤维成分进行分析；如红外光谱分析结果显示两根纤维均为生活中常见的棉纤维，则需要根据纤维的颜色对二者加以进一步的区分，那么可以选择显微分光光度法观察该纤维上的痕量染料在可见光区的吸收情况；如果两根棉纤维恰好都是红色的，在可见光区的吸收情况相似，那么可以使用拉曼光谱法对纤维上痕量染料的化学结构加以追踪。例如，在785 nm的光线激发下，纤维样品的拉曼光谱图中将会体现出棉纤维的拉曼峰以及染料的拉曼峰。低浓度染料染色后的纤维与高浓度染料染色后的纤维相比较而言，前者的拉曼光谱图中染料的拉曼峰弱于后者的。

（三）色谱法

化学家总是通过不同物质之间的反应，力图产生新的、有用的物质。然而，并非任何物质之间的混合都能开花结果。如果两种物质混合过程中,出现了肉眼可见的界限,则可以认为有不同的相的存在,例如,对于水与油的混合物,自始至终都有水相和油相的共同存在;而氯化钠与水的混合物则不然,起初混合物中存在固相和液相两相,搅拌之后,氯化钠全部溶解于水中,最终形成统一的液相。

将化学物质混入某种液体或者某种固体中时,它总会向周围的环境中扩散,这种现象称为扩散现象(如图12-2所示)。例如,溶解于水中的气体,部分分散在水相中,部分分散在液面之上的气相中,当气体向液面之上的气相逃逸的时候,它在气相中慢慢累积,并在布朗运动的作用下,可能会回到液相中,最终达到两相平衡的状态,即扩散到气相中的气体分子数量等于回到液相中的气体分子的数量。根据亨利定律,在常温密闭的容器中达到平衡状态时,某种气体在气相和液相中的浓度的比值是固定的,该比值由温度决定。因此,如果升高系统的温度,那么平衡点将会略有偏移,更多的气体分子将会扩散入气相中。如果两种以及两种以上的气体溶解于同一液体中,那么它们可以各自达到平衡状态且互不干扰。

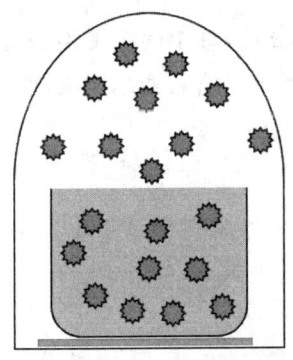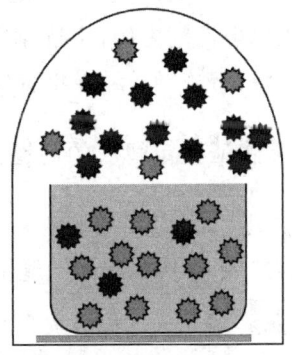

图12-2 液体的蒸发(左)气液平衡(右)

基于上述原理,可以试想,如果物质分散的两相中,一相相对静止,一相做相对运动,那么,物质必然会在静止相的制约下以及运动相的促进下,最终获得专属于自己的相对运动速度。在相同的条件下,不同的物质依性质的不同而各自具有不同的相对运动速度。这就是色谱分析的基本原理。所有色谱中均存在两相,其中一相固定不动,即固定相;而另一相则做相对单向运动,即流动相。

色谱分析过程中,所有组分起初均匀混合在一起,随着分析的逐步开展,倾向于流动相的组分慢慢跑到了前面,倾向于固定相的组分慢慢排在了后面,最后各组分被完全分离,按先后顺序依次到达终点。色谱分析不仅可以实现组分的分离,还能够依据不同的组分在色谱中运动时间的长短而实现对其定性识别。

色谱法的分离作用对于微量物证鉴定至关重要。因为多数情况下,证据领域所遇到的检验对象都是混合物,要想一一识别混合物中各组分的真实面貌,首先需要对其进行色谱分离处理;与此同时,大量的证据信息往往是蕴含在微量物证的次要组分中的。各种次要组分的种类、含量,以及多种次要组分的组合模式,这些数据对于证据的判定往往具有重要意义。例如,墨水是形成书写墨迹的物质来源,其主要成分包括展色剂、着色剂、表面活性剂、辅助剂等。对纸张上的墨迹进行分析时,可以使用色谱法分析纸张上的墨迹提取物,对其混合组分进行逐一识别,从而判断两份墨迹使用具有相同的化学组成。不仅如此,色谱法还可以用于对墨迹进行更为细致的证据信息挖掘。溶剂是展色剂的重要组成部分。根据溶剂挥发原理,在墨迹形成后,其中的溶剂即开始挥发,并随着时间推移,含量逐渐下降,呈先快后慢的趋势。总体而言,墨迹中的挥发性溶剂含量呈现出时间变化规律。墨迹中的溶剂挥发具有一定的时间窗口,以常见的甘油型黑色中性笔为例,字迹刚刚形成后,其中的挥发性溶剂含量会随时间推移快速下降,字迹形成约半年后挥发性溶剂含量便趋于稳定。

三、微量物证鉴定解决的问题类型

在司法领域中,微量物证鉴定常因其复杂的科学原理而令人生畏,然而细致梳理后便会发现,其所揭示的问题主要为两类,即种属鉴别和同一认定。[①]

(一)种属鉴别

种属鉴别,又称种属认定或种类鉴别,是由具有专门知识的鉴定人,根据客体特征对客体的种类归属进行鉴别和判断的过程。例如,当两份油漆样品均为醇酸树脂漆或者两份纤维样品均为聚酯纤维,这样的结论就是种属鉴别。种属鉴别在对客观事物进行科学分类中具有重要意义。它包含了从普遍到个别、从种类到个体的认识思路。

---

① 参见李学军:《物证技术学》,中国人民大学出版社2023年版。

不同事物之间的种属鉴别是可能的,因为事物种属关系的客观性为种类鉴别提供了客观基础;同类事物的共同属性为种属鉴别的归类提供了依据;事物的种类差别性为种类鉴别的分类提供了依据;事物种类特征的相对稳定性为种属鉴别提供了可能性。事物种类特征具有反映性与可认识性。

种属鉴别往往可以得到两类答案,即种属相同与种属不同。其中,种属相同是指两份或多份样品之间同种类组成成分的含量、物理特性以及化学性质没有差别或者仅存在非本质性差别;相反,种属不同则是指两份或多份样品之间的主要组成成分、物理特性以及化学性能不一致或存在本质性差别。

(二) 同一认定

同一认定是在诉讼过程中由具有专门知识和经验的鉴定人,通过对客体特征的分析,对客体是否同一的问题作出的科学判断。实践中,同一认定往往是在种属相同的基础上进行的。因此,同一认定往往会得到以下两种结论,即种属相同且同一或者种属相同但不同一。其中前者是指两份或多份样品除了内部组成、含量以及主要性能相同以外,其特定特征点也均相同;而后者则是指前者是指虽然两份或多份样品的内部组成、含量以及主要性能相同,但其特定特征点存在差异。

同一认定的本质特征是认定,是对客体作出同一或不同一的认定。同一认定依据的主要是客体的外表特征、内部结构以及物质组成。相对于种属鉴别,同一认定堪称更高级别的认定。它所依据的客体特征级别更高,认定的难度更大。即便如此,同一认定仍具有可行性,因为每种客体的特定性为同一认定提供了坚实的理论基础。

四、微量物证鉴定的基本原则

科技发展至今天,每一种分析方法仅能从一个角度帮助人们部分了解未知样品的真实面貌;而一次成功的微量物证鉴定往往会涉及多种方法的系统化参与。因此,在面对多种多样的现代化分析方法时,鉴定人员应该冷静地作出适合于案情、适合于检验样品的选择。总体而言,选择分析方法时应该遵循以下五种原则:

(一) 先无损后有损的原则

根据分析方法对于样品造成的损失和伤害,可以将其分为无损分析方法和有损分析方法。例如,拉曼光谱法、红外光谱法就是常见的无损方法;而气相色谱法、液相色谱法就是常见的有损方法。由于每一份证据都是无法复制的,因此从保护证据的角度出发优先考虑无损检验。

(二) 先有机后无机的原则

有机物中一定含有碳元素。此外,有机物中还伴有氢、氧、氮、氯以及磷等元素的共同存在。相对而言,无机物则广泛地涵盖了有机物范围之外的任何物质。有机物与无机物各自具有独特的性质,有机分析方法往往普遍适用于所有的有机物,无机分析方法亦是适用于所有的无机物。由于微量物证领域中常见的研究对象以有机物居多,如合成纤维、油漆以及高能炸药等微量物证,因此在未知的情况下,有机分析方法将得到优先考虑。

(三) 先定性后定量的原则

定性分析用于确定物质的种类,例如,确定爆炸尘土中的主要炸药成分是有机炸药三硝基甲苯(TNT)。定量分析则用于确定混合物中某种成分的相对含量,例如,确定混合炸药中 TNT 和季戊四醇四硝酸酯(PETN)的含量分别为 20% 和 45%。定性分析通常发生于定量分析之前。鉴定人员需要通过不同的分析技术从多个角度确认某种物质的存在之后,然后再选择一种精确的分析方法完成定量分析。

(四) 先大量后少量的原则

微量物证鉴定领域中遇到的研究对象往往是混合物。它的组成成分比较复杂。按照含量多少,可以将其分为主要成分和痕量成分。其中,主要成分对于样品的种类鉴别至关重要;而痕量成分对于样品的同一认定意义非凡。如前所述,同一认定往往是建立在种类相同的基础之上的;因此,当一份微量物证样品摆在鉴定人员面前时,遵循先大量后少量的原则是符合逻辑之选。

(五) 先简单后复杂的原则

各种分析方法之中,简单的分析方法可能会在数秒钟内将答案揭晓,如红外光谱法、紫外光谱法等,其制样方法简单、光谱扫描速度快,为实践应用带来了很大的便利;而复杂的方法则耗时相对较长,例如,对于一份血样进行未知毒物提取时,要考虑酸性、中性以及碱性等各种 pH 值条件,将提取物汇总后进行色谱分析时,也往往要消耗将近一个小时的时间。因此,从缩短侦查时间、提高有效证据存活率的角度,会优先考虑简单的分析方法。

五、微量物证鉴定意见的层级

除了上述注意事项外,还应该加以重视的问题便是科学证据的解释及评价。一份证据通常会从来源层级、活动层级以及犯罪层级三个层面传达涉案信息。[①]

来源层级的微量物证种类繁多,例如,从犯罪嫌疑人裤缝中找到的花粉与抛尸现场的植物花粉种类相同,这就是典型的来源层级的微量物证。通常情况下,它仅能从局部证明犯罪嫌疑人与犯罪活动的关联性。来源层级的微量物证较易获得,但是其证明价值较低。

活动层级的微量物证可以对犯罪嫌疑人的涉案活动加以证明。例如,由某案的玻璃物证可知,被盗车辆车窗部位的破损是由犯罪嫌疑人使用棒球棍打击形成的,这就是典型的活动层级的微量物证。它通常由复杂的仪器检测、综合的结果分析以及缜密的逻辑推理共同形成。活动层级的微量物证证明力较强,但是获得的难度较大。

犯罪层级的微量物证则可以直接对犯罪嫌疑人的犯罪行为加以证明。例如,射击残留物检测结果表明犯罪嫌疑人李某杀害了被害人张某,这就是典型的犯罪层级的微量物证。犯罪层级的微量物证也许是警官、检察官、法官或者律师渴望获得的一种结论,但是其获得难度极高。

司法实践中很难遇到犯罪层级的微量物证;与之相对,错把来源层级的微量物证或者活动层级的微量物证误当作犯罪层级的微量物证来使用的情况,却在现实当中比比皆是。对于一份通过科学检测结果所得到的化学物证,应该怎样使其在科学家与法官之间形成无缝对接?应该如何帮助证据使用人员(警官、检察官、法官或者律师)正确了解证据分析人员的真实意思表达?应该如何有效地避免因为缺少科学背景知识而错误地理解或使用化学证据?这成为今天面对微量物证应该重点解答的一个问题。将统计学分析方法结合到仪器分析结果的处理中,以似然率和贝叶斯定律的方式将抽象的分析数据通过易于理

---

① 参见王元凤、刘世权、满运龙、张保生:《欧洲法庭科学研究机构联盟法庭科学评价报告指南》,中国人民大学出版社2021年版。

解的形式展示出来,并对微量物证进行科学的解释及评价,这将为突破目前微量物证的瓶颈提供了一条有效途径。

微量物证的似然率是指在控辩双方两种主张的前提下,一份微量物证出现的概率之比。例如,一起盗窃案中,警方从犯罪分子翻墙进入犯罪现场的入口找到了一小撮红色聚酯纤维,从犯罪嫌疑人家中提取的一件红色套头衫上也检出同种红色纤维,两份纤维样品的显微分光光度计检验结果、拉曼光谱检验结果以及红外光谱检验结果均相同。通过数据库的搜查,该种红色纤维在其余入室盗窃案中出现的概率是1%。那么此案中,红色纤维这份证据在控方主张前提下出现的概率是100%,在辩方主张前提下出现的概率是1%,二者之比为100∶1,即该份化学证据对于控方支持的力度比对辩方支持的力度高出100倍。一份化学证据证明力的轻重在似然率这一平台上得以清晰客观的展示。

传统的贝叶斯定律可以简单表达为"先验概率比×似然率→后验概率比"。结合证据问题之后,贝叶斯定律可以作如下理解:先验概率比是指在一份化学证据出现之前,依据案件其他证据、信息和线索,对控辩双方各自主张的概率之比的一种判断;后验概率比是指法官在获得一份新的微量物证之后,将其与之前的判断有机结合,最终获得的关于控辩双方两种主张概率之比的一种判断。一份微量物证的似然率,可以在一定程度上增强或者削弱法官在该化学证据出现之前所作出的判断。尤其在一起案件中,如果出现多个互相竞合的证据时,贝叶斯定律可以为多项证据的有机结合提供一条有效的途径。因此,它成为目前证据解释过程中普遍使用的一种手段。

第四节 微量物证司法鉴定意见评判

从宏观的角度而言,一份微量物证会经历证据识别、种类鉴别、同一认定以及现场重建四个环节。其中,证据识别主要是在犯罪现场勘查过程中由参与现场勘查的工作人员完成的;种类鉴别和同一认定主要是在实验室分析过程中完成的;犯罪现场重建则需要多种案件资料、多部门工作人员的共同参与。就实验室分析阶段而言,从一份微量物证进入司法鉴定实验室开始直至它的离开,它主要会经历案件受理、外观检验、实验流程设计、实验结果分析,以及司法鉴定文书形成等环节。

一、案件受理阶段的审查

与送检人员的交流可以帮助鉴定人员获得与检验密切相关的案件信息。这些信息对于明确检验工作的目的、提高检验工作的效率具有至关重要的作用。以交通事故案件为例,事故发生时的路况、车辆行驶方向、疑似配装部位、目击证人证言信息,对于成功提取到恰当的微量物证举足轻重。此外,送检样品是否提取得当,检材、比对样品以及空白样品是否提取完整,送检挥发性样品是否保存在低温条件下……这一系列问题都直接关系着微量物证鉴定的成败。以微量物证检验为例,案件的背景信息对确定正确的检测方向具有重要意义。例如,一起产品纠纷案件中,王先生从某家汽车销售公司购买了一辆白色宝马汽车。两天后,在朋友的提醒下,王先生发现了其购买的宝马汽车左前门处有油漆修补的痕迹。王先生气急败坏,找到汽车销售公司进行理论。然而,汽车公司拒不承认该宝马汽车在离店之前曾经接受过修补,并认为王先生是自己不小心剐蹭后偷偷修补的。当双方争执不下,打算找到相关机构进行汽车油漆鉴定时,常规的汽车油漆种类比对分析已经无法解决此案的争端。此案的真正焦点在于汽车油漆的形成时间,王先生认为宝马车辆左前门处的油漆是在离店之前修补形成的,而汽车销售公司认为宝马车辆左前门处的油漆是在离店之后修补形成的。深入了解本案争议的焦点,对于明确检验工作的目的具有重要意义。在明确了案件的背景信息之后,我们需要作出是否受理此案的决定。

二、外观检验阶段的审查

在外观检验阶段,鉴定人员可以通过肉眼观察以及显微镜观察两种途径,对送检样品的颜色、气味、性质、数量、酸碱性、灼烧反应等一系列基本情况进行全面的了解。在此过程中,我们所获得的所有信息都将成为后期实验方案设计的重要依据。虽然外观检验的手段和实验方法较为简单,但是它所提供的价值却是不容小觑的。例如,在一起交通肇事逃逸案件中,一辆摩托车被撞倒,摩托车司机在碰撞过程中因头部受重伤而死亡。现场没有其他目击证人可以提供任何线索。在侦查过程中,警方在被撞摩托车把套外侧发现了微弱的红色痕迹。经显微镜放大观察,此处红色痕迹为红色油漆附着形成。微量油漆附着物的状态表明其附着情形发生于猛烈碰撞下,而非轻轻接触。

三、实验设计流程的审查

根据外观检验结果,鉴定人员可以确定大致的检验范围,并设计系统的检验方法。例如,如果在机动车车门上离地一米左右的高度看到横向黑色擦痕,我们可以怀疑是自行车车把套与之发生接触,并将分析重点放在红外光谱检验方面;如果多项证据表明犯罪嫌疑人很可能使用了硝铵炸药实施爆炸行为,那么对爆炸尘土进行分析时,就应将水相浸泡提取和离子色谱分析放在系统分析方法的首位。如果外观检测之后,我们对于未知样品仍然是毫无头绪的,那么我们可以按照前述的从无损分析到有损分析、从有机分析到无机分析、从定性分析到定量分析、从大量分析到少量分析,以及从简单分析到复杂分析等原则,系统地开展检验工作。在检材使用方面,我们应该首先遵循适当的取用、保留足够的复合检材的原则。在特殊情况下,需要使用全部检材时,应与送检方做好沟通并事先声明。

四、实验结果分析的审查

微量物证鉴定往往会得到阳性与阴性两类结果。所谓的阳性结果,是指从检材中检出目标组分,或者比对分析时二者成分一致;所谓的阴性结果则截然相反,它往往指从检材中没发现目标物,或者比对分析时二者的成分存在本质差异。无论是阳性结果还是阴性结果,我们都应该以慎重的态度仔细复核结果的准确性。

(一)阳性实验结果的审查

审查阳性结果时,通常需要思考如下几方面问题:第一,所使用的方法是否具有足够的专属性?例如,当使用显色法判断疑似爆炸物中是否含有TATP炸药时,所用的方法是否足够排除其他物质(尤其是过氧化物)的干扰?第二,所使用的方法是否过于灵敏?是否对正常含量的目标物作出错误的报警?第三,所使用的容器、试剂是否遭受污染?在分析手段越来越灵敏的同时,检测样品遭受污染的可能性也越来越大。第四,是否还有其他的目标物被忽略?当一种目标物阳性结果出现时,我们很容易就此终止,忽略其他目标物的存在。

(二) 阴性实验结果的审查

审查阴性结果时,以下几个方面应加以注意:第一,检材中的目标物是否因为保存不当而有所遗失?第二,依据外观检测结果所确定的检测范围是否合理?第三,所使用的分离提取方法是否足够高效?第四,检测方法的灵敏度是否过低?

五、司法鉴定文书的审查

以司法鉴定意见书为主的司法鉴定文书是鉴定人员与外界沟通的主要渠道。一份科学证据是否能够得到恰当地使用,司法鉴定文书中内容的组织安排会对其产生重要的影响。总体而言,鉴定文书中应包含简要案情、送检方信息、送检材料情况、检验方法、检验结果/结论等内容。鉴定文书应力求行文简单,但不能缩减意思表达。

 关键术语

1. 微量物证(trace evidence)
2. 显微镜法(microscopic examination)
3. 光谱法(spectrometry)
4. 色谱法(chromatography)
5. 助燃剂(ignitable liquid)
6. 炸药(explosives)
7. 聚合物(polymers)
8. 染料与色素(dyes and pigments)

 思考题

1. 现代科技在微量物证司法鉴定中的作用是什么?
2. 微量物证易受污染的问题如何避免或排除?

3. 基于微量物证分析目的视角论述微量物证鉴定方案设计依据。

4. 简述微量物证鉴定流程的系统性和关键点。

5. 简述我国科技发展对微量物证鉴定带来的机遇与挑战。

 **参考文献**

1. 〔美〕伯约德·罗伦逊等:《证据解释》,王元凤译,中国政法大学出版社 2015 年版。

2. 〔美〕雷蒙德·默里:《源自地球的证据:法庭地质学与犯罪侦查》,王元凤、金振奎译,中国人民大学出版社 2013 年版。

3. 刘景宁、周亚红:《毒物及微量物证分析学》,南京大学出版社 2005 年版。

4. 王元凤、刘世权、满运龙、张保生:《欧洲法庭科学研究机构联盟法庭科学评价报告指南》,中国人民大学出版社 2021 年版。

5. David A. Stoney, Andrew M. Bowen, Vaughn M. Bryant, Emily A. Caven, Matthew T. Cimino and Paul L. Stoney. Particle Combination Analysis for Predictive Source Attribution: Tracing a Shipment of Contraband Ivory. *Journal of the American Society of Trace Evidence Examiners*, 2011, 2(1).

6. James O'Brien. *The Scientific Sherlock Holmes*. Oxford University Press, 2013.

7. Suzanne Bell. *Forensic Chemistry* (Second Edition). Pearson Education, 2013.

8. Wolfram Meier-Augenstein. *Stable Isotope Eorensics*. Wiley, 2010.

第十三章　电子数据司法鉴定

学习目标

[情感目标]　深刻理解电子数据在维护国家安全、社会稳定和公民权益中的重要作用，形成对电子数据司法鉴定工作的高度责任感和职业荣誉感，树立尊重法律、崇尚公正的价值观念。

[知识目标]　系统掌握电子数据司法鉴定的基本概念、原理和方法，理解电子数据的法律地位、特点及分类，熟悉电子数据司法鉴定的标准体系，了解电子数据在司法实践中的应用场景、操作流程和发展动态。

[能力目标]　掌握电子数据获取、保存和分析的基本技能，能够运用技术标准分析电子数据证据的真实性和关联性，独立进行简单的电子数据司法鉴定工作。

第一节　电子数据司法鉴定概述

一、电子数据

(一) 电子数据的概念

电子数据是法律领域中出现的一个新概念，它源于现代信息技术与法律实践的紧密结合。随着现代通信技术、计算机技术、网络技术等信息技术在现代社会中的广泛应用，产生了海量的以数字化形式存储、处理和传输的数据信息。

当这些数据信息在法律诉讼中被用作证据或材料时,它们便被称为电子数据。近年来,电子数据在法律领域的应用日益普遍,其在法律实践中的重要性也日益凸显。

"电子数据"一词与计算机证据、数字证据、电子物证、电子证据、网络证据等术语没有本质区别,它们只是不同阶段、不同行业对电子数据类证据的不同称呼。2012 年,我国修订实施的《刑事诉讼法》,为电子数据概念的统一提供了法律依据,在此之后,使用"电子数据"一词渐渐成为主流。2016 年 9 月,为规范电子数据的收集提取和审查判断,提高刑事案件办理质量,最高人民法院、最高人民检察院、公安部联合印发《关于办理刑事案件收集提取和审查判断电子数据若干问题的规定》,在该规定的第 1 条对电子数据进行了明确的界定:"电子数据是案件发生过程中形成的,以数字化形式存储、处理、传输的,能够证明案件事实的数据。"这是目前对电子数据概念较为权威的界定。

在司法及安全保障领域,电子数据已成为重要且不可或缺的证据来源。2013 年 1 月 1 日施行的《刑事诉讼法》首次将"电子数据"列入证据类型之中,继而《民事诉讼法》《行政诉讼法》都将"电子数据"列为证据类型。

(二)电子数据的类型

电子数据作为一种新的证据类型,与传统证据单一的形态相比,其来源较为广泛,表现形式多种多样。在司法实践中,根据产生电子数据时使用的信息技术不同,可以划分为以下四类:

1. 计算机技术产生的电子数据

这一类别涵盖了通过计算机技术生成、存储和处理的电子数据,包括但不限于电子文档(Word、PDF 等)、图片(JPEG、PNG 等)、音频(MP3、WAV 等)、视频(MP4、AVI 等)、数据库文件、计算机程序(源代码、二进制文件等)等。这些电子数据是计算机技术应用的重要产物,在鉴定实务中最为常见。

2. 互联网技术产生的电子数据

互联网技术的发展极大地丰富了电子数据的来源和形式。这一类别主要包括网站内容(包括 HTML 等)、社交媒体内容(如博客、微博、朋友圈、贴吧等)、用户注册信息、身份认证信息、电子交易记录(如在线购物、银行转账等)、通信记录(如电子邮件、聊天记录等)、登录日志等信息。这些电子数据通过互联网平台产生和传输,对于分析案件中的网络行为、交易活动和通信记录等具有重要意义。

3. 手机技术产生的电子数据

随着智能手机的普及，手机技术产生的电子数据在司法实践中发挥着越来越重要的作用。这一类别主要包括手机短信（包括文本短信和彩信）、电子邮件（通过手机上的邮件客户端发送或接收的邮件）、即时通信（如微信、WhatsApp、Telegram 等的聊天记录）、照片和视频、手机应用程序产生的数据（如健康监测、位置记录等）等。

4. 其他信息技术产生的电子数据

除了上述三类之外，还有其他一些非传统信息技术产生的电子数据。这一类别主要包括物联网（IoT）设备产生的数据（如智能家居设备、工业传感器、车机系统等）、云计算服务中的数据（如存储在云端的文件、数据库等）、大数据分析工具处理的数据、区块链技术中的交易记录、智能合约、虚拟现实（VR）和增强现实（AR）应用中产生的数据、人工智能（AI）和机器学习（ML）模型在训练和使用过程中生成的数据等。这些电子数据在特定领域或应用中产生，对于分析案件中的特定事实或行为具有重要意义。

在司法实践中，电子数据除了可以根据产生、处理时使用的信息技术不同进行分类外，还可以根据所蕴含的内容和发挥的作用不同，划分为数据电文证据、附属信息证据和关联痕迹证据三种类型。所谓数据电文证据，是指数据电文正文自身，即记载法律关系发生、变更与灭失的数据，如 E-mail、网络聊天记录的正文。所谓附属信息证据，是指附属于电子文件的管理性信息（计算机系统为了管理该电子文件而自动记录的元信息），如文件创建时间、文件修改时间、文件大小、文件存储位置、邮件头信息等。所谓关联痕迹证据，是指用户在操作电子文件的过程中计算机系统自动产生的痕迹，如缓存文件、日志及各种代码片段。

（三）电子数据的特点

电子数据在司法领域同样享有与传统证据相同的"三性"——客观性、合法性和关联性。这使得电子数据被视为一种可信、准确且满足法律要求的证据类型，能够被法庭接受并用于司法程序中。然而，电子数据还具备一些特有的属性，这些特点在日常鉴定工作中应该受到特别关注。

1. 虚拟性

记录方式的虚拟性是电子数据与传统证据最本质的区别,也是电子数据最根本的特点。与传统证据如纸质文件或实物证据相比,电子数据不具备直接的物理形态,而是依赖于电子信号的形式存储于各种数字载体中。这种虚拟性的特点意味着电子数据无法被肉眼直接观察,需要借助计算机、手机等电子设备和应用软件才能显现其内容。例如,硬盘中的数据是通过磁性材料上的电磁场变化来记录信息的,这些数据以二进制代码"0"和"1"的形式存在,通过复杂的算法和编码来代表文字、图像、声音等各种数据。这种数字化的记录方式使得电子数据的内容对普通用户来说是不可见的,只有通过特定的技术手段才能提取和解读。

电子数据的存储方式进一步体现了其虚拟性。电子数据并非存储于可以直接触摸的物理空间中,而是位于一个由计算机系统和其他电子设备所构建的虚拟的网络空间中。这个空间通过逻辑地址和索引系统来组织和管理数据,使得数据能够在复杂的网络环境中被高效地访问和传输。然而,电子数据的这种虚拟性也带来了一些挑战,其难点之一是电子数据的主体认定问题。由于电子数据只能指向存储它的电子设备,而无法直接指向具体的物理个体,因此,在司法实践中,确定电子数据的主体或来源比传统证据更具挑战性。处理电子数据时,不仅需关注数据本身,还需结合其他证据共同构建完整的证据链。同时,解决虚拟身份与物理身份的映射问题,需要综合运用技术手段和法律规定。

2. 易破坏性

电子数据的易破坏性是指其记录方式和存储介质的特殊性,以及网络空间的独特属性,共同决定了电子数据相较于传统实物证据更易遭受破坏和窜改。这种易破坏性不仅影响数据的完整性,还可能对数据的真实性和法律效力造成严重影响。电子数据往往以二进制代码的形式存储,任何细微的变动,如一个字节的缺失或更改,都可能导致文件无法正常打开或数据内容发生根本性的变化。在网络传输过程中,数据通常以数据包的形式传输,若发生丢包现象,则可能影响数据的完整性。此外,加密的电子数据在密钥丢失或密码遗忘的情况下,将无法解密,从而导致数据无法访问或丢失。电子数据的易破坏性主要源自环境的影响和人为操作。硬盘故障、闪存损坏、磁带退化等物理存储介质的自然损耗,以及温度、湿度、电磁干扰等环境因素的波动,都可能导致电子数据无法读取或数据内容发生变化。人为误删文件、误格式化存储介质、误操作导致数据覆盖等,都是电子数据丢失或损坏的常见原因。此外,计算机病毒、木马等恶意软件的入侵,也可能导致数据被窜改、删除或加密,从而对数据的真实性和完整性造成影响。

3. 系统性

在当今高度信息化的时代,系统作为一个核心概念,贯穿于计算机及相关电子设备中。系统不仅涵盖了操作系统、应用软件系统、网络系统、文件存储系统等核心组件,更构建了一个庞大而复杂的电子数据生态系统。在网络空间中,任何电子数据的生成、传输、存储或访问行为都不是孤立的,而是由一系列命令、程序按照严格的技术规则综合作用的结果。网络空间中的各种电子数据载体不仅仅是数据的存储介质,而且承载着与数据相关的丰富附属信息和关联痕迹。例如,浏览器的浏览历史、缓存文件、Cookies等记录了用户的网络活动轨迹;JPEG图片中的EXIF信息则保存了拍摄时的设备型号、拍摄时间、GPS定位等关键数据。这些附属信息和关联痕迹相互交织,形成了一个庞大而精细的信息网络系统,体现了电子数据的系统性特征。

电子数据的系统性特征意味着电子数据并非孤立存在,而是与其他数据、系统、设备紧密相连。这种关联性使得电子数据在鉴定中展现出极高的证据价值。通过深入分析电子数据的系统性特征,可以揭示数据之间的内在联系,还原事件的真相。

大量案例表明,虽然极少数电子数据可能因技术原因而容易被窜改或删除,但大多数电子数据由于其系统性特征而难以被轻易窜改或删除。即便进行了窜改或删除,通过技术手段往往也能捕捉到相应的痕迹。特别是那些以系统数据形式存在的电子数据,如电子邮件、文本文件、图片文件等,由于它们与系统的紧密关联,对其进行系统性造假几乎是不可能的。即使有人试图进行造假,也容易被专业的鉴定人员发现。在司法实践中,造假者可能会试图删除或变造一些简单、可见的电子数据或痕迹,以掩盖真相。然而,由于电子数据的系统性特征,他们很难完全删除或变造所有与案件相关的电子数据及其痕迹。这为鉴定人员提供了重要的线索和证据,有助于揭示案件的真实情况。

二、电子数据司法鉴定

(一)电子数据司法鉴定概念

电子数据司法鉴定是法庭科学技术中一门新兴的技术,广泛应用于案件侦查、起诉、审判等环节中。具体而言,电子数据司法鉴定是指在法律争议中,通过各种电子技术手段,对电子数据进行分析、鉴别、提取、比对、还原等处理,确定其真实性、完整性、可靠性等问题,为法院或调解委员会等机构作出公正、客观、正确的裁决提供技术支持和专业意见的过程。与电子数据司法鉴定相关的术语有电子物证司法鉴定、电子证据司法鉴定、电子数据司法鉴定、数字取证、计算机取证等。在实务中,也经常将这些概念混同。按照我国司法鉴定的规范定义,可将电子数据司法鉴定定义为:"鉴定人运用信息科学与技术和专门知识,对电子数据的存在性、真实性、功能性、相似性等专门性问题进行检验、分析、鉴别和判断并提供鉴定意见的活动。"

(二)电子数据司法鉴定分类

依据司法部 2020 年颁布的《声像资料司法鉴定执业分类规定》,电子数据司法鉴定包括电子数据存在性鉴定、电子数据真实性鉴定、电子数据功能性鉴定、电子数据相似性鉴定等。

(1)电子数据存在性鉴定,包括电子数据的提取、固定与恢复及电子数据的形成与关联分析。其中,电子数据的提取、固定与恢复包括对存储介质(硬盘、光盘、优盘、磁带、存储卡、存储芯片等)和电子设备(手机、平板电脑、可穿戴设备、考勤机、车载系统等)中电子数据的提取、固定与恢复,以及对公开发布的或经所有权人授权的网络数据的提取和固定;电子数据的形成与关联分析包括对计算机信息系统的数据生成、用户操作、内容关联等进行分析。

(2)电子数据真实性鉴定,包括对特定形式的电子数据,如电子邮件、即时通信、电子文档、数据库数据等的真实性或修改情况进行鉴定;依据相应验证算法对特定形式的电子签章,如电子签名、电子印章等进行验证。

(3)电子数据功能性鉴定,包括对软件、电子设备、计算机信息系统和破坏性程序的功能进行鉴定。

(4)电子数据相似性鉴定,包括对软件(含代码)、数据库、电子文档等的相似程度进行鉴定;对集成电路布图设计的相似程度进行鉴定。

(三)电子数据司法鉴定的原则

电子数据司法鉴定工作除了遵循司法鉴定的合法原则、独立原则和监督原则以外,还应针对电子数据虚拟性和易破坏性特点开展工作。

(1)合法性原则:电子数据司法鉴定必须严格遵守法律法规,确保在业务范围、鉴定程序和技术标准上的规范化和制度化。这包括行为合法和状态合法两大方面,即鉴定行为必须依法进行,且鉴定对象的状态也需符合法律要求。

(2)独立性原则:在电子数据司法鉴定过程中,鉴定人应秉持客观公正的态度,不受任何外界因素的干扰,独立表达鉴定意见。鉴定结果应基于实际检测数据,科学判断,不受主观偏见影响。

(3)监督性原则:电子数据司法鉴定工作必须接受有效的监督,包括人员监督和社会监督,以确保鉴定过程的公正性和透明度,防止任何形式的腐败和不当行为。

(4)原始性原则:在电子数据鉴定中,保护检材/样本的原始性至关重要。任何不当操作都可能导致原始数据的改变,从而影响鉴定结果。因此,须严格禁止对检材/样本原始状态的更改。

(5)完整性原则:在条件允许的情况下,电子数据鉴定应首先对原始电子数据制作电子数据副本,并进行完整性校验。这有助于确保电子数据副本与原始电子数据的一致性,为后续的鉴定工作提供可靠的基础。

(6)安全性原则:电子数据鉴定过程中,应以电子数据副本为操作对象,以减少对原始数据的潜在损害。同时,检材/样本应得到妥善保管,确保安全。整个检验鉴定过程应在安全可控的环境中进行,防止数据泄露和丢失。

(7)可靠性原则:电子数据鉴定所使用的技术方法、检验环境、软硬件设备都必须经过严格的检测和验证,以确保鉴定结果的准确可靠,为司法实践提供有力的证据支持。

(8)可重现性原则:电子数据鉴定过程中,应及时记录关键信息,进行数据备份,以保证鉴定结果的可重现性,为后续的复查和验证提供便利。

(9)可追溯性原则:电子数据鉴定过程应受到严格的监督和控制。通过责任划分、记录标识和过程监督等方式,可以确保鉴定过程的可追溯性,为可能出现的争议提供明确的责任归属和解决方案。

(10) 及时性原则:对于具有动态性和时效性的电子数据,应及时进行数据固定与保全,以防止数据改变或丢失,确保鉴定结果的准确性和有效性。

(四) 电子数据司法鉴定的特点

与其他司法鉴定一样,电子数据司法鉴定具有司法鉴定的普遍特点。相对于书证、物证等传统证据类型,电子数据属于新生代证据,在诉讼活动中出现的时间相对较短,而且由于电子数据的虚拟性、易破坏性和系统性等特点,电子数据司法鉴定在鉴定主体和所使用技术等方面也具有自身的特殊性。

1. 鉴定主体的专业性

电子数据的高科技属性,要求鉴定主体具备电子信息、计算机科学、法学等相关专业知识和实践经验。这些专业知识不仅涵盖了电子数据的获取、存储、传输、处理等方面的技术知识,还包括了法律法规、政策等方面的知识。鉴定人员通常具备计算机、电子信息类等专业技术背景,需要掌握数据恢复、加密解密、数据镜像、代码分析等专业技术,并熟练使用各种鉴定设备和工具,取得相应的资格认证后,才能从事电子数据司法鉴定工作。随着信息技术的快速发展,新的电子数据形式和类型不断涌现,这要求电子数据司法鉴定人及时更新专业知识,能够紧跟新技术和新应用的快速发展,适应不断变化的鉴定需求。

2. 技术和设备的先进性

电子数据司法鉴定过程中,需要使用先进的技术和设备来确保鉴定的准确性和可靠性。2021 年,司法部制定印发了《法医类 物证类 声像资料司法鉴定机构登记评审细则》,对电子数据司法鉴定仪器设备明确了配置要求。例如,在电子数据功能性鉴定项目中必备的设备包括:程序开发工具、程序逆向分析工具、计算机系统应用程序功能分析工具、移动终端应用程序功能分析工具、日志分析软件、注册表分析软件、内存数据分析软件。利用这些设备或工具可以对电子数据实施静态和动态分析,进行功能测试和性能评估。同时,随着信息技术的不断发展,新的技术和设备不断涌现,为电子数据司法鉴定提供了更多的可能性和手段。例如,人工智能、大数据、云计算等技术的应用,使得电子数据司法鉴定的效率和准确性得到进一步提升。

(五) 电子数据司法鉴定的标准体系

电子数据司法鉴定的结果是法律诉讼活动的重要证据,电子数据由于虚拟性和易破坏性等的特点,其作为证据使用,不仅需要保证证据的关联性、客观性和合法性,而且需要保证鉴定过程的可复现性和可回溯性,这个过程由标准或指南来保证。

2005年2月28日《全国人民代表大会常务委员会关于司法鉴定管理问题的决定》发布,其中第12条规定,鉴定人和鉴定机构从事司法鉴定业务,应当遵守法律法规,遵守职业道德和执业纪律,尊重科学,遵守技术操作规范。这是国家首次从基本法律层面明确了鉴定工作必须依据技术标准。《司法鉴定程序通则》第23条明确规定,司法鉴定人进行鉴定,应当依"国家标准""行业标准和技术规范""该专业领域多数专家认可的技术方法"的顺序遵守和采用该专业领域的技术标准、技术规范和技术方法。

我国的电子数据鉴定标准体系主要分为三个层级:国家标准(GB/T)、行业标准(司法鉴定主管部门或者相关行业主管部门制定的行业标准),以及各相关实验室自制的标准。目前,我国电子数据司法鉴定领域的现行标准共有5项国家标准、45项行业标准,以及31项司法部技术规范。这些标准和技术规范涵盖了电子数据司法鉴定相关项目,为鉴定工作提供了科学的依据。常用的规范及标准如表13-1所示。

表13-1 电子数据司法鉴定常用规范与标准

规范名称	规范编号	说明
法庭科学 电子数据恢复检验规程	GB/T 29360-2023	2023年10月1日实施,本文件代替GB/T 29360-2012《电子物证数据恢复检验规程》
法庭科学 电子数据文件一致性检验规程	GB/T 29361-2023	2023年10月1日实施,本文件代替GB/T 29361-2012《电子物证文件一致性检验规程》
法庭科学 电子数据搜索检验规程	GB/T 29362-2023	2023年10月1日实施,本文件代替GB/T 29362-2012《电子物证数据搜索检验规程》
法庭科学 电子数据收集提取技术规范	GA/T 756-2021	2022年5月1日实施,本文件代替GA/T 756-2008《数字化设备证据数据发现提取固定方法》

(续表)

规范名称	规范编号	说明
移动终端电子数据鉴定技术规范	SF/T 0157-2023	2023年12月1日实施,本文件代替SF/Z JD0401002-2015《手机电子数据提取操作规范》
电子文档真实性鉴定技术规范	SF/Z JD0402004-2018	2019年1月1日实施
电子邮件鉴定技术规范	SF/T 0156-2023	2023年12月1日实施,本文件代替SF/Z JD0402001-2014《电子邮件鉴定实施规范》
法庭科学 Android系统应用程序功能检验方法	GA/T 1571-2019	2019年6月15日实施
法庭科学 破坏性程序检验技术方法	GA/T 1713-2020	2020年5月1日实施

第二节 电子数据司法鉴定的主要内容

电子数据司法鉴定包括基于"证据发现"的电子数据存在性司法鉴定和基于"证据评估"的电子数据司法鉴定。其中,基于"证据评估"的电子数据司法鉴定又可分为真实性鉴定、相似性鉴定和功能性鉴定等不同性质的鉴定。

一、存在性鉴定

电子数据存在性鉴定用于查找分析存储介质、电子设备,以及网络数据中的涉案数据,包括电子数据的提取、固定与恢复及电子数据的形成与关联分析。其中,电子数据的提取、固定与恢复包括对各种存储介质(如硬盘、闪存、移动设备等)和电子设备(如计算机、手机、平板等)中的电子数据的提取、固定与恢复,以及对公开发布的或经相关授权的网络数据的提取和固定。电子数据的形成与关联分析包括对计算机信息系统的数据生成、用户操作、内容关联等进行分析。当然,在涉案数据较为明确时,委托人也可能仅需完成密码破解、文件恢复等技术服务。

电子数据存在性鉴定涉及多种存储介质和电子设备,根据电子数据的检材类型不同,可以将电子数据存在性鉴定对象大致分为以下三类:

(1)计算机鉴定,包括对台式机、笔记本、服务器及其相关设备进行鉴定。主要包括利用专业的数据恢复工具和技术,从设备中提取已删除或隐藏的数据,并对数据进行分析和还原,以获取相关证据和信息;对设备的操作系统、应用程序、系统配置、网络连接、访问日志等信息进行分析和审查等。

(2)手机鉴定,包括对手机机身、SIM卡及存储卡进行鉴定。手机鉴定一般是利用专业设备对手机机身、SIM卡及存储卡中的数据信息进行提取与恢复,以获得手机、SIM卡的基本信息以及用户的通话记录、短信记录、即时通信记录、上网记录、通讯录、照片、音频、视频等资料。在鉴定过程中还需要考虑锁屏密码解锁、数据恢复和手机APP解析等问题。

(3)其他电子设备鉴定,包括对打印机、扫描仪、数码相机、监控录像机等传统的各种电子设备以及无人机、数字电视、车载电子系统等新型智能设备的鉴定。针对不同类型设备采取的鉴定方法和技术手段存在较大差异,具体鉴定工作需要参照相关行业标准和技术规范开展实施。

二、真实性鉴定

真实性鉴定,是指检验材料信息内容在证明案件事实时的真实可靠性。它主要关注于电子数据是否真实、未被窜改或伪造。由于直接判断电子数据的真实性难度较大,鉴定人员通常会深入分析电子数据的来源、生成时间、存储方式等因素,以及检验其是否符合常见伪造手法的特征,从而综合评估其可靠性程度,并结合案情,最终作出电子数据是否真实的判断。从鉴定对象看,真实性司法鉴定包含的事项非常多,任何作为证据提供的材料均可能成为其对象。从司法鉴定实务看,电子邮件、电子文档、聊天记录、数据库是常见的真实性鉴定事项。

1. 电子邮件真实性

电子邮件作为互联网中广泛使用的交流工具之一,常被作为诉讼证据以证明案件事实。然而,电子邮件易受伪造和窜改,其真实性难以直接判断。当一方对电子邮件真实性提出疑问时,常需启动司法鉴定程序,以分析其可靠性,并确定其证据价值。具体检验分析内容包括邮件基本信息、结构和格式、邮件头部、正文、附件、往来邮件及邮件服务器等。

2. 电子文档真实性

电子文档的真实性鉴定因其内容易于变化且无固定形式而显得尤为复杂。在鉴定过程中,需进行一系列详尽的分析和检验。在鉴定过程中,需要检验的内容包括:对检材的操作系统进行检验,分析系统时间是否经过修改;对检材的文件系统进行检验,分析针对检材文档和相关文档的操作记录,包括但不限于日志、交换数据流等;对与检材文档相关的应用程序进行检验,并对软件使用记录进行分析;对检材文档的数字水印进行检验,分析其真实性;对检材文档的存储位置进行检验,包括目录结构及存储介质中的物理位置;对检材文档的文件属性及元数据信息进行检验,分析其中的创建时间、最后修改时间、访问时间、作者、最后保存者等信息;对系统注册表进行检验,分析文件访问记录等信息。[①]

3. 聊天记录真实性

聊天工具(如微信、QQ 等)已经成为互联网中经常使用的交流方式之一,它通常会提供某种记载聊天记录的方式。聊天记录有时对证明案件事实起到十分重要的作用,但电子聊天记录作为电子数据的一种,有可能出现窜改、删除等情况,因此,其真实性是确认其可采性的必要前提。聊天记录真实性鉴定通常通过分析其形成原理、形成环境、文件属性信息、聊天记录内容,来判断其可靠性,最后作出是否真实的评估意见。

4. 数据库真实性

数据库真实性鉴定是指对数据库中数据记录的准确性、完整性和有效性等情况进行的鉴定。几乎所有的应用软件都离不开数据库软件。数据库将数据以一定方式存储在一起,满足多用户共享,与应用程序彼此独立。不同用户可根据其权限对数据记录进行添加、修改删除等操作。数据库真实性司法鉴定,就是要判断是否存在未授权操作,是否有影响数据记录准确性、完整性、有效性的痕迹,以判断特定数据记录证明案件事实的可靠性。

三、相似性鉴定

相似性鉴定是指检验分析文件或代码在某种性质上的相似程度。在司法

---

① 参见《电子文档真实性鉴定技术规范》(SF/Z JD042004-2018)。

鉴定中,相似性通常指知识产权领域的相似程度。根据相似性鉴定对象的不同,相似性鉴定包括对软件(含代码)、电子文档、数据库、集成电路布图设计等的相似程度进行鉴定,在司法鉴定实务中,电子文档相似性鉴定和软件相似性鉴定尤为常见。

1. 电子文档相似性鉴定

电子文档相似性鉴定通过对比分析检材与样本两个电子文档的内容,以确定两者是否一致或实质上相似。这些电子文档通常指不具备复杂结构的网页、Word 文档、PDF 文件等。鉴定过程中,主要关注文件内的文字内容,而非文件或网页的结构本身。因此,电子文档相似性鉴定侧重于对著作权领域中传统作品(如文字作品)的相似性进行比较分析,不涉及软件、程序或文件的结构。

2. 软件相似性鉴定

软件相似性鉴定侧重于对软件的源代码或可执行程序进行技术分析和比对,以判断两者是否存在实质性的相似。软件相似性鉴定主要从计算机软件著作权角度去分析其相似程度,不仅需要对检材和样本的源代码的目录结构、文件名、文件内容、变量、函数、宏定义等,以及相关文档等进行详尽的比对和检验,还需要对目标程序及其安装过程、使用过程等进行综合对比。与电子文档相似性鉴定相比,软件相似性鉴定的内容更为复杂和广泛。

四、功能性鉴定

功能性鉴定主要是对计算机软件、破坏性程序、电子设备和计算机信息系统的功能、特征进行分析、鉴定,常见于软件安全、设备功能验证以及信息系统评估等案件中。通常情况下,鉴定的检材为程序目标文件或者软件,对程序目标文件的鉴定需要对目标文件二进制程序进行分析,发现该文件是否具有破坏或者正常的特定功能。功能性鉴定也包括对电子设备、计算机信息系统是否具有某些特定功能进行鉴定。

1. 破坏性程序鉴定

破坏性程序是指对计算机信息系统的功能或计算机信息系统中存储、处理或者传输的数据等进行未授权地获取、删除、增加、修改、干扰及破坏等的应用程序。破坏性程序是一个广义的词汇,在司法鉴定实务中,可能指计算机病毒、蠕虫、木马、流氓软件、网页恶意代码或黑客攻击工具中的某一种或几种。破坏性程序鉴定是指对被检验程序采用静态、动态、逆向和综合分析的手段,根据对待检程序的检验分析,描述待检程序的程序行为及其具有的功能。

2. 计算机软件功能鉴定

计算机软件功能鉴定是通过检验和分析计算机软件,确定其具有或未具有某种功能,或者判断其实际功能是否符合预期技术标准的过程。在司法鉴定中,通常需要委托人提前提供相关的软件运行环境、功能和技术指标文件。电子数据司法鉴定人通过对软件进行静态、动态分析,按照软件运行的步骤,逐一运行验证该软件需要鉴定的各项功能,判断软件功能或技术指标是否具备委托方在鉴定事项中约定的软件功能,并对软件所具备的功能进行描述。采用静态分析方式时,应根据鉴定要求选择安装适当的程序开发工具、加壳检测工具、脱壳工具和程序逆向分析工具等软件。采用动态分析方式时,应根据鉴定要求选择安装系统监控、存储监控、内存数据获取和分析工具、网络数据流获取分析工具等软件。[1]

第三节 电子数据司法鉴定的方法

电子数据司法鉴定需要遵循合法、独立、监督、安全、可靠、及时等原则。在电子数据司法鉴定的过程中,一定要注意电子数据的虚拟性、易破坏性的特点,在电子数据的提取、固定、分析的过程中采用科学的技术方法,同时详细记录整个操作的过程,保证鉴定过程可重现。

一、数据获取方法

数据获取是进行电子数据司法鉴定必不可少的一个环节。相对于大家熟悉的复制,数据获取有更加严格的要求,一般分为镜像数据获取、逻辑数据获取、易失性数据获取等。其中,镜像数据获取和逻辑数据获取属于静态的数据获取,易失性数据获取属于动态的数据获取。

---

[1] 参见郭弘、杨恺、耿浦洋、李岩、卢启萌、凌嵘、贾汝静:《电子数据司法鉴定能力验证的设计与分析——以 2021 年电子数据功能性鉴定为例》,载《中国司法鉴定》2022 年第 1 期。

镜像又称为克隆,指的是逐比特位进行复制,以此产生的镜像数据与原始数据完全一致。通过镜像技术制作证据副本,可以有效避免破坏原始的证据信息。镜像数据获取通常采用特定的取证设备或工具,将原始介质中的全部数据位对位地进行复制,并生成相应的证据文件格式。镜像的数据格式主要有原始数据格式(DD格式)和EnCase证据文件(E01或Ex01)等。

逻辑数据获取是指通过对电子设备、存储介质或网络系统上的数据进行逻辑操作来获取指定的数据。相比于数据镜像获取,逻辑数据获取操作更为灵活,常见的逻辑数据获取方法有以下几种:

(1)文件拷贝,从设备中复制指定的文件或文件夹进行数据获取。

(2)数据导出,将指定的数据导出为指定的格式进行数据获取。

(3)数据恢复,从崩溃、故障或误删除的设备中恢复数据,进行数据获取。

(4)数据存取,通过账户、密码等方式获取存储在云端或其他设备中的数据。

(5)数据抓取,对程序或应用操作进行分析,从而进行数据抓取。

在进行逻辑数据获取时,必须保护数据的完整性和安全性,以确保数据的真实和准确。同时,需要注意遵守相关法律法规和个人隐私保护原则。

易失性数据是指鉴定过程中容易灭失的证据。在电子数据鉴定过程中,在系统内存中暂存的数据是动态变化的,在系统关机后消失而难以提取,这些数据往往包括与系统运行及登录用户相关的当前系统状态信息。常见的易失性数据包括:系统时间、当前登录用户、网络连接状态、系统运行进程、系统服务及驱动信息和共享信息等。

在计算机处于开机状态时,能够获取的易失性数据包括屏幕显示内容、正在运行的程序、编辑中的文档、内存中的数据(如进程、服务和驱动程序)、缓存数据、登录信息、网络信息、系统时间、日期和时区等。这些数据有时对于分析调查案件具有重要意义,需要在系统开机时及时获取,可见数据通常通过拍照或录像方式获取,而不可见数据则需要使用在线提取工具获取。

二、数字校验方法

"真实性"和"有效性"是电子数据作为证据使用时的关键要素。验证电子数据的有效性是司法鉴定工作中至关重要的环节之一。在电子数据鉴定过程中,通常会运用数字校验技术以确保数据的"真实性"和"有效性"。

数字校验常使用循环冗余校验（CRC）和哈希函数等技术来实现。这些技术有助于检测数据在传输、存储和备份过程中可能出现的错误，确保数据的完整性，避免数据在传输或存储过程中发生未预料的修改或损坏。

电子数据司法鉴定中主要采用哈希函数作为数字校验技术。哈希函数是一种将任意长度的数字数据映射到特定长度的哈希值的函数。通过哈希函数的计算，不同的输入数据会生成不同的哈希值，而相同的输入数据将得到相同的哈希值。哈希函数能够验证数据的完整性和一致性，确保数据在固定后易于发现是否被篡改。MD5哈希函数在前期数字校验应用中被广泛采用，但在王小云院士证明了MD5算法存在碰撞漏洞，即不同的输入可以生成相同的MD5值之后，在电子数据司法鉴定实务中，更多采用SHA256哈希函数对数据进行校验。

三、数据搜索方法

数据搜索是数据分析的基础，也是整个鉴定得以顺利开展的基础。数据搜索为数据分析提供素材，数据分析为进一步数据搜索提供导向。通过交互进行数据搜索与数据分析，可以全面挖掘与案件相关的各种数据。

数据搜索可以通过设定文件类型、时间范围、关键字词等条件，搜索并定位符合条件的数据。主流的电子数据鉴定系统都提供了基于文件名称、文件类型、文件内容、大小范围、时间范围、文件哈希等属性的文件搜索方法，以及通过字符串或者正则表达式的关键字搜索方法。在鉴定实践中，通过数据搜索方法，鉴定人可以将注意力集中有关的数据，有效提高工作效率。

四、数据恢复方法

数据恢复是电子数据司法鉴定常用的方法之一，不仅能够修复受损的硬盘、闪存驱动器等存储介质，使其能够被正常读取数据，而且能够从电子数据存储介质中恢复被删除、被损坏的文件和数据。数据恢复通常分为两大类：逻辑恢复和物理修复。

1. 逻辑恢复

逻辑恢复是指在数据存储介质（如硬盘、存储卡等）没有发生物理故障，计算机系统可以正常访问的情况下,对存储介质中丢失或损坏的数据进行恢复。逻辑恢复通过软件工具或技术手段来恢复被删除、损坏或丢失的数据。这种恢复方法主要针对文件系统、数据库、逻辑卷等数据结构进行修复和恢复,通常适用于因误操作、病毒感染或软件故障导致的数据丢失情况。根据数据恢复对象所处层面不同,可以将逻辑数据恢复分为索引层面的数据恢复、文件层面的数据恢复、碎片层面的数据恢复。

(1) 数据恢复中涉及索引层面的恢复,主要是针对那些由于硬盘主引导记录(MBR)、分区引导记录(DBR)、文件分配表(FAT,如 FAT32)、主文件表(MFT,常见于 NTFS 文件系统)等索引结构部分损坏而导致文件无法访问的情况。在这种恢复场景下,电子文件的实际数据内容并未受损,仅仅是用于定位和访问这些数据的索引信息(即文件的"地址标签")遭到了破坏或丢失。通过特定的数据恢复技术,专业人员可以修复或重建这些索引信息,从而重新访问和恢复原本看似丢失的文件。

(2) 文件层面的数据恢复是指由于索引信息无法修复或完全丢失(如分区格式化)导致文件丢失时,可以通过查找文件签名等方法来恢复文件。这种恢复方式有人形象地称之为"文件挖掘"。在这种情况下,文件能否成功恢复取决于是否能够通过文件签名等方法找到文件数据,以及找到的文件数据是否连续存储且完整。

(3) 当文件索引信息无法修复或完全丢失,且找到的文件数据是不连续存储或不完整时,这些文件数据被称为文件的"碎片"。将这些"碎片"还原成原始文件或原有内容的过程称为碎片层面的数据恢复。根据碎片的不同情况,会采取不同的恢复方法,如"碎片重组"将多个碎片重新拼凑成原文件,或者"文件雕刻"将不完整的文件修复为可打开文件。

2. 物理修复

物理修复则是指在数据存储介质出现物理故障,导致计算机系统无法正常识别或访问数据时,通过修复存储介质使其恢复正常工作。通过专业硬件设备和技术手段来恢复因硬件故障导致的数据丢失情况,这种恢复方法主要针对存储介质(如硬盘、固态硬盘、闪存驱动器等)的物理损坏或故障进行修复和数据提取,通常需要在无法正常读取数据的情况下进行操作。物理修复技术又可细分为固件层修复和物理层修复两种不同的方法。

(1) 固件层修复。固件层修复是指修复硬盘或其他存储介质上的固件（如固态硬盘的固件）出现问题导致无法正常工作的情况。固件是控制硬件设备操作的软件程序，包括启动过程、数据读写、错误处理等功能。当固件出现问题时，可能导致存储介质无法被识别或访问，影响数据的正常读写操作。固件层修复通常需要通过专业的工具和技术对硬件设备的固件进行修复或升级，以恢复设备的正常功能。

(2) 物理层修复。物理层修复是指修复硬盘或其他存储介质的物理部件出现故障或损坏导致无法正常工作的情况。例如，硬盘读写头损坏、磁盘表面划伤等物理损坏都属于物理层问题。物理层修复通常需要更复杂的操作和设备，可能包括更换硬盘部件、修复磁盘表面等操作，以使硬盘或存储介质重新恢复正常工作状态。物理层修复通常需要在专业的实验室环境下进行，操作复杂且风险较高。

五、密码破解方法

密码破解是指通过破解或移除加密文件的口令或密钥，以获得加密文件的密码或内容的过程。密码破解的常用方法有暴力破解、字典破解、社会工程学攻击等。为加快密码破解速度，并行计算、GPU计算、彩虹表和密码绕过等新的技术逐步应用于密码破解领域。

司法实践中，密码破解方法常用于对 Word、Excel、PowerPoint、PDF 文档文件，WinRAR、WinZIP 压缩文件等加密文件，以及计算机、手机等操作系统密码的破解。

常用的密码破解软件有 Password Recovery Toolkit、Passware Kit Forensic、Elcomsoft 密码破解工具集、DNA（Distributed Network Attack）分布式密码破解软件等。

六、系统仿真方法

系统仿真是指利用虚拟机原理，在不需要原计算机硬件设备的情况下完全仿真运行涉案硬盘中的操作系统，可以通过仿真嫌疑人系统，提供给鉴定人员一个直观的、动态运行的操作系统，进而能够直接检查嫌疑人系统而不必担心窜改数据。系统仿真的核心价值在于提供了一个与目标计算机系统完全相同的虚拟系统环境。有了仿真的"数据现场",电子数据的数据查找、实验分析及案件事实重演等能够得以顺利开展。

系统环境仿真软件主要有 GetData 的商业版 Virtual Forensic Computing,国内的美亚柏科、盘石等公司也有自己的系统环境仿真软件。相对于开源软件,商业版的系统环境仿真软件具有更好的兼容性,能够支持更多的系统版本和镜像类型,同时具备登录密码绕过功能。

七、逆向分析方法

逆向分析方法是通过剖析目标系统和软件,进而揭示其内部机制和工作原理的一种技术手段。这种方法可以应用于多个领域,包括软件安全性评估、软件保护策略的制定、软件测试流程的完善、软件更新的验证,以及软件开发的优化等。常用的逆向工程技术包括反汇编、反编译、内存分析、调试技术、漏洞分析等。

在鉴定实务中,逆向分析用于分析目标主机上可疑程序的行为。通过使用专业的反汇编工具和软件调试工具,如 OllyDbg 和 IDA Pro,逐步追踪程序的行为,进而验证程序的功能。

第四节　电子数据司法鉴定意见评判

电子数据司法鉴定的评判涉及电子数据司法鉴定整个活动中的各个环节。对电子数据司法鉴定的评判既要遵守评断鉴定意见的一般方法,也有一些特殊要求。其中,主要包括鉴定人员的评判、鉴定标准的评判、鉴定程序的评判和司法鉴定文书的评判。

一、鉴定人员的评判

电子数据司法鉴定具有较强的专业性,鉴定人员应该具备计算机、网络空间安全等专业领域的技术能力和鉴定经验,能够科学、准确地评判电子数据的真实性、完整性、功能性、相似性等方面的问题。电子数据司法鉴定主体应该是经省级以上司法行政机构授予的具有鉴定权的人员,具备专业知识和技能,人数应当在两人以上。

鉴定人员及相关人员应保持中立。鉴定机构和鉴定人不能主动进行鉴定,必须经过法定程序接受委托或聘请;对于与鉴定人员有利害关系的案件,可能导致公众对鉴定结论产生合理怀疑的人员应该回避;鉴定人只对科学真理和法律负责,独立鉴定,不受外界干扰。

二、鉴定标准的评判

电子数据司法鉴定标准的评判是判断电子数据司法鉴定是否准确的主要依据之一,所以对鉴定标准的评判十分重要,包括鉴定所使用的技术方法是否系国家标准、行业标准,能否达到技术规范的要求或者得到行业的普遍认可。采用不同的技术方法,所得出的鉴定意见的可靠性有所不同。

电子数据司法鉴定对象涉及计算机、手机、网络、移动终端、智能设备等,电子数据司法鉴定分为存在性鉴定、真实性鉴定、功能性鉴定、相似性鉴定四种,相关的国家标准、行业标准几十种。随着物联网、云计算、大数据、人工智能等新技术的不断显现,电子数据司法鉴定标准也在不断更新。因此在科学合法的前提下,应尽量保证鉴定标准与委托事项相适宜。

三、鉴定程序的评判

电子数据司法鉴定程序比较复杂,所以对鉴定程序的评判比较烦杂。以下几种程序的评判十分关键:

(1) 样本收集或者证据提取程序的评判。在证据提取或收集中,必须保障证据能够准确无误地转移到相应的当事人或鉴定人处。电子数据具有易破坏的特点,任何电子数据的转移都可能改变数据的性质甚至内容,所以,在提取证据时必须通过技术手段保障证据在转移过程中主要信息未发生变化。

(2) 鉴定过程可再现的评判。根据相同科学原理,在相同电子证据集合内分析,依循相同的规则和方法,不同鉴定人在不同时间实施鉴定过程,应当得到相同的鉴定结论,已得到的稳定结论不能轻易更改或否定。

(3) 监督实施过程的评判。委托、受理检材的移交、存放、使用和归还都需要登记,同一案件中多名鉴定人和鉴定书的审核人都要签名,共同为鉴定过程的各个环节承担责任。这种自我负责和相互监督的制度同样能够保证鉴定人科学实施鉴定程序。

四、司法鉴定文书的评判

评判司法鉴定文书包括检查鉴定文书的语言表达、逻辑关系，以评估其准确性。在评判过程中，除了分析鉴定意见书的正本外，还需要考虑形成过程中的初稿；需要分析论证的原理、依据是否充分、可靠，分析论证的过程是否符合逻辑。对于电子数据鉴定意见的证明力，则需要综合考虑鉴定意见的可靠性、与其他证据的一致性、在整个案件证据体系中的地位等因素，作出合理判断。

关键术语

1. 电子数据司法鉴定（electronic data identification of forensic）
2. 存在性鉴定（existence identification）
3. 真实性鉴定（authenticity identification）
4. 相似性鉴定（similarity identification）
5. 功能性鉴定（functionality identification）
6. 数据恢复（data recovery）

思考题

1. 电子数据司法鉴定在打击网络犯罪方面发挥着哪些重要作用？
2. 我国学者和企业对电子数据司法鉴定工作有哪些推动？
3. 如何理解我国电子数据司法鉴定标准的不断发展和完善？
4. 不同国家之间的法律差异和技术标准是否影响鉴定结果？
5. 如何平衡数据保护与个人隐私权的冲突？

参考文献

1. 陈如超：《以鉴代侦：电子数据司法鉴定的扩张趋势及其制度回应》，载《法学研究》

2024 年第 3 期。

2. 杜志淳主编:《司法鉴定概论》,法律出版社 2018 版。

3. 霍宪丹主编:《司法鉴定学》,北京大学出版社 2014 年版。

4. 〔加〕林晓东:《电子数据取证》,陈晶等译,机械工业出版社 2022 年版。

5. 刘浩阳主编:《电子数据取证》,清华大学出版社 2015 年版。

6. 麦永浩主编:《电子数据司法鉴定实务》,法律出版社 2011 年版。

7. 王永全、廖根为主编:《电子数据取证技术》,西安电子科技大学出版社 2021 版。

第十四章　图像资料司法鉴定

学习目标

[情感目标]　理解图像资料作为法律证据的重要性,深刻领悟科技进步对司法鉴定领域的影响,激发保护公民权利、维护社会稳定的情感共鸣,形成积极拥抱新技术、持续学习新知识、以科技赋能司法鉴定的意识。

[知识目标]　了解图像鉴定的理论基础和技术手段,熟悉图像资料司法鉴定相关的法律法规、行业标准及职业道德规范,掌握图像处理、图像真实性、图像同一性、图像内容分析等关键技术。

[能力目标]　熟练操作图像处理软件,正确解读图像内容,具备一定的跨学科整合能力,应用行业标准进行有效的图像资料检验分析,独立完成简单图像资料司法鉴定任务并有效传达鉴定意见。

第一节　图像资料司法鉴定概述

2020年6月,司法部印发了《声像资料司法鉴定执业分类规定》(下文简称《分类规定》),至此,司法鉴定领域中涉及的图像资料鉴定的定义、内容和范围得到了明确的确定和统一,其中,图像资料涵盖视频和图片的概念,既包括视频画面图像,也包括照片、人工智能生成图片、手机截图图片等图像。图像资料鉴定是以实践为依托、学术研究为发展动力的科学性专业问题。图像资料鉴定实践提出问题,领域研究给出解决方案并落地于鉴定实践应用中。《分类规定》的出台对规范图像资料司法鉴定领域行业执业,指导领域科学研究具有重要意义。《分类规定》中明确给出了图像鉴定的定义,即图像鉴定指鉴定人运用物理学、信息科学与技术、同一认定理论等原理、方法和专门知识,对检材图像(录像/视频/照片/图片)的真实性、同一性、相似性及所反映的内容等专门性问题进行检验、分析、鉴别和判断并提供鉴定意见的活动。其中,上述定义给出了图像资料鉴定的技术方法和目标。图像资料鉴定包括图像处理、图像真实性鉴定、图像同一性鉴定、图像内容分析、图像作品相似性鉴定、特种照相检验等。其中,图像处理定义为依据图像处理方法,对检材图像进行降噪、增强、还原等清晰化处理,以改善视觉效果。图像真实性鉴定定义为依据图像原始性鉴定方法,判断检材图像是否为原始图像;依据图像完整性鉴定方法,判断检材图像是否经过剪辑处理。图像同一性鉴定定义为依据人像同一性鉴定方法,判断检材与样本之间或检材之间记载的人像是否同一;依据物像同一性鉴定方法,判断检材与样本之间或检材之间记载的物体是否同一。图像内容分析定义为依据图像内容分析方法,结合图像处理和图像同一性鉴定结果,综合判断检材图像所记载的人、物的状态和变化情况及事件发展过程。图像作品相似性鉴定定义为综合运用图像内容分析、图像同一性鉴定等鉴定技术,通过检材与样本之间或检材之间图像作品的比较检验综合判断是否来源于同一个作品或相似程度。特种照相检验定义为运用特种照相技术,包括红外照相、紫外照相、光致发光照相和光谱成像等技术对物证进行照相检验。

掌握了上述图像资料鉴定的内涵和范围之后,还需要对该领域专业知识进行进一步了解,其中,行业标准是学习图像资料司法鉴定领域专业知识的重要途径和来源。行业标准的研制和发布融合了领域专家总结的先验知识和结晶智慧。现有的图像资料鉴定行业标准主要包含公共安全行业标准(GA)和司法行政行业标准(SF),两者在相同图像鉴定项目上的标准存在较高相似性,在此主要以司法部发布的司法行政行业标准为研究对象来论述相关内容要点。

图像资料鉴定的基础行业标准为司法部 2021 年修订发布的《声像资料鉴定通用规范》,该标准规定了声像资料鉴定的受理程序、检验鉴定程序、送检材料流转程序、结果报告程序、检验记录程序、档案管理程序及出庭程序,适用于司法鉴定/法庭科学领域图像资料鉴定中的各项鉴定,给出了比较全面综合的图像资料司法鉴定领域的专业术语定义,如人像鉴定、图像真实性鉴定等。该标准主要涉及程序性内容规定,是除法律法规外,图像资料鉴定领域根据自身专业特点制定的符合司法鉴定实践和当前行业现状的综合性、特殊性规范要求。例如,该标准中规定了普通程序中鉴定组一般由 2 名鉴定人组成,其中至少有 1 名具备声像资料鉴定相关专业中级以上技术职称(职级)或取得声像资料鉴定资质后具有 3 年以上(含 3 年)本专业鉴定经历;复杂程序中鉴定组应由 3 名以上鉴定人组成,其中至少有 1 名具备声像资料鉴定相关专业高级技术职称(职级)。此外,根据鉴定项目的性质,鉴定分为独立鉴定和协同鉴定两种方式。独立鉴定指的是鉴定人先独立进行检验,然后共同讨论,形成鉴定组意见;协同鉴定指的是鉴定人共同进行检验,或鉴定人对其他鉴定人的检验过程和结果进行核实确认,形成鉴定组意见。对于经验性判断较强的图像鉴定项目,如图像真实性鉴定、人像鉴定、物像鉴定、同源性鉴定、相似性鉴定和设备鉴定等,应采用独立鉴定方式;对于其他鉴定项目,如图像内容分析和图像处理等,可采用协同鉴定方式。该标准为推荐性标准,即非强制实施,但如果鉴定文书中的鉴定方法引用了该行业标准,则鉴定实施需与该标准相应规定内容相符。司法部发布的图像资料鉴定相关的主要行业标准信息如表 14-1 所示。

表 14-1 图像鉴定主要行业技术标准

标准名称	标准编号	说明
数字图像元数据检验技术规范	SF/T 0078-2020	2020 年 5 月 29 日发布并实施
声像资料鉴定通用规范	SF/T 0119-2021	2021 年 11 月 17 日发布并实施,本文件代替 SF/Z JD0300001-2010《声像资料鉴定通用规范》
人像鉴定技术规范	SF/T 0125-2021	2021 年 11 月 17 日发布并实施,本文件代替 SF/Z JD0304001-2010《录像资料鉴定规范》的第 3 部分"人像鉴定规范"
人像鉴定中人脸识别技术检验规范	SF/T 0106-2021	2021 年 11 月 17 日发布并实施
物像鉴定技术规范	SF/T 0126-2021	2021 年 11 月 17 日发布并实施,本文件代替 SF/Z JD0304001-2010《录像资料鉴定规范》的第 4 部分"物像鉴定规范"

(续表)

标准名称	标准编号	说明
录像过程分析技术规范	SF/T 0124-2021	2021年11月17日发布并实施,本文件代替SF/Z JD0304001-2010《录像资料鉴定规范》的第2部分"录像过程分析规范"
录像真实性鉴定技术规范	SF/T 0123-2021	2021年11月17日发布并实施,本文件代替SF/Z JD0304001-2010《录像资料鉴定规范》的第1部分"录像资料真实性(完整性)鉴定规范"
图片真实性鉴定技术规范	SF/T 0153-2023	2023年10月7日发布,2023年12月1日实施,本文件代替SF/Z JD0302001-2015《图像真实性鉴定技术规范》
合成人脸图像鉴定技术规范	SF/T 0148-2023	2023年10月7日发布,2023年12月1日实施
图像处理技术规范	SF/T 0152-2023	2023年10月7日发布,2023年12月1日实施,本文件代替SF/Z JD0302002-2015《图像资料处理技术规范》
音像制品同源性鉴定技术规范	SF/T 0149-2023	2023年10月7日发布,2023年12月1日实施,本文件代替SF/Z JD0300002-2015《音像制品同源性鉴定技术规范》
照相设备鉴定技术规范	SF/T 0154-2023	2023年10月7日发布,2023年12月1日实施,本文件代替SF/Z JD0303001-2018《照相设备鉴定技术规范》
录像设备鉴定技术规范	SF/T 0155-2023	2023年10月7日发布,2023年12月1日实施,本文件代替SF/Z JD0304002-2018《录像设备鉴定技术规范》

在图像资料司法鉴定行业管理方面,2021年司法部印发了《法医类 物证类 声像资料司法鉴定机构登记评审细则》,该细则进一步加强了对司法鉴定机构和鉴定人准入登记的审核,规范专家评审工作。细则中详细规定了图像资料司法鉴定机构登记评审评分标准,以及申请从事图像资料司法鉴定业务人员评分表。附件中包含了对图像鉴定机构和人员专业能力的要求,以及对图像鉴定实验室和仪器设备配置的要求。在实验室管理方面,为进一步深化、创新司法鉴定资质认定工作,不断提升司法鉴定质量和公信力,促进行业高质量发展,结合司法鉴定行业现状和工作实际,2022年,司法部、市场监管总局联合制定了《司法鉴定资质认定能力提升三年行动方案(2022—2024年)》,其中规定从事声像资料鉴定业务(包含图像鉴定)的司法鉴定机构,应当以其设立主体向市场监管部门提出资质认定申请。

第二节　图像资料司法鉴定的内容

一、图像处理

图像处理的定义为依据图像处理方法，对检材图像进行降噪、增强、还原等清晰化处理，以改善视觉效果。该定义指出了图像处理的方法、内容和目标。司法鉴定实务中的图像处理场景包括模糊车牌图像处理、模糊人脸图像处理、低光照或低分辨率画面内容处理等。图像处理的方式包括增强处理、降噪处理、复原处理、几何变换和速度变换等类型。在结果输出方面，图像处理结果可用图像打印或冲印等硬拷贝方式输出及光盘刻录或移动存储介质保存等数字图像输出方式输出，并做好相应标识，以数字图像输出方式给出的处理结果应保存为常见的不会降低图像质量的格式，如 bmp、png 和 avi 等格式。

二、图像同一性鉴定

（一）人像同一性鉴定

图像同一性鉴定包括人像同一性鉴定和物像同一性鉴定。人像同一性鉴定，亦称人像鉴定，指的是依据人像同一性鉴定方法，判断检材与样本之间或检材之间记载的人像是否为同一人人像；人像鉴定中最基础且重要的内容为人像特征的内容定义，该定义内容直接确立了人像鉴定的检验内容和检验角度。广义来讲，人像特征的内容包含一切具有人体身份指向性作用的特征。当前人像鉴定实践中，人像特征是指人像鉴定的具体依据，包括但不限于人体外貌解剖学特征、人体动态特征、人体特殊标记特征、人体着装与佩饰特征及人体时空关联特征。其中，人体外貌解剖学特征可以细分为体型特征、头部形态特征、五官形态特征、五官配置关系特征、头发特征、胡须特征、皱纹特征等；人体动态特征包括面部动态特征、体态特征、习惯性行为特征等。上述人像特征中，又以人体特殊标记特征的特征价值为最。人体特殊标记特征指由人体生理、病理及损伤等原因形成的人体解剖学特征异常和运动功能异常，具体包括以下几个方面：

(1) 面部特殊标记,如瘤、痣、斑、麻、斜眼、歪嘴和兔唇等。

(2) 人体其他部位的特殊标记,如缺指、多指、跛脚、驼背和曲臂等先天性的畸形或残缺。

(3) 人体因外伤、疾病或人为形成的文身、疤痕和残疾等。

(二) 物像同一性鉴定

物像同一性鉴定,亦称物像鉴定,指的是依据物像同一性鉴定方法,判断检材与样本之间或检材之间记载的物像是否为同一物体图像。司法实践中,物像鉴定中典型的物像包括车辆图像、衣着图像、刀具图像、贵重物品(如珠宝、手表等)图像等。由于物体的定义是除人体外的所有其他物或物品,其物像特征的定义较难具体到某类物体的专有知识,但从广义的物体角度看,现有的行业标准中给出的物像特征大体包括结构特征、功能性特征、形态特征、表面分布特征、特殊标记特征、时空关联特征。

三、图像真实性鉴定

图像真实性鉴定,根据鉴定对象分类,分为录像/视频真实性鉴定和图片真实性鉴定;根据鉴定专业问题分类,可以分为原始性鉴定、完整性鉴定,以及客观信息鉴定,其中,原始性鉴定主要判断检材图像是否为原始图像,完整性鉴定指的是判断检材图像是否经过剪辑处理,而客观信息鉴定包括拍摄时间、拍摄地点、来源设备等内容的鉴定。针对录像真实性鉴定,行业内的检验内容和检验角度包括但不限于物理检验、存储介质检验、录像系统检验、文件属性/元数据检验、单帧画面检验、音频检验、视频检验、录制设备检验、其他信号分析和数字水印分析。其中,物理检验是针对传统的记录载体为磁带的模拟录像的检验,当然,现今的录像大体均为数字录像形式,模拟录像逐渐退出历史舞台。上述内容涵盖了传统的图像鉴定角度和新兴的电子数据检验内容,其中,存储介质检验、录像系统检验是典型的电子数据领域的检验技术。因此,在司法部印发的《法医类 物证类 声像资料司法鉴定机构登记评审细则》中,要求图像真实性鉴定的拟执业鉴定人必须具备电子数据真实性鉴定的技术能力。此外,录像中可能会附带音频信息,因此,如果检材录像中包含音频信息,需同时对检材录像的录音真实性进行鉴定,同理,《法医类 物证类 声像资料司法鉴定机构登记评审细则》中要求图像真实性鉴定的拟执业鉴定人必须同时具备录音真实性鉴定分领域及项目的资质。这一规定是录像真实性鉴定的内容要求使然,但高准入门槛可能会限制该项目的从业人员数量和技术发展,如何平衡领域技术要求和准入门槛限制有待行业的进一步探讨和改进。

四、图像内容分析

图像内容分析指的是依据图像内容分析方法,结合图像处理和图像同一性鉴定结果,综合判断检材图像所记载的人、物的状态和变化情况及事件发展过程,如案件图像中的人物行为和事件过程、交通事故图像中的交通参与者行为及涉案车辆速度、火灾现场图像中的起火部位及火灾过程等。图像内容分析是图像资料鉴定项目中技术难度较高的项目,要求从业人员必须首先具备图像处理、图像同一性鉴定的执业能力。司法鉴定实践中,其常见项目内容包括录像画面中的人物动作行为分析、车速鉴定、交通事故中的车辆和人员是否接触分析,以及交通信号灯状态分析等。

五、图像作品相似性鉴定

图像作品相似性鉴定定义为综合运用图像内容分析、图像同一性鉴定等鉴定技术,通过检材与样本之间或检材之间图像作品的比较检验综合判断是否来源于同一个作品或相似程度。其主要内容与图像同一性鉴定存在部分关联,但其鉴定对象专门针对图像作品,该项目与知识产权鉴定领域存在紧密关联,但侧重点不同,图像作品相似性鉴定更多地从技术角度分析判断需检图像作品的相似性程度,而知识产权鉴定领域相关项目则是对需检图像作品是否侵权进行专业判断。

六、特种照相

特种照相检验专门指运用特种照相技术,包括红外照相、紫外照相、光致发光照相和光谱成像等技术对物证进行照相检验。该项目不属于常规的图像鉴定项目,考虑到公共安全领域中的传统图像检验项目需求,因此把该项目保留在图像鉴定分类中。鉴定实务中,特种照相更多地应用在公共安全领域的犯罪现场勘验和刑侦线索勘查中,例如,指纹显影等。

第三节 图像资料司法鉴定的方法

图像资料司法鉴定的方法根据所使用的技术类别大体可以分为专家鉴定方法和人工智能方法。专家鉴定方法指的是领域司法鉴定专家长期工作经验总结的技术方法和依据专家经验所做的专业判断方法；人工智能方法指的是依据当前人工智能机器学习和模式识别领域的成熟技术，协助解决图像资料司法鉴定领域的专门性问题。这里的协助解决指明了当前图像资料司法鉴定的专家属性，即司法鉴定人作出的专家判断，人工智能技术仅具有辅助作用，不能代替专家鉴定人。下文将根据专家鉴定方法和人工智能方法分类，概述图像资料司法鉴定领域的主要项目的鉴定方法。

一、专家鉴定方法

（一）图像处理方法

图像处理是图像资料司法鉴定的基础且核心技能。领域专家将图像处理方法依据处理对象和技术复杂度大体划分为常规图像处理方法、高级图像处理方法和序列图像处理方法。其中，常规图像处理方法指的是对图像画面和内容的初步处理技术，包括图像的几何变换、图像亮度、对比度、曲线等的调整；高级图像处理则更多地涉及图像的超分辨率计算、图像增强和图像降噪等；序列图像处理方法指的是对图像序列的操作、序列图像处理、序列图像提取、导入/导出等。由于图像处理技术涉及的门类和专业技术较多，司法鉴定实践中，通常需要借助市面上专业的图像处理和分析系统实现全方位的图像处理功能需求，这亦印证了专业的图像处理及分析系统是图像鉴定实验室必备设备的合理性和重要性。

图像处理主要依赖领域专业工具的应用，但根据处理对象的差异，亦形成了众多的专家鉴定方法。典型的图像处理包括车牌图像清晰化处理和人脸图像增强处理。模糊车牌图像处理需要鉴定人首先依据专家知识辨识车牌图像中存在的图像噪声类型，并依据主要图像噪声至次要图像噪声顺序依次进行图像降噪、修复和增强。车牌图像的噪声类型主要包括运动模糊、散焦模糊、光照缺陷、低分辨率等。

在模糊人脸图像增强处理问题中,根据人脸图像处理的用途差异,处理方法亦存在重大差异。例如,在人脸识别应用中的模糊人脸图像处理,主要是增强人脸图像的分辨率质量和五官轮廓相关信息,但不应过度增强人脸图像的细节信息。人脸图像细节信息的增强可能反而降低了人脸识别系统的识别性能。而对于人像同一性鉴定应用场景,人脸图像的细节信息是重要的关注对象,对人像身份信息的辨识影响意义重大。

(二)图像同一性鉴定方法

图像同一性鉴定属于专家经验判断性比较强的项目,因此在《声像资料鉴定通用规范》行业标准中要求鉴定组鉴定人必须采用独立鉴定方式,分别给出自己的专业检验和专业判断,然后再进行讨论形成一致的鉴定意见。鉴定人在独立鉴定过程中需遵循分别检验、比较检验和综合评断检验流程。人像鉴定场景中,分别检验指的是对检材人像和样本人像进行分别的检验,该阶段的检验方法主要依据先整体、后局部、再细节的原则对检材人像特征进行全面分析,并对特征价值高的特征进行标注和记录;依据人像特征的反映情况,对检材人像是否具备鉴定条件作出初步判断。在比较检验阶段,主要通过制作人像特征比对表来对检材人像与样本人像进行全面比较检验,以发现两者在对应人像特征上的符合点和差异点。传统的人像特征比对方法包括直观比较法、测量比较法、拼接比较法、定位比较法和重叠比较法。除直观比较法外,上述方法在应对模糊人像鉴定场景条件中具有一定的局限。新兴的人像特征比较方法包括人脸识别、步态识别等技术,在后续的人工智能方法中将进行论述。人像鉴定中,特征比对表的制作方法亦是重要内容。根据人像特征的表现形式,人像特征比对表可以划分为静态特征比对表和动态特征比对表;根据比对内容的差异,可以划分为概貌特征比对表、局部特征比对表和细节特征比对表。在综合评断环节中,对人像特征价值的判断直接影响鉴定结果。一般来讲,出现率低的局部特征、特殊标记特征及特殊的动态特征,其特征价值较高,典型的特殊标记特征包括瘤、痣、斑、麻、斜眼、歪嘴、兔唇、缺损、多指、跛脚、驼背和曲臂等特征,以及人体因外伤、疾病或人为原因形成的文身、疤痕和残疾等特征。最后,根据对检材人像与样本人像的特征符合点和差异点的分析和评价结果,综合评断检材人像与样本人像的特征符合点和特征差异点的总体价值,作出鉴定意见。

(三) 图像真实性

图像真实性鉴定根据鉴定对象的差异可以细分为录像真实性鉴定和图片真实性鉴定。在此以录像为研究对象来论述相关的检验方法和内容。针对录像真实性鉴定,其主要检验内容和方法包括物理检验、存储介质检验、录像系统检验、文件属性/元数据检验、单帧画面检验、音频检验、视频检验、录制设备检验、其他信号分析和数字水印分析。在此,对上述方法进行一一介绍:

(1) 物理检验:主要针对早期载体为磁带的模拟录像。检验的主要内容包括检材录像所在的磁带的物理检验,包括是否有机械拆卸和更换痕迹,是否有卷带、撕裂、拉伸和掉磁等现象,是否有剪接痕迹,磁迹分布是否正常等。针对检材录像所在磁带的鉴定,当前鉴定领域中面临的突出问题是很难找到对应的磁带机来读取磁带中的模拟录像。

(2) 存储介质检验:主要针对送检的声称为检材录制源设备的存储介质进行电子数据恢复、搜索和分析。从电子数据检验角度出发,分析的内容包括与检材录像相关的删除文件、残留数据、备份文件,以及检材录像在存储介质中的目录和数据物理位置及其与其他数据物理位置的关联性等。

(3) 录像系统检验:与存储介质检验类似,亦是电子数据检验的技术内容和方法,包括分析检材录像声称的录制设备所使用的电子数据系统的时间基准是否经过修改、系统版本是否有过升级;分析录像格式和文件命名方式等信息;对检材录像相关的应用程序进行检验,分析其使用记录及日志等信息;对检材录像相关的临时和附属文件进行检验,分析相互之间的关系;对检材录像相关的数据库进行检验,分析是否存在异常。

(4) 文件属性/元数据检验:图像真实性鉴定的基础且核心方法,在图像真实性鉴定中扮演重要角色,同时,在反取证领域研究中亦广泛涉及。该项目检验的内容包括检材录像的文件名、大小、创建时间和修改时间等文件属性信息;检材录像的格式、时长、分辨率、帧率、录制时间、编码时间、标记时间、软件和版权等元数据信息;检材录像的文件头、文件尾和数据结构是否存在异常等。它主要分析文件属性和元数据内容与检材录像和用户录制情况陈述等信息的一致性。例如,典型的文件属性和元数据分析中,主要关注时间相关信息的一致性问题,检材录像文件属性中的最后修改时间往往表明该录像的最后形成时间,但如果检材录像的载体是光盘的情况,检材录像文件属性中的最后修改时间亦可能是录像的刻录时间,该知识点需引起重视。录像的文件名在手机录制的录像中通常指明该录像的起始录制时间或录像的最后保存时间。此外,检材录像元数据中经常保存该录像的起始录制时间、最后形成时间和录像时长等信息。可根据上述时间相关信息的内在关联,分析检材录像是否经过后期人为修改,例如,创建时间加上录像时长应大体与最后形成时间相符。

(5)视频检验:主要分析录像画面间的内在关联和一致性,典型的包括画面计时连续性,画面清晰度变化情况,色温、对比度和亮度的变化情况;光影变化情况;画面的跳跃和闪烁情况;录像起始和结束的画面情况;视频画面与声音的关联性,如口型和动作;视频信号的分布情况;设备污损导致的画面缺陷情况;录像画面本底噪声的一致性等。

(6)单帧画面检验:指的是将录像细分为序列帧图像,并对各帧图像进行检验,检验的内容和方法主要包括画面成像分析和处理痕迹分析。其中,画面成像分析主要内容包括图片内容、视场和角度的合理性;光强分布和色调分布的合理性;透视比例关系的合理性;图片景深关系的合理性等。处理痕迹分析包括可疑成像物与其他区域的成像质量情况;可疑成像物边缘的像素分布情况;不同区域图片的相似性及重复情况;图片非正常斑块、变形和错位等情况。鉴定实践中,并非对检材录像的所有帧画面进行详尽的画面检验,更多的是对检验过程中发现的可疑的录像画面或信息价值含量较高的录像画面,或用户声称的可疑录像画面进行重点检验。

(7)其他检验:包括录像中附带的音频的真实性鉴定、录制设备检验、其他信号分析和数字水印分析等。

(四)图像内容分析

图像内容分析方法可以划分为动态过程分析和静态分析,同时结合对检材录像中音频的分析,对检材录像反映的事件过程进行仔细的辨识和分析。动态过程分析的内容包括录像画面中相关环境的变化情况及相互关系;录像画面中相关人物动作、姿态的变化情况及相互关系;录像画面中相关物体位置、状态的变化情况及相互关系;录像画面中相关环境、人物动作和姿态、物体位置和状态的变化情况及相互关系。静态分析内容则包括画面中相关环境状态、特点等情况及相互关系;画面中相关人物特征、动作、姿态等情况及相互关系;画面中相关物体特征、位置、状态等情况及相互关系等。图像内容分析的基本要求包括录像过程分析应在采集的录像上进行,不应直接对原始录像进行反复回放;应采用高质量放像系统回放,必要时进行图像清晰化处理,改善视觉效果;录像过程分析应忠实于原录像内容,不应有猜测性内容。图像内容分析是比较复杂且较难掌握的鉴定项目,特别是新进鉴定人由于缺乏办案经验,在图像内容分析方面存在鉴定范围把握不准确、鉴定用词不严谨、鉴定内容颗粒度把握不够准确等问题,这些知识的获取有赖于长期专家经验的学习和积累。

(五) 其他内容

除上述图像鉴定项目外,图像鉴定专业还包括图像作品相似性鉴定和特种照相检验。图像作品相似性鉴定是与知识产权领域相关的鉴定项目,其鉴定方法是掺杂图像处理、图像同一性鉴定、图像真实性鉴定和图像过程分析等项目技术要点,属于综合性鉴定项目。特种照相检验是公共安全领域的专门性检验技术,在非侦查类的社会鉴定机构中几乎不涉及,详细检验方法可查看相关公共安全领域的行业标准,在此不再论述。

二、人工智能方法

当前,人工智能领域的成熟技术在图像资料司法鉴定中得到了广泛的应用,极大促进了行业相关领域的技术革新和技能提高,在此对人工智能技术应用比较广泛的图像处理、图像同一性鉴定和图像真实性鉴定项目中涉及的新兴技术进行论述。

(一) 图像处理技术

随着人工智能技术的快速发展,以深度神经网络为代表的新兴的图像处理技术层出不穷,其性能不断改善,部分技术已达到实际应用效果,可以应用于图像处理司法鉴定实践。典型的图像处理技术包括针对特殊物体图像的增强方法,如人脸图像,以及面向所有自然场景图像的图像增强方法。其中,人脸图像增强方法的主要流程包括在图像中进行人脸检测;然后,用户选择需要增强的目标人脸图像;最后,系统根据算法对目标人脸图像进行面部修复、细节强化和图像分辨率提升。需要特别关注的是,算法从模糊人脸图像计算得到的高分辨率人像图像的过程,增加了很多根据统计学知识和人脸图像先验知识推测的信息，这些新增的信息的有效性和真实性存疑，需要鉴定人在使用过程中谨慎利用，但不可否认，上述技术极大增强了模糊人脸图像的视觉呈现效果。其他新兴的图像处理技术包括二维图像的三维重建技术、人脸图像属性调整技术等。

（二）图像同一性鉴定技术

图像同一性鉴定新技术大体集中在人像鉴定技术研究上，主要包括人脸识别技术、步态识别技术等。上述技术虽然提出时间比较早，有一定的研究历史，但其广泛成熟应用与深度学习方法的技术突破和硬件计算能力极大提升息息相关，在司法鉴定实践中，随着《人像鉴定中人脸识别技术检验规范》《法庭科学 人脸图像相似度检验技术规范》行业标准的发布，人脸识别方法开始正式进入人像鉴定应用领域，其输出结果为人脸图像相似性量化值，表现形式包括相似度百分比，以及似然率等。在人像鉴定领域中，人脸识别技术有其突出优势，但其缺点亦需要使用者关注，例如，人脸识别方法仅关注人脸图像区域。人像鉴定中，人像特征可以分为头部形态特征、五官形态特征、五官配置关系特征、胡须特征、皱纹特征、颜面动态特征、体态特征、人体特殊标记特征、人体着装特征、人体佩饰特征、时空关联特征等。人脸识别技术检验的人像特征仅包含人脸五官形态及其配置关系。此外，人脸识别技术无特征价值权重的概念，现有的大部分人脸识别系统算法设计中，未考虑人像特征价值的评估原则和评估方法，也无人像特征价值权重的概念。人像特征价值的评估原则和评估方法在人像鉴定实践中却是极其重要。在司法鉴定实践中，人脸识别技术必须结合司法鉴定领域的特殊性需求和专家经验知识，方可有效应用于司法鉴定实践。可行的人像鉴定中人脸识别技术的高效应用模式包括人脸识别技术辅助人像专家鉴定模式、人像专家鉴定验证人脸识别技术模式、人脸识别技术和人像专家鉴定协同合作模式等。不同的应用模式研究必须考虑人脸识别技术特点和人像鉴定实践特征，以及两者相互间的协作应用。司法鉴定实践中，人像鉴定结果除了有效利用人脸识别技术外，应对人像特征进一步进行全面检验和综合分析，在此基础上，得出最终的人像鉴定意见。

步态识别技术的研究已有几十年历史，但其广泛的成熟应用却姗姗来迟，究其原因，大体可以归纳为步态识别影响因素众多，以及大规模步态数据库缺失。然而，随着步态识别技术的不断进步，其在司法鉴定中的应用亦逐渐成熟，新的人像步态鉴定技术规范标准研制已经提上议程，相信在不久的将来，步态识别必然成为人像鉴定技术的重要检验技术和检验角度。

（三）图像真实性鉴定技术

近几年，图像真实性鉴定技术得到了全面发展，特别是针对图片的真实性鉴定技术方面。现有的图像真实性鉴定自动化检测技术包括重压缩检测、设备本底噪声识别、时间计时连续性检测和帧率稳定性检测、录像帧间画面连续性检测、重复区域检测、光照一致性检测、后处理操作识别、人物动作和语音一致性检测、元数据识别和分析、录音真实性鉴定技术、合成图像检测等关键技术。其中，重压缩检测是主要针对jpeg格式图片的编辑历史检测，该方法检测检材图片是否经历过两次及以上的jpeg图像编码。编辑操作大体经历检材图片解码、编辑，最后另存为的流程，另存为操作会经历jpeg的重新编码。设备本底噪声识别主要检测检材图像的本底噪声与其声称的来源设备所拍摄图像的本底噪声是否一致。时间计时连续性检测和帧率稳定性检测主要针对检材图像为录像的情况，录像画面中时间计时是否连续、是否出现跳转等问题一直是专家鉴定的传统检验要点，自动化技术通过录像画面中的时间字符识别技术（OCR）来评估检材录像的画面计时是否连续、时长是否稳定、录像帧间画面连续性检测主要判断检材录像画面背景和人物动作行为是否连续稳定，现在主要通过计算视频帧间的光流法来实现。重复区域检测主要用来检测同图复制或者录像片段复制的操作，同图复制是常见的剪辑技术手段之一，因此，重复区域检测是重要的真实性鉴定技术方法。光照一致性检测主要用来检测图像中的光照角度是否一致和亮度分布是否合理等。剪辑操作之后通常伴随后期进一步的处理操作，如为了掩盖编辑痕迹而进行的对比度调整和中值滤波等操作，通过检测这些后处理操作来判断图像是否经过后期人为编辑处理就是后处理操作识别的出发点。人物动作和语音一致性检测更多地涉及发音和嘴型是否一致的模式识别。元数据识别和分析是通过比较检材图像与样本图像的元数据结构和信息的异同点来判断检材图像的真实性。如果检材录像中包含音频信息，还需要对检材录像的音频信息的真实性进行鉴定。在音频真实性鉴定技术方面，目前主要包含重采样检测、背景噪声一致性检测（拼接、删除、插入等操作）、重复区域检测、静音区域检测、设备本底噪声识别、元数据识别和分析、电网频率分析、直流分量分析、合成语音检测等关键技术，在此不详细展开。合成图像检测技术主要判断检材图像是否为AIGC生成，检材图像中的目标人脸图像是否为深度换脸形成等。随着人工智能技术的越发精进,合成图像检测技术可能成为图像资料鉴定领域的基础核心技术。

第四节　图像资料司法鉴定意见评判

鉴定意见,是司法鉴定的核心输出结果,是法庭证据的重要来源和表现形式。针对图像资料司法鉴定意见的评判,主要从鉴定意见的表述是否专业简明、鉴定意见的依据是否充分,以及鉴定结果是否正确等角度进行综合分析。

一、图像处理鉴定意见评判

图像处理的鉴定意见为图像处理的输出结果,可用图像打印或冲印等硬拷贝方式输出及光盘刻录或移动存储介质保存等数字图像输出方式输出,并做好相应标识。其中,以数字图像输出方式给出的处理结果应保存为常见的不会降低图像质量的格式,如 bmp、png 和 avi 等格式。考虑图像处理结果的证据固定保全问题,处理结果应该通过计算并记录处理结果的完整性校验值,例如,用 MD5、SHA256 等来实施。应当注意的是,图像处理鉴定项目的鉴定意见内容不应涉及图像内容分析的结果,例如,典型的车牌图像清晰化处理和辨识委托事项,其中,车牌图像清晰化处理为图像处理鉴定项目所涉内容,而依据车牌图像清晰化处理结果作出的车牌号码辨识应为图像内容分析鉴定事项的内容。

二、图像同一性鉴定意见评判

图像同一性鉴定包含人像同一性鉴定和物像同一性鉴定,其中,《人像鉴定技术规范》中规定的人像鉴定意见划分为三类五种鉴定意见,分别为肯定同一、否定同一、倾向肯定同一、倾向否定同一,以及无法判断鉴定意见。人像鉴定意见主要是依据对检材人像与样本人像的特征符合点和差异点的分析和评价结果,综合评断检材人像与样本人像的特征符合点和特征差异点的总体价值,作出鉴定意见。其中,肯定同一鉴定意见的判断依据必须同时满足如下三个条件:

(1) 检材人像与样本人像的符合特征数量多、质量高，其总体价值充分反映了同一人的人像特点；

(2) 检材人像与样本人像没有本质性的差异特征；

(3) 检材人像与样本人像的差异或变化特征能够得到合理的解释。

否定同一鉴定意见的判断依据为：

(1) 检材人像与样本人像的差异特征数量多、质量高，其总体价值充分反映了不同人的人像特点；

(2) 检材人像与样本人像没有本质性的符合特征；

(3) 检材人像与样本人像的符合或相似特征能够得到合理的解释。

倾向肯定同一鉴定意见的判断依据为：

(1) 检材人像与样本人像的符合特征数量较多、质量较高，其总体价值基本反映了同一人的人像特点；

(2) 检材人像与样本人像没有本质性的差异特征；

(3) 检材人像与样本人像的差异或变化特征能够得到较合理的解释。

倾向否定同一鉴定意见的判断依据为：

(1) 检材人像与样本人像的差异特征数量较多、质量较高，其总体价值基本反映了不同人的人像特点；

(2) 检材人像与样本人像没有本质性的符合特征；

(3) 检材人像与样本人像的符合或相似特征能够得到较合理的解释。

无法判断鉴定意见的判断依据为：

(1) 检材人像不具备鉴定条件；

(2) 样本人像不具备比对条件；

(3) 检材人像和样本人像的符合特征和差异特征的总体价值高低难以评断，不能作出确定性鉴定意见或倾向性鉴定意见。

物像同一性鉴定意见的判断依据与人像鉴定意见的对应判断依据基本一致，核心为对特征价值的综合评断，在此不再详述。此外，对鉴定意见的表述也有相应的规范要求，例如，确定性鉴定意见可以表述为"检材人像是/不是某人人像"或"检材人像与样本人像是/不是同一人人像"等；无法判断鉴定意见可以表述为"无法判断检材人像是否为某人人像"或"无法判断检材人像与样本人像是否为同一人人像"。

三、图像真实性鉴定意见评判

图像真实性鉴定意见根据鉴定内容的差异可以划分为录像真实性鉴定意见、图片真实性鉴定意见,以及合成人脸图像鉴定意见等,但其鉴定意见的类别分类基本一致,这里以录像原始性鉴定为例,简要介绍每类鉴定意见的类型、判断依据和鉴定意见:

(1) 肯定原始录像:对检材录像进行了全面检验,未发现检材录像的原始性存在异常,并分析不存在通过现有技术手段无法发现的后期处理痕迹的可能性。鉴定意见可表述为"检材录像是原始录像"。

(2) 否定原始录像:对检材录像进行了有效检验,发现检材录像的原始性存在异常,并分析这些异常为后期处理所形成。鉴定意见可表述为"检材录像不是原始录像"。

(3) 未发现非原始录像迹象:对检材录像进行了全面检验,未发现检材录像的原始性存在异常或发现的异常能够得到合理解释,但尚不能完全排除存在根据现有技术手段难以发现的后期处理痕迹的可能性。鉴定意见可表述为"未发现检材录像存在不是原始录像的迹象"。

(4) 倾向肯定原始录像:对检材录像进行了全面检验,未发现检材录像的原始性存在明显异常或发现的异常基本能够得到合理解释,并分析经过后期处理的可能性不大。鉴定意见可表述为"倾向认为检材录像是原始录像"。

(5) 倾向否定原始录像:对检材录像进行了全面检验,发现检材录像的原始性存在异常,并分析这些异常为后期处理形成的可能性很大。鉴定意见可表述为"倾向认为检材录像不是原始录像"。

(6) 无法判断是否为原始录像:对检材录像进行了全面检验,但原始性相关信息不足;或发现检材录像的原始性存在异常,但无法判断其性质或形成原因。鉴定意见可表述为"无法判断检材录像是否为原始录像"。

上述鉴定意见类别中,重点讲述"肯定原始录像""未发现非原始录像迹象""倾向肯定原始录像"和"无法判断"四者的差异,四者对检材录像的原始性的确信程度应该是逐层降低,从完全确定至最后的无法确定。在司法鉴定实践中,由于"肯定原始录像"的鉴定意见中必须分析不存在通过现有技术手段无法发现的后期处理痕迹的可能性,因此,鉴定人必须谨慎使用该类型鉴定意见。

四、图像内容分析鉴定意见评判

图像内容分析的鉴定意见应根据委托要求和检验情况,对需鉴定的事件过程进行客观描述,同时,鉴定意见应简明扼要,具有针对性。必要时,可将关键过程的截图或录像片段作为附件。特别需要注意的是,图像内容分析的鉴定意见结果应忠实于原录像内容,不应有猜测性内容,但必要时,可以在充分的检验分析基础上作出谨慎合理的推论性结果。关于这一点,必须充分考虑鉴定风险以及结果的可靠性。

第五节 图像资料司法鉴定人员和设备要求

一、人员从业要求

根据 2021 年司法部印发的《法医类 物证类 声像资料司法鉴定机构登记评审细则》要求,申请图像鉴定资质的人员应具备的专业技术能力包括但不限于:

(1) 熟悉司法鉴定及图像鉴定相关的法律法规;

(2) 熟悉司法鉴定及图像鉴定相关的基础知识、理论和技术;

(3) 熟悉图像鉴定相关的国家标准、行业标准、技术规范;

(4) 熟悉图像鉴定设备的原理、维护保养,能够熟练操作图像鉴定设备以及相关的图像分析软件等;

(5) 具备根据案情资料、鉴定材料提取分析图像特征和数据、文献资料,对图像鉴定结果进行判断、解释的能力等;

(6) 对于图像鉴定相关专业背景的初次申请的申请人,应有图像鉴定专业系统培训经历(累计至少 40 学时)。

此外,对部分具体的图像鉴定项目的人员应具备的专业技术能力还规定额外的要求,例如,图像真实性鉴定项目要求人员必须同时具备电子数据真实性鉴定的技术能力。

在学历、职称、资质及专业背景和从业经历要求方面,申请人员应满足如下条件之一,且拟执业机构已经取得或者正在申请图像鉴定专业领域《司法鉴定许可证》：

(1) 具备图像鉴定专业有关的高级职称；

(2) 具备图像鉴定专业有关的中级职称或图像鉴定相关专业中级以上职称并从事图像鉴定工作 5 年以上；

(3) 具有高等院校图像鉴定相关专业本科以上学历，从事图像鉴定工作 5 年以上（图像鉴定专业硕士及以上或相关专业博士及博士后阶段计入）；

(4) 已取得图像鉴定资质并有图像鉴定工作经历 5 年以上；

(5) 具备图像鉴定专业工作 10 年以上经历和较强的专业技能。

上述规定中的图像鉴定专业指的是司法鉴定（物证技术）图像鉴定专业方向和刑事技术（公安技术）图像鉴定专业方向；图像鉴定相关专业包括电子信息类、自动化类、计算机类、物理学。

二、实验室仪器设备配置要求

《法医类 物证类 声像资料司法鉴定机构登记评审细则》对图像鉴定实验室仪器设备配置要求进行了详细的规定，并根据每个鉴定项目进行了详细的划分，包含实验室基本保障设备和基本检验设备，以及针对每个鉴定项目划分的详细设备配置要求，具体如表 14-2 所示。

表 14-2 图像鉴定实验室仪器设备配置要求

事项	配置	单位	配置要求
基本保障设备	样品储存柜/架（防火、防磁、防静电）	台	必备
	监控摄像	套	必备
	档案柜	台	必备
	打印机/复印机/扫描仪	台	必备
	碎纸机	台	必备
	光盘刻录机	台	必备
	防病毒软件	套	必备
	UPS 不间断电源（不间断供电）	台	选配
	物证封存袋	个	选配

(续表)

事项	配置	单位	配置要求
基本检验设备	图像检验工作站	套	必备
	数码摄像机	台	必备
	数码照相机	台	必备
	物证翻拍仪	台	必备
	元数据分析工具	套	必备
	图像格式转换工具	套	必备
	图像多功能播放软件	套	必备
	综合性图像编辑软件	套	必备
	校验码计算工具	套	必备
	屏幕录像软件	套	必备
	多功能读卡器	台	必备
	专业显示器及显示器校色仪	套	选配
	电子数据存储介质只读设备	套	选配
	电子数据存储介质复制设备	套	选配
	电子数据存储介质转接接口	套	选配
	常见接口数据线	套	选配
	电子数据恢复软件	套	选配
	手机数据提取工具	套	选配
	电磁信号屏蔽工具	套	选配
图像处理	专业图像处理及分析系统	套	必备
图像真实性鉴定	专业图像处理及分析系统	套	必备
	专业图像真实性鉴定系统	套	必备
图像同一性鉴定	专业图像处理及分析系统	套	必备
	专业人像鉴定系统	套	必备
	三维人像成像和分析系统	套	选配
	人脸属性重建系统	套	选配
	人脸相似性比对分析系统	套	选配
图像内容分析	应满足图像处理、图像同一性鉴定项目的配置要求		
	录像过程分析系统	套	选配
图像作品相似性鉴定	应满足图像同一性鉴定、图像内容分析项目的配置要求		
	图像相似性比对分析系统	套	必备

(续表)

事项	配置	单位	配置要求
特种照相检验	图像处理及分析系统	套	必备
	红外照相设备	套	必备
	紫外照相设备	套	必备
	视频（荧光）光谱仪	套	必备
	光谱成像仪	套	必备

其中，配置要求包含"必备"和"选配"，"必备"指的是对实验室的基本要求。行业中对实验室专业设备必须具备的功能和性能目前尚无明确的标准或规定，对进一步规范行业机构和人员执业可能造成一定困扰，后续工作中可进一步完善相关内容要求。

 关键术语

1. 图像资料鉴定（forensic examination of image）
2. 图像处理（forensic image processing）
3. 人像鉴定（forensic identification of human image）
4. 图像真实性鉴定（forensic image authentication）
5. 图像内容分析（forensic content analysis of image）

案例研讨视频

案例研究 14-1

 思考题

1. 如何界定图像资料采集、分析与使用的合法性边界？
2. 如何保证图像资料鉴定过程的可追溯性？

3. 在确保质量的前提下如何减少图像资料鉴定中的资源消耗?
4. 如何利用新技术手段提升鉴定工作的效率和准确性?
5. 请结合图像资料鉴定的相关内容探讨司法鉴定法律援助的意义。

参考文献

1. 〔美〕阿娣提·玛珠德、〔美〕M. 戈皮:《视觉计算基础:计算机视觉、图形学和图像处理的核心概念》,赵启军等译,机械工业出版社 2019 年版。
2. 何沛松等:《面向 GAN 生成图像的被动取证及反取证技术综述》,载《中国图象图形学报》2022 年第 1 期。
3. 徐为霞主编:《刑事影像技术》,中国检察出版社 2010 年版。
4. 许磊等:《人像检验鉴定探讨》,载《刑事技术》2020 年第 2 期。
5. 许文正等:《跨视角步态识别综述》,载《中国图象图形学报》2023 年第 5 期。
6. 言有三:《深度学习之人脸图像处理(核心算法与案例实战)》,机械工业出版社 2020 年版。
7. 曾锦华等:《人脸识别技术在人像鉴定中的应用研究》,载《中国司法鉴定》2019 年第 2 期。
8. 曾锦华等:《图像降噪和增强对人脸识别系统识别性能的影响》,载《刑事技术》2021 年第 1 期。
9. M. H. Maras, A. Alexandrou, Determining Authenticity of Video Evidence in the Age of Artificial Intelligence and in the Wake of Deepfake Video. *The International Journal of Evidence & Proof*, 2018, 3.

第十五章　录音司法鉴定

[情感目标]　认识到录音司法鉴定在维护法律正义、保障公民权利方面的重要作用,明确录音鉴定人的责任,激发对应用科技服务司法鉴定事业的热情,塑造严谨求实的科学态度与尊重人权的职业精神。

[知识目标]　系统了解录音鉴定技术的起源、发展历程及其在现代司法体系中的地位,熟悉录音作为司法证据的法律基础和基本程序,掌握录音鉴定的技术原理、方法和鉴定意见评判标准。

[能力目标]　能够综合运用语言学、信息科学和电声学等跨学科知识,识别和比对语音特征,对录音证据进行科学分析和处理,具备一定的录音真实性、完整性和同一性鉴定的能力。

第一节　录音鉴定概述

一、录音鉴定技术的产生和发展

录音鉴定作为一种司法科学技术手段,其起源可以追溯到19世纪末至20世纪初。随着社会的发展和人们法律意识的提高,对于证据的真实性和可靠性提出了更高的要求,传统的证据收集方式逐渐显得不够有效和可靠,录音成为十分有效的手段。20世纪中期至后期,随着录音技术的不断进步和应用,录音开始在司法领域得到广泛应用。法庭审判、刑事侦查、民事调解等各个环节都开始使用录音设备进行记录和保留。录音作为一种新型证据形式开始逐渐被法律系统所接受,成为司法实践中的重要证据形式之一。

现代录音鉴定技术是随着 20 世纪 40 年代初期语图仪(声谱仪)的发明而发展起来的。当时在贝尔实验室工作的物理学家波特等人开始研究利用声谱仪来分析语音。

早在 1944 年,"声纹"一词就首次出现在贝尔电话实验室的出版物中。1962 年,贝尔实验室的 Lawrence Kersta 在《自然》杂志上发表了一篇题为《声纹鉴定》(Voiceprint Identification)的论文。该论文指出,说话人的口腔、咽腔和鼻腔的独特大小决定了语音图谱是独一无二的,这就为对未知说话人和已知说话人的语音数据库进行对比提供了潜在可能性。[①] 随后由 Kersta 和 Tosi 等进行的测试为此提供了一些有希望的结果,当时的实验准确率为 97%—99.65%。1981 年,在美国密歇根州成立了国际声纹鉴定学会 IAVI。1991 年,在英格兰约克郡成立了国际司法语音协会 IAFP。

我国录音鉴定技术的研究起步较晚。20 世纪 80 年代末,中国刑警学院文检系和公安部物证鉴定中心分别引进美国 KAY Sona Graph 7800 型数字声谱仪和 DSP 5500 型数字语图仪,建立声纹鉴定实验室,开展录音鉴定技术主要内容之一的语音同一认定研究工作。通过多年共同努力,针对汉语这一世界最大语种独有的特点与规律,总结出一套科学的鉴定方法。1999 年,公安部物证鉴定中心与北京阳宸电子技术公司合作研制了具有自主知识产权的 VS-99 语音工作站。该系统在功能和实用性方面远超同时期国外同类产品,改变了声纹鉴定器材完全依赖进口的局面。

1989 年 12 月,中国刑警学院文检系成功为沈阳军区后勤部与辽宁省闽辽公司间一起经济纠纷案的有关语音进行鉴定,向法庭提供了有力的证据并被法庭采信,这是我国第一起应用声纹鉴定技术的案件。30 多年来,我国的录音鉴定技术一直处于发展进步当中。从最初单纯依靠图谱比对的方法,发展到现在综合运用嗓音音质、口头言语和频谱等各方面特征,定性定量相结合,全方位比对分析和统计判别的鉴定方法。值得一提的是,近年来我国面向公安司法的说话人自动识别技术取得了飞速发展,处于国际领先地位。

---

① 参见〔美〕罗伯特·C. 马厄:《录音鉴定原理》,曹洪林译,科学出版社 2023 年版,第 35 页。

随着录音作为证据被使用的情况不断增加,对于录音真实性和完整性的质疑也日益增多。为了解决录音真实性和完整性的问题,司法系统开始寻求专门的技术手段和专业人员进行录音的鉴定和评估,于是录音鉴定作为一门新兴的司法科学技术逐渐形成并得到了广泛的应用。现代录音鉴定已经成为司法鉴定领域的重要分支之一,在刑事、民事和行政司法中都有广泛的应用。未来,随着司法科技的发展和应用,录音鉴定将更加精确、高效,为司法实践提供更加有力的支持和保障。

二、录音鉴定的概念

在《声像资料司法鉴定执业分类规定》中明确给出了录音鉴定的定义:录音鉴定是指鉴定人运用物理学、语言学、信息科学与技术、同一认定理论等原理、方法和专门知识,对检材录音的真实性、同一性、相似性及所反映的内容等问题进行检验、分析、鉴别和判断并提供鉴定意见的活动。

三、录音鉴定的设备和工具

录音鉴定的设备和工具主要有:
(1)录音采集和备份设备:包含录音播放设备、录音采集设备、写保护工具、完整备份工具、完整性校验值计算工具及格式转换工具等。
(2)录音分析设备:包含声谱分析工具、信号分析工具、录音处理工具及音频编辑软件等。
(3)录音鉴定的软件系统:包含录音内容辨听鉴定系统、录音降噪处理鉴定系统、录音真实性鉴定系统、语音同一性鉴定系统。
(4)录音的存储设备:包含光盘刻录机和其他存储设备。

四、录音鉴定的主要技术规范

根据中华人民共和国司法行政行业标准,司法部发布的录音鉴定主要技术规范最新版本信息如表15-1所示。

表 15-1　录音鉴定主要技术规范

规范名称	规范编号	说明
声像资料鉴定通用规范	SF/T 0119-2021	2021 年 11 月 17 日发布并实施,本文件代替 SF/Z JD0300001-2010《声像资料鉴定通用规范》
录音真实性鉴定技术规范	SF/T 0120-2021	2021 年 11 月 17 日发布并实施,本文件代替 SF/Z JD0301001-2010《录音资料鉴定规范》的第 2 部分"录音资料真实性(完整性)鉴定规范"
录音内容辨听技术规范	SF/T 0121-2021	2021 年 11 月 17 日发布并实施,本文件代替 SF/Z JD0301001-2010《录音资料鉴定规范》的第 2 部分"录音内容辨听规范"
语音同一性鉴定技术规范	SF/T 0122-2021	2021 年 11 月 17 日发布并实施,本文件代替 SF/Z JD0301001-2010《录音资料鉴定规范》的第 3 部分"语音同一性鉴定规范"
录音设备鉴定技术规范	SF/T 0150-2023	2023 年 10 月 7 日发布 2023 年 12 月 1 日实施,本文件代替 SF/Z JD0301002-2015《录音设备鉴定技术规范》
录音处理技术规范	SF/T 0151-2023	2023 年 10 月 7 日发布 2023 年 12 月 1 日实施,本文件代替 SF/Z JD0301003-2015《录音资料处理技术规范》

五、录音鉴定的重要性与意义

录音鉴定在刑事、民事和行政司法领域都有广泛的应用,比如,刑事案件中的证据分析、民事案件中的合同纠纷、离婚纠纷、劳动纠纷,以及行政案件中的行政调查等。其适用范围涉及个人、企业、政府等各个层面,具有广泛的应用前景和社会价值。

录音鉴定在司法实践中具有重要的意义和作用。录音鉴定可以帮助鉴定录音材料的真实性和完整性,从而维护司法公正,保障当事人的合法权益;可以提供客观、准确的证据和意见,有助于加快案件审理进程,提高司法效率;可以确定录音材料的合法性和可信度,为司法机关提供合法、可靠的证据;有助于准确查明案件事实,维护社会稳定和法治秩序。

第二节 录音鉴定的内容

根据司法部印发的《声像资料司法鉴定执业分类规定》，录音鉴定包括录音处理、录音真实性鉴定、语音同一性鉴定、录音内容分析、录音作品相似性鉴定等。

一、录音处理

在侦查和诉讼过程中，录音证据背景经常含有噪声、削波、干扰声，或存在失真等缺陷，这些缺陷会影响语音的质量和清晰度，情况严重时甚至会完全掩盖关键及感兴趣的语音，还会妨碍对背景声音和其他细微差别的分析，致使这份录音证据难以充分发挥其作用。因此，需要通过司法鉴定对有争议的录音内容进行辨听和降噪等清晰化处理，以改善听觉或声谱质量，提高系统的识别率和抗干扰能力，从而改善语音质量，增强语音清晰度，实现录音证据的作用。

一般情况下，录音处理是在离线状态下对经过校验的检材录音的数字复制件进行的，不对原始检材录音进行处理。录音处理需经反复迭代处理完成，这样鉴定人员就可以对多个处理结果进行辨听，并作出初步的、系统的并且较为全面的判断。

二、录音真实性鉴定

国际音频工程协会 AES(Audio Engineering Society)在其标准 AES27-1996 中定义真实的录音记录为："所记录的内容是要记录的有声事件的同步录音，所采用的录音方式与制作录音方所声称的录音方式完全一致，未存在不明的人工伪造、改变、增加、删除或者编辑"[1]。AES 还在其标准 AES43-2000 中阐述了关于真实性鉴定的定义："鉴定人员应利用指定的原始录音设备对指定的原始录音进行鉴定。鉴定结果必须科学地表明是由指定的原始录音设备录制了指定的原始录音，录音没有发现窜改、擅自编辑或有意删除的痕迹"[2]。

---

[1] 郭弘：《录音证据的真实性检验与研究》，载《电信科学》2010 年第 S2 期。
[2] 同上。

一般地,录音真实性鉴定是通过听觉感知、声谱分析、数据分析和信号分析等技术手段,对录音是否为原始形成、是否经过剪辑处理等问题进行鉴别和判断的专门技术。

录音真实性鉴定通常包括录音的原始性鉴定和完整性鉴定,以完整性鉴定为主。原始性鉴定是依据录音原始性鉴定方法,判断检材录音是否为原始录音。原始录音是指事件发生时用特定设备和介质记录生成的录音,且未经过复制和任何编辑处理。完整性鉴定是依据录音完整性鉴定方法,判断检材录音是否经过剪辑处理,是否具有真实性。

三、语音同一性鉴定

语音同一性鉴定又称声纹鉴定、说话人鉴定或嗓音鉴定,是指通过电声学仪器,运用物理学和计算机学的原理和技术,对未知语音材料与已知语音材料进行听音、视谱和语音声学特征等的检测、比对和综合分析,作出说话人是否同一的判断过程。已知语音材料通常指嫌疑人、当事人说话的录音带等,称为样本。未知语音材料通常指发生纠纷时形成的言语录音带,称为检材。

语音同一性鉴定包括依据语音同一性鉴定方法,判断检材与样本之间或检材之间的语音是否同一。

语音同一性鉴定的科学依据源于语音的以下三大特性:

(1) 语音的特殊性,是指由于生理学、心理学和社会学等原因,不同的人发出相同音节的语音及其声纹均不相同。

(2) 语音的相对稳定性,是指一个人的语言习惯形成后,语音在较长时间内本质特征的不变性。

(3) 语音的同一性,是指一个人不同时间发出的相同语音在声学特征上具有本质上的一致性。比如,一个人不同时间发出的相同音节语音的生理基础是一致的,语音及其声纹的表现也是一致的。

四、录音内容分析

录音内容分析是指依据录音内容辨听方法,结合录音处理和语音同一性鉴定结果,综合分析、辨识,并整理检材录音所反映的相关内容。它主要包括以下三方面的内容:

（一）言语识别

言语识别，又称语言画像、言语分析或说话人分析，是运用语言学和侦查学的知识、原理和方法，根据说话人的语音特点和口语特征来勾画其身份特征，推断说话人的性别、年龄、地域、职业、教育程度、性格特点、语音特点，甚至身高、体态等特点。如通过语音、词汇、语法等方面的特点，进行地区、籍贯分析；通过行业语和术语的特点，进行职业分析；通过词汇、语法、修辞的特点，进行文化程度分析；通过词语、言语内容、嗓音的特点，进行年龄分析；通过对平均基频和共振峰频率进行分析，获取身高信息等。言语识别主要用于侦查阶段，为侦查提供线索和侦查方向。

（二）内容辨识

内容辨识是指听辨录音资料中说话人语音的文字内容，整理相关人士在事件中用语言表达的具体事件、思想内容等。

（三）噪声分析

噪声分析是指对录音中的噪声源的类型进行分析，如录音中的各种环境噪声和背景音(门声、移动桌椅声、电扇声、电视声、公共场所语音提示音、风雨声、鸟鸣声、喇叭声、叫卖声等)，以确定案发地点或相关现场的环境特征等。

五、录音作品相似性鉴定

录音作品相似性鉴定包括综合运用录音内容分析、语音同一性鉴定等鉴定技术，通过检材与样本之间或检材之间录音作品的比较检验，综合判断是否来源于同一个作品或相似程度。这种鉴定通常涉及音频信号处理、音频特征提取和比较等多个环节。

第三节 录音鉴定的方法

一、录音处理技术

在提高带有噪声的检材录音的质量和清晰度方面，目前并没有完美的方法,但鉴定人员可以使用滤波、增益压缩与扩展、去除咔嗒声和间隙,以及其他技术来解决录音材料中的部分缺陷。

(一) 滤波和均衡①

如果录音的部分片段中含有隆隆声、嗡嗡声或可听音调声,而且这些噪声与目标语音或其他相关信号的频率范围不重叠,那么可以尝试使用一个合适的频率滤波器降低频带范围之外的噪声。这种处理方法一般是比较有效的,且简单易行,使用具备滤波功能的波形编辑软件就可以实现。

滤波是指通过信号处理有选择地加强或减弱录音中某些频率范围内的信号,可以通过模拟电路或数字运算来完成,且不需要具备有关输入信号特性的任何先验知识。滤波器由多个参数来确定,包括滤波器的带宽、选择性、增益或声谱"形状"等。

图15-1描述了一个衰减低频同时通过高频的滤波器。由于这种滤波器允许高频率通过,因此被称为高通滤波器。图15-2则显示了一个低通滤波器、带通滤波器和带阻滤波器的例子。

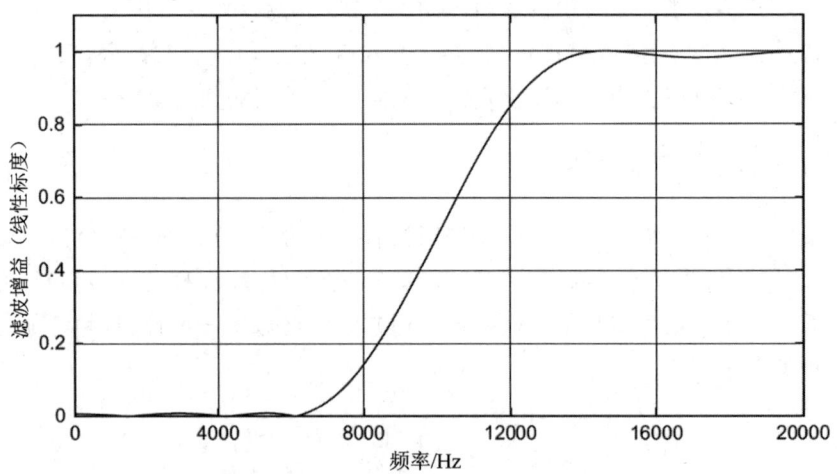

图15-1 高通滤波器的频谱特性示例
低频被衰减,而高频通过滤波器

---

① 参见〔美〕罗伯特·C.马厄:《录音鉴定原理》,曹洪林译,科学出版社2023年版,第71—72页。

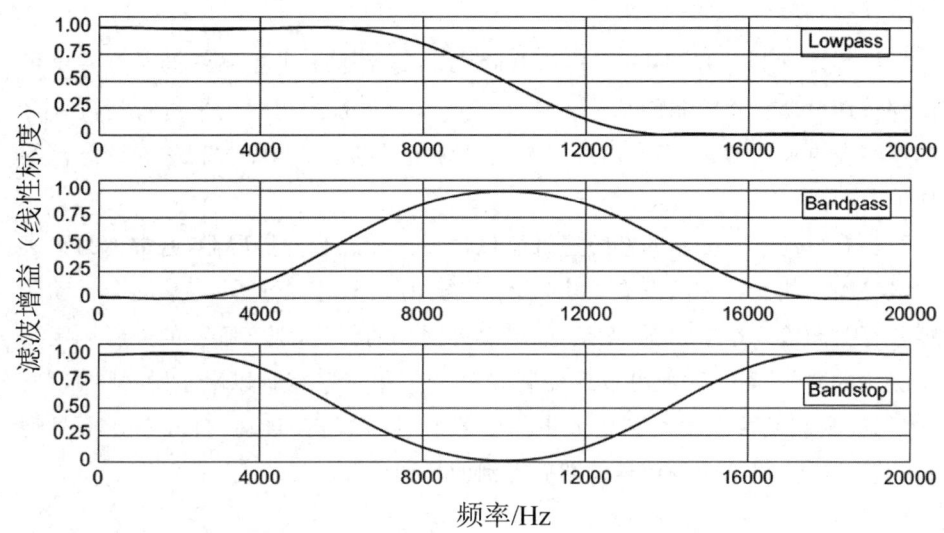

图 15-2　低通、带通和带阻滤波器的频谱特性

均衡也是一种滤波,但该术语通常意味着滤波器的增益在所需的目标通带中以一种有意识的方式变化。比如,立体声系统的"音调"控制,以及给每个窄带频率都分配有旋钮或滑块的"图形均衡器",都是均衡技术的不同形式。

对于带有噪声的语音,常用的初始处理方法是应用带通滤波器,让含有语音的频率通过,同时衰减信号中频率范围低于或高于语音带宽的部分。一个允许 200—4000 Hz 信号通过的带通滤波器可以传递合理的清晰度所需的大部分语音能量,同时还可以降低低频隆隆声和嗡嗡声的水平。在语音带宽的上边缘,比如 1000—4000 Hz 的频率范围内,应用均衡技术对信号进行略微提高,通常可以帮助强调包含辅音的频谱成分,可能有助于清晰度的提高。

一些嗡嗡声和泛音的频率与电力系统频率(如国内和北美地区的 60 Hz 频率及其泛音,欧洲的 50 Hz 频率及其泛音)大致相当。如果检材语音或其他涉案信号含有上述噪声,则可使用一组应用于电网谐波频率上的陷波滤波器,从而一定程度地改善处理效果。由于嗡嗡声和泛音的频率可能与目标语音的通带重叠,因此要注意在减小电力线噪声与防止目标语音信号的潜在退化之间保持平衡。

(二) 增益压缩和扩展①

一些用于紧急呼叫中心、移动电话、个人录音机和监控系统的录音系统可能都包括自动增益控制的功能。该功能可以对声音的短时电平进行检测并自动调整麦克风增益,从而使声音的响度保持相对稳定。这个过程称为动态范围压缩。

带有自动增益控制的系统还可能包含一个动态范围扩展器,通常称为噪声门或静噪功能。噪声门设有一个阈值,在阈值以下时,增益计算系统会自动降低甚至关闭输入增益,其假设是:如果没有明显的信号,那么唯一的声音一定是不相关的背景噪声,因此可以调低音量,即"关闭"噪声门,以阻止噪声的录制。之后,当麦克风再次检测到更大声的信号时,噪声门会自动"打开",让信号通过,其假设是:更大声的信号是期望得到的目标语音。

(三) 其他重要技术②

通常情况下,商业录音鉴定软件包都会包括一些基本的降噪设置,包括上面提到的带通滤波器和消除干扰的陷波滤波器,以及一些专门的通常是专有的算法。两种常见的算法是咔嗒声/爆音消除法和谱减法。

录音中的咔嗒声或爆音是一种脉冲干扰,有时也被称为"静电干扰",是由电波或无线电频率干扰引起的。如果只有几个令人厌烦的咔嗒声,通常可以通过手动编辑来减少干扰噪声。

录音鉴定软件包和一些录音大师软件都包括检测和移除咔嗒声的算法。咔嗒声检测的原理是,使用一个短时窗口对录音中的连续片段进行检验,以寻找信号突变点,这些突变信号可能就是典型的咔嗒声。在处理软件过程中,可以对窗口长度和信号变化水平进行选择设置,当超过设置水平时就可以怀疑有咔嗒声。然后,针对检测到的咔嗒声,可以进行进一步的处理,如减小增益,使咔嗒声听起来不那么明显。

当背景噪声主要是稳态噪声时,可以尝试用谱减法来改善信号质量。有很多技术都属于谱减法的范畴,但其基本思想都是选择一小段没有前景信号(如语音)的录音,测量此录音片段的背景噪声特征;然后,假设噪声统计是相对稳

---

① 参见〔美〕罗伯特·C.马厄:《录音鉴定原理》,曹洪林译,科学出版社2023年版,第74页。
② 同上书,第78—80页。

定的,针对录音中只有噪声的部分进行噪声建模,提取噪声频谱;最后从输入信号的连续短块中减去该噪声频谱。

二、录音真实性的主要检验方法

从 20 世纪中期到 21 世纪初期,录音证据的主要媒介一直是模拟磁带。对模拟磁带录音的真实性进行评估时,通常需要磁性显影来观测记录在磁带上的潜在磁畴。另外,也需要对磁带本身进行物理处理和检查,包括对盒式磁带外壳、卷轴、整个磁带长度,以及任何相关材料进行视觉检查,寻找拼接痕迹、外壳破损或其他能够表明磁带已被改变的物理迹象。

随着科技的迅猛发展和录音技术的不断改进,当今的录音手段和录音资料大都为数字录音。由于数字录音可以被轻易地调整和编辑,继而存储在一个看似完整且原始的录音文件中,因此,现在的数字录音对录音真实性鉴定提出了许多挑战。

(一) 文件属性检验

文件属性检验是指利用一定软件对数字录音文件的属性信息进行检测分析。

由于录音设备通常包含信号采集和量化部件,如麦克风、信号编码和信号存储等基本组件,因此,采用特定设备录制的录音必然会携带设备相关的附属信息,包括信号量化、编码和存储等设备软硬件特征。在信号编码特征中,每个录音设备均具有特定的编码格式,如无损音频编码格式和 MP3 格式等;在信号存储部分,录音设备的操作系统赋予录音文件特定的属性,如文件名命名方式、创建和修改时间等文件属性信息。

所有数字录音文件都可以通过查看"属性"中的"摘要"选项卡获取包括文件名、格式、大小、时长、采样率、声道数、位速等文件属性信息。此外,还能获知文件命名格式及命名规则、音频扩展名、音频创建时间和修改时间,以及是否为立体声录制等。通过比较检材录音文件与录音设备中的其他录音文件属性的关系,可以确定检材录音文件属性与所声称的录制情况是否存在矛盾。通过对检材录音文件的元数据信息和原始录制设备元数据进行仔细比对,可以确定这两种录音文件属性信息是否一致,继而确定检材录音的原始性和真实性。

（二）听觉检验

听觉检验是录音真实性鉴定的最基本且最重要的方法之一。

听觉检验是在安静环境下，通过高保真放音设备反复听辨全部检材录音，对存在录音中断、咔嗒声、环境噪声突变、语义不连续等现象的存疑部位进行标记，并对录音内容进行书面整理，对录音的总体情况、对话录音、背景声音及特殊信号进行鉴定和分析。

对微弱的、受干扰的、不清晰的语音，必要时可借助录音处理，改善听觉效果，并采用语音分析等方法辅助鉴定。对语义不是十分明确的语音，对说话人的语音特点进行分析，了解与发音对应的语义。通过对对话语义的关联性和逻辑性是否异常，语音是否具有连续性、同一性和自然度，对话声、背景声音有无突兀或非正常的变换和重叠，录音中的底层信息如录音质量、背景噪音、声音连贯性以及特殊信号等进行评估，来确定检材是否存在被剪辑的情况。另外，听觉检验还要对说话人的对话内容、语义语法和情绪语调等是否出现异常情况进行分析判断。

需要注意的是，听觉检验也有其不足之处，由于听觉检验主要来自鉴定人的经验，因此具有很大的不确定性。

（三）波形分析

波形分析是借助波形显示设备或软件，对录音信号的强度与时间的变化关系进行分析的鉴定方法。波形分析是录音真实性鉴定中的一个重要方法。

波形分析包括时间波形图和振幅曲线图分析。时间波形图是语音强度（振幅）随时间的动态变化图。振幅曲线图是语音波的振幅包络图，高低起伏的线条表示语音强弱随时间变化的动态曲线。

波形分析能够展示录音信号随时间的细微变化，帮助分析特殊信号的性质，鉴别特殊信号究竟是外部影响所致，还是设备操作或剪辑处理中形成；帮助分析操作信号的成因，判断录音所用设备及录音的形成过程；帮助分析语音和背景噪声的变化是否连续，是否可能为剪辑处理所致。

由于在经过剪辑的语音中，经常会出现波形中断、突变、不渐变和不连续波现象，因此，这些情况的出现有助于鉴定人进行准确判断。比如，一般情况下，录音结束后都会按下"停止"键，生成"停止"操作信号。如果在声称的原始录音结束处没有"停止"操作信号或存在不止一处"停止"操作信号，则该录音很可能经过复制或剪辑。再比如，在录音拼接剪辑中，剪辑人有可能复制需要的语音粘贴到其他部位，从而在一段录音中留下两段完全一致的语音。如果这两段语音的波形和强度完全一致，则可以判定两者出自同一次发声。

（四）频谱分析检验

频谱分析是借助频谱分析设备或软件，对录音信号的能量随频率的分布关系进行分析的鉴定方法。频谱分析是一种频域分析方法，能够以与波形的时域分析不同的角度，揭示录音信号的特点，可用于分析录音的信道特性、特殊信号特点、语音的连续性、设备本底噪声等情况，是一种十分重要的录音真实性鉴定方法。

频谱分析有二维频谱分析和三维频谱分析之分。二维频谱又称功率谱，按分析时长分为即时功率谱、区间功率谱和长时功率谱。三维频谱除显示信号能量与频率的分布关系外，还可同时显示频谱随时间的动态变化。三维频谱的语图模式不仅是语音同一性鉴定中最常用的分析模式，也是录音真实性鉴定中经常用到的分析模式。

按分析带宽区分，语音图谱有宽带语图和窄带语图。宽带语图频率分辨率低，但时间分辨率高，时间响应快，能够较好显示频谱分布随时间的动态变化，可以在许多方面应用于录音信号的分析。

1. **本底噪声检验**

本底噪声主要有如下三类：当输入无声信号时由于录音器材本身各方面的原因产生的噪声；电话（包括固定电话和移动电话）录音过程中由于线路或信号的原因产生的噪声；录音时外界的强度比较均匀的噪声。这些噪声的强度有时集中在低频处，表现为一条"黑带"，称之为带噪声；有时按照频率基本呈现平均分布状态，称之为白噪声。

正常情况下，一段原始音频的本底噪声应该是持续且规则的。如果前后噪声不一致，则有可能是不同设备录制的拼接音频。即使使用同一部电话在不同时段录制，也必然会在剪辑点处形成噪声频谱的间断状态。有些情况下，录音资料中的本底噪声频谱表现出明显的周期性，对这样的录音资料进行剪辑时，即使剪辑点处在无语段，一般也会造成本底噪声周期性的破坏情况。

2. 剪切痕迹检验

语音是人的发音器官自然产生的一种声音，其开始振动和结束都会符合一般振动的规律。汉语中，除了塞音和塞擦音组成的音节由于需要气流的突然爆破而在音节的左侧产生冲直条外，其他的音节都是一个振动逐渐变大又逐渐降低的过程，其左侧和右侧都不会出现整齐的边缘。而剪切操作则会由于前后振动的不连贯，带给语音信号一个冲击，在声谱图上就会出现类似于冲直条的竖直整齐的黑条纹，那么该黑条纹或音节左侧和右侧整齐的起始边界和结束边界就是判断语音是否经过剪切的依据。

3. 同语音复制粘贴痕迹的检验

在重新拼接编辑的录音中，如果插入的语音片段来自同一个录音文件，则本底噪声就会一致，很难再通过本底噪声进行判断。但是，复制的语音段一定会出现完全相同的声谱图。鉴于两次发音不可能完全相同，可据此来判断该录音文件是否具备真实性。但是，有些特殊情况需要注意：如果复制的语音段和插入的位置在时长上相距过远，则几乎不可能发现此种复制痕迹。这时，只能依靠自动鉴定的办法进行检测。

4. 频响范围变化检验

不同设备的频响范围不尽相同，特别是在采用不同采样率的设备进行翻录或者编辑音频的情况下会有高低的区别，表现在频谱图中会有人为抹除痕迹或频响范围不一致的情况。

(五) 模拟实验检验

模拟实验检验是针对检材录音中的某些信号特性、信息特点及鉴定发现的一些存疑现象，通过录制相应的实验样本，对检材录音与实验样本录音进行比较分析，从而判断检材录音中的这些信号特性和信息特点是否正常、存疑现象是否能够得到合理解释的过程。

根据实验鉴定的对象或需要解决的问题，我们可以进一步把模拟实验检验分为模拟实验分析、模拟处理(剪辑)分析和模拟现场分析等具体方法。

模拟实验分析是一种针对检材录音中的特殊信号、本底噪声、文件属性及格式信息等的实验分析方法。模拟实验分析一般使用提供的检材录音设备录制样本。在特殊信号分析中，应尽可能模拟检材录音条件，录制可能造成这些特殊信号的设备操作信号或外界声音，通过比较、分析检材录音中特殊信号的形成原因。在本底噪声分析中，应在安静的环境下录制录音设备的本底噪声，通过比较，分析检材录音的本底噪声是否与实验样本的本底噪声相符。在文件属性及格式信息分析中，按照检材录音的录制条件，制作模拟实验样本，确定原始录音的录制系统及存储特点、文件属性/元数据特点、声谱特点及录制设备信号特点等。通过模拟实验对鉴定中发现的检材录音中的各种现象的形成原因进行分析。

模拟处理分析是针对怀疑为通过某种方式处理形成的检材录音，通过适当的设备、软件及处理方法，进行模拟处理，然后对检材录音与模拟处理录音的特点进行分析比较，确定检材录音是否为怀疑的方式处理形成的一种实验方法。模拟处理分析是在模拟实验分析基础上的进一步鉴定。模拟实验分析侧重于分析检材录音中是否存在无法合理解释的异常，而模拟处理分析侧重于分析这些异常是否有可能为某种处理所形成。对于无法在模拟实验分析中得到合理解释的检材录音中的一些异常，如果通过模拟处理分析发现这些异常符合某种处理的特点，将极大地提高鉴定人对这些异常是经过处理形成的确定信心。

模拟现场分析是通过现场调查或录音，分析检材录音中出现的一些背景声是否符合现场情况的一种鉴定方法。任何录音都是在特定环境下录制的，每一特定环境有其自身的特点。如果检材录音中出现现场不可能出现的环境声音，或现场中稳定的环境声音在检材录音中没有出现，则可以判定该检材录音不可能是在所谓的现场录制的。除听觉鉴别外，有些环境声音如电器声、电话铃声等，有时需要借助波形分析和频谱分析进行鉴别。

（六）统计量化检验

随着数字信号编辑方法和软件的普及，以及数字录音剪辑技术、深度伪造技术的兴起，传统的听觉检验和频谱检验技术等专家经验型鉴定技术在当前数字录音真实性鉴定中面临着极大的挑战。模式识别和人工智能等领域的前沿发展为数字录音真实性鉴定提供了可行的鉴定方案，鉴定人和研究学者们开始探索利用数字信号的统计计算方法，结合机器学习技术实现录音真实性鉴定的自动化量化计算分析。统计量化检验技术为数字录音的真实性鉴定提供了重要的鉴定角度和实现途径，可以有效克服现有的鉴定技术无法有效处理的鉴定新难题。

统计量化鉴定技术将提升数字录音真实性鉴定技能水平，其研究成果将成为数字录音真实性鉴定的关键核心技术。专家经验型鉴定技术和统计量化鉴定方法的并存和相互协作将是数字录音真实性鉴定的必然趋势和高效解决方案。

三、语音同一性的主要检验方法

语音同一性鉴定的方法是以特征音节频谱特征为主、听觉特征为辅的比对方法,分为"听、看、测、析"四个步骤。

"听",一是对检材与样本说话人各个方面相似或差异的听觉鉴别,二是通过听找出鉴定意义上的相同音节和特征音节。

"看",是通过图谱观察特征音节表现出的各方面形态特征,包括共振峰动态走向、音素间连接形态,以及音渡形态等,作出相似或差异程度的评价,属于定性分析的步骤。

"测",就是对特征音节表现出的各方面的特征参数进行定量检测,并作出是否同一(或同一的概率)的评价,属于定量分析的步骤。

"析",是分析判断,综合以上三方面的评价结果,对特征符合点的价值高低或典型性进行权衡,对特征差异点的性质及形成原因进行判断和解释,最终得出鉴定结论。

(一)听觉检验方法

通过辨听,首先对检材和样本是否有伪装作出初步判断;然后对检材说话人和嫌疑人的言语速率、节奏、语音清晰度、流畅度、响亮度、方言口音,以及音调、气嗓音特征、鼻音特征、口头语、言语缺陷特征、语义、词汇及其表达方式的相似或差异程度作出评价。

1. 语音的听觉检验特征

听觉特征主要表现在三个方面:嗓音音质、口头言语和口语缺陷。其中,嗓音音质和口语缺陷特征偏重为生理性特征,口头言语特征则偏重为行为性特征。

(1)嗓音音质特征包括共鸣方式特征、嗓音纯度特征、音高特征、音域特征。

(2)口头言语特征包括语速特征,节奏特征,清晰度特征,流畅度特征,音量特征,舌位特征,赘语特征,变调特征,轻、重音特征,儿化发音特征与方言特征。

(3)口语缺陷特征包括舌体运用异常特征、口语障碍特征、发音缺陷特征。

2. 听觉检验的内容

(1) 判断语音是否正常

正常讲话一般具有语调自然适中、发音准确、节奏自然、语句流畅、口音稳定等特点。要深入分析研究检材语音是否正常,有无变化,是否表现出讲话人平时的讲话习惯。一般地,讲话时不同的精神状态,对语音有着不同程度的影响。精神愉快或情绪激动时,讲话节奏加快,语调高昂;情绪不佳时,讲话节奏变慢,语调也较为低沉;而在愤怒时,又可能出现大喊大叫、声嘶力竭等。有些疾病也可使语音产生不同程度的变化,如发音器官的某些暂时性病症,可引起语音沙哑或其他变化。有些作案人掩盖自己的本来语音,可能采用各种方式进行伪装,如故意压低或提高声调,或捏着鼻子讲话,或模仿他人讲话,或改变口音等。语音的不正常现象,通过听觉一般是可以感知出来的。

(2) 判断检材与样本是否具有听觉上的相似性

① 嗓音音质判断

嗓音音质判断主要判断检材语音与样本语音的共鸣方式是否同为咽腔共鸣、鼻腔共鸣或口腔共鸣,嗓音纯度是否同为高纯度(明亮)、低纯度(沙哑)或中等纯度,平均基频是否同为高(高亢)、低(低沉)或中等(适中)。

② 口头言语判断

口头言语判断主要判断检材语音与样本语音的宏观节奏和微观节奏是否同为"强""弱"或"适中",讲话力度是否同为"努力""无力"或"适中",舌位是否同为"靠前""居中"或"靠后",是否存在赘语及所用赘语是否相同,是否存在变调现象,同一个词或同一句话重音的位置是否相同,儿化发音情况是否相同,一些字、词发音不准确的情况是否相同,在表达同一个意思时,在用词上是否存在相同的偏好,讲话速率是否同为"快""慢"或"适中",是否具有相同的声母特征、韵母特征和声调特征等。

③ 口语缺陷考查

口语缺陷考察主要考察检材语音与样本语音是否均存在舌体运用异常现象,如果存在,是否表现在相同音节上;是否均存在口语障碍现象,如果存在,是否表现在相同音节上;是否均存在发音缺陷现象,如果存在,表现是否相同。

(3) 注意事项

由于大部分听觉特征在某些因素的影响下会发生变化,因此在比对过程中要特别注意有无情绪变化、疾病、伪装等情况。鉴于环境噪声对听觉感受有一定影响,因此听音应在安静的环境中进行。另外,在检材、样本的录制器材不同的情况下,一般不能使用嗓音纯度特征和音域特征。

(二)图谱检验方法

1. 语音的图谱种类与图谱特征

语音的图谱种类主要包括时间波形图、振幅曲线图、基频曲线图、宽带语图、窄带语图、二维功率谱图六种。

语音的图谱特征包括频谱特征和曲线特征。频谱特征包括共振峰频率、共振峰走向特征、音节内过渡特征、音节间过渡特征、谐波线形态特征等。曲线特征包括振幅曲线特征、基频曲线特征、平均功率谱特征等。除此之外,时长、强度也是衡量语音的一个指标。虽然每个人的发音速度、强度有一定的习惯性,但是受心理因素和不同语境的影响,变化较大,因此也只能作为声纹鉴定的参考性指标。

2. 图谱检验方法

图谱检验方法是指观察、分析检材和样本中相同的音素、音节、词语、短语谱图的语音声学特征和声学模式,包括辅音,嗓音起始时间,过零率曲线和辅音浊化现象,音渡特征(升降、斜率、趋向),共振峰阶数、频率、强度、趋向,协同发音现象,音强曲线,基频曲线(调值、调域、趋向),音节间过渡特征等,作出相似或差异程度的评价。图谱比较要与听辨结合进行,对听辨的信息进行验证。

语音同一性的图谱检验方法主要有以下两种:

(1)定量比对法

定量比对法是指定量检测检材和样本中相同的音素、音节、词语、短语声学特征参量的数值,包括共振峰参量、振幅曲线参量、基频曲线参量、音节时长、长时平均功率谱参量、长时平均声调参量,进行多参量的统计比对,得出是否同一的定量评价。

(2)动态分析法

人的发音习惯动力定型以后,即使同一人两次发相同音,在保持运动形式基本一致的情况下,其语音及声纹也会发生一定的变化,如果有伪装,差别会更大。

对检材与样本相同语音同种声纹特征进行比对分析以后,会得出三种情况：一是全部特征基本反映一致，没有明显差异点，可作出认定结论。二是多数特征有明显差异，符合点很少，可作出否定结论。三是多数特征基本符合，但存在少数差异点，这种差异究竟是同一人的非本质差异，还是不同人的本质差异？这时必须对特征差异点逐对进行动态分析，然后再作出相应的结论。

语音动态分析的基本要点：

① 受理鉴定时要认真了解检材和样本语音形成的主客观条件，包括录音的环境、设备、速度，作案人的生理、心理特点，作案人是否有伪装等，分析是否由于主客观条件的变化引起了语音的改变。

② 对每对存在差异的检材与样本语音反复细致地进行对比审听，分析差异点形成的原因。

③ 必要时有针对性地进行实验研究，验证差异点产生的原因。

④ 用前面分析得出的语音变化主客观原因，对存在的差异点逐个进行解释。如果能够对存在的差异点作出合理的解释，即可作出认定结论，否则只能作出否定结论。

第四节　录音鉴定意见评判

鉴定结论的判断主要包括对录音的原始性、完整性、真实性和可能存在的窜改、删除或编辑等方面进行评判。同时，也需要考虑录音的录制环境、录音设备、录音者身份等方面，亦即对录音可信度进行评判。

一、录音鉴定记录

（一）鉴定记录

与鉴定活动有关的情况应及时、客观、全面地记录，使鉴定结果具有可追溯性。鉴定记录可采用书面形式或电子形式，如笔记、录音、录像、拍照等。鉴定记录内容主要有案件受理记录、与委托人沟通记录、送检材料流转记录、取样记录、鉴定人鉴定和讨论记录、设备使用记录和鉴定图谱、图片、比对表、数据等。对于检材和样本为数字形式的，应有其完整性校验值记录。鉴定记录应及时进行汇总并集中妥善保存。

(二) 鉴定意见书

鉴定意见书应按照鉴定组讨论达成的鉴定意见起草,并经复核人复核后,依照司法鉴定文书规范的要求、根据声像资料鉴定的专业特点制作。主要内容应包括委托人、委托日期、基本案情、送检材料、委托事项、鉴定方法、鉴定设备、鉴定过程、分析说明、鉴定意见、鉴定人、完成日期及必要的鉴定图表附件。

鉴定意见书制作完成后,鉴定人应对其内容进行全面核对,鉴定机构可设置校对人员对鉴定文书进行文字校对。鉴定意见书应经鉴定人签名确认,并加盖鉴定机构的鉴定专用章,按约定及时返还委托人,并作好交接记录。

在撰写鉴定意见时,要遵守相关法律法规和鉴定规范,确保鉴定结论的合法性和可信度。同时,也需注意以下几点:

(1) 鉴定意见应该客观、准确地反映鉴定结论,避免主观臆断和偏见。

(2) 鉴定意见应该清晰、简明地表述鉴定结论和评价依据,便于司法机关和当事人理解。

(3) 鉴定意见应该明确列出鉴定的依据和理由,包括技术分析结果、鉴定方法和步骤等。

二、录音真实性的鉴定意见表述与判断依据

鉴定人对检材录音采用不同鉴定技术方法鉴定后,根据委托要求,并结合检材录音的形成陈述,对在鉴定过程中发现的各种现象及鉴定结果进行系统分析,综合判断检材录音是否为原始录音、是否经过剪辑处理,作出相应的鉴定意见。

(一) 对录音原始性鉴定的鉴定意见表述与判断依据

录音原始性鉴定的鉴定意见表述与相应的判断依据有以下六种:

(1) 检材录音是原始录音:对检材录音进行了全面鉴定,未发现检材录音的原始性存在异常,并分析不存在通过现有技术手段无法发现的后期处理痕迹的可能性。

(2) 检材录音不是原始录音:对检材录音进行了有效鉴定,发现检材录音的原始性存在异常,并分析这些异常为后期处理所形成。

(3) 未发现检材录音存在不是原始录音的迹象：对检材录音进行了全面鉴定，未发现检材录音的原始性存在异常或发现的异常能够得到合理解释，但尚不能完全排除存在根据现有技术手段难以发现的后期处理痕迹的可能性。

(4) 倾向认为检材录音是原始录音：对检材录音进行了全面鉴定，未发现检材录音的原始性存在明显异常，或发现的异常基本能够得到合理解释，并分析经过后期处理的可能性不大。

(5) 倾向认为检材录音不是原始录音：对检材录音进行了全面鉴定，发现检材录音的原始性存在异常，并分析这些异常为后期处理形成的可能性很大。

(6) 无法判断检材录音是否为原始录音：对检材录音进行了全面鉴定，但原始性相关信息不足；或发现检材录音的原始性存在异常，但无法判断其性质或形成原因。

(二) 对录音完整性鉴定的鉴定意见表述与判断依据

录音完整性鉴定的鉴定意见表述与相应的判断依据有以下六种：

(1) 检材录音经过剪辑处理：对检材录音进行了有效鉴定，发现检材录音的完整性存在异常，并分析这些异常为剪辑处理所形成。

(2) 检材录音未经过剪辑处理：对检材录音进行了全面鉴定，未发现检材录音的完整性存在异常，并分析不存在通过现有技术手段无法发现的剪辑处理痕迹的可能性。

(3) 未发现检材录音经过剪辑处理：对检材录音进行了全面鉴定，未发现检材录音的完整性存在异常或发现的异常能够得到合理解释，但尚不能完全排除存在根据现有技术手段难以发现的剪辑处理痕迹的可能性。

(4) 倾向认为检材录音经过剪辑处理：对检材录音进行了全面鉴定，发现检材录音的完整性存在异常，并分析这些异常为剪辑处理形成的可能性很大。

(5) 倾向认为检材录音未经过剪辑处理：对检材录音进行了全面鉴定，未发现检材录音的完整性存在明显异常或发现的异常基本能够得到合理解释，并分析经过剪辑处理的可能性不大。

(6) 无法判断检材录音是否经过剪辑处理：对检材录音进行了全面鉴定，但完整性相关信息不足；或发现检材录音的完整性存在异常，但无法判断其性质或形成原因。

三、语音同一性的鉴定意见表述与判断依据

鉴定人应通过听觉检验和声谱特征鉴定,综合分析检材语音与样本语音的符合点和差异点的数量、质量,以及符合特征和差异特征的性质和总体价值的高低,形成同一性鉴定意见。

我国语音同一性鉴定的结论分为五种,鉴定意见表述与判断依据如下:

(1) 认定同一,即检材语音是某人所说或检材语音与样本语音是同一人所说:检材语音与样本语音的符合特征数量多、质量高,其总体价值充分反映了同一人的发音特点,没有本质性的差异特征,差异或变化特征能够得到合理的解释。

(2) 倾向认定同一,即倾向认为检材语音是某人所说或检材语音与样本语音是同一人所说:检材语音与样本语音的符合特征数量较多、质量较高,其总体价值基本反映了同一人的发音特点,没有本质性的差异特征,差异或变化特征能够得到较合理的解释。

(3) 无结论,即无法判断检材语音是否为某人所说或无法判断检材语音与样本语音是否为同一人所说:检材语音和样本语音不具备比对条件,或检材语音与样本语音的符合特征和差异特征的总体价值高低难以评断,不能作出确定性鉴定意见或倾向性鉴定意见。

(4) 倾向否定同一,即倾向认为检材语音不是某人所说或检材语音与样本语音不是同一人所说:检材语音与样本语音的差异特征数量较多、质量较高,其总体价值基本反映了不同人的发音特点,没有本质性的符合特征,符合或相似特征能够得到较合理的解释。

(5) 否定同一,即检材语音不是某人所说或检材语音与样本语音不是同一人所说:检材语音与样本语音的差异特征数量多、质量高,其总体价值充分反映了不同人的发音特点,没有本质性的符合特征,符合或相似特征能够得到合理的解释。

关键术语

1. 录音鉴定(audio forensics)

2. 声纹（voiceprint）
3. 语音同一性鉴定（voice identification）
4. 录音真实性鉴定（audio authentication analysis）
5. 录音处理（audio processing）
6. 声学特征（acoustic characteristics）

思考题

1. 如何认识科技发展给录音鉴定带来的挑战？
2. 如何应对人工智能和深度伪造对录音鉴定的影响？
3. 如何避免录音鉴定中的主观性和偏见？
4. 如何克服方言、情绪变化等因素对录音鉴定的影响？
5. 试探析似然比在语音统一性鉴定中的应用展望。

参考文献

1. 杜志淳主编：《司法鉴定概论》，法律出版社 2018 年版。
2. 郭弘：《录音证据的真实性检验与研究》，载《电信科学》2010 年第 S2 期。
3. 霍宪丹主编：《司法鉴定学》，北京大学出版社 2014 年版。
4. 刘琦：《数字视听资料分析及检验技术》，法律出版社 2016 年版。
5. 〔美〕罗伯特·C. 马厄：《录音鉴定原理》，曹洪林译，科学出版社 2023 年版。
6. 倪令格等：《翻录对语音真实性检验的影响研究》，载《中国人民公安大学学报（自然科学版）》2020 年第 4 期。
7. 申小虎等：《录音真实性鉴定的频谱检验技术研究》，载《刑事技术》2017 年第 3 期。
8. 王永全：《声像资料司法鉴定实务》，法律出版社 2013 年版。
9. 曾锦华等：《苹果手机录制录音真实性鉴定技术》，载《中国司法鉴定》2020 年第 5 期。
10. Adi Hajj-Ahmad, Chau-Wai Wong, Steven Gambino, Qiang Zhu, Miao Yu, Min Wu. Factors Affecting ENF Capture in Audio. *IEEE Transactions on Information Forensics and Security*, 2018, 14.

第十六章 环境损害司法鉴定

学习目标

[情感目标] 认识环境损害司法鉴定在环境资源诉讼和环境行政执法中的重要作用,深入学习贯彻习近平生态文明思想,为打赢污染防治攻坚战、建设美丽中国树立自信心。

[知识目标] 了解环境损害司法鉴定的基本概念、鉴定内容和程序、基本技术手段和鉴定意见的评判要素等。

[能力目标] 具备运用环境损害司法鉴定知识进行案例分析的能力,熟悉常用的鉴定技术及适用场景,了解审查环境损害司法鉴定意见的基本要素。

第一节 环境损害司法鉴定概论

一、环境损害概论

(一)生态环境损害的概念

生态环境损害一般指人类社会活动引起的生态退化及由此衍生的环境效应,导致了环境结构和功能的变化,对人类生存发展以及环境本身发展产生不利影响的现象。常见的生态环境损害主要包括水土流失、沙漠化、荒漠化、森林锐减、土地退化、生物多样性减少、湖泊的富营养化、地下水漏斗、地面下沉等。

在国内外环境立法及国际组织的环境保护文件中,环境损害一般指"向环境排放污染物的行为造成环境污染、生态破坏以及由此造成他人民事权益和社会公共利益受到侵害的现象"①。这种环境损害的定义并不完全包含开发利用自然资源行为造成自然资源破坏现象。自然资源的一般开发利用属于可以预见破坏后果的、有计划的、受资源管理人行政规制的积极作为,但当开发利用人的行为超出这一约束时,由此带来的资源破坏就属于环境损害范畴,应当就其违法行为承担相应法律责任。

20 世纪 80 年代,美国通过环境立法实施自然资源损害的赔偿责任,以自然资源非使用价值损失、过渡期损失、评估费用等替代成本为依据计算需要赔偿的损失费用;20 世纪末,欧盟实施《环境责任指令》,对重要自然资源损害实施损害赔偿制度,赔偿范围主要包含环境污染清理和被损害环境恢复等费用;我国自 2015 年起试点生态环境损害赔偿制度改革,于 2022 年出台《生态环境损害赔偿管理规定》,对污染环境、破坏生态等行为造成的环境要素和生态要素不利改变、上述要素构成的生态系统功能退化追究生态环境损害赔偿责任,赔偿范围主要包含过渡期损失、永久性损害损失、评估费用、修复费用和二次损害预防费用。此外,我国《环境保护法》第 5 条确立的环境保护基本原则中特别明确了"损害担责原则"。如果排污行为人主观有过错的话,还应当依法受到行政或者刑事处罚。

(二)环境损害的特征②

环境损害现象的出现具有复杂的社会、经济、政策、法律和行政背景,从而导致环境损害具有与一般侵权行为致害不同的特征。

1. 加害主体的多元性与被害主体的不确定性

加害主体的多元性是指无法从行为与结果的一般关系上判定环境损害的具体加害人或认定责任分担。如多个企业在同一时期排放同类污染物质或多个企业的排放物质在环境中形成二次污染物,这类污染行为致使了环境损害加害主体的多元化。

被害主体的不确定性是指环境损害范围内被害主体及其被害程度不易认定。环境损害既可能是由加害人的加害行为引起的,也有可能是由受害人自身

---

① 参见汪劲:《环境法学》,北京大学出版社 2018 年版,第 275 页。
② 同上书,第 276—277 页。

原因、第三人原因或者不可抗力因素导致的。在上述不特定污染侵害事件中，其被害主体的认定也可能存在困难。但不论如何，环境损害会导致全社会环境公益受到侵害这一点是肯定的。

2. 侵害行为的行政合法性与追究民事责任的主观无过失性

我国环境保护法律有关缴纳环境费或环境税、自然保护费等的规定以及生态补偿制度，要求环境利用主体对其可能造成的渐进性环境损害给予对价补偿。在这一背景下，如果环境或生态进一步恶化，并造成环境损害并发生纠纷，环境利用人均会以造成环境损害的行为已经政府许可，因而具有行政上的合法性以及已依法缴纳了相关费用等为由推卸责任。

因此，《环境保护税法》第26条规定："直接向环境排放应税污染物的开发利用行为人，除依照本法规定缴纳环境保护税外，应当对所造成的损害依法承担责任。"最高人民法院在2015年2月颁布的《关于审理环境侵权责任纠纷案件适用法律若干问题的解释》第2条也规定："污染者以排污符合国家或者地方污染物排放标准为由主张不承担责任的，人民法院不予支持。"

3. 侵害行为的单一性与构成侵害因果关系的复杂性

造成环境损害后果的行为在实践中主要表现为排污、项目建设、资源开发，以及引入外来物种等行为。根据原物质种类、数量、浓度、开发强度、物种生存条件等因素及被害对象的不同，侵害结果的表现也各不相同。因此，在原因行为与损害结果之间，既有一因一果关系，也有多因一果关系，涉及众多学科的方法以及技术分析手段。

（三）违法性及环境损害范围的判断

按照我国《侵权责任法》的规定，只要污染环境行为造成损害事实发生，且没有法定抗辩事由存在，该行为的违法性即告成立。

20世纪80年代以后，各国环境司法实践将环境损害的范围从"造成民事权益侵害（人身权和财产权）"扩大至"污染致有形环境要素（自然资源和动植物）的损失"。由于直接计算生态损失较为困难，因此在各国的实践中均将生态破坏的损失转换为恢复环境质量至污染破坏前状态的治理成本或者相关投入进行计算。

二、我国环境损害司法鉴定理念及制度

2015年，最高人民法院、最高人民检察院、司法部联合发布《关于将环境损

害司法鉴定纳入统一登记管理范围的通知》等系列文件,将环境损害鉴定纳入司法管辖范围,实行统一规范管理,开启了我国环境损害司法鉴定事业新篇章。

世界各国对环境损害司法鉴定的侧重各异,日本相关法律注重环境损害行为对人体健康和生活环境的影响评估,美国相关法案注重对自然资源损害价值的评估,欧盟相关文件注重环境损害发生后对人身及财产权益的影响评估。我国在吸收上述国家或地区经验的基础上,2016年由环境保护部发布了《生态环境损害鉴定评估技术指南总纲》,将生态环境损害定义为环境污染型损害和生态破坏型损害两类,并规定了生态环境损害鉴定评估的一般性原则、程序、内容和方法。环境污染型损害主要指人类向环境排入超过环境自净能力的物质或能量,造成环境性质发生改变,并影响人类和其他生物正常生存和发展的现象;生态破坏型损害则指人类不合理地开发利用自然环境,使生态系统结构受损、功能退化,导致自然环境的恢复和增殖能力受到破坏的现象。

2019年,司法部、生态环境部联合组织制定了《环境损害司法鉴定执业分类规定》,明确对"环境损害司法鉴定"进行了定义,即"诉讼活动中鉴定人运用环境科学的技术或者专门知识,采用监测、检测、现场勘查、实验模拟或者综合分析等技术方法,对环境污染或者生态破坏诉讼涉及的专门性问题进行鉴别和判断并提供鉴定意见的活动",同时对环境损害司法鉴定机构准入标准、鉴定人资格要求,以及环境损害司法鉴定执业分类作出严格规范。

目前,我国环境损害司法鉴定仍处于稳步发展阶段,主要服务于环境纠纷、环境公益诉讼和破坏环境资源保护犯罪三类案件。环境纠纷,是指从事排污行为和开发资源行为造成环境和生态系统的不良影响或不利改变,影响或危害他人合法权益从而在当事人之间产生的侵权纷争。环境公益诉讼,是一种允许与争议案件无直接利害关系的原告(法律规定的有关组织[①]或人民检察院[②])出于保护环境公益的目的,以行政机关或者环境利用行为人为被告向法院起诉的行政诉讼或民事诉讼。破坏环境资源保护犯罪[③],指向环境排放污染物或破坏水产、野生动物、土地、自然保护地、矿产、林木等资源而应当受到刑事处罚的行为。

---

① 参见《环境保护法》第58条。
② 参见《民事诉讼法》第58条。
③ 参见《刑法》第338至346条。

第二节 环境损害司法鉴定的主要内容和程序

一、环境损害司法鉴定执业分类

2019年,司法部、生态环境部联合组织制定了《环境损害司法鉴定执业分类规定》,明确了环境损害司法鉴定解决的专门性问题,包括确定污染物的性质,确定生态环境遭受损害的性质、范围和程度;评定因果关系,评定污染治理与运行成本以及防止损害扩大、修复生态环境的措施或方案等;将环境损害司法鉴定事项分为7大类(47项),包括污染物性质鉴定、地表水与沉积物环境损害鉴定、空气污染环境损害鉴定、土壤与地下水环境损害鉴定、近岸海洋与海岸带环境损害鉴定、生态系统环境损害鉴定和其他环境损害鉴定。

二、环境损害司法鉴定评估程序

2020年,为规范生态环境损害鉴定评估工作,生态环境部会同有关部门制定了《生态环境损害鉴定评估技术指南》,由总纲和关键环节、环境要素、生态系统和基础方法四类技术指南组成。其中,总纲和关键环节技术指南规定生态环境损害鉴定评估的一般性原则、程序、内容和方法;环境要素类技术指南侧重因污染环境致地表水、沉积物、土壤、地下水、海水等环境要素损害的鉴定评估;生态系统类技术指南侧重因破坏生态致森林、草原、湿地、海洋等生态系统及其生态服务功能损害的鉴定评估;基础方法类技术指南规定生态环境损害鉴定评估中应用的关键技术方法。

(一)鉴定评估原则

1. 合法合规原则

鉴定评估工作应遵守国家和地方有关法律法规和技术规范,禁止伪造数据和弄虚作假。

2. 科学合理原则

鉴定评估工作应制定科学、合理、可操作的工作方案。鉴定评估工作方案应包含严格的质量控制和质量保证措施。

3. 独立客观原则

鉴定评估机构及鉴定人员应当运用专业知识和实践经验独立客观地开展鉴定评估，不受鉴定评估利益相关方的影响。

（二）鉴定评估内容及流程

生态环境损害鉴定评估的时间范围以污染环境或破坏生态行为发生为起点，以受损生态环境及其服务功能恢复至基线为终点；空间范围应综合利用现场调查、环境监测、遥感分析和模型预测等方法，根据污染物迁移扩散范围或破坏生态行为的影响范围确定。主要内容及程序包括：

（1）工作方案制定。即通过收集资料、现场踏勘、座谈走访、文献查阅、遥感影像分析等方式，掌握污染环境或破坏生态行为以及生态环境损害的基本情况，确定生态环境损害鉴定评估的目的、对象、范围、内容、方法、质量控制和质量保证措施等，编制鉴定评估工作方案。

（2）损害调查确认。即掌握污染环境或破坏生态行为的事实，调查并对比生态环境及其服务功能现状和基线，确定生态环境损害的事实及其类型。

（3）因果关系分析。即根据污染环境或破坏生态行为和生态环境损害的调查结果，分析污染环境或破坏生态行为与生态环境损害的因果关系。

（4）损害实物量化。即明确不同生态环境损害类型的量化指标，量化生态环境损害的时空范围和程度，分析恢复受损生态环境的可行性，明确生态坏境恢复的目标，制定生态环境恢复备选方案，筛选确定最佳恢复方案。

（5）损害价值量化。即统计实际发生的污染清除费用，估算最佳生态环境恢复方案的实施费用。当生态环境无法恢复或仅能部分恢复时，可采用环境价值评估方法，量化生态环境损害价值。

（6）评估报告编制。即编制生态环境损害鉴定评估报告（意见）书，同时建立完整的鉴定评估工作档案。

（7）恢复效果评估。即跟踪生态环境损害基本恢复和补偿恢复方案的实施情况，开展必要的调查和监测，评估生态环境恢复的效果，必要时开展补充性恢复。

实践中，应根据鉴定评估委托事项开展上述相关工作，可根据委托事项适当简化工作程序。必要时，应针对生态环境损害鉴定评估中的关键问题开展专题研究。

第三节 环境损害司法鉴定的技术方法

一、现场勘查

环境损害司法鉴定调查的核心需求是通过对环境及环境介质的状态进行现场测量或采样检测得到可靠的、可质证的、高质量的数据,以支撑环境损害行为与损害后果间的因果性分析。

（一）不同介质的采样

本节主要介绍现场调查中的几种常见的采样介质及样品采集方法,包括土壤、地下水、地表水、环境空气等。

1. 土壤样品

土壤采样的基本要求为尽量减少土壤扰动,保证土壤样品在采样过程不被二次污染。表层土壤样品的采集一般采用挖掘方式进行,一般采用锹、铲及竹片等简单工具,也可进行钻孔取样;下层土壤的采集以钻孔取样为主,也可采用槽探的方式进行采样。

若针对挥发性有机物污染、易分解有机物污染、恶臭污染土壤进行采样,应采用无扰动式的采样方法和工具。钻孔取样可采用快速击入法、快速压入法及回转法,槽探可采用人工刻切块状土取样。采样后立即将样品装入密封的容器,以减少暴露时间。

如需采集土壤混合样,可将等量各点采集的土壤样品充分混拌后以四分法取得土壤混合样。含易挥发、易分解和恶臭污染的样品必须进行单独采样,禁止对样品进行均质化处理,不得采集混合样。

2. 地下水样品

地下水采样时应依据地块的水文地质条件,结合调查获取的污染源及污染土壤特征,选择合适位置建设地下水监测井进行采样工作。井管的内径一般为5—10 cm,建设时应避免采用外来的水及流体,同时在地面井口处采取防渗措施。对于非承压水监测井,井管底部不得穿透潜水含水层下的隔水层底板;对于承压水监测井,应分层止水。丰水期时一般需要有 1 m 的筛管位于地下水面以上,枯水期时一般需要有 1 m 的筛管位于地下水面以下,以保证监测井中的水量满足采样需求。

监测井建设完成后,至少稳定 8 h 后开始成井洗井,若存在挥发性有机物污染风险,不得采用反冲、气洗方式洗井,洗井流速一般不超过 0.1 L/min,并至少洗出约 3 倍井体积的水量。使用便携式水质测定仪对出水进行测定,当浊度小于或等于 10 NTU 时,可结束洗井;当浊度大于 10 NTU 时,应每间隔约 1 倍井体积的洗井水量后对出水进行测定,结束洗井应同时满足以下条件:

(1) 浊度连续三次测定的变化在 10% 以内;
(2) 电导率连续三次测定的变化在 10% 以内;
(3) pH 连续三次测定的变化在 ±0.1 以内。

成井洗井结束后,监测井至少稳定 24 h 后才能开始采集地下水样品。样品采集一般按照挥发性有机物(VOCs)、半挥发性有机物(SVOCs)、稳定有机物及微生物样品、重金属和普通无机物的顺序进行。采集 VOCs 水样时应根据现场条件选择低速采样、贝勒管采样或低渗透性含水层采样等方法;采集 SVOCs 水样时出水口流速要控制在 0.2 L/min—0.5 L/min,其他监测项目样品采集时应控制出水口流速低于 1 L/min,如果样品在采集过程中水质易发生较大变化,可适当加大采样流速。

3. 地表水样品

地表水采样时为准确反映其与地下水之间的水力联系,采样频次与采样时间应尽量与地下水采样保持一致。地表水采样应尽量在连续两天无降雨后,选择水体中心相对静止的位置进行,并尽可能避免搅动水底沉积物,主要采样方法包括船只采样(静止)、桥上采样、涉水采样、无人机或无人船采样等。除特殊情况外,一般不采集岸边水样。

采样时,采样位置应位于采样点下游,逆流采集水样;在同一监测断面分层采样时,应自上而下进行,避免不同层次水体混扰;除标准分析方法有特殊要求的监测项目外,采样器、静置容器和样品瓶在使用前应先用水样分别荡洗 2—3 次;采集的水样倒入静置容器中,保证足够用量,自然静置 30 min,自然静置时,使用防尘盖遮挡,避免灰尘污染;石油类、五日生化需氧量、溶解氧、硫化物、悬浮物、粪大肠菌群、叶绿素 a 等或标准分析方法有特殊要求的项目需要单独采样。

4. 沉积物样品

沉积物的采样根据不同需要,可采用掘式(抓式)采泥器、锥式(钻式)采泥器、管式采泥器和箱式采泥器。其中,掘式(抓式)采泥器适用于采集较大面积的表层样品;锥式(钻式)采泥器适用于采集较少的沉积物样品;管式采泥器适用于采集柱状样品;箱式采泥器适用于大面积、一定深度沉积物样品的采集。

沉积物样品的容器主要为广口硼硅玻璃瓶、聚乙烯袋或聚苯乙烯袋(或容器)。聚乙烯和聚苯乙烯容器适于痕量金属样品的贮存;棕色广口玻璃瓶作容器可用于湿样测定项目和硫化物等样品的贮存,这些项目的样品贮存不能采用聚乙烯袋;用于有机物分析的沉积物样品应置于棕色玻璃瓶中,瓶盖应衬垫洁净铝箔或聚四氟乙烯薄膜。

5. 环境空气样品

环境空气中污染物的采样时间及采样频率一般根据《环境空气质量标准》中污染物浓度数据有效性规定的要求确定,或者根据监测目的、污染物浓度水平及监测分析方法的检出限等因素确定。

一般情况下,二氧化硫、二氧化氮、氮氧化物、臭氧等气态污染物的样品采集采用溶液吸收采样法;汞、挥发性有机物等气态污染物的样品采集采用吸附管采样法;总悬浮颗粒物、可吸入颗粒物、细颗粒物等大气颗粒物的质量浓度监测及成分分析,以及颗粒物中重金属、苯并[a]芘、氟化物(小时和日均浓度)等污染物的样品采集采用滤膜采样法;多环芳烃类等半挥发性有机物的样品采集采用滤膜-吸附剂联用采样法;一氧化碳、挥发性有机物、总烃等污染物的样品采集采用直接采样法;硫酸盐化速率、氟化物(长期)、降尘等污染物的样品采集周期较长,一般采用被动采样法。

在环境空气样品采集过程中,应同时观测记录采样点环境温度和气压,有条件时可观测相对湿度、风向和风速等气象参数。

(二) 仪器分析方法

对于采样获得的样品,需要根据环境损害司法鉴定委托内容的需求及初步调查结果,确定需要分析的特征污染物类型,并结合科学合理的手段,测定特征污染物浓度。这里主要介绍光谱分析法和色谱分析法两类应用较为普遍的仪器技术。

光谱法分析是测量物质与辐射能作用时,由物质内部发生量子化的能级之间的跃迁产生的发射、吸收或者散射辐射的波长和强度,进而分析物质组成的方法,可分为分子光谱法和原子光谱法两类。

色谱法又称层析法或色层法,是利用物质各组分的溶解性、吸附性等特性在互不相溶的两相(称为固定相和流动相)作用的差异性进行物理化学分离和分析的方法,常用的包括气相色谱法、高效液相色谱法和色谱-质谱联用法。

1. 分子光谱法

分子光谱是由分子中电子(价电子)能级、振动和转动能级的变化产生的,表现形式为带光谱。属于这类分析方法的有紫外-可见光分光光度法(UV-Vis)、红外光谱法(IR)、分子荧光光谱法(MFS)等。

(1) 紫外-可见光分光光度法

紫外-可见光分光光度法常用于对物质进行定性析、结构分析、纯度检验和定量分析,可以测定某些化合物的物理化学参数,如摩尔质量、配合物的配合比和稳定常数、酸碱电离常数等。

在环境损害调查中,该方法主要应用于对水体中的单一有机污染物(如石油、苯胺、硝基苯、挥发酚)、营养化物质(N、P 等)和重金属元素(Pb、Hg、Cr 等),大气中的 SO_2、NO_2 及可吸入颗粒等无机污染物的含量进行测定。当联合偶氮类、卟啉类、冠状类高灵敏度试剂联合应用时,可以测定水体中的二价铁离子、铜离子及铅离子等。

(2) 红外光谱法

红外光谱法常用于有机物的定性分析和定量分析。

在环境损害调查中,该方法主要应用于已知物的鉴定(将试样的谱图与标准的谱图进行对照,分析各吸收峰的位置、形状、相对强度等)和未知物结构的测定(根据试样谱图,查阅谱带索引直接确定未知物或进行光谱解析判断试样可能结构后,由化学分类索引查找标准谱图对照核实)。

此外,也可以通过分析物质组分的吸收峰强度进行定量分析,该方法尤其适用于物理和化学性质接近,且用气相色谱法难以进行定量分析的试样(如沸点高或气化时会分解的试样)。但在测量时,对试样处理过程及制备的均匀性要求较高,并需要对试样池窗片的辐射损失进行补偿和校正。

(3) 分子荧光光谱法

分子荧光光谱法具有很高的灵敏度，对气体和痕量金属离子的检出限都可达 ng/ml 级。但由于能发荧光的试样不多，因而其应用没有其他分子光谱法广泛，相关分析技术也在不断发展完善中。

在环境损害调查中，该方法可以应用于某些能使荧光减弱的阴离子（如 F^-、CN^-）的测定、复杂环境样品的定性分析（如地表水中的藻类污染物等）。

2. 原子光谱法

原子光谱是由原子外层或内层电子能级的变化产生的，表现形式为线光谱。属于这类分析方法的有原子吸收光谱法（AAS）、电感耦合等离子体分析法（ICP）、原子荧光光谱法（AFS）等。

(1) 原子吸收光谱法

原子吸收光谱法不太适用于定性研究，而多用于元素的定量测定。

在环境损害调查中，该方法适用于 Ni、Zn、Pb、Cd、Cr、Cu、Co 等重金属的检测，只要原子吸收分光光度计带有这些元素的空心阴极灯，就可以对这些元素进行准确测定。

(2) 电感耦合等离子体分析法

电感耦合等离子体分析法是一类采用电感耦合等离子体为光源的原子发射光谱法（AES），具有灵敏度高、检测限低、测试范围宽、多种元素可同时测试等特点。

在环境损害调查中，该方法广泛应用于饮用水、海水、环境水资源、生活污水、工业废水、大气颗粒物、废弃物、土壤、污泥、沉积物、固体废物中微量无机元素和金属元素的检测。

(3) 原子荧光光谱法

原子荧光光谱法的基本原理是基态原子（一般为蒸汽状态）吸收合适的特定频率的辐射而被激发至高能态，激发过程中以光辐射的形式发射出特征波长的荧光，因其化学蒸气分离、非色散光学系统等特性，原子化效率高、光谱干扰少，检出限一般为 $\mu g/L$ 级甚至更低。

在环境损害调查中，该方法主要和氢化物发生法联用（HG-AFS），对样品（如未受污染的自来水或原水）中的 As、Se、Hg、Db、Bi、Ge、Sn、Pb 等微量、痕量元素进行定量分析。

3. 气相色谱法

气相色谱法是一种以气体为流动相的色谱分离技术。它是指由惰性气体（载气）携带汽化后的试样进入色谱柱，试样分子在载气的推动下与固定相接触，由于试样中各组分在性质和结构上的差异，与固定相之间产生的作用力大小、强弱不同，随着载气的移动，试样在两相间经过反复多次的分配平衡，使得各组分被固定相保留的时间不同，从而按一定次序从固定相（末端）流出，再与适当的柱后检测方法结合，实现试样中各组分的分离和监测。

在环境损害调查中，气相色谱法的适用对象包括永久性气体、低沸点化合物或者沸点较低、热稳定性好、在操作温度下呈气态的化合物。不同的柱后检测方法的适用污染物也有所差异，常用的检测器包括热导检测器（普遍适用）、氢焰检测器（有机物）、电子捕获检测器（含卤、氧、氮等电负性物质）、火焰光度检测器（硫、磷等物质）等。

4. 高效液相色谱法

高效液相色谱法是一类以液体为流动相，应用高压泵、高效分离柱、高灵敏专用检测器等技术进行色谱分离分析的技术。

(1) 液-固色谱法

液-固色谱法以多孔固体颗粒材料等固定吸附剂为固定相，根据物质在固定相上的吸附作用不同来进行分离，适用于相对分子质量中等的油溶性试样，对具有不同官能团的化合物和异构体有较高的选择性。

(2) 化学键合相色谱法

化学键合相色谱法利用固定相表面硅醇基与有机基团成键，提升固定相的稳定性，适用于梯度淋洗，特别适用于分离分配系数范围宽的样品。由于键合到载体表面的官能团可以是疏水基团、极性基团或者离子交换基团，该方法适用于多种样品的分离。

化学键合相色谱法分为反相键合和正向键合两种。反向键合是指采用非极性材料作为键合相、极性溶剂作为流动相进行分离分析，其选择性高、稳定性好、成本低，应用极为广泛，可用于分离芳烃、多环芳烃等低极性化合物、极性化合物、有机酸、有机碱、酚类等。正向键合是指固定相键合极性基团，以非极性或极性小的溶剂（如烃类）中加入适量极性溶剂（如氯仿、醇、乙腈等）作为流动相进行分离分析，分离式组分的分离分配系数随固定相极性的增加而增大，但随流动相极性的增加而降低,主要用于分离同分异构体、极性不同的化合物。

(3) 离子交换色谱法

离子交换色谱法是利用离子交换原理和液相色谱技术相结合来测定溶液中阳离子和阴离子的一种分离分析方法。它适用于无机离子混合物的分离,也可用于氨基酸、核酸、蛋白质等生物大分子的分离。

(4) 离子色谱法

离子色谱法是由离子交换色谱法衍生出来的一种分离方法,在离子交换分离柱后加一根抑制柱,抑制柱中装填与分离柱电荷相反的离子交换树脂。通过分离柱后的样品在经过抑制柱后,使具有高背景电导的流动相转变为低背景电导的流动相,从而用电导检测器直接检测各种离子的含量。

在环境损害调查中,离子色谱法适用于地表水、饮用水、雨水、生活污水和工业废水、酸沉降物和大气颗粒物等样品中的阴、阳离子,与微电子工业有关的水和试剂中痕量杂质的分析。

5. 色谱-质谱联用法

质谱技术是纯物质鉴定的最佳工具之一,可以定性地开展相对分子质量测定、化学式确定、结构鉴定或定量地开展同位素测量、无机痕迹分析、混合物组分分析等工作。质谱技术作为一种高效的柱后检测技术,与色谱技术联用可以有效提高对混合物的分离、定性和定量分析能力。

(1) 气相色谱-质谱(GC-MS)联用技术

质谱技术通过检测离子质量获得化合物的质谱图,可以有效弥补气相色谱定性分析的局限性:一方面,可以通过质谱的多种电离方式使各种样品分子得到有效的电离,所有离子经质量分析器后均可被检测;另一方面,质谱多种扫描方式和质量分析技术可以选择性地只检测所需的目标化合物,不仅能够排除基质和杂质峰的干扰,也可以极大提高检测灵敏度。

此外,GC-MS联用技术通过气相色谱的保留时间、强度二维信息与质谱的质荷比进行耦合,可以获得质荷比、保留时间和强度的三维数据,可以进一步有效区分质谱特征相似的同分异构体或具有相同保留时间的不同化合物。

在环境损害调查中,GC-MS联用技术主要应用于复杂混合物的成分分析和目标化合物的定量分析,主要适用的化合物类型包括挥发性有机化合物、半挥发性有机化合物、苯系物、挥发性卤代烃、二氯酚、五氯酚、邻苯二甲酸酯、乙二酸酯、有机氯农药、多环芳烃、二噁英类、多氯联苯和有机锡化合物等。

(2) 液相色谱-质谱(LC-MS)联用技术

LC-MS 联用技术可用于 GC-MS 联用技术所不适用的高沸点、热稳定性差、相对分子质量大的物质的分离分析。针对化合物极性接近,在液相色谱柱不能完全分离的情况,质谱分析不仅可以有限检测出所有化合物的相对分子质量,还可以通过二级质谱图给出不同化合物各自的结构信息。

在环境损害调查中,LC-MS 联用技术主要应用于混合物样品各组分的相对分子质量和分子式确定、结构鉴定(通过子离子扫描)和定量分析(通过单离子检测扫描),主要适用的化合物类型包括酚类、苯胺类、阿特拉津等极性物质,以及大分子物质与污染物的降解产物等。

二、因果关系分析

结合现场调查获得的特征污染物数据,需要结合同源性和迁移转化过程分析,判定污染行为与环境损害之间的因果关系,进而形成鉴定意见。例如,我们可以通过将现场检测到的某类物质组分浓度与背景水平进行比较,来评估某一设施/行为是否对周围环境造成了不利影响。由于司法鉴定调查可获得的数据通常有限,因而需要通过统计分析手段,在一定程度上推定污染行为与损害结果间的因果关系,同时量化这一推定的不确定性(置信水平)。下面主要介绍几种较为简单、常用的数据分析方法:

(一) 样本均值分析

通过比较现场调查的采样数据和调查区域的背景数据(基线),可以证明环境损害后果是否发生。在这一分析过程中,司法鉴定人并非证明两组数据不同,而是从相反的角度去评估两组数据来自同一总体(即污染行为与环境损害不相关)的可能性。

1. t 检验

t 检验是一种参数化方法,其应用基于以下基本假设:观测值(即采样检测结果)和背景值是从各自的总体样本中随机抽取,各自的总体样本均服从正态分布。通过计算观测值与背景值的 t 检验统计量,判断二者是否属于同一总体。一般情况下,t 检验统计量可根据式 16-1 计算。

$$t = \frac{\bar{x}_1 - \bar{x}_2}{S_p \sqrt{\frac{1}{n_1} + \frac{1}{n_2}}} \qquad (16\text{-}1)$$

式中,$\bar{x}_1$ 为现场调查采样数据中某一指标的平均值,$\bar{x}_2$ 为调查区域背景数据中对应指标的平均值;n_1 和 n_2 分别为采样数据和背景数据的样本量(一般建议小于 30);S_p 为采样数据与背景数据的合并标准差,可按式 16-2 计算。

$$S_p = \sqrt{\frac{(n_1-1)s_1^2 + (n_2-1)s_2^2}{n_1 + n_2 - 2}} \qquad (16\text{-}2)$$

式中,s_1 和 s_2 分别为采样数据和背景数据的标准差。

当无法获得足够数量的背景数据时,也可采用对应指标的单值(如无污染水平值、历史数据中的平均值等)代替,按式 16-3 进行计算。

$$t = \frac{\bar{x}_1 - \mu}{S_1 \sqrt{\frac{1}{n_1}}} \qquad (16\text{-}3)$$

t 检验的应用步骤如下:

(1) 设定假设:首先设定两个相互对立的假设——零假设(null hypothesis,H0)和备择假设(alternative hypothesis,H1)。一般情况下,假设如下:

$$H_0: \mu_1 = \mu_2, \quad 且 \; \sigma_1^2 = \sigma_2^2$$
$$H_1: \mu_1 \neq \mu_2, \quad 且 \; \sigma_1^2 \neq \sigma_2^2$$

式中,μ_1 和 μ_2 分别为采样数据和背景数据各自所属的总体样本的均值;σ_1^2 和 σ_2^2 分别为采样数据和背景数据各自所属的总体样本的方差。在环境损害调查中,零假设代表针对某一指标,采样数据与背景数据完全属于同一总体样本,即调查区域处于无污染水平或污染行为与环境损害之间不能判定存在因果关系。

(2) 确定显著性水平:显著性水平 α 定义了所能接受的第一类错误(即错误地拒绝真实的零假设,也称为假阳性错误,针对上述零假设,即错误地认为污染行为与环境损害之间不存在因果关系,而实际上存在)的概率上限,常见的显著性水平有 5%(0.05)、1%(0.01),根据设定的假设,应选用双侧检验的显著性水平。

(3) 计算检验统计量:在确定采样数据和背景数据满足正态性和均方差性的前提下(可通过卡方拟合优度等检验方法进行检验,或通过对数转换等方法进行处理使其满足该前提),根据式 16-1 或式 16-3 计算 t 检验统计量,以反映样本数据与零假设之间的一致性程度。

(4) 判断假设是否成立:基于显著性水平分析 t 检验统计量,判断是否有足够的证据拒绝零假设,即是否有足够的证据判断调查区域受污染或污染行为与环境损害之间存在因果关系。

当采用式 16-1 计算 t 检验统计量时,应参照对应显著性水平下的 F 检验临界值表(由于是双侧检验,应采用 $\alpha/2$ 水平的临界值表),根据采样数据的样本量(一般为横轴,取 n_1-1)和参考数据的样本量(一般为横轴,取 n_2-1),确定临界值。若该临界值小于计算得到的 t 统计量,则拒绝零假设,即认为调查区域受污染。

当采用式 16-3 计算 t 检验统计量时,应参照 t 检验临界值表,根据采样数据的样本量(取 n_1)和对应的显著性水平(双侧),确定临界值。若该临界值小于计算得到的 t 统计量,则拒绝零假设,即认为调查区域受污染。

2. 威尔科克森秩和检验

对无法转换为近似正态分布的数据集,可以采用威尔科克森秩和检验等非参数方法进行分析。从假设设定的角度看,t 检验假设的是两组数据集各自代表的总体样本平均数是否相等,因而对数据的正态性和均方差性有较高要求,而秩和检验假设的是两组数据集各自代表的总体样本中位数是否相等。

秩和检验的应用步骤如下:

(1) 设定假设:和 t 检验一样,秩和检验也需要设定零假设和备择假设。所不同的是,秩和检验的零假设为采样数据与背景数据各自所代表的总体样本中位数相同(即调查区域处于无污染水平或污染行为与环境损害之间不能判定存在因果关系)。

(2) 确定显著性水平:根据秩和检验的假设,应选取双侧显著性水平。

(3) 计算检验统计量:首先将采样数据与背景数据进行合并,按由低到高(或由高到低)的顺序进行排序编秩(可以理解为编号),具有相同值的数据点取其平均秩次(这类点也可以包含少量的未检出值)。随后将采样数据与背景数据分离,分别计算秩和(即检验统计量),记为 R_1 和 R_2。当采样数据与背景数据数量较少时($n_1 \leqslant 10$ 且 $n_2 - n_1 \leqslant 10$),可根据 R 值通过查表法直接确定其显著性;当不满足上述条件时,则通过式 16-4 计算 Z_{rs} 来确定 R 的显著性。

$$Z_{rs} = \frac{R - \dfrac{n_R(n_1 + n_2 + 1)}{2}}{\sqrt{\dfrac{n_1 n_1(n_1 + n_2 + 1)}{12}}} \tag{16-4}$$

式中，R 为 R_1 和 R_2 之中的较少值，n_R 为 R 值对应数据集的样本量。当数据存在相同值时，则称为存在"相持数据（ties）"，Z_{rs} 计算公式需改写为式 16-5 的形式。

$$Z_{rs} = \frac{R - \dfrac{n_R(n_1 + n_2 + 1)}{2}}{\sqrt{\dfrac{n_1 n_1}{12}\left(n_1 + n_2 + 1 - \dfrac{\sum_{j=1}^{g} t_j(t_j^2 - 1)}{(n_1 + n_2)(n_1 + n_2 - 1)}\right)}} \tag{16-5}$$

式中，g 为相持数据的总组数，t_j 为第 j 组相持数据的样本数量。

（4）判断假设是否成立：当采样数据与背景数据数量较少时，可直接在适用于两组比较秩和检验的 T 界值表中，根据样本数量 n_1 和 n_2 查询所求的检验统计量 R 对应的实际显著性水平 P。若 P 小于目标显著性水平 α，则拒绝零假设，即认为调查区域受污染。

当采样数据与背景数据数量较多时，根据式 16-4 或式 16-5 计算检验统计量 Z_{rs}，应参照对应显著性水平下的 F 检验临界值表（由于是双侧检验，应采用 $\alpha/2$ 水平的临界值表），根据采样数据的样本量（一般为横轴，取 n_1-1）和参考数据的样本量（一般为横轴，取 n_2-1），确定临界值 $Z_{1-\alpha/2}$。若 $Z_{rs} \leqslant -Z_{1-\alpha/2}$ 或 $Z_{rs} \geqslant -Z_{1-\alpha/2}$，则拒绝零假设，即认为调查区域受污染。

（二）线性回归和线性相关分析

除了通过样本均值方法分析两组数据在分布上的关联性外，也可以通过线性回归或线性相关分析对数据在时间/空间上变化趋势的关联性进行评估，从而分析不同污染物/指标之间的迁移/转化是否存在关联。

1. 线性回归分析

线性回归是将两组数据拟合成直线方程，如式 16-6 所示。

$$y_i = \alpha + \beta x_i \tag{16-6}$$

式中，α 称为截距，β 称为斜率，y_i 和 x_i 分别为研究数据集 X 和 Y 中的第 i 个数据（一般对应同一时间或同一位置的两个检测指标）。在实际调查中，由于很难将所有采样点数据绘制在同一条直线上,因而一般选择观测数据点与拟合线之间垂直差异最小的直线作为拟合结果,即通过该直线预测的 y 值与调查实测的 y 值差值的平方和最小。由于调查采样为有限的抽样调查,因而不能得到总体样本的截距 α 和斜率 β,但可以采用式 16-7、式 16-8 分别估算斜率 b 和截距 a。

$$b = \frac{\sum_{i=1}^{n}(x_i - \bar{x})(y_i - \bar{y})}{\sum_{i=1}^{n}(x_i - \bar{x})^2} \qquad (16\text{-}7)$$

$$a = \bar{y} - b\bar{x} \qquad (16\text{-}8)$$

式中,$\bar{x}$ 和 $\bar{y}$ 为数据集 X 和 Y 的平均值,n 为数据集样本数量(X、Y 应保持一致)。需要注意的是,与均值分析不同,线性回归分析方法需要采样结果具有连续性(注意不是顺序性,而是指由同一物质流或能量流相关联),既可以是时间连续(如同一点位不同时间的指标),也可以是空间连续(如一条河流从上游到下游不同断面的指标,或者同一断面不同深度的指标)。

对于线性回归的计算结果一般采用式 16-9 计算决定系数 r^2,来评价 y 的总方差中可以用回归线解释的数据比例。

$$r^2 = \frac{\sum_{k=1}^{n}(\hat{y}_k - \bar{y}_k)}{\sum_{k=1}^{n}(y_k - \bar{y}_k)} \qquad (16\text{-}9)$$

式中,y_k 和 $\hat{y}_k$ 分别为某一指标的第 k 个采样数据和拟合预数据。r^2 越接近 1,则拟合效果越好,即指标 Y 与指标 X 的关联性越高。

在环境损害司法鉴定调查中,由于环境中的大多数自然衰减过程(例如,生物降解、光解和挥发)基本符合一级动力学模型,如式 16-10 所示。

$$C_t = C_0 \mathrm{e}^{-kt} \qquad (16\text{-}10)$$

式中,C_0 和 C_t 为污染物在 0 时刻和 t 时刻的浓度,k 为反应/降解的一级速率常数。式 16-10 两边进行自然对数转换后,可表示为式 16-11 的形式。

$$\ln C_t = \ln C_0 - kt \qquad (16\text{-}11)$$

即污染物的自然衰减过程可以表示为直线的一般方程,且直线的斜率等于一级速率常数的负数。污染物的半衰期可通过式 16-12 进行计算。

$$t_{1/2} = \frac{\ln 2}{k} = \frac{0.693}{k} \tag{16-12}$$

在鉴定调查中,可以根据文献报告中的半衰期值估算污染物释放到环境中的时间,通过与采样调查结果的线性回归结果进行比较,进而估算污染物自然衰减或发生迁移的可能/比例、污染物释放到环境的时间、污染治理时可自然降解的污染物量等。

2. 皮尔逊积矩相关系数

在鉴定调查中,如果需要进一步判断两组数据是正相关/负相关或判断相关性的置信度,可以通过相关系数进行分析。当数据基本符合正态分布时,可采用皮尔逊积矩相关系数法按式 16-13 进行计算。

$$r = \frac{\sum_{k=1}^{n}(x_k - \bar{x})(y_k - \bar{y})}{\sqrt{\sum_{k=1}^{n}(x_k - \bar{x})^2 \sum_{k=1}^{n}(y_k - \bar{y})^2}} \tag{16-13}$$

r 的取值范围为 -1(理想的负线性相关)到 1(理想的正线性相关),零值代表两组变量之间无线性关系。由此,我们可以根据采样数据或/和背景数据的相关系数 r 建立其所代表的总体样本相关系数 ρ 的零假设 $H_0: \rho = 0$,即两组数据之间不存在线性关系。此时,可通过式 16-14 计算 t 检验统计量,并采用式 16-1 对应的假设判定方法(F 检验临界值表,样本量均取 $n-2$)确定是否拒绝零假设。

$$t = \frac{r\sqrt{n-2}}{\sqrt{1-r^2}} \tag{16-14}$$

3. 斯皮尔曼等级相关系数

当数据明显不符合正态分布时,可采用斯皮尔曼等级相关系数法进行计算,该法与秩和检验思路一致,均是将参数分析转换为秩次分析。首先将数据集 X 和 Y 分别进行排序(可以同序,也可以逆序),由于 X 和 Y 中的数据具有时间或空间的连续性,因此对于 i 时刻/i 位置的原指标,可得到其分别在 X 和 Y 中的秩次 x_i 和 y_i,则斯皮尔曼等级相关系数可按式 16-15 计算得到。

$$r = 1 - \frac{6\sum_{i=1}^{n}(x_i - y_i)^2}{n^3 - n} \tag{16-15}$$

当存在相持数据但数量不多时,按式 16-16 计算的结果误差较小;当相持数据数量很多时,采用式 16-17 进行计算。

$$r = \frac{\frac{(n^3-3)}{6} - \sum_{i=2}^{n}(x_i - y_i)^2 - \sum T_x - \sum T_y}{\sqrt{\left[\frac{(n^3-3)}{6} - 2\sum T_x\right]\left[\frac{(n^3-3)}{6} - 2\sum T_y\right]}}$$

$$T_x = \frac{\sum_{i=1}^{K}(t_i^3 - t_i)}{12} \text{(对于 } x \text{ 值)}$$

$$T_y = \frac{\sum_{i=1}^{K}(t_i^3 - t_i)}{12} \text{(对于 } y \text{ 值)} \tag{16-16}$$

斯皮尔曼等级相关系数的假设设定及检验方法与皮尔逊积矩相关系数一致。

(三) 数据空间映射分析

在环境损害司法鉴定调查中,许多环境变量在调查区域内逐渐变化,这种变化可视为区域趋势和(偏离趋势的)局部异常的组合。其中,区域趋势是一个系统的、可预测的变化模式,为估计未采样点的数据提供了基础;而局部异常是每个位置的实际值与趋势估计值之间的差异。通过建立数值模型来确定区域趋势,可以用于识别和调查潜在的污染物来源或运输方式,也可以用于计算污染物的总量或面积/体积平均值。通过等值线(即连接相等值的点的线,也称为等高线)表征某一环境变量空间分布及变化趋势的算法非常多,本节介绍两类常用算法:趋势面分析法和基于加权移动平均数的插值方法。

1. 趋势面方法

趋势面分析法最常用于区域趋势较为显著的数据集,它使用回归方法将空间数据拟合成一个光滑的数学曲面方程,再通过这些方程及位置坐标函数来预测每个点环境变量的数值。常用的趋势面方程包含一阶、二阶和三阶趋势面,依次如式 16-17 至式 16-19 所示。

$$Z = b_0 + b_1 X + b_2 Y \tag{16-17}$$

$$Z = b_0 + b_1 X + b_2 Y + b_3 X^2 + b_4 XY + b_5 Y^2 \tag{16-18}$$

$$Z = b_0 + b_1 X + b_2 Y + b_3 X^2 + b_4 XY + b_5 Y^2 \\ + b_6 X^3 + b_7 X^2 Y + b_8 XY^2 + b_9 Y^3$$

(16-19)

通过这种方法得到的曲面,无法与采样位置的实测值进行进一步修正,因此可能出现采样位置的预测误差较大的情况,但由于区域趋势较为显著,因此整体等值线的估计一般较为准确。趋势面分析也更适合以大尺度区域趋势为主的数据集,例如,污染物随空气扩散和沉积等迁移模式。

2. 插值方法

当区域趋势不显著、环境变量存在局部突变(如局部地块堆积、排放)或/及污染物扩散具有空间持久性[①]等特征时,更适合采用基于加权移动平均数的插值方法绘制等值线图。

在应用插值方法时,首先将研究区域划分为相同大小的网格(一般为正方形或三角形),每个网格的环境变量值根据其周围采样点的环境变量实测数据,通过加权移动平均算法(一般根据网格与采样点的距离计算权重)求得。在这类加权移动平均算法中,克里金法对于采样数据分析的统计学意义最强。相较于一般加权移动平均算法只考虑最邻近的数个采样点,克里金法通过计算特定半径(一般通过构建半变异函数计算确定)内所有采样点的加权平均值为各个网格赋值。

图 16-1 展示了通过趋势面分析和克里金法绘制的等值线图的特点。当调查目的是确定区域趋势并且对该趋势的局部异常并不关注时,趋势面法更为适用;如果需要关注特定点的局部环境变量变化,则克里金法适用性更强,但是往往需要相对较大的数据集才能构建可靠的半变异函数,保证其准确性。

三、损害量化

在明确环境损害行为与损害事实的因果关系后,往往需要对环境损害的情况及价值进行量化,进一步支撑诉讼判罚。

---

① 可理解为在空间上持续扩散,导致环境变量值与其位置(如距离污染源的距离)具有较强相关性。

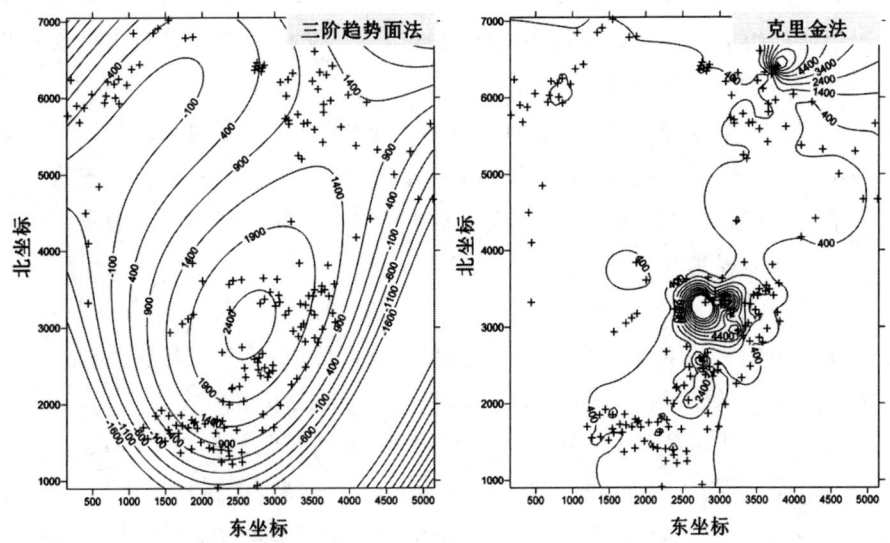

图 16-1　相同数据集通过不同趋势面法及插值方法求得的等值线图①

（一）损害实物量化

环境损害实物量化是指通过比对环境现状与环境基线中的某些服务功能或特征指标，确定环境损害的程度和范围。

1. 基线确定

常用的基线数据来源包括历史数据、对照数据、标准基准和专项研究等。

历史数据是指特征指标的常规监测、专项调查、学术研究等相关历史数据，是优先选择的基线数据来源。选择历史数据时，应考虑其时间和空间代表性、数据采集方式合理性和样本总数。对于服从正态分布的数据，一般采用历史数据的 90% 参考值上限（损害导致特征指标升高）或 90% 参考值下限（损害导致特征指标降低）作为基线。对于不服从正态分布的数据，一般采用历史数据的第 90 百分位数（损害导致特征指标升高）或第 10 百分位数（损害导致特征指标降低）作为基线。

对照数据是指与勘查区域地理位置、气候、地貌、土地利用类型类似且未受

---

① 〔美〕B.L.墨菲、R.D.莫里森：《环境损害司法鉴定导论》，马栋、邓泓、杨旭译，科学出版社 2021 年版，第 138—141 页。

影响的对照区域的特征指标数据。当历史数据缺失或不满足要求时,优先选择对照数据的历史或现状数据作为基线数据来源。对照数据的基线选择要求和处理方式与历史数据相同。

当利用历史数据或对照数据确定基线均不可行时,可参考适用的国家或地方环境质量标准或环境基准确定基线。当标准和基准同时存在时,优先适用环境质量标准;当缺乏适用的标准或基准时,可参考国外政府部门或国际组织发布的相关标准或基准。

2. 损害程度和范围确定

在环境损害司法鉴定实践中,一般需要综合分析生态环境损害类型、指标和方法适用性、资料完备程度等情况,选择实物量化指标和方法。

对环境要素的损害,一般以特征污染物浓度为量化指标;对生物要素的损害,一般选择生物的种群特征、群落特征或生态系统特征等指标作为量化指标。对于生态服务功能的损害,需要明确受损生态服务功能类型,如提供栖息地、食物和其他生物资源、娱乐、地下水补给、防洪等,并根据功能或服务类型选择适合的量化指标,如栖息地面积、受损地表水资源量等。在量化生态服务功能时,应识别相互依赖的生态服务功能,确定生态系统的主导生态服务功能并针对主导生态服务功能选择适用的方法进行评估,以避免重复计算。

常见的生态环境损害实物量化内容包括:

(1) 确定评估区环境空气、地表水、沉积物、土壤、地下水、海水等环境介质中特征污染物浓度劣于基线的时间、面积、体积或程度等。

(2) 确定评估区生物个体发生死亡、疾病、行为异常、肿瘤、遗传突变、生理功能失常或畸形的数量。

(3) 确定评估区生物种群特征、群落特征或生态系统特征劣于基线的时间、面积、生物量或程度等。

(4) 确定评估区生态服务功能劣于基线的时间、服务量或程度等。

(二) 损害价值量化

在损害实物量化的基础上,环境损害司法鉴定往往还需要对受损环境的环境价值和恢复费用进行估算。

1. 恢复费用法

恢复费用法一般用于测算受损环境可恢复部分的恢复方案实施费用,具体包括以下方法：

（1）费用明细法，适用于恢复方案比较明确、鉴定评估机构对方案各要素的成本比较清楚的情况。费用明细法应列出恢复方案的各项具体工程措施、各项措施的规模，明确需要的设施以及需要用到的材料和设备的数量和规格、能耗等内容，根据各种设施、材料、设备、能耗的单价，列出费用明细。

（2）指南或手册参考法，适用于恢复技术有确定的工程投资手册可以参照的情况，根据确定的恢复工程量，参照相关指南或手册，计算费用。

（3）承包商报价法，适用于恢复方案比较明确，但鉴定评估机构对方案各要素的成本不清楚或不确定的情况。承包商报价法应选择3家或3家以上符合要求的承包商，由承包商根据恢复目标和恢复方案提出报价，对报价进行综合比较，确定合理的费用。

（4）案例比对法，适用于恢复技术不明确的情况，通过调研与本项目规模、损害特征、生态环境条件相类似且时间较为接近的案例，基于类似案例的恢复费用，计算费用。

2. 环境价值法

环境价值法一般用于量化无法恢复或恢复时长大于1年的方案中尚未恢复部分（期间损害）的生态环境损害价值，需要根据生态环境损害特征、数据可得性、评估时间、实施成本等进行方法选择，具体包括以下方法：

（1）生产率变动法，也称作观察市场价值法，是利用生产率的变动来评价环境状况变动的方法。该方法适用于衡量在市场上交易的资源使用价值，用资源的市场价格和数量的变化信息来测算环境属性的价值。

（2）生产要素收入法，根据产出与生产要素（如土地、劳动力、资本、原材料）在环境损害前后不同的投入水平测算环境属性的价值。该方法适用于环境变化直接导致销售的某种商品（或服务）的产量增加或减少，影响明确且能观的情况。

（3）人力资本和疾病成本法，通过环境属性对劳动力数量和质量的影响来评估环境属性的价值。该方法通常用因疾病引起的收入损失或治疗费用表示。

（4）内涵资产定价法，也称作享乐价格法，即将享受某种产品由于环境的不同所产生的差价，作为环境变化的价值。

（5）避免损害成本法，指为减轻损害或防止环境退化引起的效用损失而需要为市场商品或服务支付的金额。该方法一般适用于评估净化的空气和水等非市场商品的价值。

(6)条件价值法,通过直接询问人们的环境偏好,测算其价值。该方法适用于缺乏真实市场数据,也无法通过间接观察市场行为来赋予环境资源价值的情况,如受损环境中独特景观、文物古迹等的服务价值评估。

(7)选择试验模型法,采用问卷为被调查者提供资源或环境物品的不同属性状态组合,让被调查者从每个选择集中选出自己最偏好的一种方案,研究者根据被调查者的偏好运用经济计量学模型分析出不同属性的价值以及由不同属性状态组合而成的各种方案的相对价值。

3. 虚拟治理成本法

虚拟治理成本法[①]一般用于污染环境或破坏生态行为事实明确,但损害事实不明确或无法以合理的成本确定生态环境损害范围和程度的情况。适用虚拟治理成本法时,一般不再计算期间损害。

虚拟治理成本法主要包括污染物数量核定、调整系数确定和单位治理成本确定三步。其中,污染物数量核定常使用实测浓度法、物料衡算法、里程能耗法(大气污染)、排污系数法(水污染)等进行测算;调整系数主要考虑污染物的危害、污染物浓度超过基线的倍数及受污染区域的环境功能区划,对于大气污染,还需要额外考虑下风向人群聚集地的距离;治理成本一般通过实际调查确定相似或相近地区及企业治理相同或相近污染物的平均单位治理成本或通过同行业的大量样本构建治理成本函数进行确定。

第四节 环境损害司法鉴定意见评判

我国环境损害司法鉴定尚处于探索阶段,相关研究并不多,司法审判也未向环境损害司法鉴定提出明确的采信标准,但近年来关于环境损害司法鉴定及鉴定意见可采性两方面的讨论和研究不断增多。在实务工作中,系统的环境损

---

① 详见《生态环境损害鉴定评估技术指南 基础方法 第1部分:大气污染虚拟治理成本法》(GB/T 39793.1-2020)和《生态环境损害鉴定评估技术指南 基础方法 第2部分:水污染虚拟治理成本法》(GB/T 39793.2-2020)。

害司法鉴定意见审查体系可以有效减少鉴定人员专业领域差异、鉴定机构质量控制流程差异对鉴定意见一致性、鉴定意见效力的影响。目前,常见的审查内容包括:

(1) 对鉴定人资质、能力主体进行审查。这主要指对环境损害司法鉴定意见形成过程中鉴定人及专家辅助人法定资质予以审查。环境损害司法鉴定形成至司法适用涉及多主体,环境损害司法鉴定人决定了环境损害司法鉴定的形成过程,环境损害司法鉴定人同专家辅助人一道对环境损害司法鉴定意见在庭审中的效力发挥具有重要影响。资质审查的主要内容是确定从事环境损害司法鉴定的鉴定机构及鉴定人是否具有与具体鉴定事项相一致的合法资质,是否存在需要回避的情况。

(2) 对检材及分析结果的相关性和科学可靠性进行审查。这种证据资格审查是判断环境损害司法鉴定活动所采用的数据是否能作为证据参与司法活动的重要一环,是对传统证据法上证据资格的继承与发展。相关性主要审查数据是否与待证事实有关或有意义;科学可靠性主要审查数据所代表的环境损害事实是否与环境损害结果相符、是否基于自然科学技术原理或符合社会经验。

(3) 对鉴定内容中关于生态环境损害事实和因果关系的认定方法等进行审查。审查内容主要包括基础概念、认定方法、赔偿标准、关联性证明的理论基础和证明方式等,审查对象主要包括生态环境损害事实的认定、生态环境损害关联性与因果关系的认定、生态环境损害赔偿数额的认定等。

(4) 对鉴定意见从形成到举证,再到质证认证,直至证明责任分配全过程的程序进行审查,主要包括:

第一,检材的来源、取得、保管、送检是否符合法律及有关规定,与相关提取笔录、扣押物品清单等记载的内容是否相符,检材是否充足、可靠。

第二,鉴定意见的形式要件是否完备,是否注明提起鉴定的事由,鉴定委托人、鉴定机构、鉴定要求、鉴定过程、鉴定方法、鉴定日期等相关内容是否由鉴定机构加盖司法鉴定专用章并由鉴定人签名、盖章,通过分析获得的鉴定结论是否说明分析过程。

第三,鉴定程序是否符合法律及有关规定。

第四,鉴定的过程和方法是否符合相关专业的规范要求。

第五,鉴定意见是否依法及时告知相关人员,当事人对鉴定意见有无异议。

关键术语

1. 环境损害司法鉴定(environmental forensics)
2. 环境公益诉讼(environmental public interest litigation)
3. 生态环境损害(environmental damage)
4. 虚拟治理成本(imputed abatement cost)
5. 空间持久性(spatial persistence)
6. 可采性(admissibility)

案例研讨视频

案例研究 16-1

案例研究 16-2

 思考题

1. 如何理解环境损害司法鉴定的因果关系推定制?
2. 环境损害司法鉴定的主要内容有哪些?
3. 环境损害司法鉴定的基本程序是什么?
4. 如何理解环境损害司法鉴定技术的跨学科性?
5. 环境损害司法鉴定意见的可采性框架是什么?

 **参考文献**

1. 〔美〕B. L. 墨菲、R. D. 莫里森:《环境损害司法鉴定导论》,马栋、邓泓、杨旭译,科学出版社 2021 年版。
2. 孙成、鲜啟鸣主编:《环境监测》,科学出版社 2019 年版。
3. 田亦尧、张文河:《环境损害司法鉴定意见可采性研究》,法律出版社 2022 年版。
4. 汪劲:《环境法学》,北京大学出版社 2018 年版。